U0959845

权威·前沿·原创

皮书系列为
“十二五”“十三五”国家重点图书出版规划项目

BLUE BOOK

智库成果出版与传播平台

陕西蓝皮书

BLUE BOOK OF SHAANXI

陕西省社会科学院／编

陕西经济发展报告（2020）

REPORT ON ECONOMIC DEVELOPMENT IN SHAANXI (2020)

主　编／司晓宏　白宽犁　裴成荣

社会科学文献出版社
SOCIAL SCIENCES ACADEMIC PRESS (CHINA)

图书在版编目（CIP）数据

陕西经济发展报告. 2020 / 司晓宏，白宽犁，裴成荣主编. --北京：社会科学文献出版社，2020.3
（陕西蓝皮书）
ISBN 978-7-5201-5976-0

Ⅰ. ①陕… Ⅱ. ①司… ②白… ③裴… Ⅲ. ①区域经济发展-研究报告-陕西-2020 Ⅳ. ①F127.41

中国版本图书馆 CIP 数据核字（2020）第 012386 号

陕西蓝皮书
陕西经济发展报告（2020）

主　　编 / 司晓宏　白宽犁　裴成荣

出 版 人 / 谢寿光
组稿编辑 / 邓泳红　宋　静
责任编辑 / 宋　静

出　　版 / 社会科学文献出版社 · 皮书出版分社（010）59367127
　　　　　地址：北京市北三环中路甲 29 号院华龙大厦　邮编：100029
　　　　　网址：www.ssap.com.cn
发　　行 / 市场营销中心（010）59367081　59367083
印　　装 / 天津千鹤文化传播有限公司

规　　格 / 开　本：787mm × 1092mm　1/16
　　　　　印　张：25　字　数：377 千字
版　　次 / 2020 年 3 月第 1 版　2020 年 3 月第 1 次印刷
书　　号 / ISBN 978-7-5201-5976-0
定　　价 / 128.00 元

主要编撰者简介

司晓宏　陕西省社会科学院党组书记、院长，教育学博士，二级教授，博士生导师，研究领域为教育学原理和教育管理学。主持完成教育部哲学社会科学重大攻关课题、国家社科基金课题等国家和省部级课题13项，获全国高等学校科学研究成果奖（人文社会科学）、陕西省哲学社会科学优秀成果奖等国家和省部级、厅局级科研奖15项。先后在《教育研究》、*COMPARE*、《光明日报》等报刊发表学术论文80余篇，独立出版《教育管理学论纲》《面向现实的教育关怀》等专著4部，主编教材5部。2017年获陕西省首批“特支计划”哲学社会科学和文化艺术领域领军人才称号。兼任陕西省社科联副主席、陕西省人民政府督学，兼任第一届教育部高等学校教育学类专业教学指导委员会副主任、第二届委员，中国教育学会教育管理学术委员会常务副理事长、中国教育政策研究院兼职教授、陕西省教育理论研究会会长等。

白宽犁　陕西省社会科学院副院长，研究员。研究领域为马克思主义中国化、思想政治教育工作、宣传思想文化工作、社会治理等。在各类报刊上发表理论文章100余篇，编辑出版著作20余部，承担国家社科基金项目1项、其他项目20余项。

裴成荣　陕西省社会科学院学术委员会副主任、经济研究所所长，工学博士，二级研究员，主要研究方向为区域经济、城市经济、产业经济。出版《国有企业改革与产权市场建设》《区域发展与产业培育》《国际化大都市特色研究》《文化繁荣背景下遗址保护与都市圈和谐共生机制研究》《陕西

“同步够格”全面建成小康社会研究》《中国西部失地农民可持续发展研究》等专著6部。1999年以来主编年度出版物《陕西经济发展报告》（蓝皮书系列）等20余部。科研成果获省部级奖20项，其中，获哲学社会科学优秀成果一等奖三项、二等奖5项。兼任陕西省人大常委会预算工作委员会副主任，陕西省十三届人大代表，西安市人民政府参事；历任政协陕西省九届、十届、十一届委员。

摘 要

《陕西经济发展报告（2020）》主要包括六部分内容。第一部分总报告主要对2019年陕西宏观经济运行态势进行了分析，并对2020年经济形势进行了预测。第二部分分报告，对2019年陕西农村经济形势、工业运行形势、对外贸易形势进行了分析，并对2020年发展趋势进行了预测，对扩大有效投资的措施进行了研究。第三部分高质量发展篇，重点从“十四五”宏观发展路径、区域发展以及供给侧结构性改革视角，对陕西经济高质量发展进行了分析，并提出了相应的政策建议。第四部分综合篇，主要对陕西在新时代西部大开发新格局中的地位和策略、国际资本交易中心构建、国有企业混改、分享经济发展以及私募股权与创业投资行业发展等问题进行了研究，提出了相应政策建议。第五部分产业篇，主要围绕中国（陕西）自由贸易试验区建设中的金融创新、加快陕西生产性服务业发展、高科技产业转型升级、“3＋X”特色现代农业发展、关中平原城市群与成渝城市群区域物流竞争力比较等热点问题进行了分析，并提出相应政策建议。第六部分专题篇，围绕城镇建设专题探讨了陕西特色小镇建设路径、新中国成立70年来陕西城镇化发展历程与展望以及陕西城镇规划建设管理的现状及对策。

关键词： 陕西经济　对外贸易　高质量发展

Abstract

Report on Economic Development in Shaanxi (2020) includes six parts. The first part, General Report, focuses on macroscopic economy operation of Shaanxi in 2019 and forecasts tendency in 2020. The second part, Sub Report, analyses the rural economic situation, industrial operation situation and foreign trade situation of Shaanxi in 2019, forecasts the development trend in 2020, and studies the measures to expand effective investment. The third part, High-quality development, focusing on the "14th five year plan" macro development path, regional development and supply side structural reform perspective, analyses the high - quality development of Shaanxi economy, and puts forward corresponding policy recommendations. The fourth part, Comprehensive part, mainly studies the status and strategy of Shaanxi in the new pattern of western development in the new era, the construction of international capital trading center, the mixed reform of state - owned enterprises, the development of sharing economy, the development of private equity and venture capital industry, and puts forward corresponding policy suggestions. The fifth part, Industry part, mainly focuses on the hot issues including financial innovation in the construction of China (Shaanxi) pilot Free Trade Zone, accelerating the development of productive service industry in Shaanxi, transformation and upgrading of high - tech industry, "3 + X" modern agriculture development, comparativeness of regional logistics competitiveness between central Shaanxi plain agglomeration and Chengdu - Chongqing urban agglomeration, and puts forward corresponding policy suggestions. The sixth part, Thematic part, discusses the construction path of Shaanxi characteristic town, the development process and prospect of Shaanxi urbanization in past 70 years, and the current situation and countermeasures of Shaanxi urban planning and construction management.

Keywords: Shaanxi Economy; Foreign Trade; High - quality development

目　录

Ⅰ　总报告

Ⅱ　分报告

Ⅲ 高质量发展篇

Ⅳ 综合篇

Ⅴ 产业篇

Ⅵ 专题篇

Ⅶ 附 录

皮书数据库阅读使用指南

CONTENTS

I General Report

II Sub-Reports

Ⅴ Industry Reports

Ⅵ Special Reports

Ⅶ Appendix

总 报 告

General Report

B.1 2019年陕西经济形势分析及2020年预测*

陕西省社会科学院经济研究所课题组**

摘 要： 2019年是新中国成立70周年，新中国成立70年来，中国经济迅猛发展，为经济持续、健康、高质量发展奠定了扎实的硬件基础。陕西省委省政府以习近平新时代中国特色社会主义思想为指导，贯彻新发展理念，坚持稳中求进工作总基调，紧扣追赶超越定位和"五个扎实"要求，大力发展"三个经济"，加快推动高质量发展。前三季度，全省经济运行呈现

* 本报告中未注明的数据均来源于国家统计局网站、陕西统计局网站和国家统计局陕西调查总队网站。

** 课题组组长：裴成荣，陕西省社会科学院经济研究所所长，二级研究员，研究方向为区域经济。课题执笔：班斓，陕西省社会科学院经济研究所助理研究员，研究方向为区域经济与可持续发展；张馨，陕西省社会科学院经济研究所副研究员，研究方向为区域经济与可持续发展。

“总体平稳、稳中有进、稳中有忧、稳中有变”的态势，经济下行压力增大，仍需把稳增长作为经济工作的首要任务。2020年，陕西要以党的十九大精神为统领，以供给侧结构性改革为主线，不断提高经济发展的质量和效益，继续推动构建现代产业体系，优化投资结构，发展外向型经济，培育创新活力，优化提升营商环境，加快关中平原城市群建设等工作。

关键词： 经济形势 高质量发展 陕西

一 2019年陕西宏观经济运行特点分析

（一）经济运行保持稳中有变

2019年前三季度，陕西全省实现生产总值18319.64亿元，同比增长5.8%。从产业结构看，呈现“二三一”模式，仍以第二产业为主导。其中，第一产业增加值为1033.29亿元，占总产值的比重为5.64%；第二产业增加值为8801.17亿元，占总产值的比重为48.04%；第三产业增加值为8485.18亿元，占总产值的比重为46.32%。从增速上看，第三产业增速最高，同比增长6.6%；第一产业增速最低，同比增长3.9%；第二产业同比增长5.3%。在西部12个省份中，陕西前三季度生产总值仅次于四川，排名第二。总体来看，陕西在前三季度积极因素逐渐累积增多，全省经济运行呈现稳中有进、稳中有忧、稳中有变的态势，增长平稳。

从各市（区）来看，2019年前三季度生产总值同比增速高于或持平全省平均水平的有6个，依次是安康、延安、汉中、铜川、西安、榆林，增速分别为8.9%、7.8%、7.5%、7.3%、6.7%和5.8%。增速排全省最后三位的依次是杨凌、宝鸡、咸阳，增速分别为4.1%、2.5%、1.8%。

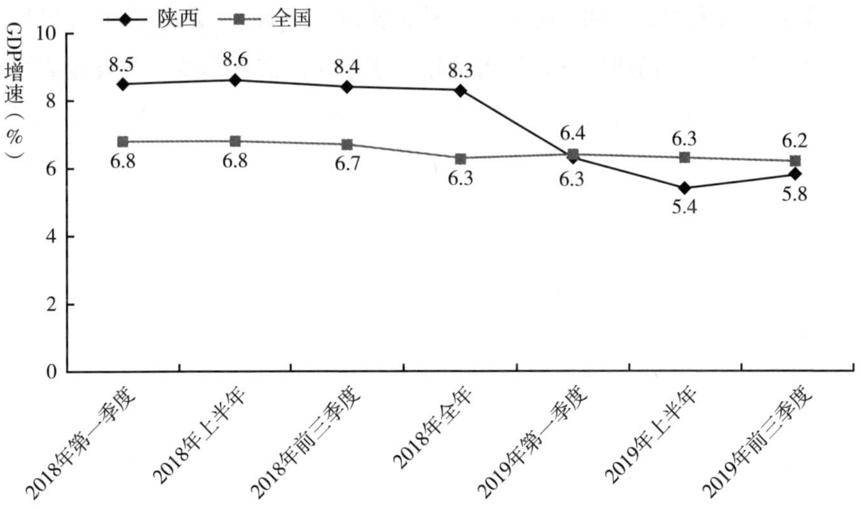

图1　2018～2019年各季度陕西与全国GDP增速比较

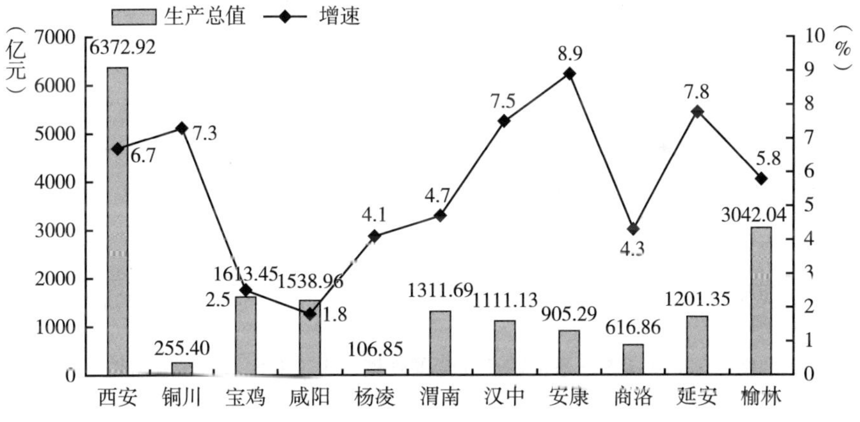

图2　2019年前三季度陕西各市（区）生产总值和增速

（二）农业生产保持平稳向好

粮食生产保持稳定。2019年，陕西继续推进农业供给侧结构性改革，缩减旱腰带地区的玉米、小麦等粮食作物的播种面积。夏粮播种总面积1656.52万亩，比上年减少5.92万亩。受气候条件影响，夏粮总产量420.31万吨，同比下降4.1%。秋粮生产总体较好。

蔬菜、水果产量增加。蔬菜生产销售实现“两旺”，蔬菜种植面积和产量均呈增长态势，销路较好，销售价格高于常年。前三季度，全省蔬菜及食用菌产量达 1434.4 万吨，同比增长 4%。得益于较好的光、热、水资源条件和较轻的气象灾害及病虫害，苹果实现较大幅度的增产，猕猴桃、梨等水果也获丰产。前三季度，园林水果总产达 547.2 万吨，增长 7.3%。

（三）工业生产保持稳中回升

2019 年前三季度，全省规模以上工业增加值同比增长 4.5%，较上年同期回落 5.5 个百分点。工业生产增速加快，不断缩小与全国的差距；较上半年加快 1.2 个百分点，总体稳中回升。

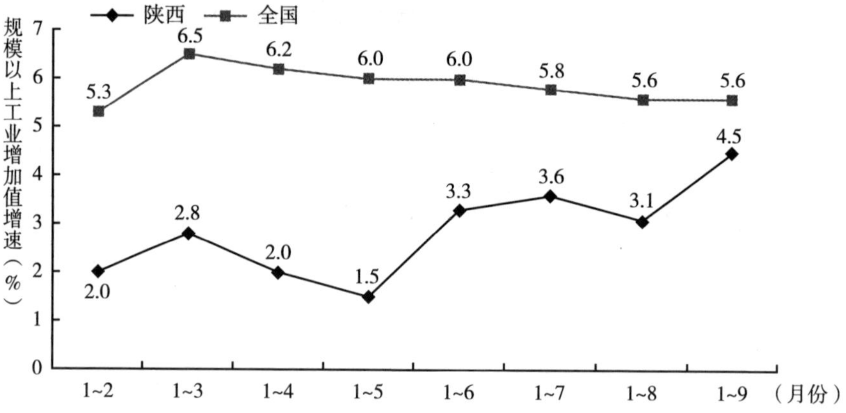

图 3　2019 年前三季度陕西和全国规模以上工业增加值增速比较

从主要行业看，前三季度，规上能源工业增加值同比增长 3.7%，较上半年加快 2.5 个百分点，连续两个季度保持稳定增长且增速较快的行业有石油和天然气开采业以及电力、热力生产和供应业。非能源工业增加值同比增长 5.2%，回落 0.1 个百分点，增长较快的产业是黑色金属冶炼和压延加工业以及铁路、船舶、航空航天和其他运输设备制造业，同比增长超过 20%，分别为 20.6% 和 20.1%，而仪器仪表制造业以及通信和其他电子设备制造业也保持了较高的两位数增长，分别增长 14.3% 和 17.1%。

从产品产量看，前三季度，增长较快的是钢材，同比增长32.1%；而发电量、卷烟、天然原油产量则保持了中低速增长，分别增长6.6%、2.8%和2.1%；两种产品产量下降，分别是原煤和原油加工量，分别下降1.7%和2.4%。

从企业效益看，前三季度，全省规模以上工业企业利润总额1599.2亿元，同比下降11%，降幅比上半年扩大1.3个百分点。规模以上工业亏损企业1116家，同比增长4.2%，比上半年减少65家。亏损面16.7%，比上半年收窄1.1个百分点。亏损企业亏损额129.7亿元，同比下降19.4%。

前三季度，陕西各市（区）规模以上工业增加值增速各异。其中，安康、延安、商洛、汉中、铜川、西安、榆林增速均高于或持平于全省平均水平；咸阳、宝鸡、杨凌、渭南则低于全省平均水平。安康、延安、商洛增速列前三位，分别为13.3%、8.3%和8.2%，咸阳、宝鸡出现了负增长，分别为-3.6%和-2.5%。

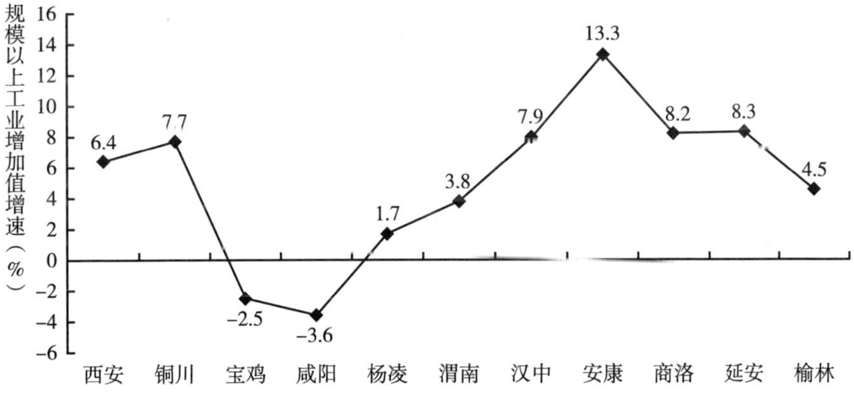

图4　2019年前三季度陕西各市（区）规模以上工业增加值增速

（四）固定资产投资扭转回落态势

2019年前三季度，全省固定资产投资（不含农户）扭转了自2018

年上半年以来的持续回落态势，同比增长1.0%，较1～8月回升0.3个百分点，但较上半年仍回落1.5个百分点，其中主要是民间投资增长较上半年回落5.3个百分点。分产业看，工业投资增速较高，为5.9%，从而带动第二产业投资同比增长5.5%。而第一产业投资同比下降2.6%，第三产业投资同比下降0.2%，对固定资产投资扭转回落态势产生不利影响。

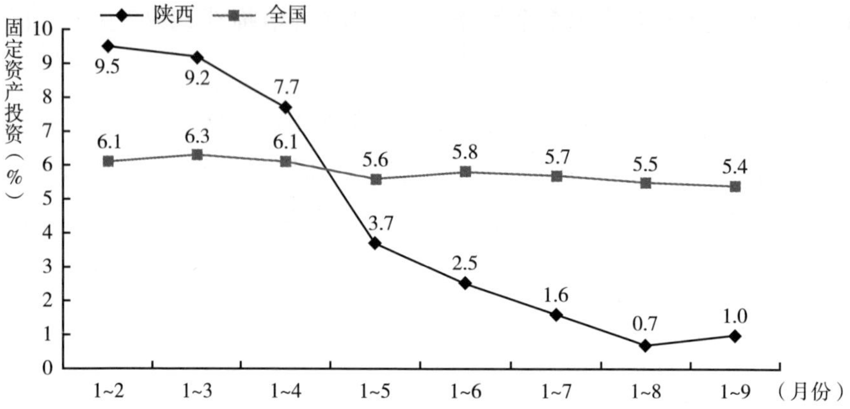

图5　2019年前三季度陕西和全国固定资产投资增速比较

前三季度，房地产投资增速放缓，全省房地产开发投资2788.23亿元，同比增长7.7%，较上半年回落3.4个百分点。房地产开发投资占全省投资比重为20.3%，较上年同期提高2.4个百分点。

前三季度，陕西11个市（区）中，固定资产投资增速呈现明显的两极分化：一边是高位增长，榆林、铜川、杨凌保持两位数增长，同比分别增长11.5%、11.4%、10.7%，安康增速为7.6%，紧随其后位居第4；另一边是低速或负增长区，咸阳、汉中、西安、延安增速较低，分别为2.2%、1.2%、0.3%和0.1%，宝鸡、渭南、商洛出现了负增长，分别为－6.7%、－6.1%和－2.4%。

（五）市场消费升级态势明显

2019 年前三季度，全省社会消费品零售总额 6861.65 亿元，同比增长 7.3%，较上半年回落 0.3 个百分点，低于全国 0.9 个百分点。按消费形态分，餐饮收入和商品零售分别为 764.37 亿元、6097.28 亿元，同比分别增长 10.3%、6.9%，按经营单位所在地分，城镇和乡村消费品零售额分别为 6019.08 亿元、842.57 亿元，分别同比增长 7.1%、8.6%。

新兴消费增长加快，市场消费升级态势明显。前三季度，全省限额以上企业（单位）消费品零售额 3477.70 亿元，同比增长 4.0%，较上半年回落 0.8 个百分点。限额以上企业（单位）通过公共网络实现商品销售 371.91 亿元，占限额以上消费品零售额的比重较上年同期提高 2.9 个百分点，为 10.7%；增速较上半年加快 1.9 个百分点，为 20.1%。

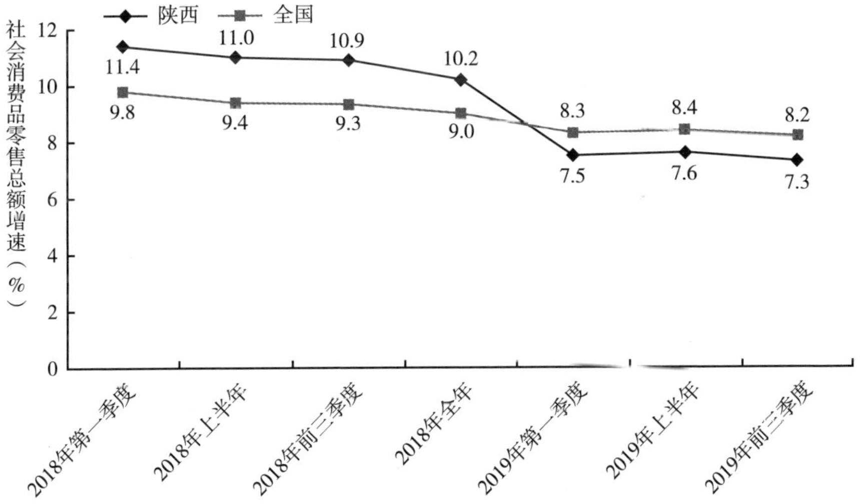

图 6　2018 年与 2019 年各季度陕西和全国社会消费品零售总额增速比较

前三季度，陕西 11 个市（区）中，只有西安的社会消费品零售总额同比增速低于全省水平，为 5.7%，位列倒数第一。咸阳、安康保持了两位数增长，同比增速分别为 11.0%、10.8%，杨凌、汉中、宝鸡增速较高，分别为9.7%、9.5%、9.2%，铜川、渭南、延安、商洛、榆林保持中高速增长，同比增速分别为8.5%、8.2%、8.1%、7.6%、7.3%。

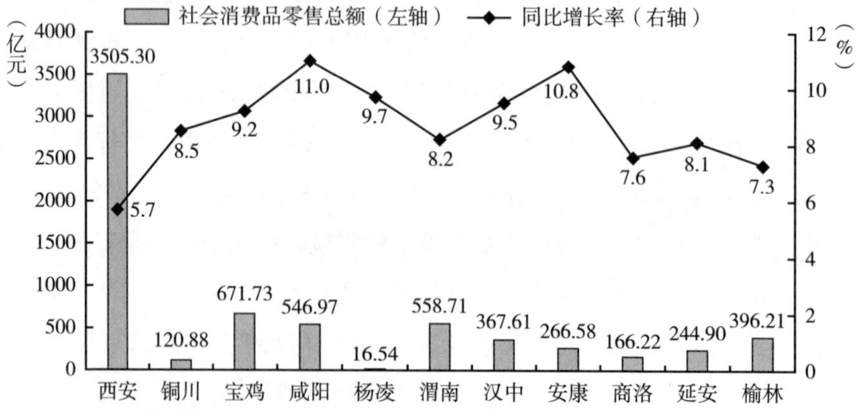

图7　2019年前三季度各市（区）社会消费品零售总额与增速

（六）对外贸易稳中有进

2019年前三季度，全省实现对外贸易进出口总额2597.28亿元，同比增长0.7%，低于全国2.1个百分点。其中，出口总值1418.91亿元，同比下降9.7%，低于全国15个百分点；进口总值1178.37亿元，同比增长

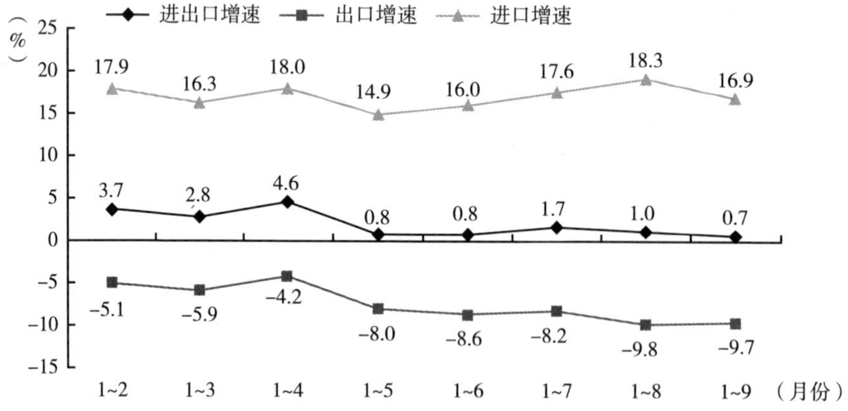

图8　2019年前三季度陕西进出口同比增速

16.9%，高于全国17个百分点。同期贸易顺差240.55亿元。

前三季度，陕西虽然合同利用外资为26.85亿美元，同比下降42.8%，但实际利用外资大幅提升，为66.61亿美元，同比增长93.4%，外资得到充分利用，营商环境持续优化。

（七）财政收支平稳增长

2019年前三季度，全省地方财政收入1848.02亿元，同比增长3.9%，较上半年回落2.1个百分点。其中，各项税收收入1434.01亿元，同比增长2.1%，占地方财政收入的77.6%；非税收收入414.02亿元，同比增长10.5%。

前三季度，全省地方财政支出4450.95亿元，同比增长8.4%，较上半年回升1.4个百分点。全省民生支出得到较好保障，教育、社会保障和就业、城乡社区事务、农林水事务、卫生健康、一般公共服务是财政的主要支出项目。从增速来看，节能环保、城乡社区事务、国防与公共安全分别以57.5%、17.4%和14%位列前三，科学技术支出以-25%的增速位列最后。

从前三季度各市（区）财政收入累计增速来看，安康、延安、西安分

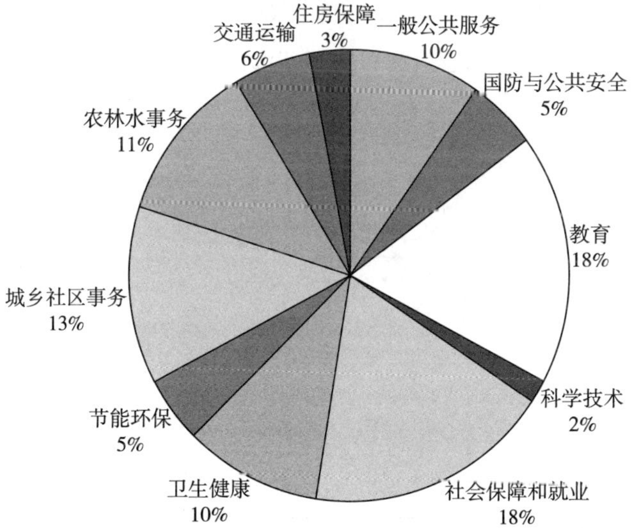

图9　2019年前三季度陕西财政支出分类占比

别以 12.6%、10.1% 和 7.8% 的增速列前三位，杨凌、商洛和渭南分别以 -6.1%、-3.8% 和 -0.8% 的增速列后三位。

从前三季度各市（区）财政支出累计增速来看，安康、汉中和商洛分别以 22.0%、15.2% 和 14.0% 的增速列前三位，杨凌、西安、铜川分别以 3.7%、5.8% 和 7.6% 的增速列后三位。

（八）居民消费价格温和上涨

2019 年前三季度，陕西居民消费价格总水平比上年同期上涨 2.5%，与全国平均水平完全一致，较 2018 年同期回升 0.5 个百分点，全国排名第 11 位。分类型看，食品价格涨幅最快，同比上涨 5.1%，低于全国平均水平 1.4 个百分点，但较 2018 年同期回升 3.5 个百分点，拉动 CPI 上涨 0.96 个百分点；非食品价格涨幅收窄，仅上涨 1.9%。分类别看，消费品价格上涨幅度略高于服务价格，同比分别上涨 2.6%、2.3%；分城乡看，城市和农村上涨幅度基本一致，同比分别上涨 2.5%、2.4%。

分结构看，食品烟酒类上涨最快，同比上涨 4.0%，其他用品和服务价格次之，同比上涨 3.5%，其他居住类、教育文化和娱乐类、衣着类等 5 类上涨也较快，只有交通和通信类居民消费商品和服务价格是下降的，同比下降 1.1%，总体趋势与全国一致。

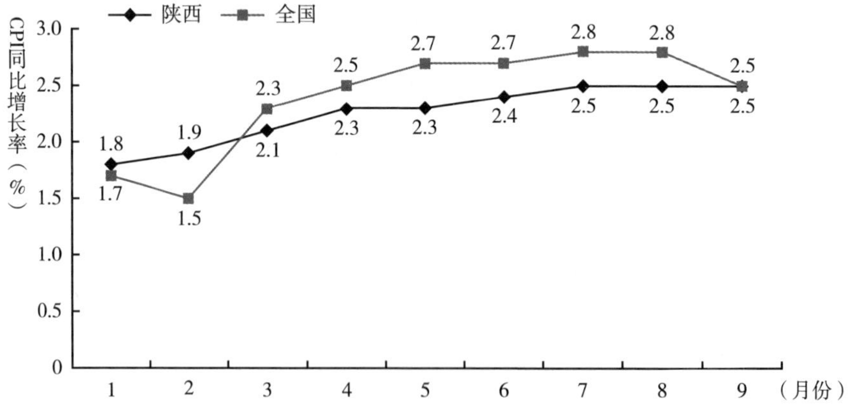

图 10　2019 年前三季度陕西和全国 CPI 同比增长率比较

（九）城乡居民收入保持较快增长

全省居民收入保持较快增长。2019 年前三季度，全省居民人均可支配收入 27360 元，同比名义增长 9.6%，实际增长仅 6.1%，均高于全国平均水平，但名义增速较一季度回落 0.1 个百分点。

从可支配收入构成看，四项收入全面增长。工资性收入仍是占比最高的，人均工资性收入 10119 元，占可支配收入的比重为 54.3%，同比增长 9.7%，增速仅次于转移净收入；转移净收入增速最高，同比增长 10.5%，人均转移净收入 5228 元，占比为 28.1%；财产收入占比最低，人均财产净收入 1137 元，占比为 6.1%，同比增长 9.3%，增速仅次于工资性收入；经营净收入增速最低，同比增长 6.6%，人均经营净收入 2147 元，占比为 11.5%。

分城乡看，全省城镇居民人均可支配收入 27360 元，同比名义增长 8.4%，增速快于全国平均增速 0.5 个百分点。农村居民人均可支配收入 9286 元，同比名义增长 9.9%，快于全国平均增速 0.7 个百分点。陕西农村居民人均可支配收入增速快于城镇 1.5 个百分点，城乡居民人均可支配收入比值为 2.95，较上年同期缩小 0.04。

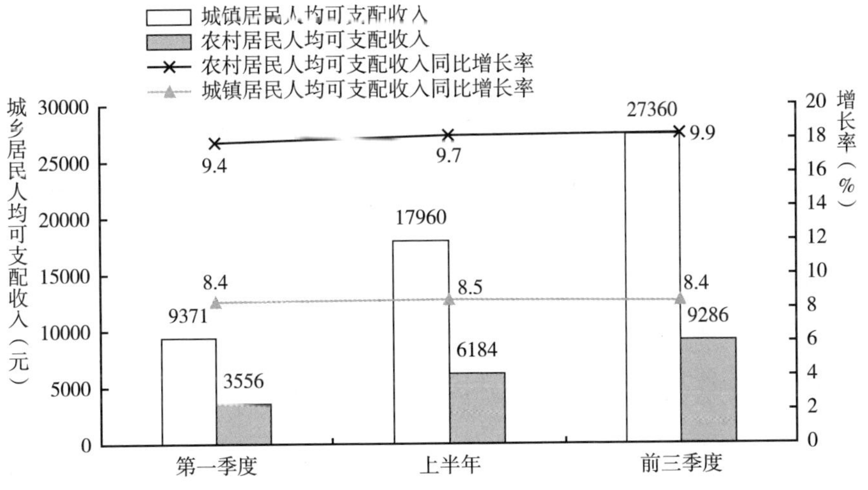

图 11　2019 年前三季度陕西城乡居民人均可支配收入比较

二 2019年陕西经济运行中存在的问题

当前，外部环境更加严峻复杂，陕西自身的结构性矛盾仍然突出。陕西经过近年来一系列稳增长政策措施，效果逐步显现，经济运行基本面向好，结构调整扎实推进，质量效益稳步提升，但陕西省经济正处在结构调整转型升级的攻关期，经济运行面临一些下行压力，还需进一步夯实经济稳增长的基础，巩固稳中有进的良好态势。

（一）经济下行压力加大

2019 年前三季度，全省实现生产总值 18319. 64 亿元，其中，第一产业、第二产业、第三产业增加值分别为 1033. 29 亿元、8485. 18 亿元和 8801. 17 亿元；生产总值同比增长 5. 8%，比上年同期回落 2. 6 个百分点。其中第三产业增速最快，同比增长 6. 6%，比上年同期回落 2. 0 个百分点；第一产业是相较 2018 年增速唯一回升的，其同比增速为 3. 9%，比上年同期回升 0. 6 个百分点；第二产业是相较 2018 年增速回落幅度最大的，同比增长 5. 3%，比上年同期回落 3. 3 个百分点。第二产业、第三产业增速有较大幅度的放缓，导致陕西经济下行压力加大。

对比 2017 ~2019 年经济发展的核心指标增速，都出现了不同程度的下滑。相较 2018 年同期，2019 年前三季度下滑幅度最大的指标是外贸进出口总额，增速回落 31. 2 个百分点，固定资产投资、地方财政收入、规模以上工业增加值分别下滑 10 个、7. 6 个、4. 7 个百分点，社会消费品零售总额增速下滑最少，为 3. 6 个百分点（见表 1）。外部环境更加严峻复杂，陕西自身的结构性矛盾仍然突出，导致经济下行压力增大。

表 1　陕西经济发展核心指标增速同期对比

单位：%

核心指标	2019 年前三季度	2018 年前三季度	2017 年前三季度
生产总值	5.80	8.40	8.10
规模以上工业增加值	4.50	9.20	7.70
固定资产投资	1.00	11.00	14.60
社会消费品零售总额	7.30	10.90	12.00
外贸进出口总额	0.70	31.90	35.70
地方财政收入	3.90	11.50	18.60

（二）工业及高技术产业投资增速回落

2019 年 1 ~8 月，全省工业固定资产投资累计增速较 1 ~7 月回落 1.2 个百分点，累计增长 3.8%，二季度累计增速 5.6%，较一季度回落 4.1 个百分点。1 ~8 月呈现回落趋势，且回落幅度较大。全省工业固定资产投资 1 ~2 月累计增速为 17.2%，到 1 ~8 月累计增速就波动下降至 3.8%，2 ~8 月累计回落 13.4 个百分点。

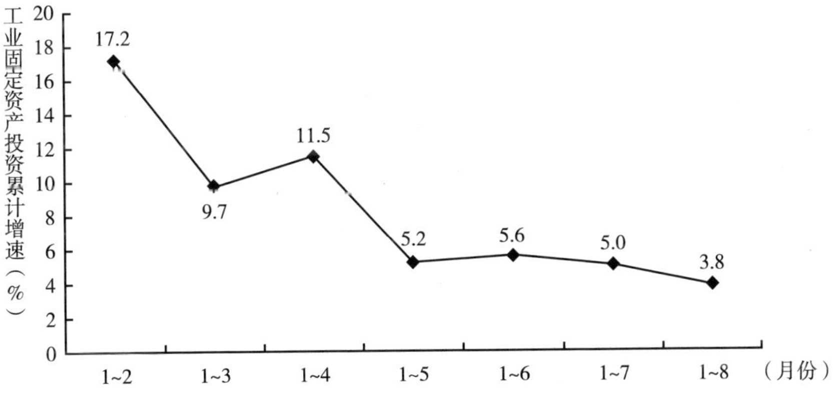

图 12　2019 年 1 ~8 月陕西工业固定资产投资累计增速

同时，1 ~8 月全省高技术产业投资呈现负增长，同比累计下降 14.1%。相较 1 ~7 月下降幅度扩大 1.4 个百分点，其中信息化学品制造业下降幅度最大，同比累计下降－99.7%，计算机及办公设备制造业下降63.4%，航天航空及装备制造业下降26.5%。高技术产业投资呈现负增长，使陕西制造业增长乏力，经济下行压力巨大。

（三）陕西制造业采购经理指数（PMI）波动较大

2018年陕西工业增加值9634.80亿元，占GDP比重为55.7%。陕西制造业一直占据着陕西工业发展中流砥柱的地位，因而陕西制造业是否景气对于陕西经济未来能否回升有重要参考意义。通过陕西与全国制造业PMI指数对比可以看出，陕西制造业PMI虽然同全国一样呈波动下降趋势，但与全国差距不断缩小，且2019年1月与全国持平后，又超过全国。但总体来看，陕西制造业PMI波动较大，不利于经济稳定运行，是经济下行的不确定因素。

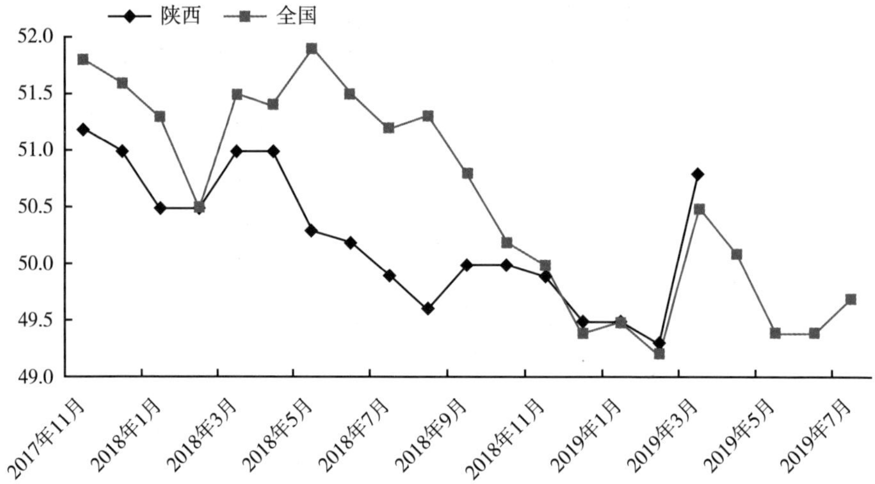

图13　2017年11月至2019年7月陕西及全国制造业PMI指数对比

（四）消费品市场稳中趋缓

2019年前三季度，全省社会消费品零售总额同比增长7.3%，较上半年回落0.3个百分点，消费品市场稳中趋缓。按消费形态分，前三季度，餐饮收入和商品零售分别为764.37亿元、6097.28亿元，同比分别增长10.3%、6.9%，较上半年分别回落0.8个、0.3个百分点。按经营单位所在地分，城镇和乡村消费品零售额分别为6019.08亿元、842.57亿元，分别同比增长7.1%、8.6%，较上半年分别回落0.5个、0.4个百分点。

前三季度，限额以上企业消费品零售额3477.7亿元，累计增长4%，较上半年回落0.8个百分点。消费品市场稳中趋缓，煤炭及制品类、汽车类等商品出现负增长。煤炭及制品类累计下降29.7%，下降速度最快，电子出版物及音像制品类下降20.7%，汽车类消费品下降2.8%，对消费品市场影响较大。

（五）新增单位数减少

2019年前三季度，全省累计新增一套表调查单位比上年同期减少252个，投资项目减少212个，其中工业、贸易、服务业累计新增单位均同比减少。新增单位数减少，带来了陕西经济下行的压力，特别是投资项目增量放缓，无疑会影响陕西经济增速。

三 2019年陕西经济发展面临的国内外环境分析

（一）国际经济发展环境分析

1. 国际大事件

（1）中美贸易摩擦

中美贸易摩擦自2018年3月美国宣布对中国进口商品加征600亿美元（约合人民币3798.6亿元）关税开始，2018年中美双方已经进行了多轮谈判，但经贸摩擦还在持续发酵，截至2019年10月，中美谈判已经十轮，取得进展有限，美国总统特朗普宣布对从9月1日开始中国出口美国余下的3000亿美元征收10%的关税，加上之前的2500亿美元，总计约是5500亿美元。可以说相较2018年，中美贸易摩擦在2019年是扩大和升级的，但是对中国经济的影响和下行压力并没有扩大和升级。总之，我国外部经贸环境能够继续保持稳定态势，主要归结于三个因素。一是中国自身制造业的竞争力强大，党的十九大报告提出，“加快建设制造强国，加快发展先进制造业”。中国持续推动制造业的高质量发展，以提升其在国际市场的竞争力。因而，尽管中美贸易摩擦严重，但在2500亿美元的25%关税的影响下，2019年1~7月中国对美国出口1.62万亿元，下降2.1%。二是加强与共建“一带一路”国家的合作与贸易，培育了中国外贸的新增长点。如中美贸易摩擦导致2019年1~5月中国从美国进口农产品的金额下降55.3%（约48亿美元），同期中国自俄罗斯进口农产品14.5亿美元，同比增长14.2%，2018年仅大豆一项中国自俄罗斯进口同比增长了64.7%，中国收获了更多的投资合作对象、进口来源地以及重要出口市场，全方位地对外开放和成熟的多边贸易体制，再加上共建“一带一路”国家的合作与贸易，使我国外部经贸环境能够继续保持稳定态势，一个国家或地区的贸易摩擦对总体影响有限。三是持续深化改革是推进未来经济增长与高质量发展的根本动力，面对国内外严峻复杂的环境，持续深化改革，激发市场主体活力，培育壮大国内市场，能够不断巩固发展基础，支撑经济在合理区间运行，并推动经济持续、健康、高质量发展。

（2）第二届“一带一路”国际合作高峰论坛

2019年4月28日第二届“一带一路”国际合作高峰论坛在北京雁栖湖国际会议中心举行圆桌峰会，共40个国家和国际组织的领导人出席，国家主席习近平主持会议并致开幕辞。围绕“共建‘一带一路’、开创美好未来”的主题，各方希望建设高质量的交通运输、资金、能源、数字、智力互联互通网络，发挥基础设施互联互通对经济增长的拉动作用；各方希望开展更多资源节约型、环境友好型的合作项目，走绿色和可持续发展之路，支持全球发展事业特别是落实联合国2030年可持续发展议程。最终，各方达成了283项务实成果，签署了总额640多亿美元的项目合作协议，取得丰富成果，各方共同推动共建“一带一路”合作走深走实、行稳致远、高质量发展。

（3）G20峰会

2019年G20峰会第14次会议，在日本大阪进行。中国国家主席习近平出席并发表题为《携手共进，合力打造高质量世界经济》的重要讲话，为世界经济发展注入了强劲信心，向世界传递了中国坚定走开放合作之路的决心。会议发表宣言表示，G20致力于实现自由、公平、非歧视性、透明、可预见、稳定的贸易和投资环境。G20峰会宣言向国际社会传递了积极的信号，并支持世界贸易组织进行必要改革，为世界经济的稳定和增长提振了信心。但是，由于并未将“反对贸易保护主义”写进首脑宣言，其取得的成果有限，日本学者普遍相信，短时期之内贸易摩擦很难平息，世界贸易环境可能长期保持现状。

2. 主要经济体经济复苏情况①

（1）美国

美国2019年前三季度GDP增长3.5%，上半年增长2%，第一季度增长3.1%。世界银行预测，2019年美国经济增长预期从6月预计的2.5%下调至2.3%，目前从美国前三季度表现来看，第二季度表现要弱于预期的，主要是受全球经济增长疲软和贸易政策的影响，私人投资和净出口出现下滑，拖累当季经济增长。第三季度经济表现强于预期，主要是发挥了消费这一动力的推动作用。

（2）欧元区

欧元区19国2019年上半年的GDP实际增长约为1.1%，其中德国的GDP仅实际增长0.4%，法国约为1.2%。世界银行预测，2019年，欧元区经济增长预计为1.1%，欧元区上半年的表现符合预期，对经济起到提振作用的主要是消费潜力的释放，如法国就通过小幅扩张性财政政策刺激国内需求，以弥补全球经济增长疲软和贸易政策的负面影响。

（3）英国

英国2019年上半年GDP同比实际增长1.5%，二季度GDP同比增速下

① 此节未标明数据来源的均来源于新华社中国金融信息网。

滑到1.2%，与第一季度1.8%的增速相比，缩减了1/3。2019年上半年，英国三大主要经济部门服务业、制造业、建筑业均表现不佳。欧盟与英国政府就英国“脱欧”达成协议，但从近期进展看，不确定性较大，如果脱欧最后期限再次被延，截至2020年1月31日，英国仍未结束“脱欧”苦旅，2019年下半年英国经济将受到较大影响和波动。

（4）日本

2019年上半年，日本的GDP实际增速为1%，上半年名义GDP为276.1万亿日元，按美元算上半年日本GDP约为2.509万亿美元，相较2018年同期减少了约30亿美元。二季度日本的GDP环比增速为0.3%，同比实际增速为1%。2019年上半年，日元相对于2018年同期有所贬值，由此导致日本的GDP虽然实际增长了1%，但换算成美元后为负增长。

（5）金砖国家

中国2019年前三季度国内生产总值697798亿元，实际同比增长6.2%；从产业结构看，呈现“三二一”模式，仍以第三产业为主导，第三产业增速最快，带动作用明显，第三产业增加值376925亿元，同比增长7.0%，第二产业增加值277869亿元，增长5.6%，第一产业增加值43005亿元，增长2.9%；分季度看，增速有所回落，三季度增长6.0%，较二季度增长回落0.2个百分点，较一季度回落0.4个百分点。2019年一季度俄罗斯GDP仅增长0.5%，二季度只有0.7%，2019年上半年俄罗斯经济增速创新低，且2019年全年经济前景不明朗。2019年第二季度巴西的GDP环比增速为0.4%，这是2018年第三季度以来最强劲的季度增长，2019年上半年巴西的GDP实际同比增速为0.7%，该国下半年的消费和信心有所改善。2019年上半年，印度GDP实际同比增速为5.4%，其中，第一季度实际增长5.8%，第二季度实际增长仅5%，出现了明显下滑。2019年上半年，南非GDP实际增长0.4%，其中第一季度同比零增长，第二季度实际增长0.9%，其中第一季度名义GDP下降3.2%，为2009年以来最大降幅，仍处于下滑态势中。

2019年上半年贸易紧张形势持续，英国脱欧的不确定性，投资减弱，通胀疲软等，为经济带来下行风险，全球经济增长放缓。同时，物价走势较为温和，核心通胀率下降，可能引发通缩风险。2020 年情况未必可以改善，全球经济处于最脆弱的境地，但是随着英国脱欧落定，中国在中美贸易摩擦下仍能继续运行在合理区间，全球经济衰退形势将可能有所减缓。

（二）国内经济发展环境分析

2019 年是新中国成立 70 周年，新中国成立 70 年来，中国经济迅猛发展，为经济持续、健康、高质量发展奠定了扎实的硬件基础。面对国内外严峻复杂的环境，我国经济运行总体平稳，经济结构持续优化，民生福祉不断改善。

1. 根基稳定

农业生产条件快速改善，生产能力快速提升，粮食安全得到保障；工业体系逐步完善，“中国制造”的国际竞争力和影响力逐渐增强，高铁、核电等重大装备竞争力居世界前列，200 多种工业品产量居世界第一；产业结构持续优化升级，服务业比重大幅提升，发挥着“稳定器”作用；基础设施建设突飞猛进，为经济发展提供了强有力支撑，目前我国拥有全世界 2/3 的高铁里程、世界第一的铁路里程；通信业实现跨越式发展，为经济发展注入新动能，拥有世界第一多的互联网用户，使我国大数据、云计算、物联网、智能分拣等新兴行业迅猛发展。在世界经济不景气、中美贸易摩擦等严峻形势下，基础产业和基础设施建设支撑着中国经济保持合理的增长。

2. 需求旺盛

自经济进入新常态以来，中国经济不断转型升级，对投资、外贸的依赖度在逐渐降低，消费逐步成为需求动力的主导力量。未来我国消费需求依然旺盛，消费市场潜力巨大。到 2020 年全面实现小康社会，中国将拥有一个庞大、稳定的中等收入阶层，消费需求不断被释放，并且由以满足吃、穿等基本生活消费为主向多元化消费转型，更倾向于以汽车为代表的耐用品消费，以旅游、培训、养生为代表的服务消费以及以手机、计算机为代表的信息产品消费。国家一揽子稳增长政策扎实落地，使消费信心日益增强。

3. 改革红利

中国持续深化改革，激发市场主体活力，培育壮大国内市场，能够不断巩固发展基础，并推动经济持续、健康、高质量发展。2019 年中国继续加大改革力度，特别是对重点领域关键环节持续深化改革，大规模减税降费。市场准入负面清单制度在全国统一实行，为市场松绑铺路，优化了营商环境。通过加强与共建“一带一路”国家的合作与贸易，中国收获了更多的投资合作对象、进口来源地以及重要出口市场，培育了中国外贸的新增长点。

4. 创新驱动

我国加快建设创新型国家，深入实施创新驱动战略，高度重视原始创新和基础研究，持续增加科技投入，使科技产出量质齐升，重大成果举世瞩目，创新成为引领发展的第一动力。新技术加快布局，新产业新产品数量较快增长，新业态新模式蓬勃发展，不断增强经济创新力和竞争力，以创新驱动经济加速走向高质量高效益发展时代。

（三）陕西省内经济发展环境分析

1. 新一轮西部大开发带来新机遇

2019 年是西部大开发战略实施 20 周年，在经历基础设施和生态环境建设为重点的第一个十年，以重点地区突出开发和特色行业重点扶持的第二个十年，西部的开发和开放工作即将步入一个新的阶段——3.0 时代。《关于新时代推进西部大开发形成新格局的指导意见》的出台是新时代中共中央对西部大开发提出的新要求，有利于促进西部地区经济发展与人口、资源、环境相协调，形成大保护、大开放、高质量发展的新格局，推动经济发展质量变革、效率变革、动力变革。陕西省在国家层面的政策赋能下，将享受新一轮西部大开发在生态建设、扩大开放、高质量发展等方面带来的战略先机及投资与政策方面的重大机遇。

2. 黄河流域生态保护和高质量发展的战略部署

黄河流域是我国重要的生态屏障和重要的经济地带，是打赢脱贫攻坚战的重要区域。黄河流域生态保护和高质量发展是党中央作出的重大战略，陕西作为流域省份之一，将积极推动黄河流域生态保护和高质量发展。坚定走好以生态优先、绿色发展为导向的高质量发展之路，对新时代陕西追赶超越具有十分重要的意义。加强沿河两岸的生态环境保护，巩固退耕还林还草成果，加大植树造林力度，做好水土保持和污染防治，从而确保流域综合环境长期处于良好状态。增创经济高质量发展新优势，加快沿黄生态城镇带建设，着力保障改善民生，如期高质量打赢脱贫攻坚战。通过全力做好黄河流域生态保护和高质量发展工作，促进陕西省经济高质量发展。

3. 大力实施“三个经济”

2017 年 9 月，陕西省委书记胡和平在西咸新区空港新城调研时首次提出发展“枢纽经济、门户经济、流动经济”的理念。2019 年 5 月《陕西省推进“三个经济”发展 2019 年工作要点》印发实施，成立“三个经济”发展领导小组，以发展“三个经济”为突破口，着力打造新高地，拓展新空间，努力使对外开放成为新时代追赶超越的新优势，推动全省经济高质量发展。陕西将进一步拓展枢纽优势，加快开放大通道建设，构建功能完备、多中心放射的交通网络。进一步强化门户功能，加快建设“一带一路”交通商贸物流、国际产能合作、科技教育、国际文化旅游、丝绸之路金融“五大中心”，高标准建设自贸试验区，探索建设西安“一带一路”综合改革开放试验区，扎实推进航空口岸、铁路口岸等建设。进一步促进要素流动，推动生产、流通、分配、消费畅通循环，加快人流、物流、能量流、资金流、信息流聚集辐射。

四　2020年全省宏观经济发展基本面预测

2019 年，国际环境更加复杂严峻，国内经济增长放缓，陕西省经济下行压力持续不减。2019 年前三季度，陕西生产总值增速为 5.8%，比上半年加快 0.4 个百分点。陕西以党的十九大精神为统领，坚持稳中求进工作总基调，全力推动经济高质量发展，预计2020年陕西继续保持稳定增长，增速将保持在6%左右。

（一）规模以上工业增加值

2019年前三季度，陕西规模以上工业增加值同比增长4.5%。在《2019年工业稳增长促投资推动高质量发展的若干措施》的实施下，陕西将进一步推动工业稳增长，工业新动能不断集聚，预计2020年全省规模以上工业增加值增速在6%左右。

（二）全社会固定资产投资

2019年前三季度陕西固定资产投资平均增长1%。现阶段陕西省基础设施、产业、民生等领域投资需求仍然巨大，随着稳投资效应的逐步显现，预计全省2020年全社会固定资产投资增速为5%左右。

（三）社会消费品零售总额

2019年前三季度陕西社会消费品零售总额平均增速为7.3%。随着新兴消费增长加快，预计全省2020年社会消费品零售总额增速将保持在7.5%左右。

（四）外贸进出口总额

2019年前三季度陕西外贸进出口总额增速为0.71%。随着新时代推进西部大开发形成新格局的战略部署逐步推进，预计全省2020年外贸进出口总额增速将为5%左右。

（五）地方财政收入

2019年前三季度陕西地方财政收入平均增速为3.9%。预计全省2020年地方财政收入增速将在4%左右。

（六）居民消费价格指数（CPI）

2019 年前三季度陕西居民消费价格指数（CPI）增速为 2.5%。预计全省 2020 年 CPI 增速将在 2.6% 左右。

（七）城乡居民可支配收入

2019 年前三季度陕西城乡居民可支配收入分别增长 8.4% 和 9.9%。通过脱贫攻坚弥补增收短板、稳定就业夯实增收基础、发展产业拓宽增收渠道等措施，预计全省 2020 年城乡居民可支配收入增速将分别为 9% 和 10% 左右。

五　2020年促进陕西经济发展的对策建议

2019 年，陕西省委省政府以习近平新时代中国特色社会主义思想为指导，贯彻新发展理念，坚持稳中求进工作总基调，积极应对经济下行压力，坚持把稳增长作为当前经济工作的首要任务，紧扣追赶超越定位和“五个扎实”要求，大力发展“三个经济”，加快推动高质量发展。2020 年，陕西要以党的十九大精神为统领，以供给侧结构性改革为主线，不断提高经济发展的质量和效益，继续推动构建现代产业体系、优化投资结构、发展外向型经济、培育创新活力、优化提升营商环境、加快关中平原城市群建设等工作。

（一）构建现代产业体系，培育可持续发展核心动力

1. 推进特色现代农业发展

深化农业供给侧结构性改革，加快打造特色农业产业、产品和品牌，推动农业由增产导向转向提质导向。加快发展农业大数据，为陕西省“3 + X”特色现代农业发展提供强劲动力，全面提升农业特色产业质量、效益、竞争力。健全现代农业服务体系，促进农村一二三产业融合发展。

2. 提升工业高端化、智能化水平

继续扎实推进实施“陕西制造 2025 行动计划”，顺应新产业革命发展趋势，以专门政策强化“智能制造”相关产业优势，加快发展智能制造，推进陕西省制造业转型升级，促进产业向中高端迈进，形成陕西竞争新优势，打造“陕西智造”新名片。以增材制造、航空航天、智能装备、高端能源装备为重点，推动高端装备制造产业突破发展。大力发展工业互联网，实施“互联网 + 制造业”专项行动，释放工业大数据对智能制造的赋能效应，促进互联网、大数据、人工智能和实体经济深度融合。培育发展先进制造业产业集群，积极创建制造业高质量发展国家级示范区。制订实施重点产业集群培育计划，加快培育高端装备、新一代信息技术、新材料等万亿级产业集群，培育人工智能、石墨烯、纳米技术等千亿级产业集群。

3. 优化发展现代服务业

聚焦数字经济、共享经济、现代供应链等领域，促进新产业、新业态、新模式加快成长，着力打造西部重要的服务经济中心。着力推动生产性服务业向专业化和价值链高端延伸发展，积极打造专业服务体系，为陕西制造业发展提供强有力服务支撑。着力推动生活性服务业向精细化和高品质转变，大力发展文化、体育、健康、养老等社会服务业，提高城乡居民生活品质，均享普惠经济。

（二）优化投资结构，扩大有效投资

1. 加大工业投资力度，提高资金使用效率

在稳定第三产业投资发展的同时加大第二产业的投资力度，全面优化固定资产投资结构和工业投资结构，推动工业投资增长重回上升通道。从工业投资发展目标、投资结构优化、支持保障政策、强化工业落实机制等方面形成合力。积极争取国家重大专项及战略性新兴产业重大项目，推动战略性新兴产业快速发展，不断提高战略性新兴产业占工业投资的比重和生产性服务业占服务业投资的比重，更好地发挥政府的财政补贴、税费减免等政策杠杆作用。

2. 优化政府投资方向，引导支持民间投资

制定产业投资引导政策，加大对小微企业、科技型中小企业、创新型企业的扶持力度，支持“双创”平台建设和新技术新产品研发，加大财税金融扶持力度。发挥地方政府投资杠杆对民间投资的带动作用。加大财税政策对民间投资的引导和支持力度，调动企业投资的积极性。大力发展适应民间投资需要的多层次金融体系。通过加快金融业对内开放步伐，积极发展非国有地方银行和中小金融机构，通过完善中小企业信贷担保体系，设立专门的贷款担保基金，从而为民间投资发展提供更多资金支持。

3. 建立完善多元化多层次投资风险分担机制

建立和完善新兴产业风险预警和分析体系，强化风险处置决策机制，提高对新兴产业领域潜在风险敏感性和突发情况快速处置能力。提高信息化治理水平。加强在线、移动、大数据监管能力和队伍建设，提高网上侦查、新产品检验检测、金融领域新风险防范、网络信息技术产品和服务安全审查等技术水平。进一步完善公共管理和决策工具体系，缩短风险监测信息反馈周期。

（三）发展外向型经济，加快内陆开放高地建设

1. 加强国际产能合作，深度融入“一带一路”

积极开拓丝绸之路经济带中亚区域市场，以优势产业和龙头企业为抓手，在开发境外资源的基础上构建跨境产业链，深度开展国际产能合作，促进能源开发、航空航天、现代农业、文化旅游业等向外拓展，支持引导企业、大学、科研院所建立海外研发中心、创新园区，带动省内制造、装备、技术、服务等领域的国际合作，促进产业交流与合作发展。支持陕西重点优势企业“走出去”，构建境外研发生产中心，增强企业在全球配置资源能力。加快发展开放型经济产业，引进出口加工、仓储物流、口岸贸易等行业领先企业。加快建设“陕西—丝绸之路经济带国家产业园”并建立合作共赢的利益共享机制，吸引丝绸之路经济带沿线国家企业进入园区，或在陕西设立分支机构、生产研发基地。

2. 加强区域合作，加快区域产业联动发展

探索跨区域产业合作发展新路径，推行“生产基地＋工业园区”建设模式。支持国家级开发区建立飞地园区，推进东西部开发区联合共建。利用关天经济区、“一带一路”这两个重要区域协作平台，加强关中平原城市群与兰州—西宁城市群的协调发展，在装备制造、航空航天、医药健康、新材料、新能源、现代农业等方面的分工与协作，扩大金融服务、商贸物流、文化旅游、人才培养等服务业领域开放合作，拓展关中城市群向西开放的深度。

3. 加强平台对接，创新自贸试验区建设

持续推动陕西自贸试验区抓好各项改革试点任务落实，继续推进形成铁路运输方式舱单归并新模式等一批可在全国复制推广的创新成果，推动投资自由化、贸易便利化、监管法制化，对标国际经贸规则体系，营造法治化国际化便利化营商环境。围绕投资、金融、法治和新兴要素便利流动开展一系列制度创新，吸引全球科技资源、高端人才和资本在新兴产业形成集聚效应，推动开放型经济加快发展。

（四）培育创新活力，增强高质量发展新动能

1. 推动以科技创新为核心的全面创新，实现创新驱动

只有抓住处于核心地位的科技创新才能抓住创新发展的根本，其他创新紧紧围绕科技创新。建设“一带一路”科技创新中心，深化东西部科技创新合作，打造协同创新共同体。通过系统性的全面深化体制改革激发经济增长的潜能与动力，促进陕西经济可持续增长。

2. 整合区域创新资源和要素，推动创新要素合理流动

以国家级开发区等战略平台为依托，打造创新核心区，推动建设国家级和省级制造业创新中心。支持创新主体在全球范围内配置创新资源，鼓励有实力的企业设立海外研发中心，或投资并购国外创新企业和研发机构，以更大范围、更高层次上的开放，加快形成西部创新高地，助推陕西经济高质量发展。支持民营科技企业、民办科研机构建设高水平研发平台，激发全社会创新创业活力。

3. 深入实施创新人才战略

按照推动高质量发展需求统筹推进各类人才队伍建设，培养创新型人才。积极弘扬科学家、企业家和工匠“三种精神”。开放创新人才引进政策，破除人才体制限制，完善知识产权归属和利益分享机制，激发人才创新活力。开展人才联合培养，利用好“新丝绸之路大学联盟”、人文交流服务平台、丝绸之路经济带教育文化研究交流中心深化国际教育培训合作，探索国际化创新人才培养的新路径。

（五）全方位优化营商环境，促进资源要素聚集

1. 以制度创新为核心，加快体制机制转型

以自贸试验区制度创新为核心，加快管理体制机制创新，推动营商环境改革创新。对标国际经贸规则体系，推动投资自由化、贸易便利化、监管法制化，破除制约企业和群众办事创业的体制机制障碍，建立更加开放透明的市场准入管理模式，构建与商事制度改革相适应的市场监管体系。围绕投资、金融、法治和新兴要素便利流动开展一系列制度创新，吸引全球科技资源、高端人才和资本在新兴产业形成集聚效应，推动开放型经济加快发展。

2. 构建亲清新型政商关系，营造风清气正政治生态

加快推进“互联网＋政务服务”，严格执行行政权力清单、责任清单、公共服务事项清单制度。探索建立健全清单动态调整常态化机制，不断提高政务服务的透明度、满意度。营造法治化营商环境，彻底清理有违公平的涉企政策、地方性法规、规章和规范性文件，夯实制度基础。打造廉洁从商环境，健全完善企业信用评价修复机制和异议处理机制。强化监督保障措施，加强对重商、尊商、亲商政策执行情况的监督检查。

3. 优化产业环境，破解融资难题

探索建立政府、风险投资公司、保险公司、生产销售企业等多元化投资与风险分担机制。探索推进数字化信用评级＋网络借贷的创新金融模式。探索建立利益分享、政策协同机制，引导战略性新兴企业向对应的产业集聚平台迁移。打造“五通一平”的创新要素共建共享体系，培育发展产业平台

型、总部型、生态网络联盟、微商联盟等产业组织新模式，全方位释放创新活力。

（六）加快关中平原城市群建设，提升区域发展质量

1. 推进西安国家中心城市建设

以建设西安国家中心城市为龙头，促进关中平原城市群协同发展。充分发挥大西安的综合优势，打造大西安都市圈，全面提升西安的集聚引领、空间辐射、综合枢纽、城市服务等功能，加快构建现代产业新体系，推进科技创新，增进文化交流，扩大对外开放，加快建设代表国家新形象、带动大关中、引领大西北、具有国际竞争力的国家中心城市，将西安建设成为服务“一带一路”、亚欧合作交流的国际化大都市。

2. 做大做强重要节点城市

深化“一市一策”，进一步提升宝鸡、铜川、渭南、商洛、杨凌、韩城等城市的综合服务功能和管理水平，扩大人口规模，增强对关中平原城市群发展的支撑作用。壮大县域经济实力，推动富平—阎良、杨凌—武功—周至、韩城—河津—万荣经济一体化发展，打造次区域增长极。

3. 进一步强化区域协作机制

加速关中平原城市深度融合，突出协调合作，实现错位发展、抱团发展，重点在规划、交通、产业、创新、公共服务、环境保护等诸多方面逐步做到“无缝对接”。形成圈内资源共享、产业共兴、竞合有序、共同发展的格局。

分 报 告

Sub-Reports

B.2

2019年陕西农村经济形势分析与2020年预测与展望

赖作莲*

摘 要： 2019年，陕西农业农村经济整体平稳运行，种植业生产形势总体向好，畜牧业生产保持相对稳定，农村居民消费高质量增长，农业农村优先发展扎实推进，“3+X”农业特色产业体系加快打造，农村人居环境明显改善；但也面临农业生产成本较快上涨，农村人居环境整治、农业绿色发展面临多重困难，部分扶贫产业面临不可持续的难题。展望2020年，粮食可能保持稳产，水果产量可能继续增加，蔬菜面积和产量可能继续扩大和增长，畜牧业生产可能恢复稳定。为促进2020年农业农村经济高质量发展，要积极应对农业的高成

* 赖作莲，博士，陕西省社会科学院农村发展研究所副研究员。

本，推进农村人居环境整治和农业绿色发展，促进产业扶贫可持续发展，加快推进农村集体经济发展。

关键词： 农业农村 绿色发展 陕西

2019 年，在外部发展环境总体趋紧的背景下，陕西省委省政府坚持以习近平新时代中国特色社会主义思想为指导，认真贯彻落实党中央、国务院各项决策部署，积极应对经济下行压力，大力发展“三个经济”，坚持推动高质量发展，实施乡村振兴战略，深入推进农业供给侧结构性改革，坚持农业农村优先发展，农业生产整体平稳。初步核算，前三季度，全省第一产业增加值 1033.29 亿元，增长 3.9%。

一 2019年农业农村经济运行的总体情况

（一）种植业生产形势总体向好

粮食生产保持稳定。2019 年，陕西继续推进农业供给侧结构性改革，缩减旱腰带地区的玉米、小麦等粮食作物的播种面积。夏粮播种总面积 1656.52 万亩，比上年减少 5.92 万亩。受气候条件影响，夏粮总产量 420.31 万吨，同比下降 4.1%。秋粮生产总体较好。

蔬菜、水果产量增加。蔬菜生产销售实现“两旺”，蔬菜种植面积和产量均呈增长态势，销路较好，销售价格高于常年。前三季度，全省蔬菜及食用菌产量达 1434.4 万吨，同比增长 4%。得益于较好的光、热、水资源条件和较轻的气象灾害及病虫害，苹果实现较大幅度的增产，猕猴桃、梨等水果也获丰产。前三季度，园林水果总产达 547.2 万吨，增长 7.3%。

（二）畜牧业生产保持相对稳定

前三季度，猪牛羊禽肉产量 78 万吨，同比下降 2.2%；牛奶产量 81.8

万吨，同比下降1.5%。

畜禽总体存栏略有增加，但能繁殖母猪降幅较大；猪禽出栏增加，牛羊出栏减少。上半年，猪存栏838.1万头，比上年同期增长0.5%，但能繁殖母猪存栏74.5头，比上年同期减少5%；牛、羊、禽存栏分别为149.9万头、860.9万只、7256.6万只，分别比上年同期增长0.7%、0.7%、2.7%。上半年猪出栏556.9万头，禽出栏2232.5万只，分别比上年同期增长5.7%、3.3%；牛出栏25.4万头，羊出栏309.1万只，分别比上年同期下降5.8%、3%。

（三）农村居民收入较快增长

2019年，农村居民收入增长速度加快，城乡差距进一步缩小。根据国家统计局陕西调查总队调查，上半年，陕西农村居民人均可支配收入为6184元，同比增长9.7%，增速比城镇居民高1.2个百分点，城乡居民收入比也因此降至2.90∶1。从全国范围看，增幅比全国平均增速高0.8个百分点。从收入构成看，上半年，工资性收入占可支配收入的46.4%，依然是农村居民首要的收入来源；转移净收入的占比为28.6%，经营净收入的占比为22.7%，财产净收入占可支配收入的比重只有2.3%。经营净收入和财产净收入所占比重偏低。

（四）农村居民消费高质量增长

上半年，乡村消费品零售额562.29亿元，同比增长9.0%。农村居民人均消费支出5416元，同比增长8.7%。各类消费支出中，最大的支出项是食品烟酒类，为1424元，同比增长9.7%；其次是居住类，为1223元，同比增长3.3%。增幅最大的是交通通信类，为703元，同比增长18.6%；其次是教育文化娱乐类，为560元，同比增长17.8%。2019年上半年农村常住居民人均服务性消费支出达2294元，同比增加251元，增长12.3%。农村消费额的增加和教育文化娱乐、交通通信、服务性消费支出的增长，表明为提升自身素质及生活品质的消费支出的快速增长，显示了居民消费朝着高质量方向发展。

（五）主要农产品价格上涨明显

2019年前三季度，水果、蔬菜、畜产品等价格均呈上涨态势，生猪价格上涨尤为明显。生猪价格在1月底探底后反弹快速上涨。到2月中旬重回1月初的水平，并保持价格稳定至3月初。3月开始价格较快上涨，3月中旬涨至15元/公斤左右，价格恢复至上年同期略高水平。6月持续上涨，至7月下旬价格逼近19元/公斤。8月价格快速上涨，月底价格为26元/公斤左右，相对于月初上涨了35%。9月基本稳定在26.5元/公斤左右。

经过连续上涨，肉类产品的价格远超过上年同期，9月初的监测数据显示，生猪价格比上年同期上涨107.66%，猪肉价格比上年同期上涨87.86%。受生猪猪肉价格上涨的影响，牛羊肉价格也明显上涨。前三季度，鲜牛肉价格均超过32元/斤，鲜羊肉价格均超过33元/斤。9月初的监测数据显示，鲜牛肉价格比上年同期上涨21.31%，鲜羊肉价格比上年同期上涨19.96%。鸡肉和鸡蛋价格分别比上年同期上涨27.88%和36.11%。

（六）农村劳动力外出务工人数增加

根据国家统计局陕西调查总队的抽样调查，2019年上半年，在农村劳动力中，本地务农劳动力和外出从业劳动力的比重分别为40.4%、32.2%。本地非农自营人数、非农务工人数、其他从业人数又分别占5.3%、18.5%、2%；未从业比例为1.6%。值得注意的是，外出从业人数的占比较上年同期提高了3.8个百分点，在一定程度上说明因本地就业机会减少，更多的劳动力外出务工。截至二季度末，全省农村外出务工劳动力为570.1万人，较上年同期增加13万人，增长2.3%。外出务工劳动力月均收入3550元，比上年同期提高154元；本地非农务工劳动力月收入2087元，外出务工收入明显高于本地务工，明显的收入差距也使更多的劳动力选择外出务工。

二　2019年农业农村经济发展的新亮点

（一）农业农村优先发展扎实推进

2019 年 3 月，陕西省委省政府出台了《关于坚持农业农村优先发展全面做好“三农”工作的实施意见》，安排部署农业农村优先发展，全面推进乡村振兴。着力完成坚决打赢打好脱贫攻坚战，加快补齐农村人居环境和公共服务短板，夯实农业发展基础，大力发展乡村产业，全面深化农村改革，加强农村基层组织建设和乡村治理等硬任务。

为确保农业农村优先发展落到实处，以“四个注重”加强党对“三农”工作的领导，即注重把优秀干部充实到“三农”战线，注重把熟悉“三农”工作的干部选任到地方各级党政班子，注重把优秀村干部选拔到乡镇和县级部门任职，注重把有农业专业职称的干部补充到农业农村各部门，强化农村基层组织队伍。加大对深度贫困地区资金投入，明确要求省财政专项扶贫资金对深度贫困县在正常投入增幅的基础上再提高 20% 以上，省级部门切块下达的涉农整合资金增幅高于上年 10%。强化高标准农田建设和粮食主产区粮食生产能力建设，着力抓好粮食生产。全面深化农村改革要求，加快深化农村土地制度改革，完善承包地“三权分置”制度，深入推进农村集体产权制度改革，创新金融支农方式。

（二）“3＋X”农业特色产业体系加快打造

产业兴旺是解决农村一切问题的前提。陕西大力推动乡村产业振兴，围绕将果业打造成百年产业、将羊乳打造成世界级产业、建成设施农业西部强省的目标，着力打造“3＋X”农业特色产业体系。

“3”是指“以千亿级苹果为代表的果业、以千亿级奶山羊产业为代表的畜牧业、以千亿级棚室栽培为代表的设施农业”；“X”即因地制宜做优做强若干区域特色产业，例如魔芋、中药材、茶叶、核桃、红枣等有机、富硒、林特优势特色农产品等。通过在六盘片区发展矮化苹果栽培，在渭北地区改造老园，在吕梁片区发展山地苹果，优化苹果产业布局。通过良种繁育县、全产业示范县和产业基地县建设，推动羊乳产业发展。打造沿黄公路南端、富阎一体、榆林大漠、延安山地瓜果、秦巴山区食用菌“五大板块”的设施农业。

为推动“3+X”农业特色产业体系建设，多措并举，推动形成“政策+资本+举措”乘数效应。强化对产业发展的资金投入，多渠道筹措产业发展资金，省级设立“3+X”特色产业发展专项，鼓励市县整合涉农资金，引导农民群众自筹自投，并支持贫困县把涉农整合资金重点用于“3+X”工程；以农业产业园、田园综合体、产业小镇为载体，聚集资源要素，聚力产业发展；深化农村土地制度改革，盘活农村资源，吸引工商资本下乡。

（三）农村人居环境明显改善

农村人居环境整治是实施乡村振兴战略的第一场硬仗。陕西省住建厅资料显示，2018年，全省农村人居环境整治完成投资247.21亿元，89%的行政村生活垃圾、41%的行政村生活污水得到有效治理，户用无害化卫生厕所普及率达到40.7%。2019年，继续实施农村生活垃圾治理、农村生活污水治理、农村“厕所革命”、农业废弃物资源化利用、村容村貌提升等五大专项工程，深入推进农村人居环境整治。通过深入开展学习借鉴浙江“千村示范、万村整治”工程经验活动，推动村庄生活垃圾清理、村庄沟塘清理、农业生产废弃物清理，污水处理设施建设，改造农村户用卫生厕所，改变影响农村人居环境的不良习惯，构建村庄保洁长效机制，实现了房前屋后和村庄环境干净、整洁、有序，村容村貌明显提升，文明村规民约普遍形成，村民清洁卫生文明意识普遍提高。

与此同时，积极探索运用标准化手段打造农村人居环境整治样板。2019年7月1日，启动农村人居环境整治标准化试点工作，在宝鸡市陈仓区文广村和高新区凉泉村、凤翔县六营村、眉县文谢村等8个村开展试点，开启陕西农村人居环境整治工作标准化实施阶段。

（四）新型农业经营主体不断壮大

陕西持续推进新型经营主体培育工程，新型农业经营主体不断壮大，带动作用不断增强。截至 2019 年 6 月底，全省累计扶持培育龙头企业 2127 家，其中，规模以上龙头企业超过 1000 家，有 36 家为农业农村部第八次监测合格农业产业化国家重点龙头企业。陕西石羊集团、西安国维淀粉等 8 家农业产业化龙头企业成功入选“2019 农业产业化龙头企业 500 强”。全省农民专业合作社登记数量 6.1 万余家，其中，国家级农民合作社示范社 58 家。西安稞青农产品专业合作社、大荔县凯荣养猪专业合作社、眉县金桥果业专业合作社等 15 家农民合作社入选“2019 农民合作社 500 强”。农民合作社打破了“户户各干各、经营各不同”的分散生产局面，有力地带动了农村、农业和农民的发展。截至 2019 年 6 月底，全省家庭农场已达到 1.72 万余家，其中省级示范家庭农场 1772 家。家庭农场已成为陕西特色现代农业发展的有生力量和重要支撑。新型农业经营主体的壮大带动了农业附加值增长，促进了农产品综合加工转化率及加工增值率的提高。

（五）农业保险补贴品种增加

陕西强化农业政策性保险工作，增加农业保险品种，扩大实施规模。2019 年，陕西省省级财政保险品种已扩大到苹果、核桃、大枣、花椒、猕猴桃、设施蔬菜、仔猪、种公猪、奶山羊、农房等 10 个品种。中央财政补贴品种已增加到 11 个。同时，进一步扩大保险规模，在 2018 年的基础上，继续扩大。积极推动农业保险创新，鼓励各级政府整合各类资金与保险、银行、信托等金融机构合作，开展带有趋势性、方向性的农业保险创新品种试点，引导多元主体参与，构建“多层次、多方式”产业发展和农业生产经营者收入稳定保障体系。农业保险政策的完善，增强了农业抵御风险的能力，对促进农业高质量发展有积极意义。

三 2019年陕西农业农村经济发展存在的主要问题

（一）农业生产成本上涨较快

在农业生产资料价格上涨和人工成本上涨的作用下，农业生产成本较快上涨。在西安市的调查显示，2019 年小麦种子、玉米种子和油菜种子价格分别较上年上涨 10%、3.7% 和 5%。尿素、农药和农用地膜价格分别较上年上涨 9.4%、9.1% 和 25%。

对果农投入的监测数据显示，2019 年果业生产投入大幅增长。苹果亩均直接生产投入 1252.11 元，增长 17.5%，其中：水费 23.47 元，增长 67.4%；套袋费 215.15 元，增长 42.2%；雇工费 287.73 元，增长 37.7%。梨亩均直接生产投入 880.86 元，增长 55.2%，其中：套袋费 93.60 元，增长 111.6%；肥料费 346.34 元，增长 57.3%；水费 66.91 元，增长 53.2%；雇工费 223.18 元，增长 45.7%。猕猴桃亩均直接生产投入 887.08 元，增长 7.6%，其中：水费 12.63 元，增长 63.5%。果农投入的增加，虽然一方面体现了果农在果品销售价格的激励下，生产积极性和投入意愿增强，但另一方面也充分反映了生产成本上涨较快的态势。农业生产成本上涨过快，可能影响农业生产的效益，从而挫伤农民生产积极性。

（二）农村人居环境整治面临困难

2019 年陕西农村人居环境整治深入推进，并取得了显著成效，但是仍面临一些不容忽视的问题。部分村庄卫生厕所改造未结合本地实际。铜川市部分村民反映，当地改造的冲水卫生厕所只能在春、夏、秋季使用，冬季水管结冰影响使用；商南县部分村民反映，当地村庄供水紧张，改造的冲水卫生厕所经常无法使用。

绝大多数村庄没有进行生活垃圾分类。垃圾分类能有效地减少垃圾，但国家统计局陕西调查总队的调查显示，调查的 101 个村中只有 3 个村进行了垃圾分类，其余98个村均未进行垃圾分类，占97%。同时，很多村庄垃圾清运不及时。部分村民反映，垃圾场清理不及时，滋生苍蝇等，恶臭难闻。

农村生活污水集中处理不足。大多数家庭生活污水没有接入乡镇污水管网或本村污水处理设施进行集中处理，而是未经处理直接排放。有的地方村里没有排污渠道，村民将生活污水直接倒入门前农田，或者倒进沟渠，致使生活污水进入河道，污染环境。

（三）农业绿色发展面临多重障碍

农业绿色发展的思想观念和价值导向难以建立。习近平总书记曾指出，推进农业绿色发展是农业发展观的一场深刻革命。思想观念和价值导向的形成并非一朝一夕完成的，改变起来也绝非易事。长期以来，为了追求高产，大量过量施用化肥农药，形成了对化肥农药的依赖惯性，一些人潜意识中存在减少化肥农药施用会减产受损的思想。同时，还存在不理性的消费观念。消费者普遍追求物美价廉，但这从本质上并不符合逻辑。绿色有机农产品、质量更高的产品，价格也理应更高。但长期的非理性的“物美价廉”的消费观念难以转变。

农业绿色发展的科学技术支撑不足。当前绿色生产技术研究开发不足。在长期产量目标导向下，化肥、农药、农膜等生产资料生产与施用技术都是与绿色生态相悖的。中华农耕文明蕴含着绿色发展要义，《管子》《四时月令》《齐民要术》《王祯农书》《天工开物》《农政全书》《授时通考》等农学巨著都有极其深厚的养地改土、资源循环利用、持续发展的方法和技术，但是这些传统农业技艺要在当今时代条件下发挥积极作用，还需要通过一定的方法和技术来体现和转化，而这在一定程度上涉及长期以来农业技术体系范式的根本转变，这有相当大的难度。

农业绿色发展的资金需求量大。当前正积极推动化肥农药减量增效推动农业绿色发展。实施化肥农药减量增效而采用的有机肥替代及缓释肥料、生物肥料等高效新型肥料，以及自动虫情测报灯、自动计数诱捕器、高效常温烟雾机等高效低毒低残留农药及现代高效植保机械，都需要较多的投入，会增加生产成本。另外，实施化肥农药减量增效行动，会造成农作物一定减产，在产品未形成品牌效应前会造成一定的损失。

（四）产业扶贫面临可持续发展难题

扶贫产业以农业为主，同质化严重，单一且低端。立足农村自然资源、人力资源（劳动力技能和素质）、产业基础等条件，实施以农业为主的产业帮扶，有其合理性、必然性。但是各地都通过农业产业扶贫，则会导致产业雷同，发生“谷贱伤农”情况，影响产业持续发展。

部分扶贫项目的实施主体实力较弱，难以带动产业发展。在脱贫攻坚中推动形成了“龙头企业＋贫困户”“龙头企业＋合作社＋贫困户”“龙头企业＋党支部＋合作社＋贫困户”等多种模式，旨在通过龙头企业、合作社的带动，帮助贫困户脱贫致富。但一些企业、合作社本身缺乏竞争力，实力弱，管理水平低，发展产业难度大。一旦遇到市场波动，很容易陷入经营困境。

扶贫产业缺乏市场竞争力，产品主要依靠政府采购和人情关系认购。但这种模式从根本上说难以持续。政府采购在很大程度上是扶贫任务使然，熟人购买短期可行，长期则难以持续。此外，一些扶贫产业过度依赖扶贫干部及其人脉资源。一些企业和投资者之所以愿意投资和采购，是看重扶贫干部的关系和信誉，但是扶贫干部一走，产业没有形成持续的收益，投资者就可能撤离，收回债款，导致资金链断裂，产业停摆等问题。

（五）农村集体经济培育发展难度较大

发展壮大农村集体经济是发展农村经济的关键，是提升农村自身发展能力的重要前提。当前农村集体经济普遍还较弱，村集体经济发展难度较大。全省村级经济发展不平衡，除极少数村集体经济有一定积累外，村集体经济普遍较弱。尽管产权制度改革促进了集体经济发展，但真正能够较好运营的村集体经济不足10%。集体经济培育难度大，还体现在发展集体经济的观念弱化，氛围不浓。在市场经济的冲击下，群众干部发展集体经济的意识逐渐淡薄。农村集体资产长期处于“人人所有、人人无份”状态。集体产权归属不清晰严重限制了村集体经济的发展壮大。此外，集体资产不仅无法激活利用，还不断流失。善经营、懂管理的人才严重不足。优秀的经营管理人才原本就稀少，而深度贫困县的农村青壮年劳动力又大量外出，能经营会管理的带头人更是匮乏。

四　2020年农业农村经济形势展望与预测

（一）粮食可能保持稳产

陕西省始终把粮食安全置于农业农村工作的首位。近年来，陕西省大力推进高标准农田建设。截至 2018 年底，已累计建成高标准农田 1941 万亩；2019 年再建 200 万亩。高标准农田道路、灌渠等基础设施条件完善，项目区农田灌溉保证率达 75% 以上，近 1/6 可灌溉耕地实现了高效节水灌溉。2019 年，为稳步提升全省粮食产能，陕西省人民政府出台了《关于稳步提升粮食产能确保粮食安全的意见》，明确按照“强基础、提产能、保供给”的要求，突出优势产区，突出口粮，突出高质量，加强基本农田保护，划定建设粮食生产功能区，打造集中连片高标准农田，实现“藏粮于地，藏粮于技，藏粮于民”。明确要求到 2020 年，全省耕地保有量不低于 5414 万亩，永久基本农田稳定在 4595 万亩。这为实现 2020 年粮食稳产打下了坚实基础。但是 2019 年夏粮主要作物种植面积减少在一定程度上表明了在经济作物较高收益的驱动下，可能会产生去粮化倾向。

展望 2020 年，粮食产量将继续保持稳定。采用多元线性回归分析法，以粮食产量为因变量，以粮食播种面积、粮食生产价格、化肥施用量为变量，建立回归预测模型，对 2020 年陕西粮食产量进行预测。利用二阶自回归求取自变量的预测值。应用 Eviews6. 0 软件进行预测，预测结果显示 2020 年粮食产量为 1255. 8 万吨。

（二）水果产量可能继续增加

2019年，陕西围绕将以苹果为代表的果业打造成千亿级产业的目标，积极推动苹果产业转型升级。积极推动苹果产业布局优化，以48个基地县为重点，推进“改乔化、推矮化、发展山地苹果”，在六盘山片区发展矮砧栽培，在吕梁片区发展山地苹果，在渭北旱原改造乔化老果园，调减关中非优生区苹果种植规模。并着力抓好种苗和有机肥替代，确保新建园区和改造园区新种苗和接穗的需要和果品品质提升的需要。同时，积极推动猕猴桃提质转型，选种新优品种，推行标准化无公害化生产。从果业发展空间看，苹果通过“北扩西移”还可以增加100万亩，猕猴桃通过“东扩南移”还可在秦巴山区新建50万亩。2019年上半年，全省新增苹果33.3万亩、猕猴桃5.8万亩。千亿级果业产业的打造将使水果产量进一步增加。但是2019年，苹果、猕猴桃、梨等主要水果价格走低，可以对千亿级果业产业的打造带来部分不利影响。展望2020年，水果产量仍将保持增长，不考虑极端恶劣天气的影响，预计2020年水果产量可达1790万吨。

（三）蔬菜面积和产量可能继续扩大和增长

近年来，陕西蔬菜产业规模稳步扩大，规模化板块化日益明显。特别是设施蔬菜规模快速扩张，已形成了关中设施蔬菜、陕北设施蔬菜、陕南设施食用菌等优势产业带。2019年积极推动设施蔬菜千亿级产业的打造，着力建板块增产能，以冬春反季节蔬菜生产为重点，一手抓新建扩张，一手抓改造提升。同时，设施蔬菜属于效益最好的农业主导产业。这将有助于蔬菜产业规模进一步扩大。但是蔬菜价格市场波动较大，容易出现“菜贱伤农”，影响蔬菜产业效益提升，也将对蔬菜产业规模扩大构成不利影响。预计2020年，陕西蔬菜面积可能达980.14万亩，蔬菜产量可能达2035.42万吨。

（四）畜牧业生产可能恢复稳定

2019年在非洲猪瘟疫情和“猪周期”等因素的影响下，生猪产能下降，猪肉价格上涨。陕西省委、省政府高度重视，下大力气加快恢复和稳定生猪生产。按照“稳产能、优结构、建体系、推标准、倡绿色”的思路，开展非洲猪瘟疫情排查、餐厨废弃物处置、稳定生猪生产健康发展、猪肉供应保障“四大行动”，实施和落实了种猪场补贴、生猪养殖企业生产流动资金贷款贴息、非洲猪瘟强制扑杀补助以及将能繁母猪、种公猪、仔猪、育肥猪均纳入保险政策范围等多项扶持政策，推动生猪生产向标准、绿色、循环、智慧等方向发展，这将有助于生猪产业的逐步恢复。同时，围绕千亿级奶山羊产业的打造，加大对全产业链示范县和基地县的扶持力度，全面推进奶山羊全产业链建设。

采用多元线性回归分析法预测，以肉类生产价格、疫情发生概率为变量，以肉类总量为因变量，建立回归分析模型；并对肉类生产价格、疫情发生概率作二阶自回归。预计 2020 年猪、牛、羊等肉类总量将可能达到 118.48 万吨。

（五）猪肉价格可能回归到正常区间

2019 年受生猪产能下降，猪肉供应紧张的影响，生猪猪肉价格大幅上涨。随着一系列稳定生猪生产的政策措施的出台和落实，生猪产能将得到恢复，猪肉供应紧缺的局面将逐步缓解。预计 2020 年猪肉价格可能回到正常水平。但在生猪生产转型升级、绿色高质量发展导向下，生产成本或将增加，从而使生猪价格可能总体有所上升。2019 年陕西、甘肃等苹果主产区生产形势良好，产量明显恢复。预计 2020 年苹果价格将有所回落，但优质苹果价格仍可能保持稳定。蔬菜价格可能总体保持稳定，随季节供求波动而波动。

五　促进2020年农业农村经济发展的若干对策建议

（一）积极应对农业的高成本

当前农业已进入“高成本”时代。随着人工成本、土地价格、能源原材料价格的上涨，农业高成本成为不可逆转的趋势。农业的高成本对农业生产、农民增收都产生了深刻的影响，要积极妥善应对。

1. 加快培育壮大新型农业经营主体

新型农业经营主体相对于普通农户具有更灵活的经营头脑和更强烈的市场意识，在农业生产要素的占有上更具有优势，能更有效地应对农业成本上涨带来的各种影响。要进一步加大对新型农业经营主体的培育和支持力度。要加大培训力度，包括现代农业科技知识、产加销经营思想和市场理念的培训和引导；要为新型农业经营主体提供更全面有效的产前、产中、产后服务；要加大财政支持力度，给予更多的财政项目支持；加大贷款、融资担保等金融支持力度。

2. 大力推动农业科技创新

通过科技创新推动农业高质量发展是农业高成本背景下，农业发展的必由之路。通过育种技术、作物栽培技术、畜牧饲养技术等技术创新提高农产品单产，提高资源生产率，提高农业产出，降低农产品单位成本，是应对农业高成本的根本之策。各级政府要进一步加大对农业科技创新的支持力度。

3. 完善农业保持支持政策，加大农业支持力度

顺应国际国内农业支持保护的趋势，优化财政支农结构，提升农业保护支持效能。加大对特定产品“黄箱”政策的补贴支持力度，用足非特定产品“黄箱”政策空间；加大对农业一般服务的支持力度，遵从 WTO 协定，扩大“绿箱”政策实施规模和范围。

（二）推进农村人居环境整治

1. 加快推进户用卫生厕所建设和改造

引导农村新建住房配套建设无害化卫生厕所。因地制宜推广使用完整下水道式水冲厕所、三格化粪池式厕所，以及其他贮粪池不渗不漏、粪便不暴露的卫生厕所。

2. 破解农村垃圾处理难题

强力做好农村垃圾分类。可根据农村实际，将垃圾分为易腐烂垃圾、不

易腐烂垃圾和有毒有害垃圾。易腐烂垃圾经过就近生态处理后还田；不易腐烂垃圾再细分为可回收垃圾和其他垃圾，可回收垃圾纳入资源回收再利用处理系统，其他垃圾纳入“村收集、镇转运、县处理”垃圾收运处理系统，进行无害化处理；有毒有害垃圾定点投放，并按相关规定统一收运处理。

3. 多举措抓好农村生活污水治理

采用接入市政污水管网、人工湿地或小型污水处理站等多种治理模式，实现农村污水处理全覆盖。根据农村不同区位条件、村庄人口聚集程度、污水产生规模，因地制宜推广低成本、低能耗、易维护、高效率的污水处理技术。针对村民分散居住、村内污水处理设施处理规模小、管理难度大等问题，对污水处理系统进行集中化运行控制、信息化管理、专业化日常维护，提高农村生活污水处理工程效益和管理水平。

（三）推动农业绿色发展

1. 转变观念，加快形成崇尚绿色、支持农业绿色发展的社会风尚

各级政府和农业农村行政主管部门要带头转变观念，转变过去长期形成的增产导向的农业发展观念，促进资源节约型、环境友好型农业发展，促进生态保育和绿色供给。加快构建推动农业绿色发展的考核评价体系，引导农业绿色发展方式转变。

2. 破解技术支撑难题

增加对绿色农业的科技研发、转化和推广体系建设等科研投入，推广节水、生态、循环、立体农业等模式，探索农业绿色发展模式。吸收借鉴传统文化中的农业原理和技术体系，加快推动中国传统农业“低消耗、低污染、低排放”的思想和技术体系在现代农业发展中的运用。

3. 加大对农业绿色发展的支持保护

发挥“有形的手”的积极引导作用，增强绿色农业生产者的发展信心。加大对化肥农药减量补贴。对化肥农药减量而增加的生产成本进行补贴；对化肥农药减量导致的农作物产量减少而造成的损失进行补贴；创新补贴方式，采用以补代发的新型补贴方式，通过“谁购买使用补贴谁，买

多少补多少”的补贴原则，进一步提高农业补贴政策的精准性、指向性和实效性。

（四）促进产业扶贫可持续发展

拓展产业扶贫类型，形成扶贫产业多门类发展的格局。产业扶贫不能局限于农业扶贫，要积极推动非农产业扶贫，实现一二三产业联动扶贫发展格局。

培育壮大新型农业经营主体，增强产业扶贫带动力。在农业补贴、税收、土地政策上，加大对新型经营主体的支持。将农机具购置补贴等政策向符合条件的新型农业经营主体倾斜。对农民合作社实行税收优惠，农民合作社销售社员生产的农产品或向社员销售的投入品免征增值税，新型农业经营主体从事农林牧渔生产经营活动，符合条件的减免企业所得税。城乡建设用地增减挂钩节余的用地指标，优先支持新型经营主体开展的农业生产经营和社会化服务。

提升贫困人口、贫困地区的自我发展能力。只有不断培养与提升贫困人口、贫困地区的自我发展能力，才能真正走上持久脱贫的康庄大道。提升贫困人口自我发展能力，既要强化教育培训，包括结合贫困人口的实际状况开展基础性教育、技能培训、就业及择业培训、岗前培训等工作，提高其创造机会、发现机会、把握机会勤劳致富、摆脱贫困的能力，又要加强他们的实践探索和历练，通过让贫困人口参加生产实践活动，培养其自我发展能力。

（五）加快推进农村集体经济发展

提高对发展农村集体经济重要意义的认识，充分调动各级各部门的积极性，合力推动村集体经济的发展壮大。加强党的基层组织建设，将发展壮大村集体经济作为强化农村基层党组织政治功能和服务功能的重要举措。村党支部、“村委会”要发挥农村集体经济发展堡垒作用，要明确村集体经济发展的目标任务，制定具体方案，认真组织实施。乡镇党委、乡镇政府要全面分析评估本乡镇资源条件、资源优势，找准村集体经济发展路径，研究制订发展规划，协调解决好项目、技术、人才、资金等方面的具体困难。针对农村集体经济中农业产业比重大的现实，农业部门要加强业务指导，并做好农村集体资产管理、指导、监督和培训职责。财政部门要加大资金扶持力度，确保发展农业集体经济的各项奖励扶持资金和培训经费落实到位。

参考文献

《2019 年前三季度陕西经济运行情况分析》，http：//s. askci. com/news/hongguan/20191022/1406071154015. shtml。

张毅：《陕西农业特色产业“3 + X”布局催生多项“全国冠军”》，《经济日报》2019 年 6 月 27 日。

吴莎莎：《陕西推进现代农业高质量发展》，《陕西日报》2019 年 3 月 1 日。

谭静池、王静：《“猪瘟”疫情后畜牧业发展途径探寻》，http：//www. nbs - sosn. cn/index. aspx？ menuid = 4&type = articleinfo&lanmuid = 18&infoid = 3289&language = cn。

吴莎莎、程伟：《陕西“五大行动”推进农村人居环境整治》，《陕西日报》2019 年 2 月 19 日。

张红宇：《坚定不移推进农业农村优先发展》，《中国党政干部论坛》2019 年第 3 期。

B.3

2019年陕西工业经济运行态势分析及2020年预测*

吴 刚 曹栋梁**

摘 要： 2019年国内外环境变数增多，陕西工业经济增速下滑，呈现恢复性增长态势。主要行业和企业效益下降，工业经济高质量发展面临新兴动力不足，投资支撑不够，高附加值、绿色化产品输出有限，内需型产业培育亟待加强等突出问题。2020年发展机遇与挑战并存，工业经济高质量发展面临诸多有利条件和不利因素，推进工业经济高质量发展，力争工业增速保持6.5%以上，为陕西国民经济稳中有进做好坚实支撑。为此，要加快传统工业智能化数字化转型，培育发展新动能，强化创新支撑力，增强工业惠民富民能力，提升工业品牌质量，促进制造业和服务业深度融合，同时，要强化高质量发展评价考核，推进产金融合，增强要素保障，优化提升工业发展环境等。

关键词： 工业经济 运行态势 陕西

---

* 本报告系国家社科基金项目“西部地区传统制造业转型升级能力评测及路径优化研究”（项目编号为14BJL098）阶段性成果之一。

** 吴刚，陕西省社会科学院经济研究所副所长、研究员，研究领域为工业经济与新兴产业；曹栋梁，陕西省工业和信息化厅大数据产业处处长，研究领域为工业经济与数据产业。

一 2019年陕西工业经济呈现缓慢恢复增长态势

2019 年初，受环保、治污降霾等政策，陕西“散乱污”企业整治、能源工业关门歇业治理等影响，工业经济主要指标不同程度下降，工业经济呈现缓慢恢复增长态势。

（一）工业增速趋缓，恢复性增长势头明显

2019 年一季度，陕西规模以上工业增加值增速仅为 2.8%，1～6 月规模以上工业增加值增速上升为 3.3%，较一季度加快 0.5 个百分点。1～9 月陕西规模以上工业增加值增速上涨为 4.5%，较 1～6 月加快 1.2 个百分点，但仍然低于 2018 年同期 4.7 个百分点，低于全国平均水平 1.1 个百分点，如图 1、图 2 所示。规模以上工业增加值增速与广东并列全国第 22 位。其中，能源工业同比增长 3.7%，低于 2018 年同期 6.6 个百分点；非能源工业增加值增长 5.2%，低于 2018 年同期 2.9 个百分点。

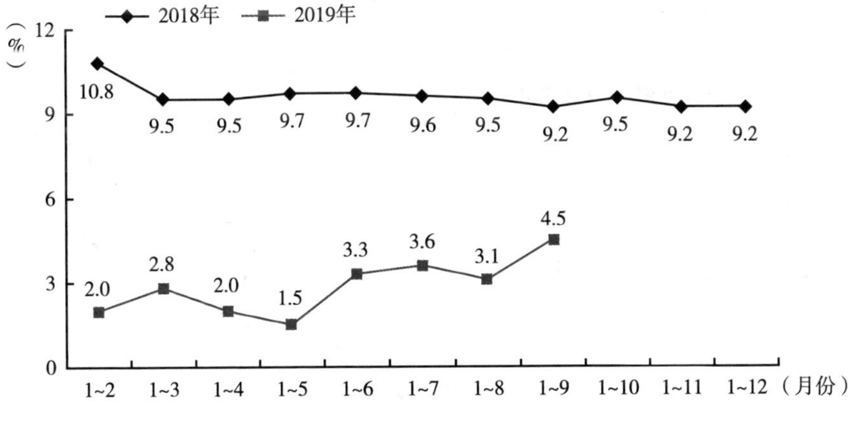

图 1 2018～2019 年陕西规模以上工业增加值累计增长情况

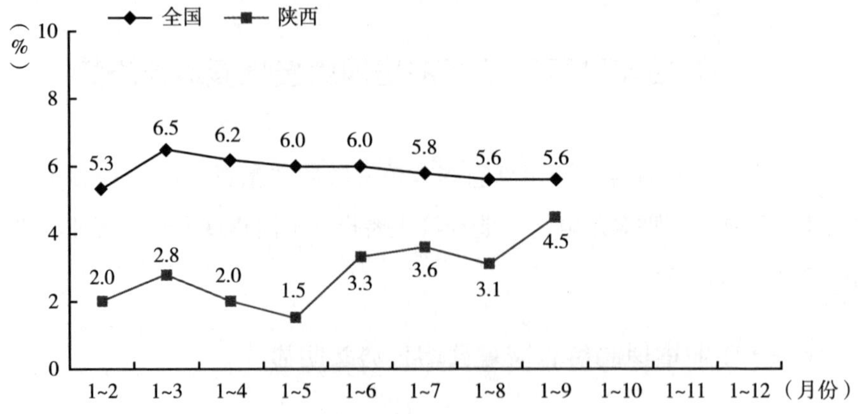

图2　2019 年陕西与全国规模以上工业增加值累计增长情况

（二）电子产品制造业逆势高速增长

2019 年 1 ~9 月，陕西装备工业（不含汽车）增加值同比增长 9.1%；汽车工业增长 2.0%，低于 2018 年同期 8.7 个百分点；原材料工业同比增长 1.9%，低于 2018 年同期 1.2 个百分点；消费品工业增长 6.6%，低于 2018 年同期 3.5 个百分点；电子产品制造业超高速增长，增速达到 17.1%，高于 2018 年同期 5.2 个百分点，如图 3 所示。

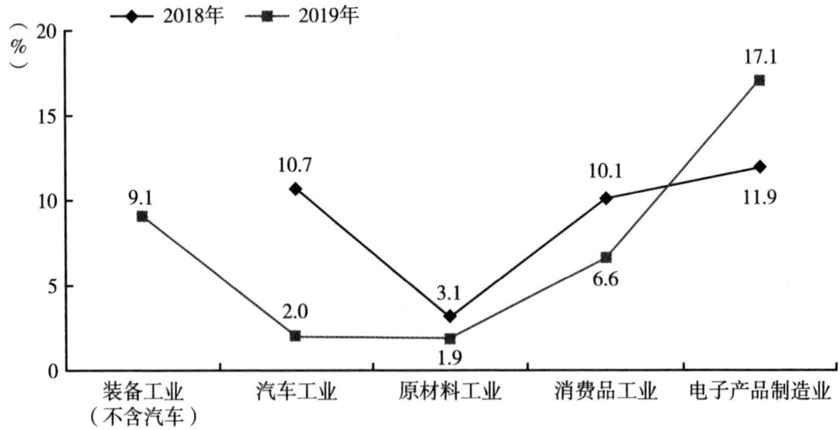

图3　2018 年和 2019 年 1 ~9 月非能源五大产业工业增加值增长情况

（三）企业经营效益下降，利润减少

2019 年 1 ~8 月数据分析显示，陕西能源工业实现利润 789. 30 亿元，同比下降 10. 8%，占全部规模以上企业利润的 56. 6%，较 2018 年同期扩大 39. 3 个百分点；非能源工业实现利润 604. 10 亿元，占全部规模以上企业利润的 43. 4%，同比下降 11. 0%，较 2018 年同期扩大 30. 5 个百分点。其中，装备工业（不含汽车）实现利润 94. 70 亿元，占 6. 8%，同比下降 4. 1%；汽车制造业实现利润 42. 70 亿元，占 3. 1%，同比下降 30. 6%，低于 2018 年同期 103. 5 个百分点；原材料工业实现利润 199. 33 亿元，占 14. 3%，同比下降 10. 1%，较 2018 年同期扩大 34. 8 个百分点；消费品工业实现利润 200. 37 亿元，占 14. 4%，同比增长 6. 5%，高于 2018 年同期 1. 6 个百分点；电子产品制造业实现利润 50. 10 亿元，占 3. 6%，同比下降 41. 9%，较 2018 年同期扩大 64. 3 个百分点，如图 4 所示。

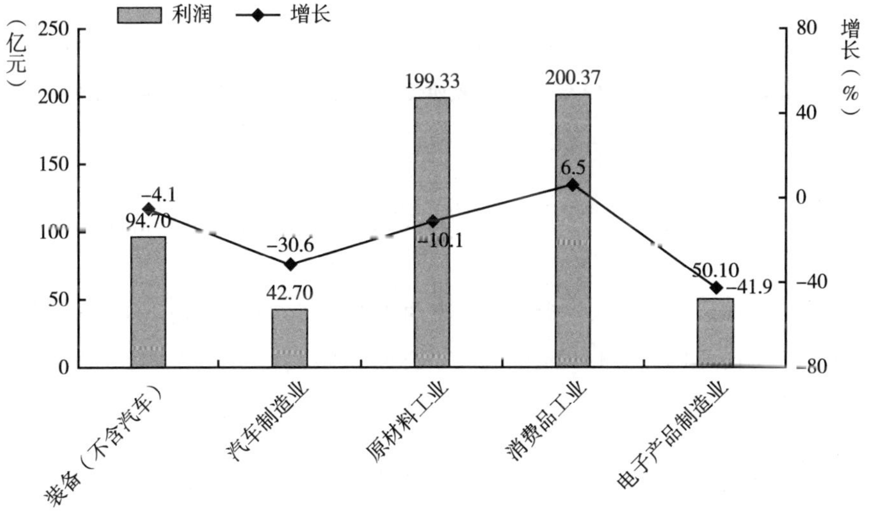

图 4　2019 年 1 ~8 月五大产业工业实现利润情况

（四）西安、榆林等工业经济大市支撑作用更加突出

2019 年 1 ~9 月数据分析显示，陕西各市（区）规模以上工业增加值增

速各异。其中，安康、延安、商洛、汉中、铜川、西安、榆林增速均高于或持平全省平均水平；咸阳、宝鸡、杨凌、渭南则低于全省平均水平。西安、榆林是陕西工业经济大市，两市稳定的增长，支撑了陕西工业的发展。其中，西安市工业增速为6.4%，低于2018年同期3.1个百分点；榆林市工业增速为4.5%，低于2018年同期3.8个百分点，如图5所示。

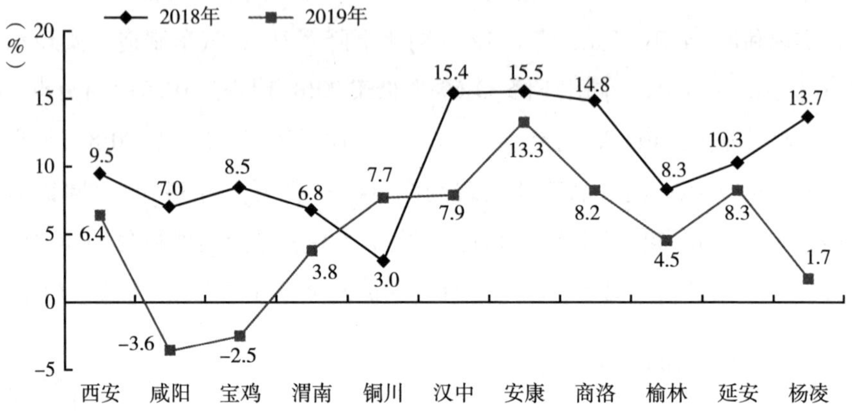

图5　2018年和2019年1~9月陕西各市（区）规模以上工业增速比较

二　陕西工业经济高质量发展面临一些亟待解决的问题

2019年1~9月数据分析显示，陕西工业增速、效益等指标都有不同程度下滑，再加之国内外环境变数较多，工业经济高质量发展面临一些亟待解决的问题。

（一）工业新兴动力发展不足，恢复性增长步伐缓慢

目前，陕西产业结构是“二三一”，有别于全国“三二一”产业结构。陕西处于工业化后期前半段，滞后于全国后工业化阶段，工业仍然是陕西经济发展的主要动力。工业兴则经济兴，工业弱则经济弱。2019年1~9月陕西规模以上工业增加值同比增长4.5%，拉低了陕西国内生产总值增长速度。近年来，陕西深化供给侧结构性改革、转型升级取得了一些成效，但工

业发展的主体动力仍未根本性改变，能源工业、采矿业仍然是主体动力。尽管新材料、生物医药、新一代信息技术和新能源等产业增速较快，但实力较弱，支撑作用有限。数据显示，截至2018年末，陕西规模以上战略性新兴产业实现总产值4926.8亿元，仅占规模以上工业总产值的19.5%。

（二）工业投资支撑不力，高技术制造业投资下滑幅度较大

项目投资、技改投资仍然是调结构、转方式的重要举措。2019年1～8月数据分析显示，陕西工业投资仅增长0.8%，西安、宝鸡、咸阳等市工业投资增幅普遍较低，分别增长0.5%、-4.5%、1.5%。特别是高技术制造业投资严重不足，六大类高技术制造业投资增速全面下滑。陕西高技术制造业投资增速低于2018年同期12.4个百分点，其中，信息化学制品制造业、计算机及办公设备制造业投资增速下降较大，与2018年同期相比分别下降99.7个百分点、63.4个百分点，如表1所示。

表1　2019年1～8月陕西高技术制造业投资增速情况

单位：%

类别	增速
高技术制造业	-12.4
医药制造业	-9.7
航空、航天器及设备制造业	-26.5
电子及通信设备制造业	-9.2
计算机及办公设备制造业	-63.4
医疗设备及仪器仪表制造业	-22.6
信息化学制品制造业	-99.7

（三）高附加值、绿色化产品供给有限，税收贡献薄弱

高附加值、绿色化是工业转型升级的重要方向，也是工业迈向高质量发展的显著标志。2019年1～9月数据分析显示，陕西新能源汽车、集成电路等高附加值产品市场供给大幅减少。其中，新能源汽车生产8.21万辆，同

比减少 11.5%；集成电路圆片生产 106.50 万片，同比减少 5.7%；数控切削机床生产 6752 台，同比减少 16.7%。高附加值、绿色化产品市场供给严重缩减。另外，据陕西制造业重点税源企业贡献分析，重点税源企业生产的产品多是资源初加工、技术含量较低的产品，多数企业仍然是单一的生产提供商。

（四）产业结构仍需优化，内需型产业培育亟待加强

深化供给侧结构性改革，优化调整产业结构，是为了释放结构优化调整的红利，更好地满足人民日益增长的美好生活需要。产业结构调整要切合实际，培育发展资源禀赋优势突出的产业，而不是背离区域实际，一味追求技术高端、产业高端。汽车制造、医药制造、农产品加工等产业，产业链条较长，辐射带动能力较强，是重要的扩内需、保增长产业。2019 年 1～9 月，陕西规模以上工业增加值增速分析显示，汽车制造业仅为 2%，医药制造业为 0.7%，通用设备制造业为 -1.5%，农副食品加工业为 -1.5%，均低于陕西制造业 5.7% 的增速。这些内需型产业长期低速或减速增长，将影响消费、就业以及产业扶贫，久而久之也将影响稳定繁荣的社会环境。调结构，转方式，培育发展资源禀赋特征突出、接地气、惠民生的内需型产业非常迫切和必要。

三　陕西工业经济高质量发展面临的环境分析

工业经济高质量发展不仅需要良好的内源条件，良好的外部条件保障也很重要。研判分析 2020 年工业经济发展环境形势，有利和不利因素并存。

（一）工业经济高质量发展面临诸多有利条件

一是国家减税降费等支持实体经济发展、黄河流域生态保护及高质量发展，消费结构升级、居民收入水平进一步提高为工业转型升级、产品服务质量的提升创造良好机遇；二是新一轮国际国内产业转移、供应链重构新机

遇，工业产能合作趋于活跃，技术变革、新兴模式复制推广节奏加快，新产业新业态发展机遇增多；三是国家加大支持智能经济、数字经济、绿色经济、夜间经济等政策制度以及陕西省推进“三个经济”建设政策举措的落地实施，工业承接优势项目、高端资源的商机增多，有利于培育发展新的增长点，形成多点支撑发展格局，后发优势逐步显现，为打造世界级产业集群注入新的动力和活力。

（二）工业经济高质量发展面临一些不利因素

一是中美贸易摩擦以及国际贸易保护主义加剧，引发市场预期不好，再加之供应链风险的传导，陕西省外向型产业发展遭受打击，企业“走出去”“引进来”挑战艰巨；二是产能过剩、资源环境倒逼压力激增，项目布局的约束条件增多，工业持续扩张能力不足；三是大中小企业研发投入偏低。利润率低下，尚未形成质量效益优势，在全球产业竞争格局中仍处于不利地位。

总体来看，2020年发展机遇与挑战并存，精准施策，加大力度推进工业经济高质量发展，力争工业保持恢复性增长良好态势，预期增速达到6.5%以上，为陕西国民经济稳中有进做好坚实支撑。

四 推动陕西工业经济高质量发展的对策措施

苗圩（2018）认为推动制造业高质量发展要以促进技术变革、提升产业链条为核心，推动科技、金融、人才与实体经济良性循环；李春梅（2019）认为中国制造业高质量发展要以增长度、效率度、对外依存度、创新度、企业质量、产品质量、社会贡献度、环境度等为评价标准。汪小国等（2019）提出依托基础、发展动力、生产方式、产品模式、支撑行业、配套产业与发展目标等指标，构建制造业高质量发展立体化路径；为此，陕西工业经济高质量发展思路：牢牢把握高质量发展要求，以供给侧结构性改革为主线，以促进技术变革、提升产业链条为核心，协同推进传统工业的智能化数字化转型、新动能培育、创新支撑力打造、工业惠民富民能力增强、质量品牌提升、制造业和服务业深度融合等重点任务，同时，强化高质量发展评价考核、推进产金融合、加强要素保障、优化提升工业发展环境，精心打造一批在全国具有特色的产业集群和名优品牌，为实现经济高质量发展做好战略支撑。

（一）加快传统工业的智能化数字化转型

传统制造业存在数据孤岛、设备及生产的自动化水平较低以及企业发展活力不足等缺陷。通过智能化数字化改造，可以破解传统制造业发展缺陷和弊端，重塑制造业价值链。

一是促进实施“企业智能化战略”。支持企业、设备制造商、系统集成商、软件开发商合作，加大使用自动化数字智能设备，培育发展一批离散型、流程型、网络协同、个性化定制智能制造企业。二是促进机器人应用。支持企业从单个机器人应用程序向整个生产过程的自动化转型，实施“机联网”“厂联网”等，促进机器人在工业领域的广泛应用，有效提高工业自动化和智能化水平。三是创建高标准的智能工厂。鼓励和促进龙头企业充分利用智能设备和智能传感器、工业软件、互联网、人工智能等新技术和新产品，实现设备互联、数据交换、流程互动和产业融合。四是加快智能设备开发。大力发展智能制造控制系统、高精密高可靠性轴承、节能高效电机、高强度紧固件等基础部件，加快突破机器人关键核心技术，提升智能制造装备和产品水平。五是推进数字化生产。推进企业在设计、生产、工艺、装配、测试试验、交付等全过程的数字化。进一步压缩传统业务流程，提升业务效率和精准度，增强关键工序数控化率和数字化生产设备联网率。支持企业升级设计仿真、制造执行信息系统等。六是推进数字化服务。推广使用物联网、大数据、人工智能等技术，推进企业由单一的设备生产商向“制造+服务”转型。

（二）加大力度培育发展新产业新动能

十九大报告提出：“加快建设制造强国，加快发展先进制造业，推动互联网、大数据、人工智能和实体经济深度融合，在中高端消费、创新引领、绿色低碳、共享经济、现代供应链、人力资本服务等领域培育新增长点、形成新动能。”培育发展新动能将为工业高质量发展夯实动力支撑。

一是培育发展新产业新业态。顺应科技创新和消费模式的演变趋势，重点培育发展智能汽车及关键设备、生命健康、无人机及通用航空、集成电路、轨道交通装备、互联网能源、现代供应链、新材料等产业，打造新兴产业增长点。积极发展“制造＋互联网＋服务”新模式，加快发展工业设计、系统集成、远程维修等服务。二是加快建设新载体。大力发展以市场为导向，专业化、集成化和网络化的众创空间、创业咖啡等新型孵化器。支持各类创新孵化器、大学科技园区、工业园区、创意园区和其他载体合作对接。三是加快打造新兴产业集群。依托高新区、经济开发区及双创平台，打造一批新兴产业集群。四是着力培育新产业新业态应用场景，厚植市场支撑。推进实施新产业新业态应用示范工程，加大力度引导消费提档升级，培育形成新产品新业态新消费市场。持续深化创新创业良好生态，推动互联网、大数据、人工智能与制造业深度融合和推广应用，促进传统制造业增量提质，新产业新业态稳步壮大。

（三）强化创新引领发展的支撑力

集中资源、凝聚合力，推进实施“工业经济高质量发展全面创新工程”，充分发挥技术和非技术要素协同共振的创新能力，支撑引领工业经济高质量发展。

一是推进技术创新。支持龙头骨干企业积极创建国家技术创新中心、国家重点实验室等研发平台，加大技术融合创新和跨越力度，不断增强转型升级的支撑力。二是推进产业组织创新。顺应产业组织平台化、网络化发展新趋势，培育发展网络联盟、总部经济、微商联盟等产业组织模式。三是推进管理创新。积极推广卓越绩效、精益生产、个性定制、质量和效益提升等先进管理方法；全面提升数字化管理、数字化营销。四是推进商业模式创新。支持引导能源、交通运输、机械加工企业由简单产品提供商向技术、资本及服务综合供应商转变，进一步延伸产业链、集成供应链、重构价值链。引导有条件的企业培育发展共享经济、定制体验、实景展示等商业模式。

（四）培育发展内需型产业，增强工业惠民富民能力

一是积极发展新型劳动密集型产业。大力发展汽车及零部件、食品、医药等内需型产业，提高就业率。同时发展高技术产业外部配套的劳动密集型组装加工业、信息技术、互联网、制造服务业等。二是推进实施民生科技工程，加大力度破解民生产业发展难题。加强对食品安全测试、预警、可追溯性和控制的技术研发推广；建立和完善区域空气污染联合防治技术体系，改善提高空气质量；大力发展饮用水净化技术、生活污水处理和资源利用技术，确保居民区饮用水和农村饮水安全；加快应急救援技术与装备的研发，推进防灾减灾技术与装备的产业化。三是促进和谐制造业。加大先进治污减霾技术、绿色智能技术、再制造技术研发和产业化推进力度，不断提高制造业人居环境融入能力，提高生态环境承载能力。

（五）加大力度提升工业质量品牌

一是推进名优品牌建设。积极引导生产要素向优势品牌聚集，推动区域性品牌向全国性、世界性品牌跃升。提升壮大传统知名品牌。重点提升壮大车用油气、涂料粉体、输变电成套设备、商用乘运交通设备、高档数控系统及功能部件、铁基合金材料、钛镁合金材料、节能建材、保健食品、婴幼奶粉等领域驰名商标、知名品牌数量规模。培育催生新兴知名品牌。开发培育新一代集成电路及专用设备、海量存储设备、工业大数据平台、RFID 芯片和读写设备、机器人、可穿戴设备、节能环保设备、光纤温度传感器、智能油气开采设备、无人机、航空机载设备与系统、卫星导航、高铁轻量化成套装备等。培养发展潜力品牌。开发培育精细化工、高性能合成材料、新能源组件、富硒果蔬、地道药材、生物医药、极端装备、资源高效利用及制造服务等名优产品、品牌、标准。二是加大力度孵化名优品牌企业。选择品牌管理基础好、产品知识产权含量高、社会诚信度较好的高成长性企业，作为品

牌企业孵化重点，构建品牌孵化梯度体系，推进品牌企业对标管理。积极推行“在孵企业＋品牌导师”品牌孵化帮扶体系。通过“品牌诊断、精准施策、孵化成型”三位一体的梯度服务，培育形成品牌企业和品牌产品，加强品牌整合，推进品牌国际化。三是建设名优品牌产业链。围绕整机、整车、终端类产品或产品群，培育发展上中下游及服务配套产业链。推进龙头骨干企业壮大、关键技术和自主知识产权的产品研发推广、区域品牌标准向国际化跃升等重点工作，着力打造新能源汽车、新材料及功能部件、智能制造及工业机器人、医药及数字医疗设备、集成电路及工业互联网、绿色食品及农产品深加工、航空航天及军民结合产业、互联网能源及高端能化、资源循环利用、工业设计及服务外包品牌产业链。四是建设工业品牌支撑平台。依托产学研机构建设国家级工业设计中心，引导培育一批知名的大型制造服务企业，形成一批具有自主知识产权的产品；推进实施“天使投资跟投计划”，建立和完善创新创业孵化体系。建设“丝绸之路国家级检验检测服务园区”。引导标准、计量、认证、检验检测、品牌培育、融资服务等相关企业园区积聚，支撑品牌培育壮大。

（六）促进制造业和服务业深度融合发展

制造和服务都是构成价值链的不可或缺的环节，二者不能代替。积极推动制造业与服务业深度融合，大力提升制造业质量效益。

一是促进制造企业与生产性服务业融合。支持汽车、电子信息、电力电子、节能环保、机械动力等企业加速由设备提供商向系统集成服务商转变。二是支持引导能源、化工、新材料、交通运输等领域企业发展，培育发展技术转移、创业孵化、知识产权等咨询服务业，拓展业务范围，增加利润点。三是培育发展设计产业。支持汽车制造、医药食品、工程建筑等企业发展研发设计、工业设计服务，促进企业培育品牌、提升产品质量、提高价值；加大力度引进国际名优设计企业，积极承接设计贸易产业，拓展产业发展空间。四是加快发展云计算、大数据、物联网、移动互联网等信息服务业，推动制造业的智能化、柔性化和服务化，促进大规模定制生产等模式创新发展。

五　积极构建工业经济高质量发展保障支撑体系

（一）强化工业经济高质量发展评价考核

探索构建涵盖效率改善、质量提升、动力转换、结构优化的工业经济高质量发展评价考核指标体系，加强评价数据信息收集统计，定期发布工业经济高质量发展评价报告，督促引导工业经济高质量发展。

一是强化效率改善评价考核。市场竞争，归根结底是投入产出的竞争，也是效率的竞争。进一步强化企业用地、税收、产出以及单位能耗、排放等效率改善指标的考核评价，以“亩产论英雄”“环境造英雄”倒逼企业不断提升投入产出率，降低产品能耗、水耗以及环境污染；加大数据、信息、技术分享平台建设力度，优化提升资源要素配置效率；对标一流，全面推进“效能革命”，持续提升全要素贡献率。二是强化质量效益评价考核。建立健全工业全面质量效益体系，推动企业和产品的优胜劣汰，不断增强高质量、高效益、高满意度的供给；聚焦不同行业质量效益突出问题，对标诊断，精准发力，持续提升工业质量效益。三是强化新旧动力转换评价考核。强化科创潜力指数、劳动生产率、动力转换指数的评价考核，支持引导由“制造”向“智造”转型、由制造向服务制造转型、由制造业与服务多业态融合，推进新旧动力转化。四是强化产业结构优化升级的评价考核。加大价值链提升、结构优化、要素升级等指标评价考核力度，围绕打造世界级产业集群目标，推动产业结构调优调强。

（二）推进金融与产业融合发展

一是进一步优化信贷结构，加强定向调控，发挥政策性金融、开发性金融和商业金融的互补优势，加大对新一代信息技术、高端装备、新材料等重点支持力度。积极为企业提供银团贷款、创新担保方式等支持。二是支持企业多元化融资。支持企业通过发行公司债券筹集长期建设资金，并通过股权融资、项目融资和资产证券化融资筹集资金；支持互联网众筹平台建设；大力发展产业链金融，发展融资租赁、信用担保等多种融资方式。三是满足企业“走出去”的融资需求。通过内保外贷、外汇及人民币贷款、债权融资、股权融资等多种方式，满足企业“走出去”资金需求。四是支持大型企业探索和开发供应链金融、信用保险业务等。

（三）增强高质量发展要素保障

一是用地支持。多渠道争取土地使用指标，建立土地产出效益与新增建设用地计划分配挂钩制度。鼓励原有土地使用权人依法流转土地经营使用权。二是开放和共享数据资源。积极争取国家信息化重大基础设施项目，促进区域互联网骨干网带宽的扩展，高标准地布局5G通信网络。搭建数据交换和共享平台，促进基于互联网的协同制造。三是加强供应链创新应用。以供应链推动产业链重构和价值链提升，整合商流、物流、资金流和信息流，推动多流融合汇聚。四是加强人才支持。完善以企业需求为导向的人才引进政策体系，加大高端人才、紧缺人才、高技能人才引进力度。

（四）优化提升工业发展环境

一是改善新技术新产品新商业模式的准入管理。全面推进实施准入负面清单管理，打破不合理准入障碍。二是改革产业监督方式。强化环境、节能、节地、节水，节材、质量安全等指标的评价监督，形成统一、权威、公开透明的市场准入体系。三是完善以企业为主体的技术创新机制。支持建设以企业为主体，产学研合作技术创新联盟。支持企业自主决策、先行投资、联合攻关等。

参考文献

十九大报告全文，新华网，2018年3月13日。

陕西省统计局:《2019 年前三季度陕西省国民经济运行情况》,陕西省统计局官网,2019 年 10 月 22 日。

苗圩:《大力推动制造业高质量发展》,《求是》2019 年第 6 期。

李春梅:《中国制造业发展质量的评价及其影响因素分析》,《经济问题》2019 年第 8 期。

江小国等:《制造业高质量发展水平测度、区域差异与提升路径》,《上海经济研究》2019 年第 7 期。

B.4

2019年陕西对外贸易发展形势分析及2020年预测*

刘晓惠**

摘　要： 2019年，世界主要发达国家经济发展速度呈放缓态势，全球经济下行压力较大，国际市场需求不足、贸易摩擦频发、投资低迷等困难导致全球经济复苏面临不确定性。中美贸易摩擦对陕西的传导影响在2019年显现，陕西外贸发展遭遇“寒冬期”。但随着中国进一步扩大开放，中省密集出台的各项“稳外贸”政策效应逐步显现，陕西将以开放兴省为目标，在优化外贸发展环境、调整外贸结构、提升外贸企业竞争力等方面发力，积极应对开放带来的危机和挑战，进一步实现高质量开放。

关键词： 外贸发展　外贸企业　陕西

一　2019年陕西对外贸易发展形势分析

（一）陕西外贸经济发展总体分析

2019年，世界主要发达国家经济发展速度呈放缓态势，全球经济下行

* 本文中未注明来源的数据均来源于国家统计局网站、陕西省统计局网站和西安海关网站。

** 刘晓惠，陕西省社会科学院经济研究所助理研究员。

压力较大，国际市场需求不足、贸易摩擦频发、投资低迷等困难导致全球经济复苏面临不确定性。中美贸易摩擦对陕西的传导影响在2019年显现，陕西外贸发展遭遇“寒冬期”。1～9月，陕西外贸进出口总值实现2597.28亿元，同比增长0.71%，低于全国水平2.09个百分点。全省出口实现1418.91亿元，同比下降9.68%，低于全国水平14.88个百分点；进口实现1178.37亿元，同比增长16.93%，高于全国水平17.03个百分点；前三季度陕西贸易顺差为240.44亿元，与2018年同期相比减少323.46亿元；外贸进出口依存度为14.18%，同比下降1.12个百分点，是2019年三个季度的最低值。

从各月外贸进出口总额来看，1月全省进出口总额最多，为307.29亿元，其次为5月306.42亿元，均超过300亿元，2月进出口总额最少，为267.65亿元；从出口额来看，5月全省出口量最大，为177.83亿元，9月最小，只有141.42亿元；从进口额来看，8月全省进口量最多，为142.41亿元，2月最少，为115.04亿元；从各月贸易余额来看，5月贸易盈余为49.25亿元，为前9月之最，8月贸易盈余最少，仅为10.62亿元（见表1）。

表1　2019年各月陕西省外贸发展情况比较

单位：亿元

月份	1	2	3	4	5	6	7	8	9
进出口额	307.29	267.65	280.96	287.66	306.42	278.63	298.80	295.44	271.83
出口额	171.70	152.61	151.32	161.35	177.83	152.88	156.65	153.03	141.42
进口额	135.59	115.04	129.64	126.31	128.58	125.75	142.14	142.41	130.42
贸易余额	36.11	37.57	21.68	35.04	49.25	27.13	14.51	10.62	11.00

2019年1～7月陕西合同利用外资25.47亿美元，同比下滑9.3%，前6个月，合同利用外资均呈现正向增长态势，到7月增幅急转而下；1～7月全省实际利用外资50.38亿美元，同比增长2.4倍，增幅在前7个月中最高。表明2019年陕西营商环境持续优化，吸引外资能力不断提高，如图1所示。

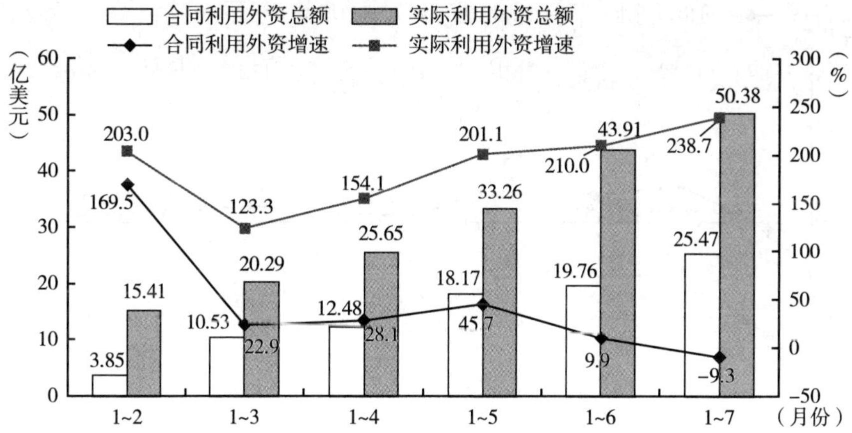

图1　2019 年前 7 个月陕西利用外资情况

2019 年 1 ~8 月，陕西自贸试验区新增市场主体 16186 户，其中新增企业 8980 户（含外资企业 115 户），新增注册资本亿元以上企业 95 户。自揭牌之日起，截至 2019 年 8 月 31 日，陕西自贸试验区新增市场主体 51207 户，其中新增企业 33495 户（含外资企业 436 户），新增注册资本亿元以上企业 673 户。

（二）陕西外贸发展的特点分析

1. 出口急速下降，进口需求激发

自 2019 年初以来，陕西进出口总值就一改 2018 年全年 29. 25% 的增速，开局不利，1 月进出口增幅为负值 -0. 76%；虽然到了 2 月，进出口增速转负为正，累计到 4 月是 2019 年的最高值，仅为 4. 55%，但仍不能改变 2019 年是近几年来陕西对外贸易的“寒冬期”，因为 9 月全省进出口总额累计增幅仅为 0. 71%。陕西贸易成绩不利的主要原因在于陕西出口的锐减，受全球消费需求疲软以及贸易摩擦的持续影响，前三季度陕西出口增幅均为负值，9 月出口累计下降 9. 68%。同时，由于居民消费需求的上升，“买全球”的热情使陕西进口继续保持高速增长，前三季度进口同比增长 16. 93%，如图 2 所示。

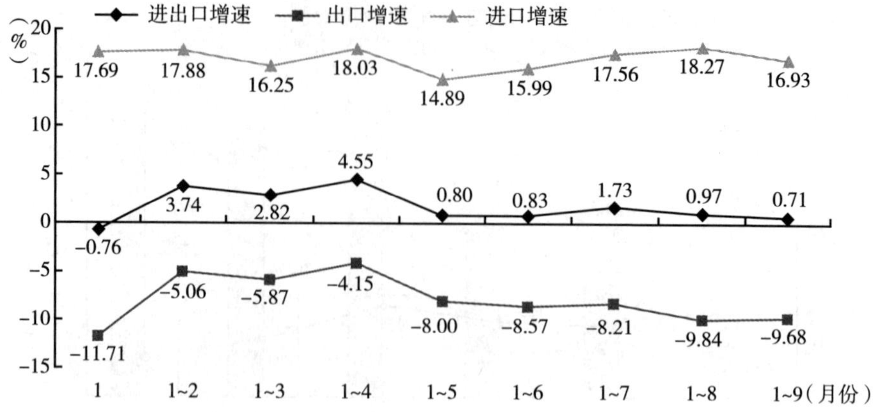

图2　2019年1~9月陕西对外贸易同比增速比较

2. 加工贸易比重下降，一般贸易快速增长

从贸易方式来看，陕西外贸增速放缓主要受来料加工装配贸易减少影响。前三季度，陕西省加工贸易进出口总值1567.93亿元，同比下降2.74%，占同期全省进出口总值的60.39%，同比减少2.11个百分点。其中，来料加工装配贸易下降幅度较大，同比下降7.15%；进料加工贸易保持快速增长，增幅为7.65%。而一般贸易进出口总值为648.23亿元，同比增长12.38%，占同期全省进出口总值的24.96%，同比提高2.56个百分点。

表2　2019年1~9月主要贸易方式对外贸易情况

单位：亿元，%

贸易方式	进出口		出口		进口	
	总值	同比增长	总值	同比增长	总值	同比增长
全省	2597.28	0.71	1418.91	-9.68	1178.37	16.93
一般贸易	648.23	12.38	371.02	13.05	277.21	11.49
来料加工装配贸易	1050.30	-7.15	550.68	-23.16	499.62	20.54
进料加工贸易	517.63	7.65	281.08	17.96	236.55	-2.48

3. 外资企业仍占主导，私营企业领衔增长

从贸易企业类型来看，外资企业和国有企业进出口值的下滑导致了全省

进出口总值微增态势。前三季度，陕西省外资企业进出口总值 1698.64 亿元，同比下降 3.17%，占同期全省进出口总值的 65.4%，同比减少 2.6 个百分点。其中，出口 835.62 亿元，同比下降 14.49%，下降幅度较大；进口 863.02 亿元，同比增长 11.07%，保持较快增长。私营企业进出口总值 662.42 亿元，同比增长 13.20%，占同期全省进出口总值的 25.50%。

表 3　2019 年 1～9 月不同类型企业对外贸易情况

单位：亿元，%

企业类型	进出口		出口		进口	
	总值	同比增长	总值	同比增长	总值	同比增长
全省	2597.28	0.71	1418.91	-9.68	1178.37	16.93
外资企业	1698.64	-3.17	835.62	-14.49	863.02	11.07
私营企业	662.42	13.20	455.22	-4.41	207.21	90.21
国有企业	235.15	-1.38	127.81	9.01	107.34	-11.44
集体企业	0.83	6.62	0.26	-34.87	0.57	50.11

4. 与台湾地区贸易频繁，对美国、中国香港地区贸易急速下降

从主要贸易国家或地区来看，中国台湾超越韩国，成为陕西最大的贸易伙伴；受中美贸易摩擦与香港局势的影响，2019 年陕西外贸表现欠佳。前三季度，陕西对台湾地区的进出口总值为615.44 亿元，同比增长41.12%，尤其是对台湾地区的出口表现良好，同比增长 2.06 倍；对美国的进出口总值为 205.81 亿元，同比下降 36.68%；对香港地区的进出口总值为 267.03 亿元，同比下降44.86%；对韩国的进出口总值为 513.52 亿元，同比仅增长 0.82%；对日本的进出口总值为 133.78 亿元，同比增长 17.41%，继续保持快速增长。

表 4　2019 年 1～9 月陕西对主要贸易国家/地区的贸易情况

单位：亿元，%

国家/地区	进出口		出口		进口	
	总值	同比增长	总值	同比增长	总值	同比增长
全省	2597.28	0.71	1418.91	-9.68	1178.37	16.93
中国台湾	615.44	41.12	165.22	206.12	450.22	17.82
韩国	513.52	0.82	253.76	-4.74	259.76	6.91

续表

国家/地区	进出口		出口		进口	
	总值	同比增长	总值	同比增长	总值	同比增长
美国	205.81	-36.68	129.29	-48.90	76.52	6.17
中国香港	267.03	-44.86	266.73	-44.90	0.30	46.79
日本	133.78	17.41	32.32	-22.23	101.45	40.19

二 陕西对外贸易发展的环境分析

（一）国际环境①

2019 年，国际贸易摩擦愈演愈烈，全球金融波动加大，地缘政治风险加剧，世界经济整体下行压力加大，全球经济增长趋缓，市场需求趋于回落，国际贸易、投资形势趋紧。国际货币基金组织（IMF）和世界贸易组织（WTO）均下调了 2019 年世界经济和国际贸易增长预期。②

1. 美国

数据显示，2019 年第二季度美国实际国内生产总值（GDP）年率增长 2%，与此前公布的修正数据持平，但低于第一季度 3.1% 的增速。其中，个人消费支出增幅为 4.6%，拉动当季经济增长 3.03 个百分点；政府消费支出与投资增长 4.8%，拉动当季经济增长 0.82 个百分点。但是，第二季度美国私人部门投资较上季度下滑 6.3%，拖累当季经济增长 1.16 个百分点；第二季度出口较上季度下滑 5.7%，净出口拖累当季经济增长 0.68 个百分点。9 月 ISM 制造业指数为 47.8，已经连续 7 个月呈下降趋势，低于荣枯分水岭 50，是 2016 年 10 月以来最低水平，表明美国制造业信心不足。9 月美国消费者信心指数也不及市场预期，降至 125.1，为近 3 个月来最低

① 本节数据主要来源于新华社、中国金融信息网。

② 《2019 年中国对外贸易发展环境分析》，http：//www.askci.com。

点。受汽车、石油、钻井设备等出口增加刺激，7 月美国出口额增长 0.6% 至 2074 亿美元，贸易逆差 540 亿美元，下滑 2.7%，高于市场预期和 2018 年同期水平。9 月的失业率环比下降 0.2 个百分点至 3.5%，非农部门当月新增就业岗位 13.6 万个，主要来自专业和商业服务行业、医疗卫生行业、政府部门、运输和仓储行业等，但是低于市场预期。

对于当前美国国内的经济发展形势，美国艾恩赛德宏观经济咨询公司管理合伙人巴里·克纳普表示，私人部门投资不仅未能保持 2018 年增长的势头，反而出现大幅下降，这是因为经贸摩擦和不确定性上升对企业信心造成打击。克纳普认为，在政策不确定性影响下，2020 年美国企业资本支出预计仍将处于下滑态势。美联储主席鲍威尔日常也指出，全球经济增长疲软和贸易政策不确定性给美国经济带来压力。[①]

美国强力推行“美国优先”的单边主义、保护主义贸易政策，其矛头不仅指向中国、墨西哥、韩国等新兴经济体，也指向欧盟、加拿大、澳大利亚等盟友。而针对中美贸易摩擦，经过近两年的磋商，到目前为止，中美双方虽然在一些方面达成协定，但是成效甚微，美国依然对部分中国产品加征高额关税，并限制部分本国产品出口中国，阻碍中国公司在美国的发展，给全球的贸易投资带来一层阴影。

2. 欧元区

第二季度季调后 GDP 年率初值增长 1.2%，与一季度持平。7 月欧元区 19 国失业率为 7.4%，比 2018 年同期低 0.8 个百分点，失业率呈连续下降趋势，为 2008 年 11 月以来最低水平。8 月欧元区贸易余额 147 亿欧元，较上月下降 101 亿欧元。8 月 PPI 同比下降 0.8%，2019 年以来 PPI 首次呈现负增长。9 月经济景气指数为 101.7，较上月下降 1.4%，为 2019 年以来的最低值。

3. 英国

第二季度英国国内生产总值环比萎缩 0.2%，这是 2012 年以来英国经济首次出现萎缩。英国三大主要经济产业——服务业、制造业、建筑业均表

① 《综述：经贸摩擦影响美国经济“成绩单”》，新华网，2019 年 9 月 27 日。

现不佳。7月贸易逆差为15.46亿英镑，较上月有所扩大。9月失业率为3.3%，与上月持平，失业率呈小幅上涨态势。英国国家统计局认为，2019年英国经济数据波动反映了英国经济受“脱欧”进展影响比较明显，国内经济前景依然充满不确定性因素。

4. 德国

一季度德国GDP年率增长0.4%，复苏迹象明显，但是到了第二季度GDP年率增长却为0，有数据显示自2018年6月以来，德国GDP年率一直呈下降趋势。8月PPI增长0.3%，自2018年11月以来，PPI一直呈下降态势，2019年8月为历史低点。8月贸易盈余162亿欧元，出口环比下降1.8%，进口环比增长0.5%。9月失业率为5%，连续5个月保持不变。

5. 日本

第二季度日本实际GDP按年率计算增长1.3%，比一季度低0.9个百分点，主要原因在于设备投资的减少。9月贸易赤字1230亿日元，比上月有所收窄，连续3个月出现贸易逆差，8月出口同比下降5.2%，进口同比下降1.5%。

6. 金砖国家

中国、印度经济继续保持快速增长趋势；俄罗斯、巴西、南非经济发展呈现向好态势。其中，中国二季度GDP同比增长6.2%，低于一季度0.2个百分点。上半年印度经济增速出现了明显下滑，仅实际增长5.4%，其中，第一季度实际增长5.8%，第二季度仅实际增长5%。在GDP上，印度GDP约为990911.7亿卢比，约为1.41万亿美元，在全球位居第五。巴西二季度GDP同比增长1.3%，比一季度高0.9个百分点。上半年名义GDP为34938.88亿雷亚尔，约为9100亿美元，从增速上来看，实际同比增长0.7%。俄罗斯2019年上半年GDP同比实际增长0.7%，其中第一季度为0.5%，第二季度为0.9%。综合计算得知，2019年上半年，俄罗斯实际GDP总规模约为50.7万亿卢布，约为7782亿美元。南非2019年上半年GDP实际增长0.4%，其中第一季度同比零增长，第二季度实际增长0.9%，实现GDP24680.20亿兰特，约为1738.5亿美元。

表5　2019年一季度和二季度部分国家（地区）GDP同比增速比较

单位：%

国家/地区	一季度	二季度
中　国	6.4	6.2
美　国	3.1	2.0
欧元区	1.2	1.2
英　国	1.8	1.3
德　国	0.4	0.0
日　本	2.2	1.3
印　度	5.8	5.0
俄罗斯	0.5	0.9
南　非	0.0	0.9
巴　西	0.4	1.3

2019年，世界主要发达国家经济发展速度呈放缓态势，全球经济下行压力较大，增长缺乏动力，各国政策向内倾斜，国际市场需求整体疲弱，外需下行风险不容低估，美国实施的单边主义引发贸易保护主义持续升级，给全球经济的复苏蒙上一层阴影。

（二）国内环境

在第十四届二十国集团领导人峰会上，中国国家主席习近平宣布："中国将在采取措施的基础上，进一步推出若干重大举措，加快形成对外开放新局面，努力实现高质量发展。进一步开放市场，将发布2019年版外资准入负面清单，进一步扩大农业、采矿业、制造业、服务业的开放。"中国对外开放的大门将会越开越大。但是受全球经济发展环境以及中美贸易摩擦的影响，2019年中国外贸发展总体形势比较平稳。前三季度，我国外贸进出口总值实现22.91万亿元，比2018年同期增长2.8%，外贸进出口依存度为32.83%，比2018年同期下降2.13个百分点。其中，出口12.48万亿元，同比增长5.2%；进口10.43万亿元，同比微降0.1%；贸易顺差2.05万亿元，同比扩大44.2%。1～7月，我国仍然保持全球货物贸易第一大国地位，占全球的份额比2018年同期提升0.1个百分点。全国外贸整体发展呈现以下特点。

1. 一般贸易进出口比重持续上升

前三季度，我国一般贸易进出口实现13.64万亿元，同比增长4.8%，占我国进出口总值的59.5%，与2018年同期相比增加1.1个百分点，其中，一般贸易出口总额超过进口总额，贸易方式结构持续优化。

2. 对除美国外的其他主要贸易伙伴进出口呈增长态势

前三季度，我国对欧盟、东盟进出口分别为3.57万亿元、3.14万亿元，同比分别增长8.6%、11.5%；对日本进出口总值为1.58万亿元，同比增长0.1%；对美国进出口总值为2.75万亿元，受贸易摩擦影响，同比下降10.3%。对这四大贸易伙伴进出口合计占我国进出口总值的48.19%。

3. 与共建“一带一路”国家外贸保持较快增长

前三季度，我国对共建“一带一路”国家进出口总值为6.65万亿元，同比增长9.5%，比全国外贸进出口增速高6.7个百分点，占比为29.03%，增长势头明显。

4. 民营企业进出口比重超过外资企业

前三季度，新增有进出口实绩的民营企业3万家，民营企业进出口实现9.69万亿元，同比增长10.4%，占我国进出口总值的42.3%，与2018年同期相比上升2.9个百分点，比外资企业比重高2.1个百分点。其中，出口实现6.4万亿元，同比增长13%，占出口总值的51.3%，与上年相比增加3.4个百分点；进口实现3.29万亿元，同比增长5.9%，占进口总值的31.5%，与上年相比增加1.7个百分点。

5. 西部、中部进出口增速均高于全国水平

前三季度，西部地区外贸进出口增速为11.8%，高于全国平均水平9个百分点；中部地区外贸进出口增速为12.4%，高于全国平均水平9.6个百分点；东部地区外贸进出口增速为1.3%；东北地区外贸进出口下降1.8%。

受国际市场需求不足以及中美贸易摩擦的影响，2019年以来我国外贸进出口各项指标增速整体有所放缓，如图3所示，其中2月增速下滑较为明

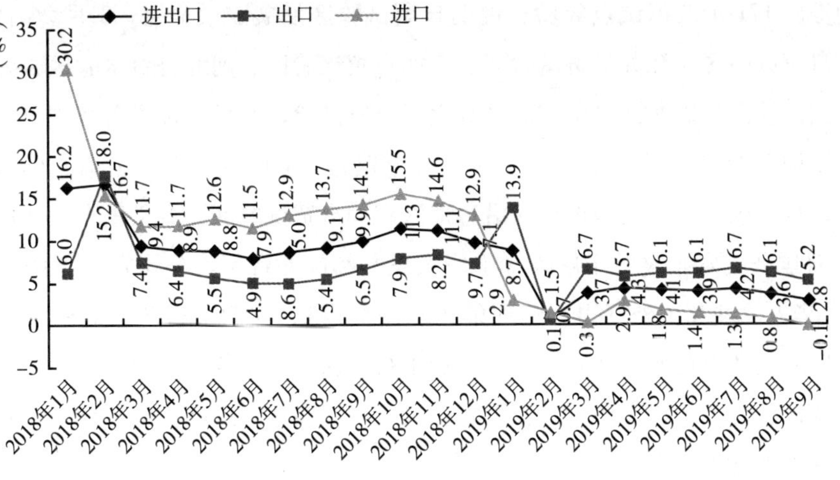

图3　2018年和2019年1~9月全国对外贸易累计值（人民币）同比增速比较

显，虽然3月以后各项指标增幅均有所回升，但是进口指标表现较为疲软，到9月竟然出现负增长，导致前三季度全国进出口总值仅增长2.8%，为2019年除2月以来的最低值。因此为应对全球复杂的经济形势，稳定我国外贸发展形势，2019年我国出台了以下政策措施。①1月25日国务院发布《关于促进综合保税区高水平开放高质量发展的若干意见》，提出的21项任务举措着力解决综合保税区发展“痛点”“堵点”，推动综合保税区发展成为具有全球影响力和竞争力的加工制造中心、研发设计中心、物流分拨中心、检测维修中心、销售服务中心，既直接对标我国高质量发展要求，也指明了打造高水平开放新平台的方向及路径。②8月6日，国务院印发《中国（上海）自由贸易试验区临港新片区总体方案》，设立中国（上海）自由贸易试验区临港新片区，实现新片区与境外之间投资经营便利、货物自由进出、资金流动便利、运输高度开放、人员自由执业、信息快捷联通，打造更具国际市场影响力和竞争力的特殊经济功能区，这是扩大开放又一次尝试和推动。③2019年上半年，12个自贸试验区吸引外商实际投资近700亿元，占全国比重为14%左右，实际使用外资同比增长超过20%，较全国增速7%的水平高出将近13个百分点，同时自贸试验区目前已经在全国范围内复制推广171项改革试点经验，说明自贸试验区发展成效显著。8月26日山东自贸试验区、江苏自贸试验区、广西自贸试验区、河北自贸试验区、云南自贸试验区、黑龙江自贸试验区等六个自贸试验区获批，标志着我国自贸区数量增至18个，沿海省份自贸区已经全覆盖，同时在广西、云南、黑龙江新设自贸区，这是我国首次在沿边地区布局自贸试验区，意义重大。④10月15日国务院发布《关于修改〈中华人民共和国外资保险公司管理条例〉和〈中华人民共和国外资银行管理条例〉的决定》，这两部行政法规的实施推动保险业和银行业对外开放，为外资银行和保险公司的设立和经营提供了更加宽松、自主的制度环境，吸引更多机构来华经营，提高我国金融业经营管理水平和竞争能力。

三 2020年陕西省外贸形势预判

2019年10月国际货币基金组织（IMF）发布的《世界经济展望》预计2019年世界经济增速为3%，与2019年7月预测值相比下调了0.2个百分点，是自2008年国际金融危机爆发以来最低水平，主要原因是制造业活动和全球贸易急剧恶化，关税的提高和持续的贸易政策不确定性损害了全球投资和对资本品的需求。发达经济体结构性因素以及部分新兴市场和发展中经济体宏观经济压力将导致2019年世界经济增速放缓。到2020年，世界经济增速预测为3.4%，与7月预测值相比下调了0.1个百分点，但比2019年还是提高了0.4个百分点。这种改善主要依赖新兴市场和发展中经济体的发展，但是由于世界主要经济体2020年的增长或将进一步放缓，这种复苏内含相当大的不确定性。

报告预计，发达经济体2019年、2020年两年经济增速均放缓至1.7%；新兴市场和发展中经济体2019年、2020年两年经济增速分别放缓至3.9%和4.6%。其中美国2019年增速预测为2.4%，2020年增速预测2.1%；欧元区2019年、2020年增速预测分别为1.2%和1.4%；日本2019年、2020年增速预期分别为0.9%、0.5%；中国2019年、2020年增速预测分别为6.1%和5.8%；印度2019年、2020年增速预测分别为6.1%和7.0%。[①]

表6　2019年10月IMF预测世界经济增长预测比较

单位：%

国家/地区	2019年增速预测	2020年增速预测
世界产出	3.0	3.4
发达经济体	1.7	1.7
美国	2.4	2.1
欧元区	1.2	1.4
德国	0.5	1.2
法国	1.2	1.3
日本	0.9	0.5
英国	1.2	1.4
加拿大	1.5	1.8
新兴市场和发展中经济体	3.9	4.6
中国	6.1	5.8
印度	6.1	7.0
俄罗斯	1.1	1.9
巴西	0.9	2.0
墨西哥	0.4	1.3
南非	0.7	1.1

从前三季度外贸各项指标来看，陕西外贸发展环境较为严峻，在全球市场需求回落、贸易摩擦频发、投资较为低迷等影响下，外贸发展增速已经明显放缓。但随着中省密集出台的各项稳外贸政策效应正在逐步显现，陕西要认清当前国内外环境形势，坚持开放兴省，通过优化外贸发展环境、调整外贸结构、提升外贸企业竞争力等手段，加快实现陕西省高质量开放，预计2020年陕西外贸发展将回暖，保持快速增长。

① IMF：《世界经济展望》，2019年10月。

四 促进陕西外贸发展的对策建议

当前，在全国进一步开展深化改革开放的大政方针下，深入贯彻执行习近平主席在第二届“一带一路”国际合作高峰论坛开幕式上提出的“更广领域扩大外资市场准入、更大力度加强知识产权保护国际合作、更大规模增加商品和服务进口、更加有效实施国际宏观经济政策协调、更加重视对外开放政策贯彻落实”的“五更”重大改革开放举措①，陕西要以发展“三个经济”为突破口，坚持开放兴省，走在新一轮开放的最前沿并站稳脚跟，努力把陕西打造成为全国新一轮全面开放的新高地，有效防范和应对开放带来的危机和挑战，提升开放的水平和质量。

（一）优化外贸发展环境

一是加大各项政策执行落实力度。面对复杂多变的内外部环境，“稳外贸”成为2019年经济工作“六稳”目标之一。当前中省密集出台了多项稳定外贸发展、促进外贸提质升级的政策，如《积极有效利用外资推动经济高质量发展若干措施》《关于促进跨境电子商务寄递服务高质量发展的若干意见（暂行）》《优化口岸营商环境促进跨境贸易便利化工作方案》《西安市出台31条措施深化自由贸易试验区改革创新》，让企业真正享受减税降费、贸易便利化等政策带来的好处，促进政策效应尽快显现，让“稳外贸”落到实处。二是完善陕西对外贸易交易平台建设。7月20日陕西对外贸易交易平台正式上线运行，该平台通过向外贸企业提供世界大多数国家和地区最新的经贸需求、市场准入政策、技术标准、营商环境、贸易投资机会等信息数据，加强与外贸企业的联系，为陕西省企业“走出去”提供大数据支持。三是建立贸易摩擦协调机制。为应对当前频发的贸易摩擦，应加强贸易摩擦和贸易壁垒预警机制建设，强化全省贸易摩擦预警信息公共服

① 《齐心开创共建“一带一路”美好未来》，新华网，2019年4月26日。

务，为企业提供法律技术咨询和相关信息服务，指导相关行业和企业有效应对贸易摩擦。

（二）加快调整外贸结构

全面深入实施贸易强国行动计划，持续推进国际市场布局、区域布局、经营主体、商品结构、贸易方式等“五个优化”，大力推动外贸转型升级基地、国际营销服务网络、贸易促进平台等“三项建设”，优化调整外贸结构，促进陕西外贸稳中提质。[①] 一是促进加工贸易转型升级。继续加大承接东部地区加工贸易梯度转移的力度，提高加工贸易中间产品的国内配套生产率，延长加工贸易在国内的产业链，扩大加工贸易的本土化程度，提升对其他相关产业的辐射力和关联度，并同时推进加工贸易的保税维修再制造等新业态发展。促进加工贸易的产品升级、结构升级以及价值链升级。二是持续培育外贸发展新动能。不断挖掘陕西省外贸发展的内生动力，加大对机电、高新技术等外贸企业项目培育引进力度，持续加大力度扶持跨境电商、市场采购贸易等外贸新业态新模式，扩大服务贸易出口份额。三是加大开拓国际市场力度。鼓励企业“走出去”实施境外市场开拓计划，通过政策、资金等扶持手段，相关政府部门要分批次、有选择地组织企业积极参加各类境内外展会，提升企业“走出去”能力，提高国际市场占有率，进一步扩大特色产品出口规模。

（三）提升外贸企业竞争力

一是加强对外贸企业的跟踪服务。对全省外贸进出口前100家企业实行“一对一”的跟踪服务，切实解决企业遇到的困难和问题，并向企业时时推送中美贸易摩擦、外贸预警信息、海关公告、外贸经验分享等有价值的信息，围绕企业的需求提供更有力的精准服务。[②] 二是鼓励企业自主创新。积

① 《稳外贸 商务部门狠抓落实》，中华人民共和国商务部网站，2019年1月15日。

② 《陕西多措并举促进外贸稳中提质》，《陕西日报》2019年8月28日。

极鼓励外贸企业加大自主创新力度，加快培育以技术、品牌、质量、服务、标准为核心的外贸竞争新优势，提升产品价值，引导企业进行各项质量系认证和境外商标注册，打造外贸品牌，提高出口商品质量和附加值。三是加强国家外贸转型升级基地建设。充分发挥宝鸡市眉县常兴纺织工业园（纺织）、安康高新技术产业开发区（消费类电子产品）、韩城市高新技术产业开发区（花椒）国家级外贸转型升级示范基地引领作用，凝聚优势品牌，打造出口产业集群，提高陕西省产品海外知名度与国际竞争力。

（四）高标准建设知识产权保护高地

当前知识产权已经成为国家发展战略性资源和国际竞争力的核心要素。陕西是“一带一路”倡议向西开放的前沿，建设“一带一路”高标准知识产权保护高地有助于保护和激励创新创造，增强陕西省知识产权的竞争力。一是针对涉外企业，在法律、金融等方面开展涉及知识产权国际贸易纠纷产业影响评估和风险应对服务，帮助企业防范和化解双向投资中的政策风险。二是充分发挥陕西高校教育资源优势，联合省内高校、国际培训机构和涉外企业进行国际经贸领域知识产权海外维权人才专业培训，并逐步将培训范围扩展到关中平原城市群地区。三是积极争取创设商标海外维权保护陕西办公室。帮助指导企业商标的国际注册程序，强化企业商标海外注册的意识，提高商标海外维权保护能力。四是创新知识产权融资模式。支持金融机构广泛参与知识产权金融服务，鼓励探索知识产权创造与运营的众筹、众包模式，促进“互联网 + 知识产权”融合发展，设立知识产权质押融资风险补偿基金，培育一批服务机构开展与质押融资相关的评估、担保、保险、交易服务。①

（五）建立国际信息交往平台

一是发挥“一院一所”模式，鼓励省内高校、科研院所、新经济新业

---

① 徐文东：《加快知识产权强市建设助推城市发展转型升级》，《厦门科技》2016 年第 3 期。

态企业与国际一流大学、科研机构、创新团队进行资本、技术、组织模式等全方位高端链接，推进新经济新业态领域的国际创新合作。二是打造国际信息交换中心。积极争取国家级互联网重大基础设施在陕落户，加快5G技术的建设和推广应用，提升省内信息基础设施能级，并布局一批区域性、行业性数据中心，优化信息开放平台，提升区域信息交换能力和共享水平。三是打造海外人才离岸创新创业基地，面向全球开展柔性人才引进，并对海外人才提供离岸创新创业服务资源，打造具有引才引智、创业孵化、技术转移、专业服务保障等功能的国际化综合性创新创业平台。

参考文献

中商产业研究院：《2019年中国对外贸易发展环境分析》，中商情报网，2019年5月29日。

国际货币基金组织：《世界经济展望》，2019年10月。

王怀诗、李超其：《我国外贸回稳向好势头进一步巩固》，《连云港日报》2017年11月15日。

王辉：《中国加工贸易转型升级研究》，对外经济贸易大学硕士学位论文，2013。

徐文东：《加快知识产权强市建设 助推城市发展转型升级》，《厦门科技》2016年第3期。

于建朝、逄宏林：《烟台：全力打造一流创新发展新高地》，《走向世界》2017年第47期。

B.5

陕西扩大有效投资的措施研究

扈文秀*

摘　要： 改革开放以来，投资、消费和出口成为拉动经济增长的“三驾马车”，其中，资本投资一直是驱动中国经济高速增长的核心动力。然而，在新时代背景下，投资拉动经济增长的效率逐年下降，并引发产能过剩、杠杆率高企、产业结构性失衡和地方政府债务风险等诸多问题。党的十九大以来，稳增长、调结构和防范地方政府债务风险，并推动经济由高速增长迈向高质量增长已成为新一轮经济转型期的首要任务。对于陕西而言，当前陕西正处在稳增长、优化产业结构和转变发展方式的最佳历史机遇时期。“一带一路”倡议的推进，陕西自贸区、军民融合试验区的设立等一系列重大利好政策把陕西推到了改革发展的前沿。同时，全省产业基础、科教资源、文化资源、自然资源等经济要素资源得天独厚，这为推动实体经济由高速增长迈向高质量增长提供了有力支撑。如何把握好这一历史机遇，在防范地方政府债务风险的同时，实现陕西产业结构优化和经济高质量增长，其关键在于如何扩大有效投资、提高投资效率。本文通过对近年来陕西投资的有效性进行分析，提出了扩大有效投资的具体措施。

关键词： 有效投资　投资效率　陕西

* 扈文秀，西安理工大学经济与管理学院二级教授，学位办主任兼研究生院常务副院长、博士生导师，主要研究领域为投融资管理与区域经济发展。

一　陕西省投资现状及其与稳增长的关系研究

（一）陕西省投资总额及结构分析

1. 陕西省投资总额分析

综合陕西省固定资产投资总额和增长率的变化趋势，可以看出如下几点。

（1）陕西省固定资产投资总额呈不断增长的趋势。主要原因是：国家对西部地区优惠政策逐步到位以及对外开放扩大和西部投资环境改善等政策措施的实施，保证了陕西省固定资产投资额持续增长。

（2）陕西省固定资产增长率呈波动性变化。其中，2007 年增长率达到最高，而在 2008 年之后则呈现波动下降的趋势（见图 1）。

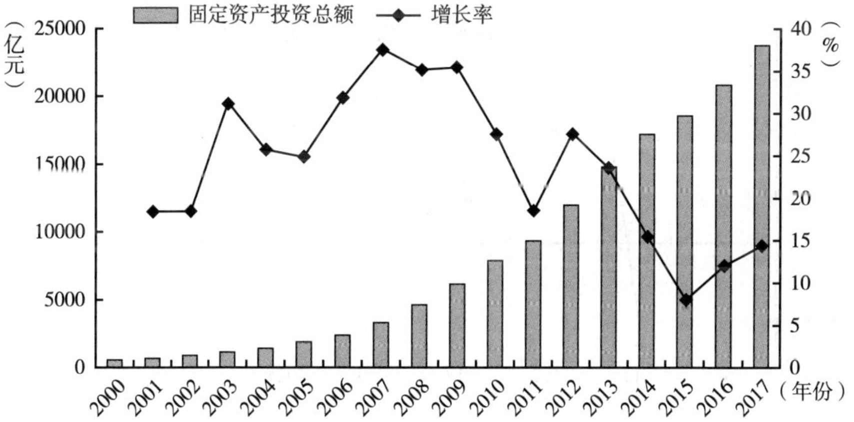

图 1　2000～2017 年陕西省固定资产投资总额及增长率

2. 陕西省投资结构分析

（1）产业结构分析

从图 2 可以看出：2010～2017 年，陕西省第一产业投资缓增；第二产业投资总体下降；第三产业显著上升。总体来看，陕西省对第一和第三产业的投资是比较重视的。

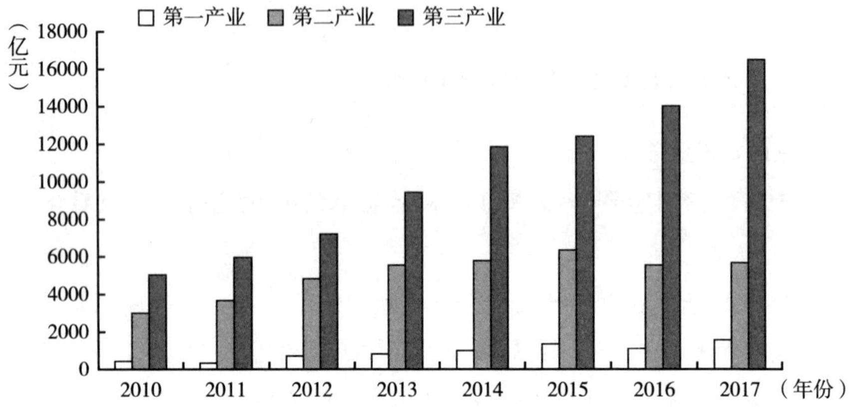

图2　2010～2017年陕西省三大产业固定资产投资额

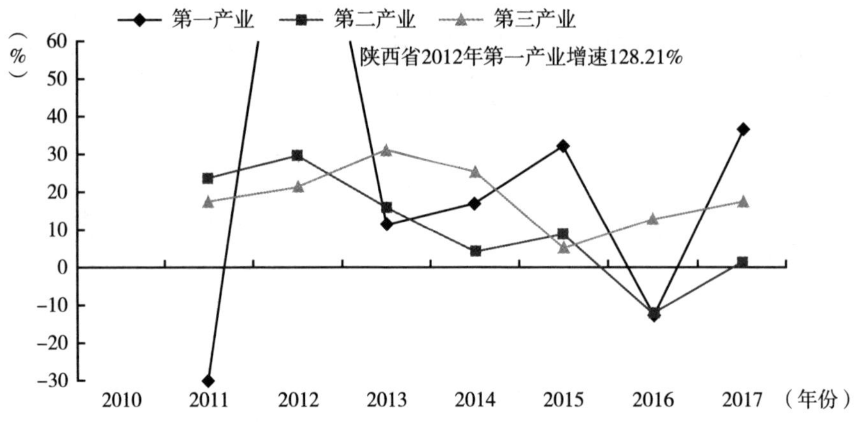

图3　2010～2017年陕西省三大产业固定资产投资额增速

（2）资金来源分析

由图4可知，陕西省在固定资产投资资金来源结构方面的特点主要是：其投资资金大部分来自自筹资金，而国内贷款、利用外资等明显不足（见图4、图5）。

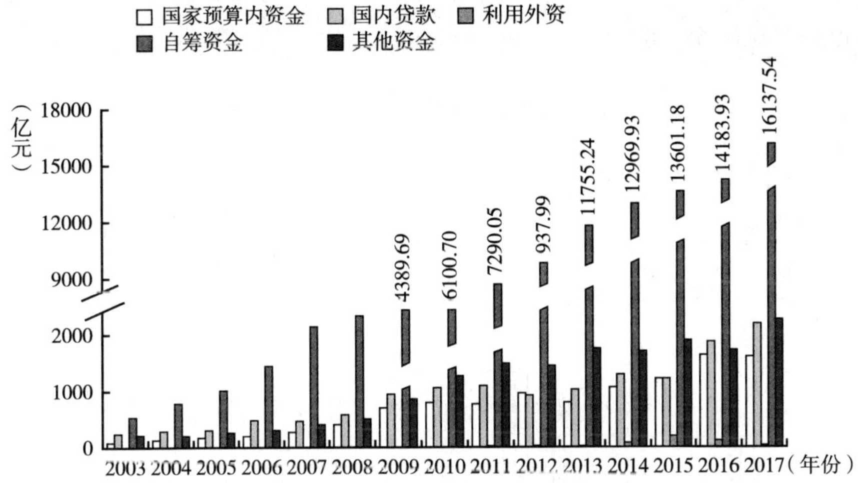

图4　2003～2017年陕西省各项投资资金来源中固定资产投资额

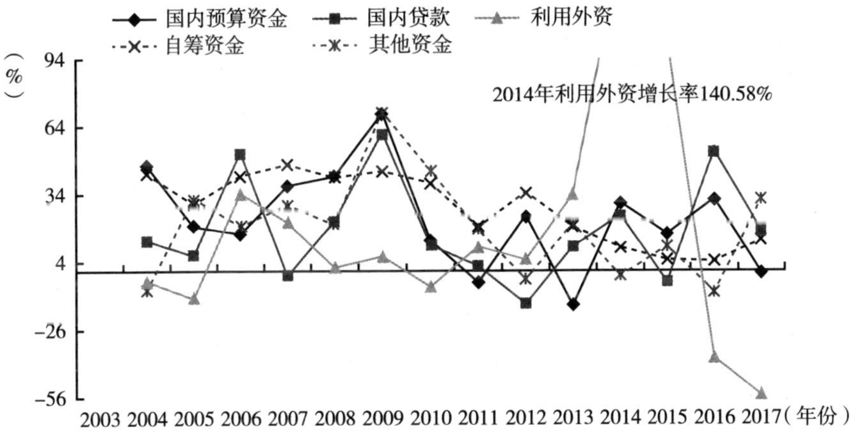

图5　2003～2017年陕西省各项投资资金来源中固定资产投资额增长率

（3）投资主体分析

陕西省固定资产投资主体有以下主要特点：陕西省各投资主体规模均显著提高；而在2010年之后，民间投资逐渐成为主要投资主体。总的来看，民间投资越来越发挥主要作用，政府给予民间投资更多的发展空间，投资主体地位的转变，体现出陕西省市场经济体制在不断完善，资源配置效率在逐步提高（见图6、图7）。

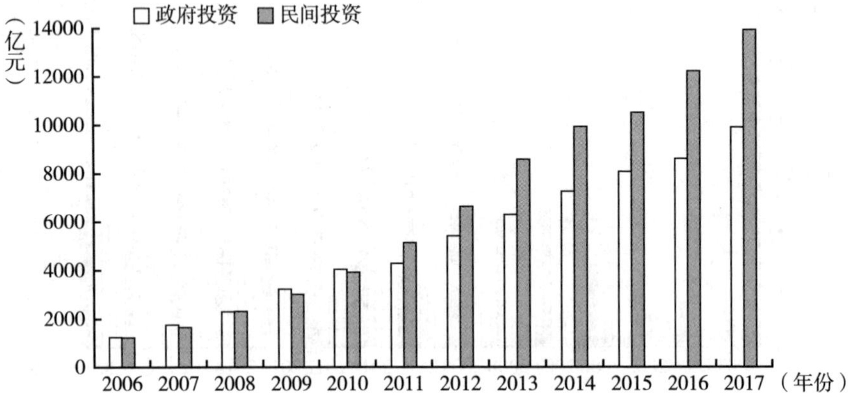

图6　2006～2017年陕西省政府和民间固定资产投资额

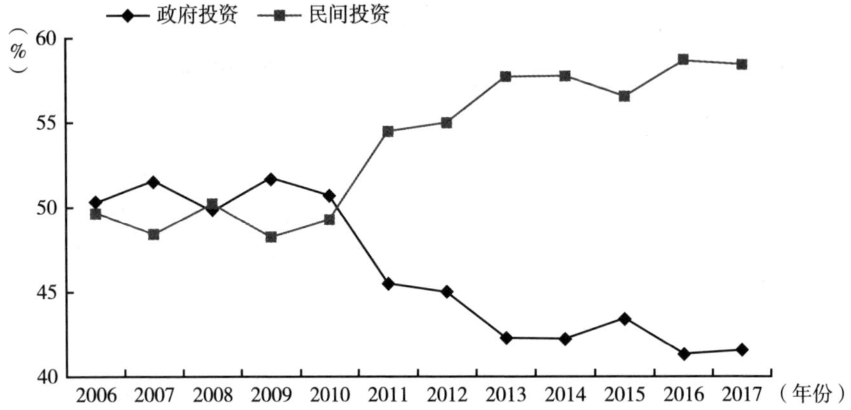

图7　2006～2017年陕西省政府和民间固定资产投资占比

（4）投资区域分析

陕西省固定资产投资区域结构有以下主要特点：关中地区投资总额占比接近甚至超过七成且增长稳定，陕南地区占比虽小但增长强劲，而陕北地区降幅最大甚至出现负增长（见图8、图9）。

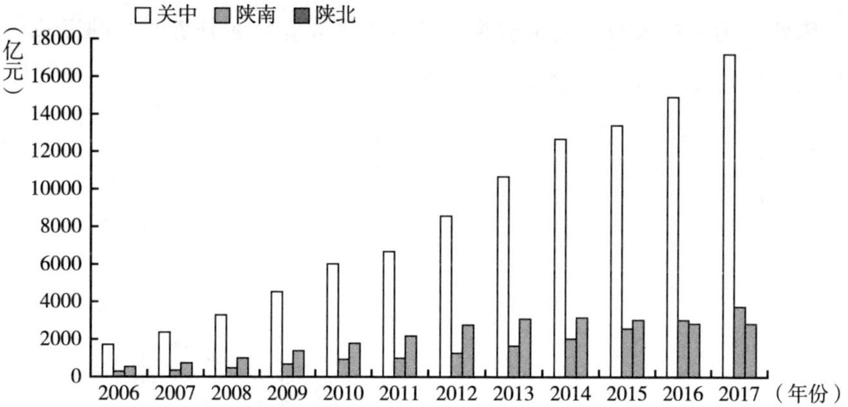

图 8　2006～2017 年陕西省三大地区固定资产投资额

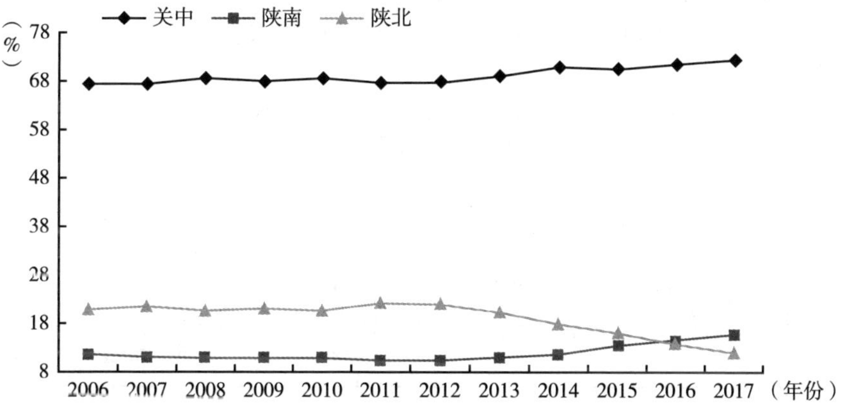

图 9　2006～2017 年陕西省三大地区固定资产投资额占比

（二）陕西省与典型地区的投资状况对比分析

1. 固定资产投资规模对比

从图 10 可以看出，陕西省固定资产投资额呈持续上升的趋势，但在 2015 年之前，陕西省固定资产投资总额是最低的，投资规模远不如其他四个省份。除了 2016 年辽宁省增长率为负值外，其他四省的投资额增长率均超过 10%

(见图11)。

因此，为了扩大有效投资规模，陕西省需要在产业升级、基础设施、环境投资和城市化建设方面继续加大投资。

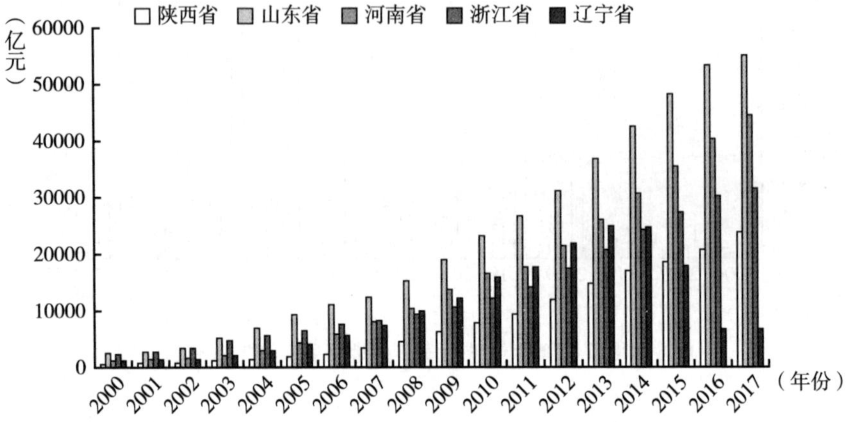

图10　2000～2017年五个省份固定资产投资总额

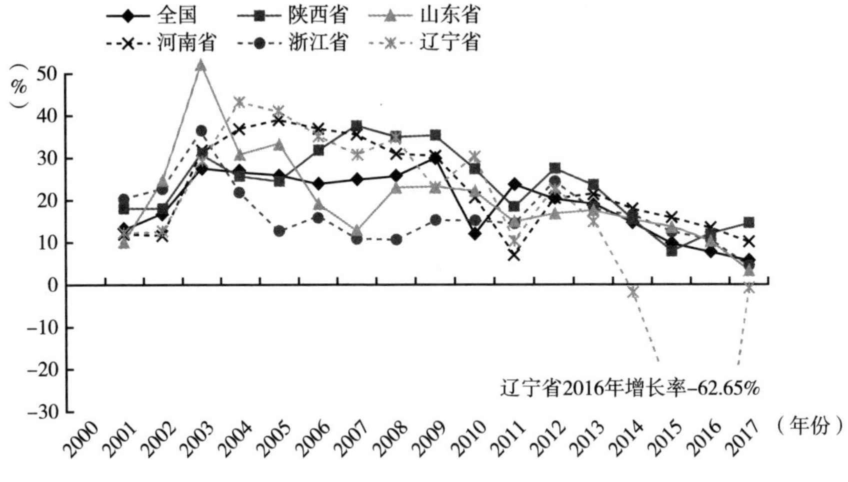

图11　2000～2017年全国和五个省份固定资产投资额增长率

2. 固定资产投资产业结构对比

(1) 三次产业占比

由图12可知，陕西第一产业占比波动性明显，且远高于全国均值；第二产业占比呈逐年下降趋势，且低于全国均值；第三产业占比也呈现波动性变化，也高于全国均值。

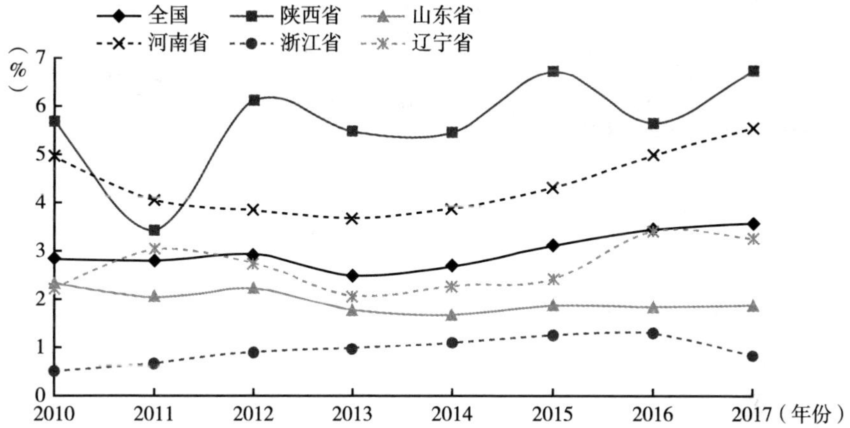

图 12　2010～2017 年全国和五个省份固定资产投资中第一产业占比

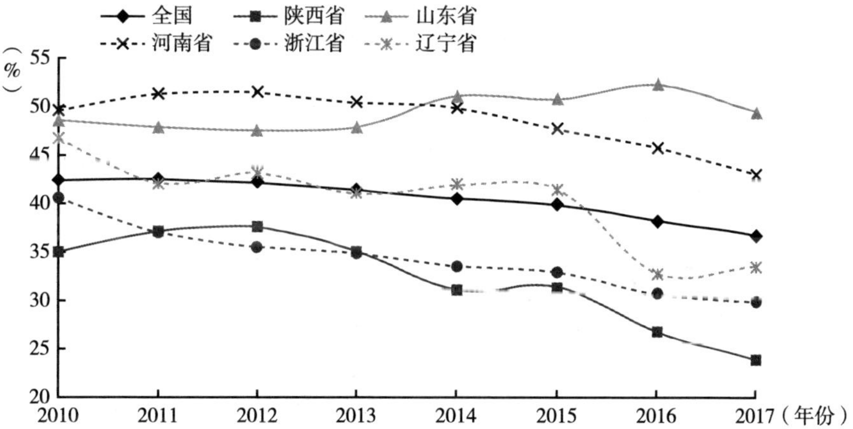

图 13　2010～2017 年全国和五个省份固定资产投资中第二产业占比

产业结构之间的不协调，也说明陕西省产业结构高度化和合理化水平较低，未来亟待调整。

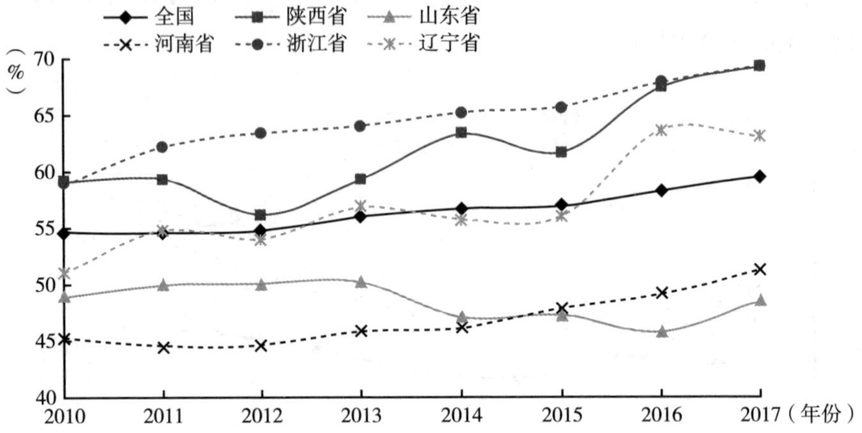

图 14　2010～2017 年全国和五个省份固定资产投资中第三产业占比

（2）增加值占比

陕西省第一、二产业增加值占比高于全国平均水平，第三产业增加值占比低于全国水平（见图 15、图 16、图 17）。因此，陕西省政府相关部门应在稳定第一、二产业发展的同时，继续加大对第三产业发展的扶持力度。

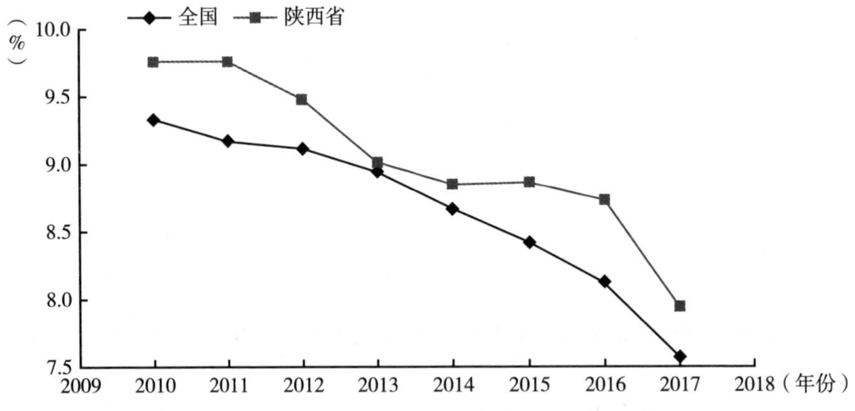

图 15　2009～2018 年全国和陕西省第一产业增加值占比

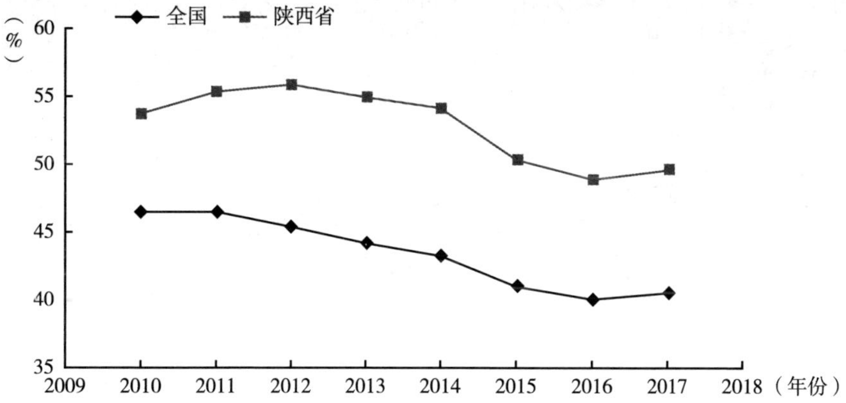

图 16　2009～2018 年全国和陕西省第二产业增加值占比

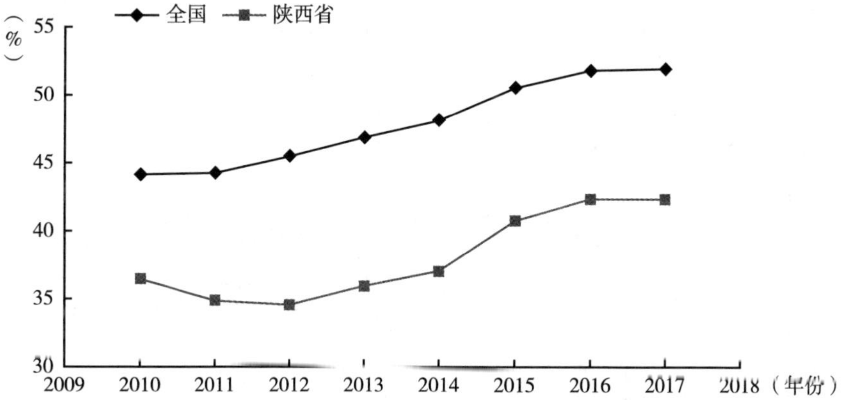

图 17　2009～2018 年全国和陕西省第三产业增加值占比

3. 固定资产投资资金来源对比

通过观察，我们能够发现：2007 年之前，陕西省国内贷款占比高于全国平均水平，2007 年后逐渐下降；自筹资金占比在 2007 年后高于全国水平，还有持续提高的趋势；陕西省其他资金占比持续低于全国水平（见图 18、图 19、图 20）。

4. 固定资产投资主体对比

从下图可以看出，陕西省政府投资占比在 2010 年后呈下降趋势，但仍然远高于全国水平；而民间投资占比虽在 2010 年逐年提高，但远低于全国

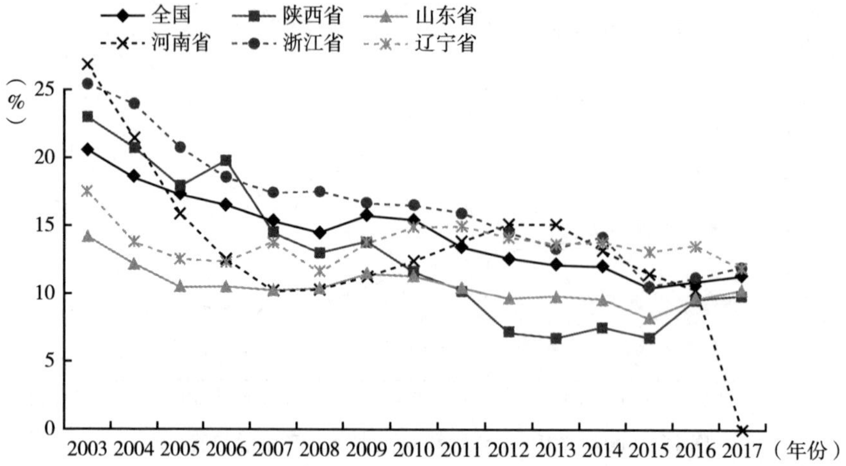

图 18　2003～2017 年全国和五个省份固定资产投资资金来源中国内贷款占比

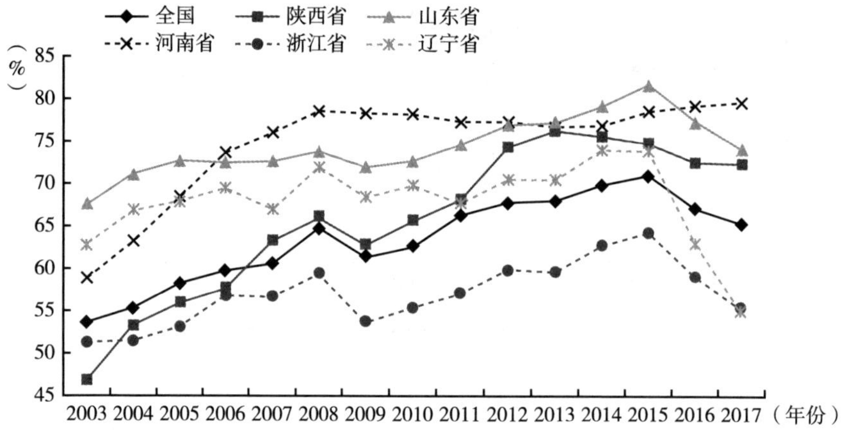

图 19　2003～2017 年全国和五个省份固定资产投资资金来源中自筹资金占比

平均水平（见图 21、图 22）。陕西省民间投资增速不明显，这主要是与投资比重偏小、投资方向单一、投资渠道不够通畅、投资政策缺乏落实等有关（见图 23、图 24）。因此，正确处理好政府投资和民间投资的关系是陕西省的当务之急。

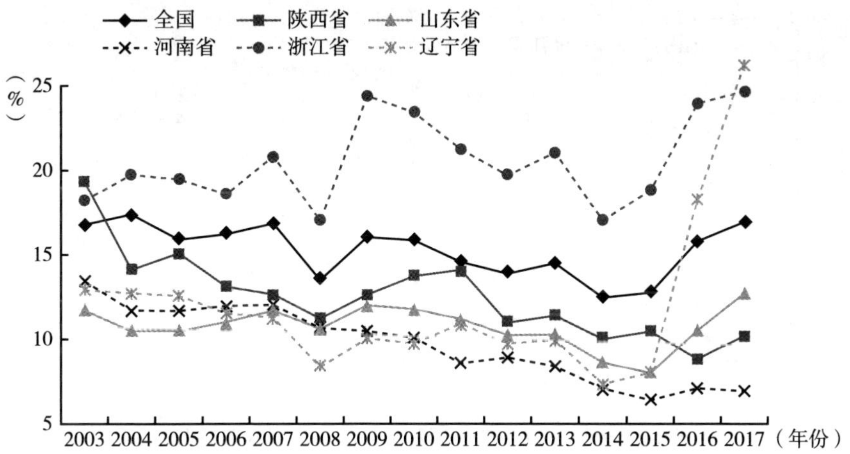

图 20　2003～2017 年全国和五个省份固定资产投资资金来源中其他资金占比

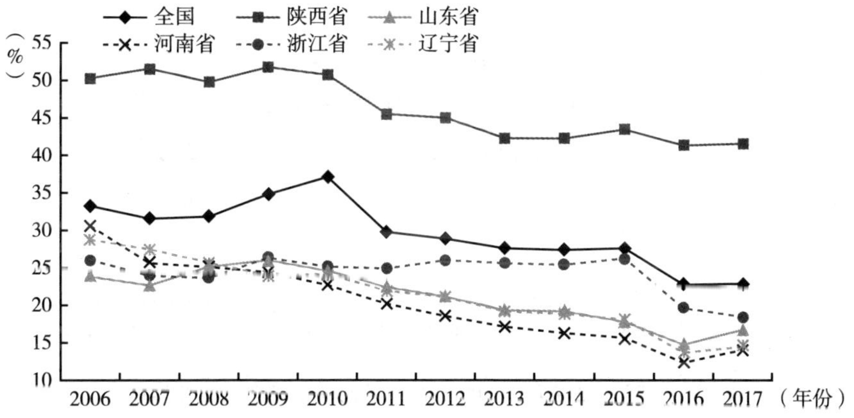

图 21　2006～2017 年全国和五个省份政府投资占比

（三）陕西省固定资产投资对经济增长的影响分析

1. 固定资产投资与经济增长关系的理论分析

在探究经济增长的来源时，我们经常使用的方法是增长核算法，该方法主要把产出的增加划分为两个来源，一是生产要素的增加，二是技术的进步。然后，当出现生产要素只包含资本和劳动时，该方法就将其划分为三个

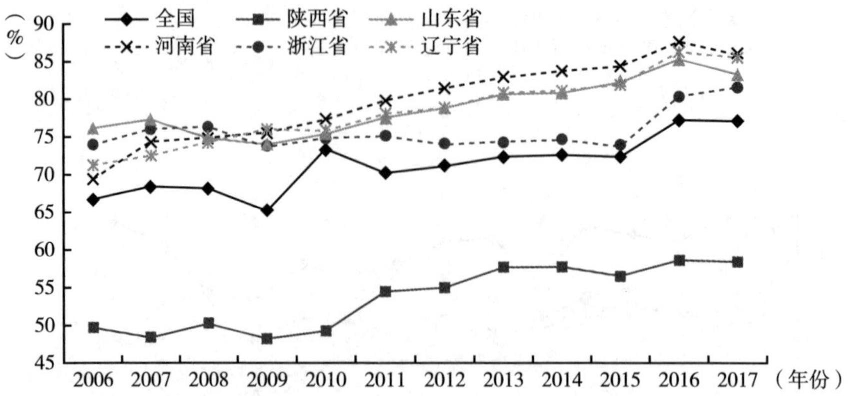

图 22　2006～2017 年全国和五个省份民间投资占比

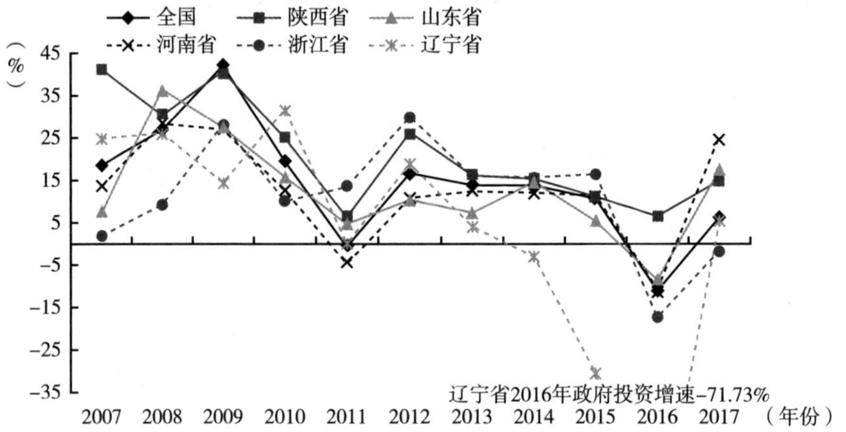

图 23　2007～2017 年全国和五个省份政府固定资产投资增速

来源，即资本增加、劳动力增加和技术进步。

式（1）即产出增长 =（劳动产出弹性 × 劳动增长）+（资本产出弹性 × 资本增长）+ 技术进步

2. 陕西省固定资产投资对 GDP 的影响分析

（1）基于协整检验的分析

①选用 2000～2017 年陕西省的时间序列数据进行实证分析，使用 Eviews 软件，研究陕西省 FI（固定资产投资）与 GDP 增长率的关系。

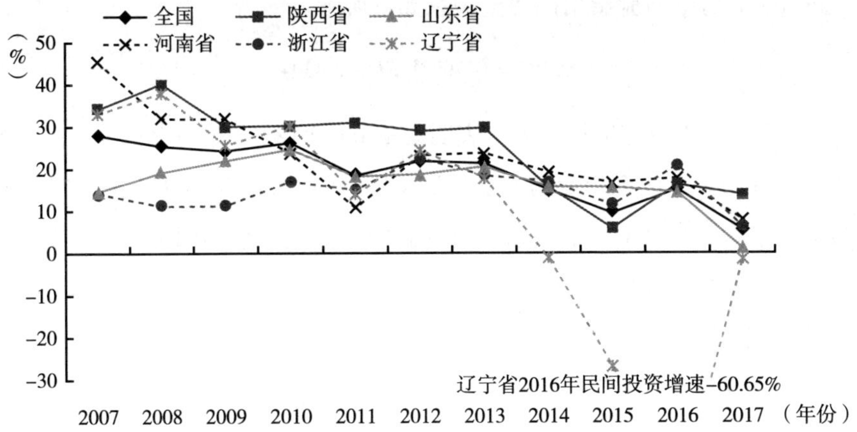

图24　2007～2017年全国和五个省份民间固定资产投资增速

②Johansen协整检验结果表明，变量lnGDP和lnFI存在协整关系，说明了两个变量间的关系是长期稳定的。

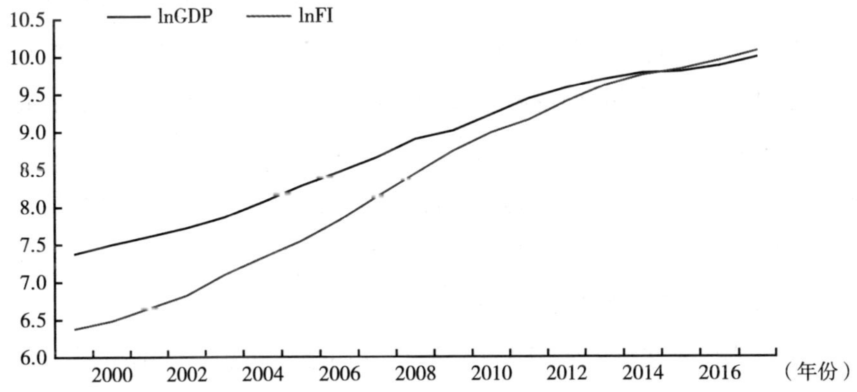

图25　2000～2017年lnGDP和lnFI的时间序列

表1　Trace统计量的Johansen协整检验结果

假设	特征根	Trace统计量	5%临界值	P值
None *	0.5690	21.3508	20.2618	0.0353
At most 1	0.3392	7.0440	9.1645	0.1241

Johansen 协整检验给出的协整关系如下所示。

$$\ln GDP = 0.7078\ln FI + 2.8394 \quad (2)$$

式（2）由于模型通过协整，表明变量 lnGDP 和 lnFI 间存在一定的协整关系，也就是说，两个变量的关系是长期稳定的。另外，单从回归方程中的回归系数来看，前者对后者有着显著的影响，这也就说明固定资产投资是促进经济增长非常重要的一个因素。

（2）误差修正模型

整理换成标准的 ECM 模型

$$\begin{aligned}\Delta\ln GDP_t = 0.6885\Delta\ln FI_t - 0.7361(\ln GDP_{t-1} - 2.8394 \\ - 0.6973\ln FI_{t-1}) + 0.1041\end{aligned} \quad (3)$$

陕西省经济增长的波动可以分为两部分：一部分是短期波动，另一部分是长期均衡。结合上面式子，我们可以得出以下结论：短期的固定资产投资总额每变动 1%，国内生产总值会在同一方向变动 0.6885%；误差修正项（ECM 项的系数）可以看作是对偏离长期均衡调整力度的反映，其弹性约为 -0.7%，即上一年度的非均衡误差以 0.7361 的比率对本年度 lnGDP 的取值做出正向修正，修正幅度不是很大。总之，ECM 模型更完美地容纳了长短期的信息，可以很好地证实在陕西省固定资产投资和经济增长两者之间，存在动态均衡机制。

（3）Granger 因果关系检验

对实际固定资产投资和国内生产总值这两个变量进行了 Granger 检验，分析结果如表 2 所示。

表 2　Granger 因果关系检验

原假设	滞后期	F 统计变量	概率值	结论
lnFI does not Granger Cause lnGDP	2	6.11312	0.0148	拒绝原假设
lnGDP does not Granger Cause lnFI	2	2.37244	0.1355	接受原假设

从 Granger 因果关系检验结果可以看出，固定资产投资是国民生产总值的格兰杰原因，而国民生产总值则不是固定资产投资的格兰杰原因。也就是说，若以短期为研究视角，固定资产投资对经济增长有一定的滞后效应，但是影响并不大；而若以长期为研究视角，固定资产投资才是拉动经济增长的主要因素。

（4）基于资本产出比率（ICOR）的分析

边际资本产出比率主要是来自资本的边际生产率。我们通常将资本的边际生产率看作是边际存量的边际产量，也就是产出和资本两者增量的比率。而我们现在讨论的边际资本产出比率，事实上就是资本边际生产率的倒数。计算公式为 ICOR = I/ΔGDP。

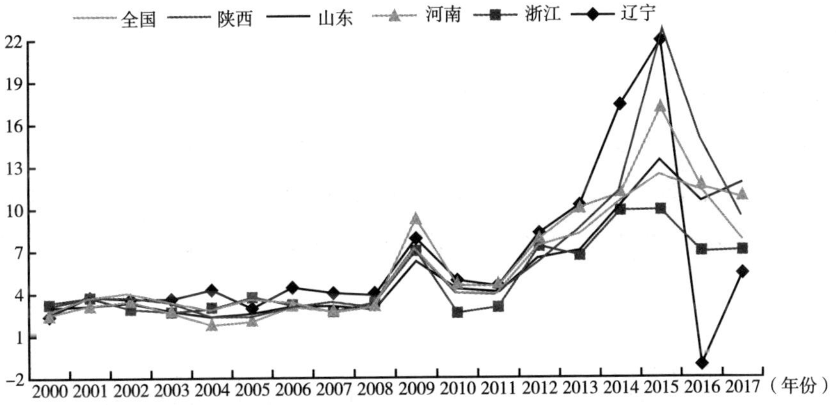

图 26　2000～2017 年全国、陕西、山东、河南、浙江及辽宁 ICOR 对比

2000～2015 年，陕西省、山东省、河南省、浙江省和辽宁省的 ICOR 总体上都呈现上升趋势，说明五省份的固定资产投资效率都在逐年下降。然而相比于山东省、河南省、浙江省和辽宁省，陕西省的 ICOR 总体上都偏高，说明陕西省固定资产投资相对于除辽宁省外的四大调研省份，投资效率低下。

（5）剔除价格因素的分析

在考虑剔除价格因素的影响，我们按实际 GDP 和 FI 来用此方法计算了全国平均、陕西、山东、河南、浙江及辽宁的 ICOR 值（见图 27）。

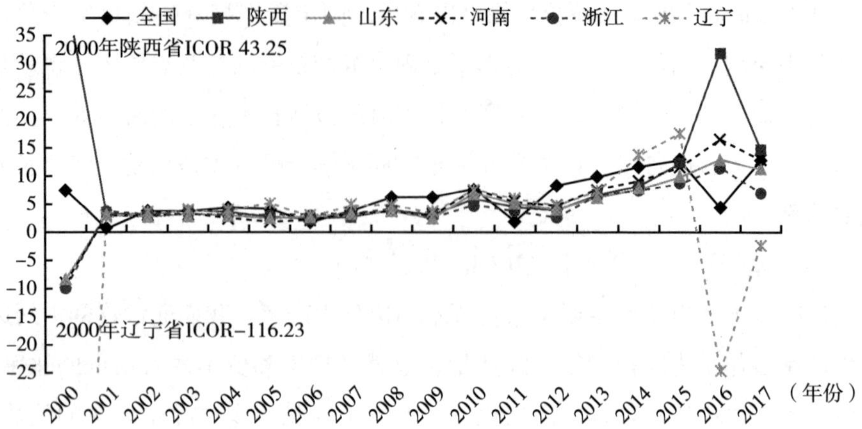

图27　2000～2017年全国、陕西、山东、河南、浙江及辽宁ICOR对比

2000年以来，全国、陕西、山东、河南、浙江及辽宁的ICOR都在逐年上升，而且2000年时，陕西省的ICOR达到峰值为43.25，远高于全国和各调研省份，总体趋势上说明陕西省和调研省份的固定资产投资效率都逐年在下降。2015～2017年，陕西省的ICOR远高于全国和调研省份，说明陕西省在此期间的固定资产投资效率远远低于全国和调研省份。

（6）五年移动平均法分析

从总体趋势上看，全国平均、陕西、山东、河南、浙江和辽宁的ICOR基本都在逐年增长，说明2000～2017年，全国、陕西及调研省份的固定资产投资效率都在下降。然而在2013～2017年，陕西省的固定资产投资效率大幅度降低，并且有逐年加大的趋势，陕西省ICOR远远高于全国和调研省份，说明陕西省的固定资产投资效率远低于全国和调研省份。

3. 陕西省不同产业、重点行业固定资产投资对GDP的影响分析

（1）陕西省不同产业ICOR分析

陕西省第一产业的ICOR是三大产业中最低的，说明它的投资效率高，并且始终保持在5以下，相对第一产业，第三产业的ICOR从2010年至2017年始终是三大产业中最高的，说明陕西省第三产业的投资效率低（见

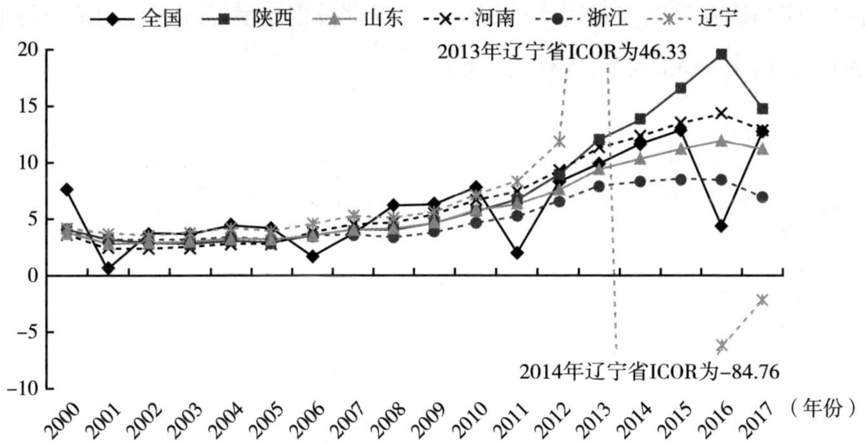

图 28　2000～2017 年全国、陕西、山东、河南、浙江及辽宁 ICOR 对比

图 29）。这也从侧面反映，陕西省的投资结构不合理。未来陕西省需要加快转变经济发展方式，调整产业结构，以适应新的经济形势。

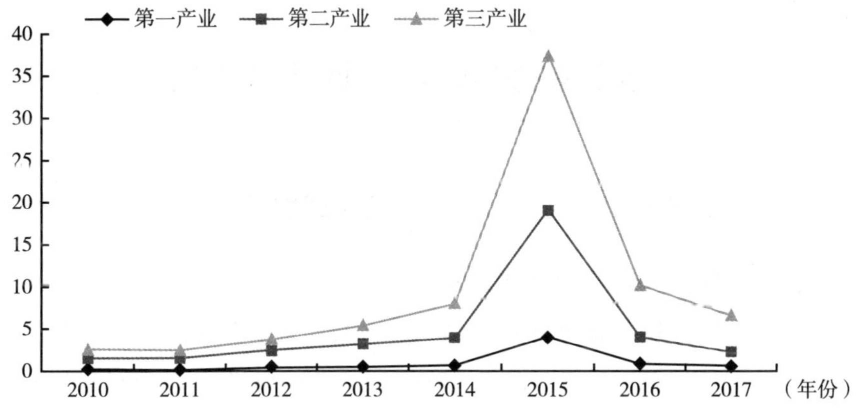

图 29　2010～2017 年陕西省三大产业 ICOR

（2）陕西省重点行业 ICOR 分析

由图 30 可以看出，陕西省的房地产行业的 ICOR 是最高的，说明房地产业的投资效率低下，而建筑业和金融业基本保持一致，并且都处于行业中 ICOR 的最低值，说明这两个行业的投资效率高。而行业间的发展并不均衡。

为此，应当确定陕西固定资产投资重点，促进投资效率提高，带动多个行业联动，创造出巨大的经济和社会价值。

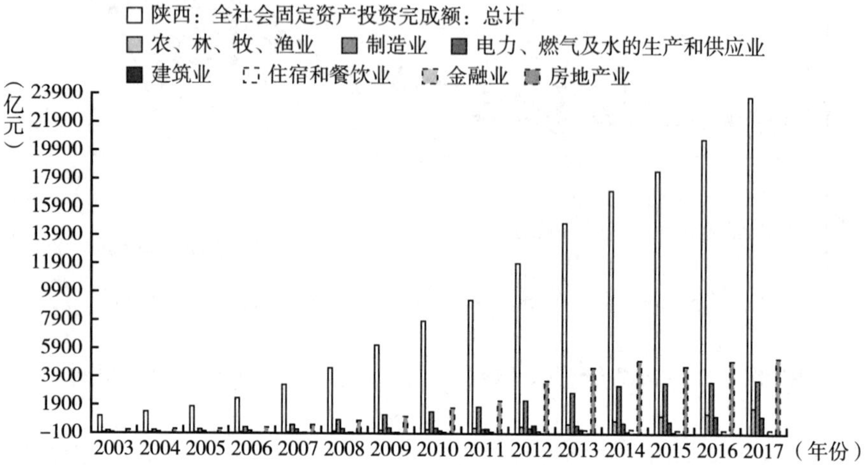

图30　2003～2017年陕西省重点行业ICOR

二　扩大有效投资与产业结构调整的关系研究

（一）陕西省重点产业、行业投资的发展现状分析

1. 陕西省基础设施业投资发展现状

可以看出陕西省基础设施投资增长快，总量高，其中，2009～2012年投资增速大幅度下降；2013～2016年投资增速稳中有降，总体处于减速态势（见图31）。四大行业投资占比中，交通运输、仓储和邮政业等行业逐年降低，信息传输、软件和信息技术服务业等行业逐年提高，电网建设和水利等行业基本保持不变（见图32）。总体来说，陕西省对于水利业投资占比一直处于基础设施投资中的重点。

2. 陕西省装备制造业投资发展现状

从图33、图34可以看出，2008～2017年陕西省装备制造业投资额呈先

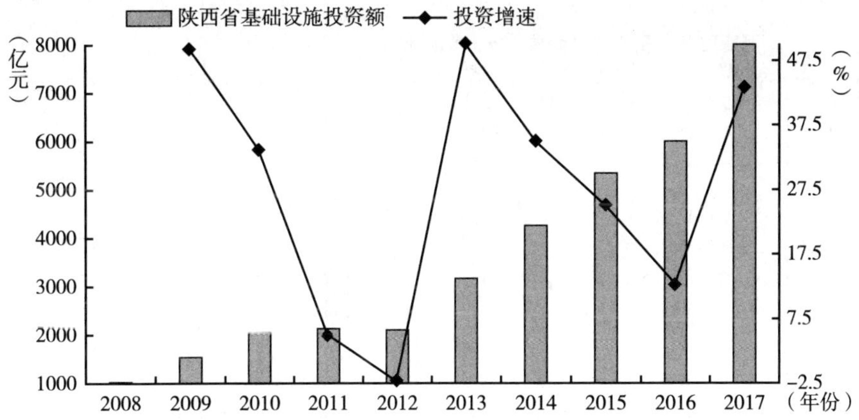

图 31　2008～2017 年陕西省基础设施投资额及投资增速

资料来源：陕西省统计局。

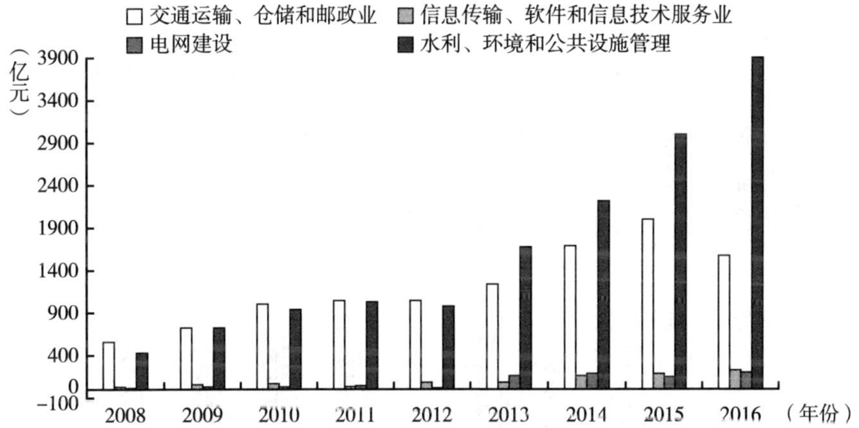

图 32　2008～2016 年陕西省基础设施不同行业投资额

资料来源：陕西省统计局。

上升后下降的趋势。其中，2008～2012 年投资增速大幅提升，而 2012～2017 年投资增速大幅下降。

3. 陕西省战略性新兴产业投资发展现状

（1）陕西省战略性新兴产业投资现状分析

从图 35、图 36 可以看出，2012～2017 年七大战略性新兴产业投资

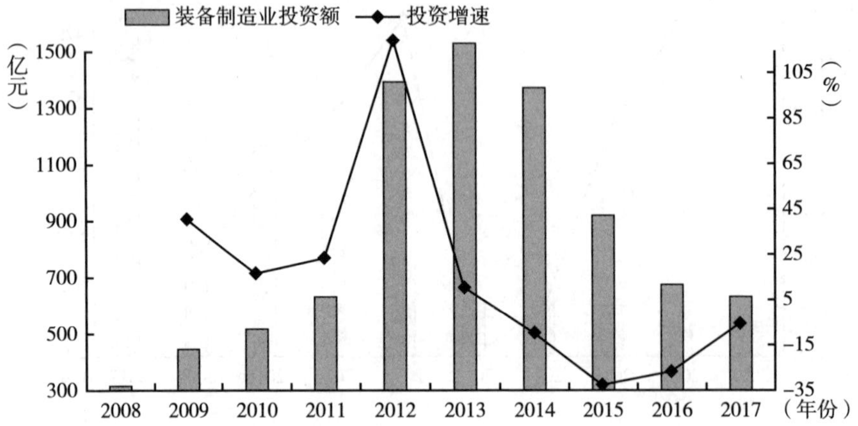

图 33　2008～2017 年陕西省装备制造业投资额及投资增速

资料来源：陕西省统计局。

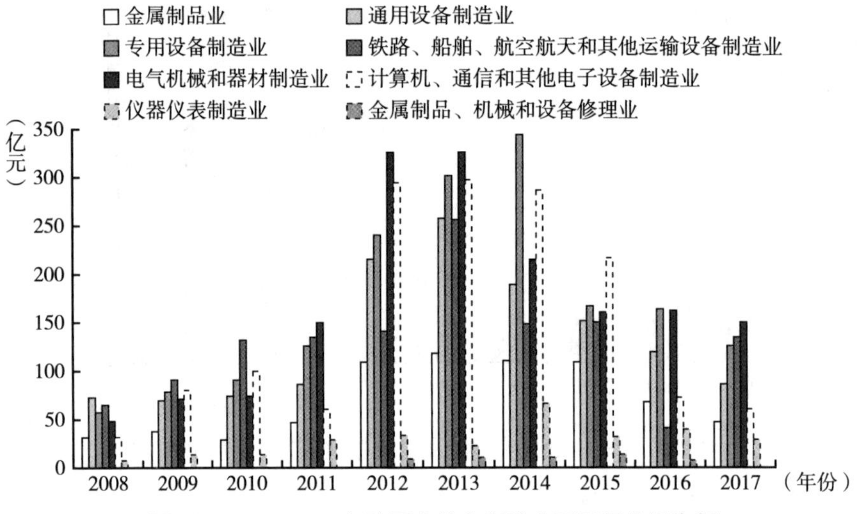

图 34　2008～2017 年陕西省装备制造业不同行业投资额

资料来源：陕西省统计局。

额呈持续上升的趋势。其中，2013～2014 年投资增速大幅度上升，2014～2016 年投资增速稳中有降，2016 年后又缓慢增加，总体处于减速态势。

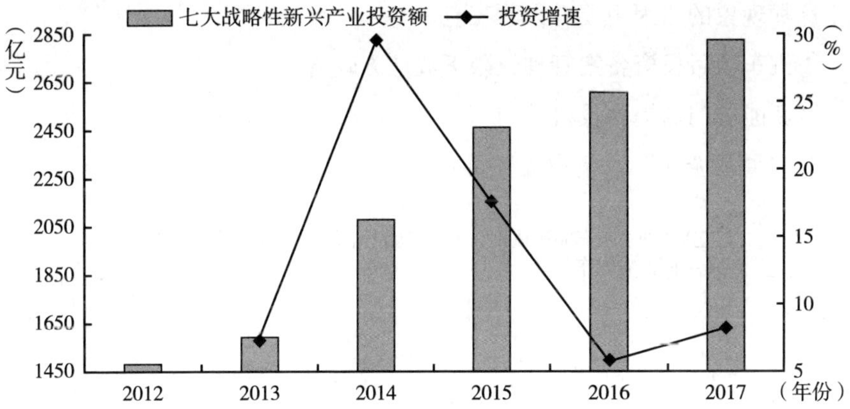

图 35　2012～2017 年陕西省七大战略性新兴产业投资额及投资增速

资料来源：陕西省统计局。

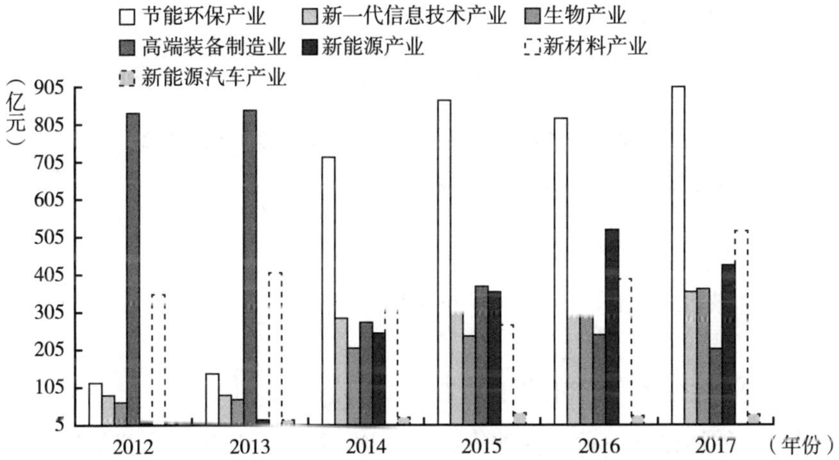

图 36　2012～2017 年陕西省七大战略性新兴产业不同行业投资额

资料来源：陕西省统计局。

4. 陕西省汽车制造业投资发展现状

陕西省汽车制造业投资总额低于全国平均水平，陕西省汽车产量则经历了先降后增两个阶段，从 2012 年的 54. 46 万辆降至 2015 年的 34. 14 万辆，再回升至 2017 年的 61. 63 万辆，但是远低于 300 万辆目标产量（见图 37）。

产生这种现象的原因主要有以下三点。

①汽车项目投资备案管理权限下放地方政府。

②新能源门槛提高投机无门。

③“僵尸企业”大清退无壳可卖。

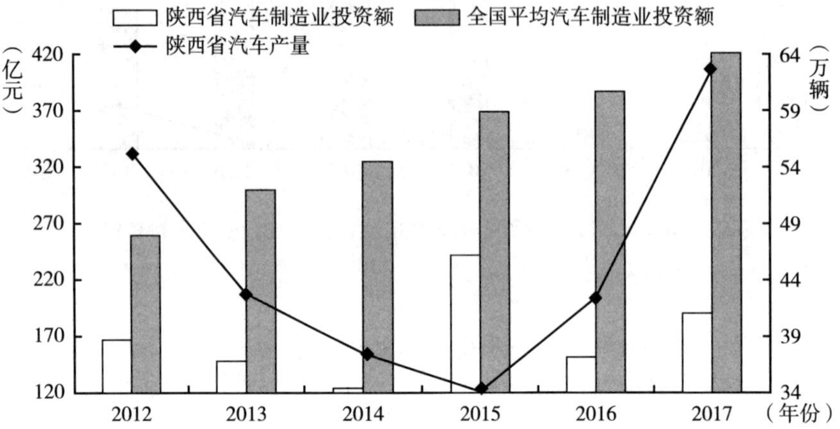

图 37　2012～2017 年陕西省与全国汽车制造业投资对比

资料来源：陕西省统计局及国家统计局。

（二）陕西省重点产业、行业投资“有效性”的分析

1. 投资“有效性”的评价指标选取

首先，使用以下三种指标评价经济效益：第一，使用综合指标边际投资效益系数反映一定时间内固定资产投资增加额所增加的 GDP；第二，从建设单位的建设速度角度使用项目建成投产率来反映投资效果；第三，建设过程中使用固定资产交付使用率来综合分析固定资产的宏观投资效果。并且从投资就业系数、投资消费系数以及投资环境效益系数三方面对陕西省投资的社会效益进行评价。

其次，将陕西省各指标评价系数与全国评价系数对比，若高于全国赋值为 1，表示陕西省该项指标投资有效性高于全国；若低于全国则赋值为 0，表示陕西省该项指标投资有效性低于全国。

最后，将各个指标得分加总，得到一个整体的评分，以此为各重点产业、行业的投资有效性评价基准，从而为后续的产业结构调整提供判断依据。

2. 陕西省重点产业、行业投资“有效性”的评价

总体来看，固定资产边际投资效益系数中，陕西省制造业总体优于全国平均水平，电力、热力、燃气及水生产和供应业，建筑业，金融业偏低，并且在不断减小。投资利用效率中，陕西省制造业，电力、热力、燃气及水生产和供应业，房地产业均偏低，住宿和餐饮业与全国平均水平相差不大，建筑业与金融业则波动较大。社会效益水平中，陕西省制造业、建筑业、金融业总体优于全国平均水平，其中制造业呈现下降趋势，而电力、热力、燃气及水生产和供应业，住宿和餐饮业，房地产业总体均劣于全国平均水平，其中电力、热力、燃气及水生产和供应业呈现下降趋势。

表 3　第二产业及第三产业投资有效性最终得分

产业	得分	排序
第二产业	0.458	1
第三产业	0.208	2

表 4　各个重点行业投资有效性最终得分

行业	得分	排序
制造业	0.417	1
电力、热力、燃气及水生产和供应业	0.375	2
建筑业	0.354	3
住宿和餐饮业	0.354	3
金融业	0.417	1
房地产业	0.188	4

（三）基于产业结构调整的扩大有效投资战略方向确定

1. 基于投资发展现状分析结果的方向调整

经过对比全国的投资有效性评价系数后，根据表 3 可以看出，陕西省第二产业投资有效性总体高于全国，陕西省应该在稳定第三产业固定资产投资的同时，积极扩大第二产业的投资。金融业与制造业的综合投资有效性最高，陕西将来应该加大金融业与制造业固定资产投资力度，提高金融机构数量和金融服务水平，提升制造业技术水平，从而更好地助力陕西实体经济的高质量增长；其次，电力、热力、燃气及水生产和供应业投资有效性得分排序第 2，陕西省应该在扩大电力、热力、燃气及水生产和供应业投资方面做出一定的努力。再次，建筑业，住宿和餐饮业的投资有效性得分并列第 3，陕西省是著名的旅游城市，拥有众多名胜古迹和网红景点，因此，陕西省应该利用其独特的历史底蕴和深厚的文化内涵，继续拓展深耕旅游业和文化产业，在巩固建筑业，住宿和餐饮业投资的同时可以适当扩大投资。最后，房地产业的固定资产投资经济效益与社会效益相对较低，因此，可以采取较保守的投资措施。

表 5　第二产业及第三产业调整方向

产业	得分	排序	调整方向
第二产业	0. 458	1	加大投资
第三产业	0. 208	2	保守投资

表 6　各个重点行业调整方向

行业	得分	排序	调整方向
制造业	0. 417	1	加大投资
电力、热力、燃气及水生产和供应业	0. 375	2	加大投资
建筑业	0. 354	3	适当扩大
住宿和餐饮业	0. 354	3	适当扩大
金融业	0. 417	1	加大投资
房地产业	0. 188	4	保守投资

三 基于地方政府债务风险防范背景的政府投资项目管理研究

（一）陕西省地方政府投资项目管理方法的调查问卷分析

调查问卷结果表明，在当地政府政策执行力度方面，落实项目跟踪服务督办机制和当地政府执行方式多样化情况做得还不错，得到了当地企业的青睐。但是，政策执行者权利合理利用度、在预定时间内完成既定目标的情况、对成本的考虑度和执行政策时的激情还远远不足，没有赢得当地企业的青睐，所以有待进一步加强。

（二）地方政府债务在政府投资项目管理过程中的风险分析

调查研究发现，政府在投资项目管理过程中可能引发地方政府债务风险的因素主要有六个方面：一是政府间事权和财权划分不清，导致省以下政府大规模举债；二是债务规模方面，其不断扩张，导致偿债危机；三是债务显隐方面，其隐蔽性大，导致难以发现风险，容易造成危机；四是债务风险预警体系方面，其不健全，导致难以发现风险并做到及时预警；五是资金使用效率方面，其使用效率低下导致地方政府不断过度举债；六是债务清偿方面，清偿债务不及时影响地方政府的诚信度。其中前三个方面为资金来源风险，后三个方面为资金使用风险。

四 陕西省固定资产投融资模式选择研究

（一）陕西省固定资产投融资状况及模式分析

1. 陕西省固定资产投融资总体状况分析

2003～2017年，陕西省全社会固定资产投资完成额逐年增长，保持着高增速。其中，第一产业中农、林、牧、渔业，第二产业中制造业，电力、燃气及水的生产和供应业以及第三产业中住宿和餐饮业、金融业和房地产业也在同步增长，但是金融业的投资略显不足。而其他行业增速呈现波动性变化趋势。

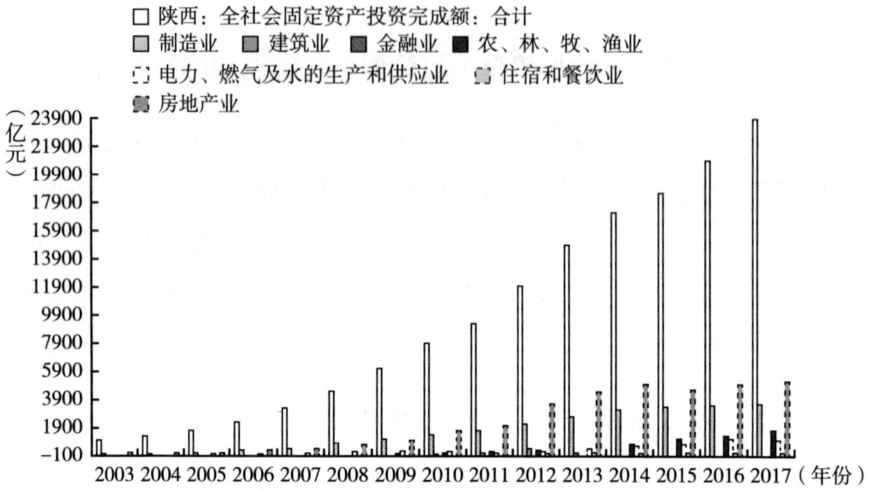

图 38　2003～2017 年陕西省固定资产投资完成额及三次产业投资额

2. 陕西省固定资产投融资现状分析

（1）陕西省固定资产投融资现状分析

①制造业投资总量规模扩大且增速加快（见图 39）。

②民间投资增长保持稳定（见图 40）。

③基础设施投资回暖。

④陕北投资增长强劲。

⑤房地产开发投资增速加快。

（2）存在的问题

①基础设施投资增速回落。

②资金支持力度不足。

③工业投资增长放缓。

④新开工项目负增长。

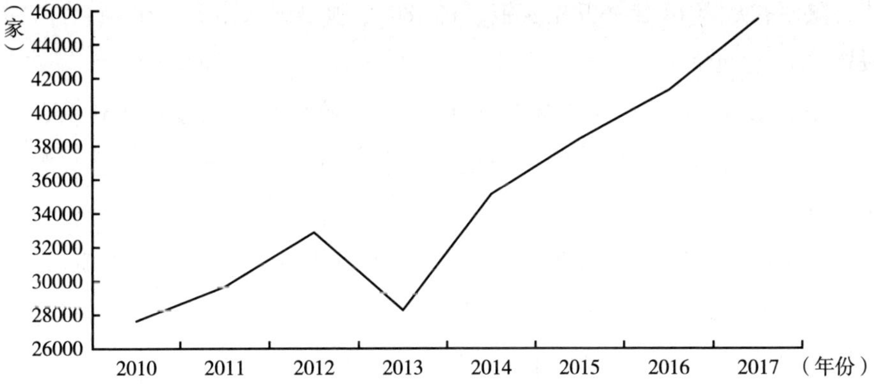

图 39　2010～2017 年陕西省制造业单位数

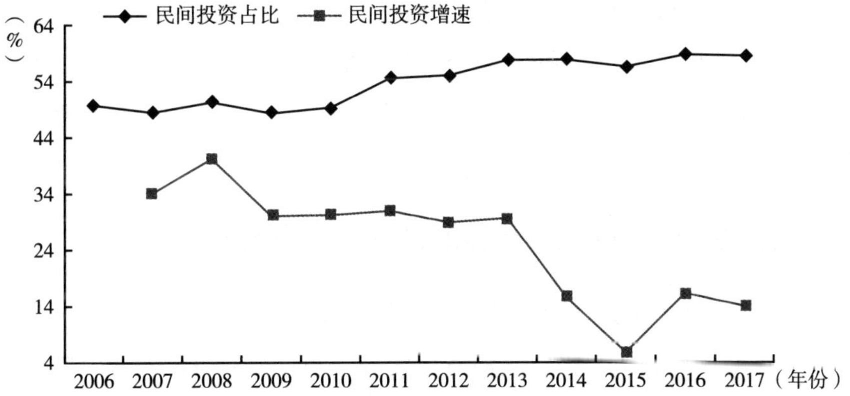

图 40　2006～2017 年陕西省民间投资完成额占比及投资增速

（二）陕西省固定资产投融资模式分析

1. 陕西省投融资模式现状

直接融资：首先，陕西省融资结构不断改善。其次，陕西省的社会融资规模在持续增长，从 2007 年的 767.5 亿元增长到 2013 年的 4000 亿元，其总额累计达到 425.4 亿元。

间接融资：陕西省以 PPP 项目融资模式为主，即公共部门与私人企业的合作模式，目前，陕西省固定资产投融资的模式主要是 PPP 项目融资模式，陕西省从2014年底开始实施，将180个项目纳入全省PPP项目库，总投资2316亿元。

于2015年5月发布了首批60个PPP示范项目，总投资达到1536亿元，主要涉及五个领域，即交通设施、水利设施、市政设施、公共服务、生态环境。

在首批公布的60个PPP项目中，有2个项目入选国家发改委示范性PPP项目典型案例，它们分别是陕西省南沟门水利枢纽工程、渭南市天然气利用工程。截至2016年11月底，全省已签的落地项目43个，总投资684亿元，引入社会资本620亿元。

2. 陕西省固定资产投融资模式存在的问题分析

①企业对直接融资工具的了解程度偏低。②缺乏PPP模式应用的法律体系。③契约精神薄弱。④PPP项目价格形成机制不合理。⑤政府监管力度把握不准。⑥政府违约风险存在。⑦审批程序复杂。⑧专业化机构和专业人才缺乏。⑨融资困难。

（三）典型省市固定资产投融资模式比较分析

通过对陕西省推进政府和社会投资合作（PPP）三年行动计划（2017～2019年）项目表分析，得出陕西省固定资产投融资模式主要是PPP、BOT与BOO的结合，PPP、BOT项目重点在于交通运输以及基础设施建设中使用。而BOO主要应用于棚户区改造。

陕西省与调研省份山东省和河南省在固定资产投融资模式的选择上，都主要是PPP与BOT模式，模式结构较为单一。

（四）陕西省固定资产投融资模式创新途径选择

创新项目融资模式，通过对比国内外比较成熟或大量运用的项目投融资模式，在陕西省积极探索和发展XOD+PPP+EPC、PFI、政府经营类融资新模式等项目融资模式。

①XOD+PPP+EPC项目融资模式。

②PFI 项目融资模式。

③探索实施政府经营类融资新模式。

五　地方政府扩大招商引资政策措施调研及访谈分析

调研和访谈的结果总结如下：我们对当地政府在招商引资工作所具体出现的问题先进行大概了解，然后对当地扩大招商引资相关措施进行了讨论。具体如下。

第一，对于一些县级地区，招商引资工作存在困难。首先适用于省市级的相关招商政策，对于县级地区并不一定适用，进而会影响政策措施的效果。比如适用于市级政府的招商引资激励政策应用到具体的县区中，就会使其影响力变弱。

第二，在优惠政策的减税方面，出现税率下降税收反倒增加的现象。

第三，招商引资双方队伍谈判能力不对称。一般来说由于政府缺乏专业的谈判队伍，因此相较于企业来说谈判能力较弱，属于刚性谈判。

第四，政府对招商引资的考核属于前端考核，但并未考虑其长远的发展。

第五，招商引资中的政府合规性问题，比如在优惠政策方面，一些税收补贴不符合 WTO 的原则，即补贴出现不合法问题。

第六，对于深圳等沿海发达地区，虽然未设有招商引资部门，但是当地引入的企业以及相关产业的数量却远远超过中西部专门设有招商部门的地区。

另外，我们在调研和访谈过程中，还针对上述提出的地方政府扩大招商引资措施存在的问题的解决方案进行了实地调查和会议探讨以及对目前招商引资工作更好地开展提出了相关建议。分别分为以下六个方面。

第一，针对县级地区招商工作存在的一些困难，可以结合当地的实际情况来制定相应的政策措施，以达到预期的效果。而不一定非要照本宣科，这样只是表面功夫。

第二，针对税收增加问题，这是一种合理的现象，结合一位美国的著名经济学家所提出的“拉弗曲线”可知，当税率大于其临界点的时候，税率的降低并不会减少税收，相反，还能够在一定程度上对经济产生刺激，从而促使总税收增加。这是因为，一方面降低税率，但是另一方面，税务部门的业务能力的不断提升，使从前存在的偷漏税现象的企业成为关键的纳税者中的一部分，从而税基得到了大幅度的增加，所以也就有了税收收入的高幅度增长。

第三，针对招商队伍谈判能力不对称问题，可以引进弹性团队，让专业的谈判队伍负责谈判。例如，引进石油产业项目，可以在本地石油产业方面的优秀企业中，建立专业柔性谈判团队。并且针对同一地区各个下级的地区谈判应保持一致，并且要提升弹性团队的激励机制。

第四，对于后续政策保障服务与前期引进服务不匹配问题，领导应将注意力关注到这一方面来，进行机制改革，如建立一站式全程服务，并且还需要迅速调整自己的短期决策意识。

第五，结合当地招商引资的需要，大多数政府以增加对投资企业的吸引力为目的，主动制定了较多的财政奖励、减免税收以及返还等相关政策。但是，针对外资企业采取了更为严格的策略，因为要保证其政策有着合规、可靠、平稳的性质。只有合规的税收优惠政策，才能使当地的招商工作更好地进行。

第六，深圳等沿海地区出现的这些招商强的现象，主要是因为其招商工作与当地的市场环境息息相关。

六　陕西省扩大有效投资的政策措施研究

扩大有效投资是保持陕西省经济平稳较快发展的关键所在和最直接手段，也是加快经济转型升级、增强地区经济长远发展的重要举措。为了确保陕西省扩大有效投资政策措施的实施，可以采取如下具体措施。

（一）加大投资力度，优化产业结构

第一，加大投资力度，优化投资结构，提高资金使用效率。陕西省应该在稳定第三产业投资发展的同时，加大第二产业的投资力度，具体而言，要在稳定建筑业和房地产业投资发展的同时，大力开展金融业、制造业投资，扩大电力、热力、燃气及水生产和供应业的投资，适当扩大住宿和餐饮业的投资。

第二，加快发展新经济，注重发展战略性新兴产业。通过利用政府税费减免、财政补贴等政策的杠杆作用，陕西省要同时提高战略性新兴产业占工业投资比重和生产性服务业占服务业投资比重。

第三，发挥科技创新平台优势，培育创新型企业。首先，利用陕西省拥有的高校和科技资源优势，实现创新创业国家示范区或基地的打造；其次，可以结合现有的有利资源，加速培育出创新型和高新技术型企业，使创业、天使、产业等投资能够得到更好地发展。

（二）优化招商引资环境，加大要素支撑力度

1. 优化招商引资营商环境，加强政府诚信建设

第一，为招商引资提供一种公平的环境，将服务质量最大限度地提升。一方面，通过行政管理体制改革推进以及管理制度革新，转变职能，为行政工作人员工作态度的改善，工作效率和业务水平的提高提供动力。另一方面，通过在相关部门彻底而全面地施行首问负责制、限时办结制、服务承诺制、效能告诫制等有效机制，使服务质量能从根本上得到保障，高效推进行政审查程序优化方案制定，促进行政审批时间减少，加速行政审批职能合并归一，提升项目核准制与登记备案制的完整性。从而为招商引资工作的开展保驾护航。

第二，改变政府人员的思维，加强政府官员的诚信意识。一方面，政府官员们应加强承诺的意识。另一方面，政府官员必须加强对政府的信守意识。政府应严格履行与投资主体的各种合法合同，并不能以政府换届、领导更替等理由违反合约。

2. 健全招商引资合法合规机制，适当开放投资领域

第一，完善招商引资法律制度，确保招商引资合法合规。根据 WTO 规则以及相关法律法规要求，结合陕西省地方实际情况，制定本地招商引资产业目录，进一步完善招商引资法律法规体系，尤其是对产业领域开放和投融资环节进行规范。依法清理不符合国家政策法规、市场规律、政府职能转变和发展环境优化的法规、规章和行政措施。

第二，健全市场主体投资者“非禁即入”的机制，努力构建清除了各类准入障碍的市场。按照国家发展改革委、商务部关于印发《市场准入负面清单（2018 年版)》的通知，陕西省理应在此基础上结合本地经济和市场发展特点，放宽市场准入限制，适度扩大投资领域，对民营企业扩大投资规模采取激励手段，放松民营企业的部分垄断行业与限制行业的限制，这不单单能加速民营企业的结构调整以及产业升级，还能有效帮助陕西省提升有效投资量，优化投资结构，促进经济发展。

3. 建立健全招商引资奖励机制，落实政府考评制度

第一，加大招商引资奖励力度，健全考核奖惩制度。首先，完善招商引资的激励机制与考核程序，建立健全项目跟踪服务的考察激励制度。健全招商引资考评办法，突出项目质量与效益、投资强度与投资效益。其次，完整填充招商引资的考察评判机制，将工作重心放在引入大型优质项目中。

第二，出台招商引资鼓励制度，建立工作奖励机制，招募投资，建立鼓励机制。首先，各级政府需要根据各地本土情况，继续投资。其次，对招商引资成效突出的市和区，陕西省政府应该增派土地、能源等各种要素指标，并提供相关资金支援。最后，对招商引资效果显著的政府部门和政府驻外工作机构实施了“以补代奖”，增加了专项经费。

第三，制定全程性审查体系。首先，通过对招商引资过程的全面审查，优化原有仅将最后成果当作业绩考核的唯一标准的行为。其次，对照制度建立惩戒措施，根据情节的严重程度，对政府部门官员出现的种种失信行为进行惩戒，以科学的审查指标，为政府官员的行为设立“红线”。

（三）健全政府和社会资本合作机制，扩大社会资本投资途径

1. 优化政府投资方向，引导支持民间投资

第一，进一步加大政府的投资，使政府部门占主导地位。同时促进各地方政府融资平台的专业化融资能力得到提升，并极力促进其转型。对产业相关方面的投资提供相应的引导政策，并进一步加强对小微企业、科技型中小企业以及创新型企业的关注度并提供相应的扶持，鼓励“双创”平台建设和新型技术及新兴产品的进一步研发，并在财税金融方面做到充分的支持。

第二，引导支持民间投资，增强经济增长活力。首先，发挥地方政府投资杠杆对民间投资的带动作用。其次，消除有关税负方面的不公平，对于民企所承担的不合理的一些收费项目进行相应的缩减或予以取消，在充分利用财税政策在民间投资引导作用的基础上，还要进一步加大相关的支持力度，使企业投资的积极性进一步提高。再次，打造满足民间投资需求方面的多层次的金融体系。最后，加快金融业对内开放的速度，使非国有地方银行和中小金融机构得以充分发展。

2. 建立地方政府债务应急处理机制，落实责任追究制度

第一，建立预警、预防和应急响应机制。首先，陕西省地方政府要经常性地开展债务风险评估，排查可能存在的风险。加强对有关债务的及时汇报，根据相关要求，地方的各级政府应该对预计不能够按照约定的期限支付足额的到期债券本息的，至少要提前2个月将该情况向上一级的人民政府进行汇报。其次，要对债务风险进行分类处置，将债务风险事件级别划分为四个等级，即Ⅰ级（特大）、Ⅱ级（重大）、Ⅲ级（较大）、Ⅳ级（一般）。并针对不同的等级，设置不同的应急方案。

第二，建立风险事件后期处置和应对保障措施。首先，应急处置方案的建设是必不可少的。与此同时，同等重要的是事后的处理，陕西省地方政府要保证事后可以充分做好应急事件的处置记录、总结和评估分析，目的是可以从中更好地吸取教训，防止同样事件的发生。其次，要不断完善债务风险

责任追究机制，可以考虑将地方政府性债务风险处置加入政绩考核的部分，这样一来，则可以结合具体情况，将任务划分给具体人员，更便于以后责任到人。

3. 创新财政支持，强化金融支撑

第一，凸显财政资金的重要引导作用。首先，强调的同时更要重视中小企业贷款贴息政策作用，并且在政府投资的积极作用下促使社会投资的持续增加以及消费需求的逐步上升，从而使金融资本、民间资本的相关投资往基础产业和特色领域等方面发展，使其产业不断优化。其次，进一步强化财政资金的带动作用。要根据相关情况“巧用”其间接的调控作用，根据像产业引导基金等类似的方式对政府财政资金的扶持方式予以创新。最后，要强化财政资金的作用。要用有限的资金，发挥最大的效益。

第二，加大金融行业的资金支撑力度。一是加强银企合作；二是创新金融产品和服务，主要是重点关注金融产品以及服务的创新部分，并积极支持风险投资项目；三是发展民间金融；四是拓宽融资渠道。

（四）完善政府投融资信息服务平台

1. 构建全新的政府投融资管理体制框架，规范政府投资行为

第一，完善地方政府投资体制，规范地方政府投资行为。首先，以经营企业的理念和模型为标准，建立立体型、网络型、完备型和通畅型的政府投融资体系。其次，建立项目建设资金监管机制，组织专门的政府工作机构，监督检查项目的建设资金，加强对资金来源、使用过程等的监管，同时加强对投融资的台账、资金专户和工程监理程序的规范，合理确保资金的使用安全，提高资金的使用效益。最后，建立健全政府投融资偿债的机制，结合自身的情况，地方政府要科学地对自身偿债能力进行预算，全面统筹和安排资金的来源渠道，针对政府债务，制定合理的偿债措施，同时要建立地方政府债务的终身追责制，切实降低债务风险。

第二，加强管理政府投资项目资金。首先，加强对项目资金预算的合理安排，提高资金使用的科学性。其次，建立健全项目资金的跟踪监测制度，

对建设项目资金进行期前、期中和期后的全程监测。

2. 健全地方政府投资项目决策机制，提高地方政府投资项目决策水平

第一，组建专业的地方政府投融资管理的决策团队。由地方政府投融资管理的领导组进行决策，根据实际情况，制定地方政府所融资金的投资方向和投资方案，对投融资工作中的重大事项进行科学合理的决策，并进一步加大地方政府决策的执行力度。

第二，健全和完善地方政府投资项目的决策制度和程序。使投资决策做到真正的科学化和民主化，杜绝一人决策的存在。对重大项目要引入专业评估机构和行业专家进行合理的评议，防范投资风险。

第三，加大责任追究机制的执行力度。确认各方决策的权责，明晰责任主体。即当集体决策出现重大失误时，直接责任人员要承担失误责任，领导人员也要承担监察不力的责任。这就要求在决策过程中，要明确决策层、监督层以及执行层的职能和责任，建立健全层层相关的责任追踪机制，约束进行决策行为的决策主体，提高决策的严谨性和科学性，要求其及时发现问题并进行纠正，避免重大损失，谨慎决策。

3. 深化融资体制改革，完善地方政府融资平台管理

第一，提高风险防控意识。陕西省政府相关部门应当加大对融资主体的审核、审批和管理力度，规范地方政府融资的主体，制定严格的政策性融资准入的标准，针对资信能力较差的企业，防范其进入政策性融资领域的各种渠道及途径，合理保障政府财政资金运作过程中的安全性和收益性。

第二，健全地方政府融资决策机构和管理机构。首先，应当坚持地方债务只由一个部门统一管理的原则，设立隶属于地方政府的独立部门——融资管理委员会，避免分散决策。该委员会成员构成应当包括陕西省地方财政部门、国资委、发改委等部门相关领导和人大代表、专家学者等。其次，为提高决策的执行力，应当通过对整个地方政府融资需求、方式、方向以及风险测算和防控等问题进行深入分析研究，做出科学合理的融资决策。集中地方政府融资资金的分配权，统一统筹。在执行融资决策时，科学合理地负责资

金的筹集、划拨，监控资金运转安全和督促偿还工作。

第三，建立健全融资监督考察机制。地方投融资平台公司的监事中应由融资管理委员会委派，其职责在于监督投融资平台公司开展政府项目的经营管理状况、资金的使用状况和财经法规的执行情况等，以合理保证政府融资资金取之有度，行之有效。

高质量发展篇

High-quality Development Reports

B.6 “十四五”时期陕西经济高质量发展路径研究

陕西省社会科学院经济研究所课题组*

摘　要：　“十四五”时期，是“两个一百年”奋斗目标的历史交汇期，处在全面建成小康社会开启全面现代化社会建设新时期的关键时期。站在新时代的起点上，研究谋划陕西“十四五”经济社会高质量发展，本报告通过对接“十三五”陕西主要指标实现情况，对陕西经济社会发展的阶段性特征进行了梳理。立足于陕西高质量发展的总体思路，提出陕西“十四五”高质量发展的主要路径与发展策略。

* 课题组组长：裴成荣，陕西省社会科学院学术委员会副主任、经济研究所所长，二级研究员，研究方向为区域经济、城市经济。课题组主要成员：顾菁，陕西省社会科学院经济研究所助理研究员，研究方向为城市经济；曹林，陕西省社会科学院经济研究所副研究员，研究方向为区域产业发展；张馨，陕西省社会科学院经济研究所副研究员，研究方向为区域经济与可持续发展；冉淑青，陕西省社会科学院经济研究所助理研究员，研究方向为城市经济；班斓，陕西省社会科学院经济研究所助理研究员，研究方向为区域经济与可持续发展。

关键词： 高质量发展　经济社会发展　陕西

一　陕西经济发展的阶段性特征

陕西在“十三五”规划中提出，坚持以“四个全面”战略布局为统领，坚持以创新、协调、绿色、开放、共享的发展理念为引领，坚持以追赶超越、转型发展为主线，大力实施创新驱动、绿色惠民、协同共享、开放融合战略。

（一）经济增长依然处于中高速区间，但增长动力明显不足

2018 年以来，陕西持续表现出较强的经济活力，经济增速跃居全国第 5 位，经济总量达 24438.32 亿元（见图 1），与国内发达地区的相对差距在逐步缩小[①]。但 2019 年上半年经济同比增长 5.4%，低于全国增速，出现了阶段性的回落。

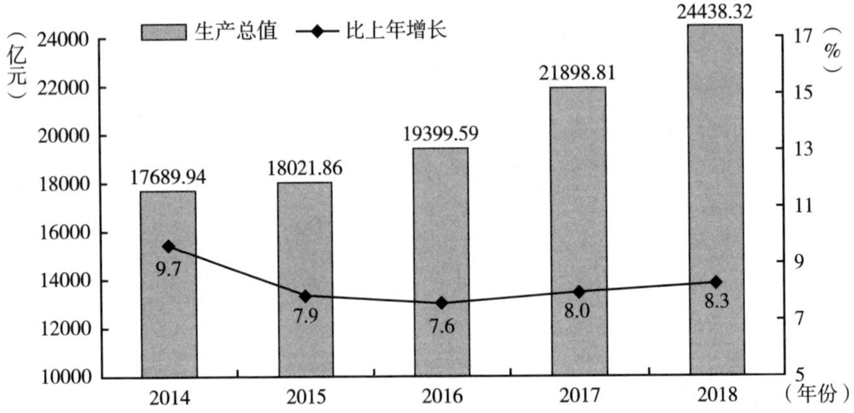

图 1　2014～2018 年陕西省生产总值及增长速度

① 数据来源于《2018 年陕西省国民经济和社会发展统计公报》，陕西统计局网站。

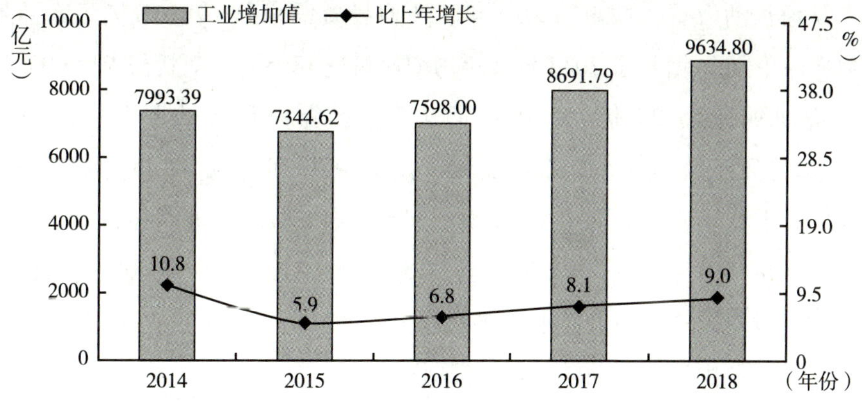

图 2　2014～2018 年陕西全部工业增加值及其增长速度

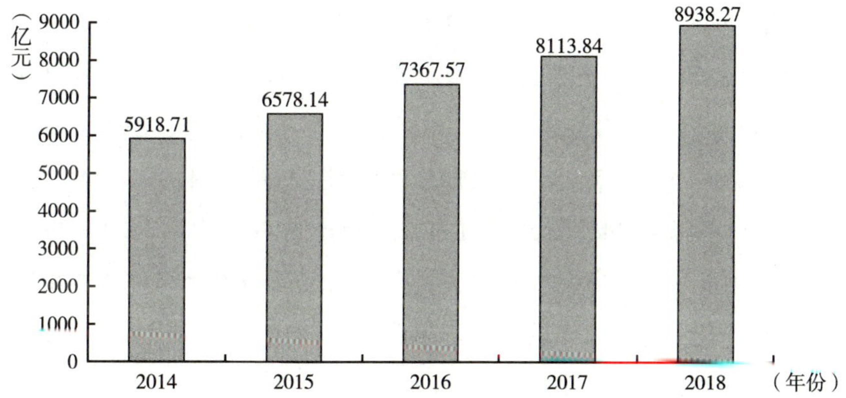

图 3　2014～2018 年陕西社会消费品零售额

从增长速度看，1999～2018 年，陕西生产总值增速最高出现在 2008 年，为 16.4%，最低出现在 2015 年，为 7.9%。1999～2018 年，陕西经济增速经历了三个阶段：第一阶段为波动上升阶段，1999～2008 年，陕西经济增速基本处于上升阶段，平均增速 11.5%；2009～2014 年，虽然这一时期陕西经济平均增速高达 12.6%，但已经进入转折下降阶段；2015～2018 年，陕西经济增速开始进入平稳增长阶段，平均增速为 8.0%。2018 年陕西增速位列西部四省区之首，但 2019 年上半年经济增速出现大幅下滑。

从增长动力看，1999～2017年，陕西投资需求从678.65亿元增加到14414.84亿元，增长了20.2倍，年均增速高达18.5%；消费需求由903.79亿元增加到9675.25亿元，增长了9.7倍；货物和劳动服务净流出由-94.83亿元下降到-2191.28亿元。投资率由1999年的45.6%上升到65.8%，上升明显；消费率由60.8%下降到44.2%，下降明显；货物和劳动服务净出口占比由-6.4%扩大至-15.3%，又缩小至-10.0%。由此可以看出，投资需求和消费需求在陕西地区生产总值构成中占据了很大比重，经济增长引擎由消费驱动转型至投资驱动。

从“十三五”看，2014～2017年，陕西投资需求从11982.14亿元增加到14414.84亿元，增长了20.3%，年均增速仅6.4%；消费需求由7876.1亿元增加到9675.25亿元，增长了22.8%，年均增长7.4%；货物和服务净流出从-2108.29亿元下降到-2191.28亿元，下降了3.9%，年均下降1.3%。2017年从三大最终需求占GDP比重来看（见图4），资本形成率明显下降，由2014年的67.7%下降到65.8%，消费率基本不变，由44.2%上升至45.5又下降到44.2%，货物和服务净出口占比由-11.9%缩小至-10.0%。由此可以看出，“十三五”时期，投资需求和消费需求在国民生产总值构成中仍占有较大比重，投资需求下降，新的消费需求没有形成，外需不足，经济增长动力不足。

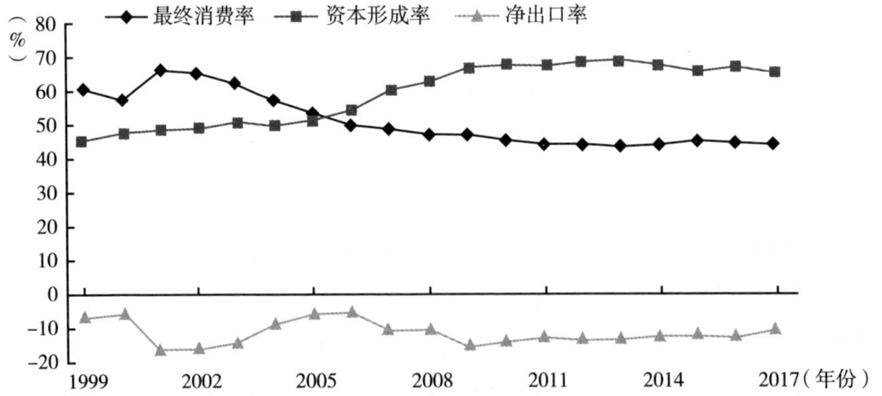

图4　1999～2017年陕西三大需求占GDP比重变动趋势

三大需求对经济增长贡献率和拉动效应的计算结果（见表1）显示，在陕西经济增长的进程中，投资需求始终占据主导地位，消费需求的贡献度比较有限，货物和服务净出口对经济增长的贡献率很低，而且几乎为负。2014～2017年，陕西消费需求对经济增长的拉动效应不断降低，最终消费支出的贡献率由46.6%降至35.4%，与之相对的是净出口对经济增长贡献水平的整体上升趋势。

表1　2005～2017年三大需求对陕西地区生产总值增长的贡献率和拉动

单位：%，百分点

年份	最终消费支出		资本形成总额		货物和服务净出口	
	贡献率	拉动	贡献率	拉动	贡献率	拉动
2005	25.7	3.5	60.6	8.3	13.7	1.9
2006	26.3	3.7	73.3	10.2	0.4	0.1
2007	43.1	6.8	98.5	15.6	-41.5	-6.6
2008	34.8	5.7	79.0	13.0	-13.8	-2.3
2009	50.6	6.9	94.7	12.9	-45.3	-6.2
2010	33.0	4.8	73.2	10.7	-6.2	-0.9
2011	35.2	4.9	70.2	9.8	-5.4	-0.7
2012	41.5	5.3	74.6	9.6	-16.0	-2.1
2013	41.8	4.6	71.0	7.8	-12.8	-1.4
2014	46.6	4.5	56.3	5.5	-2.9	-0.3
2015	45.0	3.6	42.4	3.3	12.6	1.0
2016	42.9	3.3	74.0	5.7	-16.9	-1.3
2017	35.4	2.8	60.3	4.8	4.3	0.3

注：①本表按不变价格计算；②贡献率指三大需求增量分别与支出法国内生产总值增量之比。

虽然陕西外向型经济所占比重仍然较低，但是“十三五”时期，陕西的外向度一直保持了较快的增长速度。随着“一带一路”的建设，陕西对外贸易出现突破性增长。2015年，陕西省的进出口贸易对经济增长的贡献率首次打破“负值”的魔咒，突破性地达到12.6%。2018年陕西进出口总值在全国的排名为第16、西部第4，为3513亿元，增速名列全国第3；FDI

在全国排名第14、西部第2。随着外商在陕西投资规模和投资范围的不断扩大，外向型经济对陕西经济社会全面发展的促进作用正在增强。

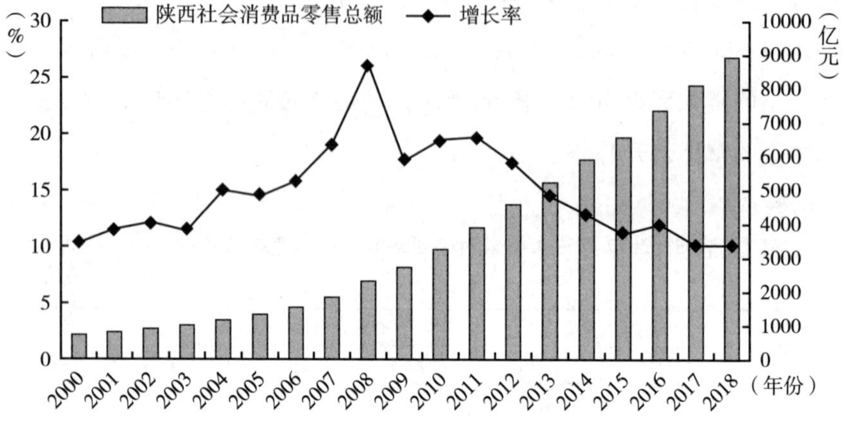

图5　2000～2018年陕西社会消费品零售总额及增长率

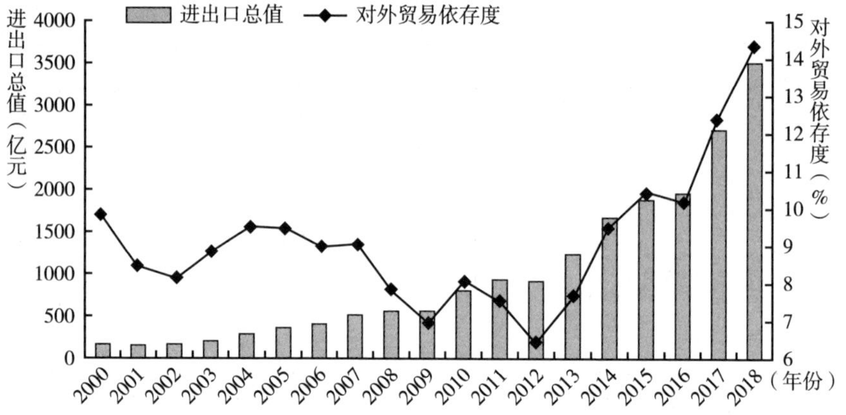

图6　2000～2018年陕西省对外贸易进出口总值及对外贸易依存度

（二）产业结构升级步伐加快，现代化产业体系正在形成，但工业的重型化特征依然明显

当前，陕西正处于工业化中后期向后期过渡阶段。从产业结构来看，依然以第二产业为主导；战略性新兴产业发展速度快，但规模依然较小。2018

年，战略性新兴产业占 GDP 比重升至 10.8%，已逐步成为全省经济的重要支柱产业；工业经济增速列全国第 5 位，服务业增加值占比超过 45%，文化产业正向着支柱产业目标稳步迈进。但从工业内部看，能源化工占工业增加值比重始终保持在 55% 以上，先进制造业占比不高，战略性新兴产业发展速度快，但总体规模较小；产业结构优化尚未完成转换。在第三产业内部结构中，传统服务业仍占主导地位。随着近两年来产业结构调整，第二产业中工业投资增速大幅放缓，投资结构出现失衡，直接制约着工业发展和结构升级。

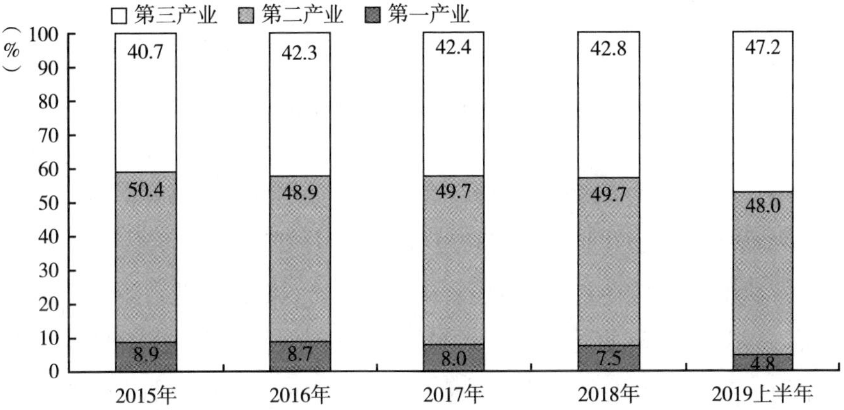

图 7　2015 年至 2019 年上半年陕西第一、二、三产业结构

从各产业对经济增长的拉动作用来看，2010～2014 年，各产业对经济增长的贡献率都保持平稳水平，第一产业的平均贡献率为 3.8%，第二产业的平均贡献率为 63.4%，第三产业的平均贡献率为 32.8%，在经济增速不断下滑的背景下，第二产业的拉动率由 2010 年的 9.2% 下降到 2014 年的 6.1%，第三产业拉动率由 2010 年的 4.9% 下降到 2014 年的 3.2%，可以看出，第一产业对经济增长的拉动作用非常薄弱，第二产业在经济增长中起主导作用。2015～2018 年，经济增速不断下滑的趋势主要是由第二产业拉动率不断下降引起的，随着产业结构调整不断深入，第二产业与第三产业对经济增长的作用逐步靠近，经济逐步向由第三产业主导的产业结构转变（见图 8）。

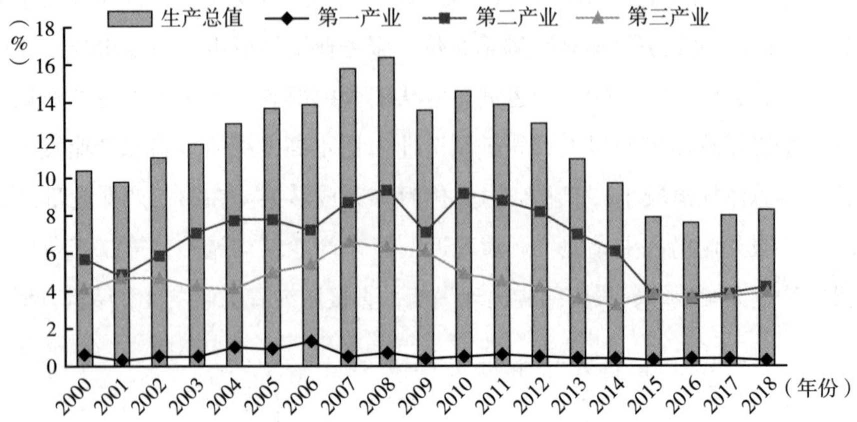

图8　2000～2018年三次产业拉动率

从第二产业内部结构看，2000～2018年，工业增加值占第二产业产值的比重为80%左右，并且保持超高速增长，年均增速为13.05%，工业经济增长是拉动第二产业的主力。从图8中可以看出，陕西工业占第二产业比重呈M形，与陕西经济的趋势一致，当陕西工业比重降低，陕西经济增速也有所下滑。反之，当工业比重上升时，经济增速也处于爬坡期，陕西工业发展对全省经济发展起到有力支撑作用。

工业分支柱产业看，以2018年为例，全年规模以上工业中，采矿业增加值比上年增长11.5%，制造业增长8.5%，电力、热力、燃气及水生产和供应业增长1.7%；能源工业增加值增长10.4%，非能源工业增长8.1%，2006年以来，能源化工工业增加值占规上工业增加值比重保持在55%以上，占据主导地位。六大高耗能行业增加值增长4.7%；高技术产业（制造业）增加值增长14.2%。其中，占比最大的前三项行业为煤炭开采和洗选业、石油和天然气开采业、石油加工、炼焦及核燃料加工业，开采类产业的产值占能源化工工业的一半，对比东部发达地区省份，以浙江、江苏为例，开采类产值占比几乎为0。而加工转化类产值占比接近或达到100%，东部省份已较好地完成从重化工业到先进制造业的转型，陕西省尚未完成转换。

从投资看，陕西省近年来出现工业投资增速大幅放缓和投资结构失衡的情况，工业投资占固定资产投资比重趋势性下滑，直接制约着新常态下的工业发展和结构升级。2014～2017 年，工业投资增速分别为 8.1%、9.2%、1.1%和 1.8%，除 2015 年增速略高于全国水平外，其余年份均低于全国平均水平 1.8～4.8 个百分点。工业投资占固定资产投资比重出现趋势性下滑，从 2013 年工业投资占固定资产投资的 34.5%下滑到 2017 年的 24.2%，与全国平均水平的差距也从 2013 年的 7.2 个百分点扩大到 2017 年的 12.6 个百分点。技改投资占工业投资比重跌落式下滑，技改投资占工业投资的比重从 2013 年的 29.2%滑落到 2017 年的 14.8%，降幅高达 50.7%，特别是 2017 年技改投资占工业投资比重较全国平均水平低 30.7 个百分点，在全国排名仅高于西藏，位居全国倒数第二。

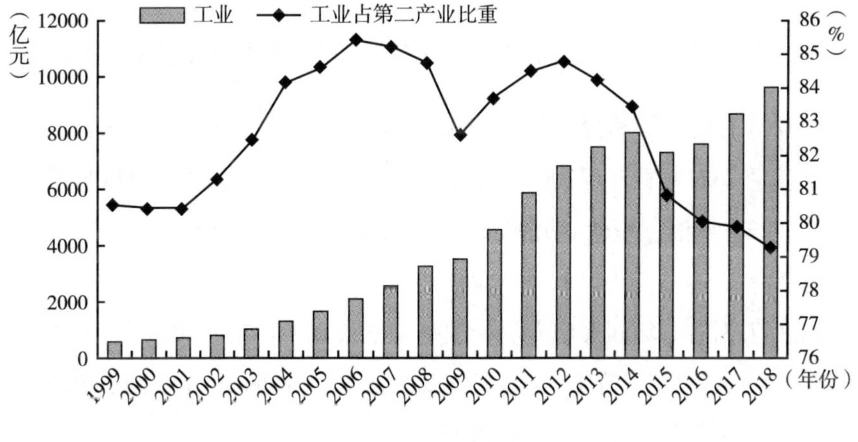

图 9　1999～2018 年陕西工业产值及工业占第二产业比重

从第三产业内部结构来看，传统服务业仍占主导地位。2018 年，批发和零售业增加值 1916.03 亿元，占第三产业比重为 18.33%；交通运输、仓储和邮政业增加值 887.54 亿元，占第三产业比重为 8.5%；房地产业增加值 992.59 亿元，占第三产业比重为 9.5%。尽管批发和零售业占比不断下降，但传统行业增加值总计 5760.15 亿元，依然占全部第三产业增加值的 55.1%，对服务业总体发展仍然影响巨大。

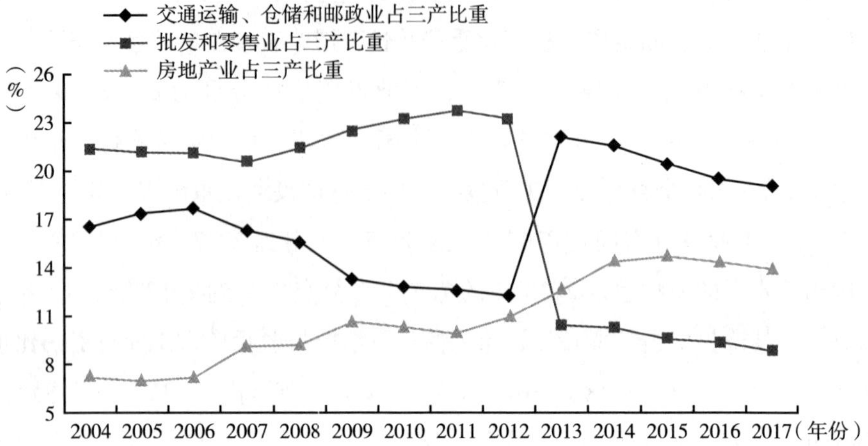

图10　2004～2017年陕西第三产业内部结构

（三）创新投入与创新能力持续提高，但创新效益依然不够理想

专利申请受理量和授权量都迎来了指数型增长。2018年，陕西省专利申请受理量76512项，是2000年的36.8倍，专利申请授权量41479项，是2000年的28.4倍，呈快速增长趋势。其中，发明专利申请受理量30888项，是2000年435项的71倍；发明专利申请授权量8884项，是2000年188项的47.3倍。然而发明专利授权率是在波动下降的，2018年为28.8%，较2000年的43.2%下降14.4个百分点，较2015年的39.3%下降10.5个百分点，投入较大，产出不高（见图11）。

R&D投入不断增加，但创新产出较低。2017年陕西R&D投入为460.9亿元，位居全国第8，是2000年的9.32倍，平均每年增速为14.0%。但是陕西省创新驱动发展较为滞后，投入高而产出低，2017年R&D经费支出占生产总值比重为2.1%，高于全国平均水平，综合科技创新水平指数为66.58，位居全国第9，其中科技活动产出指数为76.06，位居全国第4，科技进步贡献率由57.5%增长至58.3%，但与发达省份70%以上和发达国家80%左右的科技贡献率有较大差距。科技优势转化为经济优势不充分。陕西

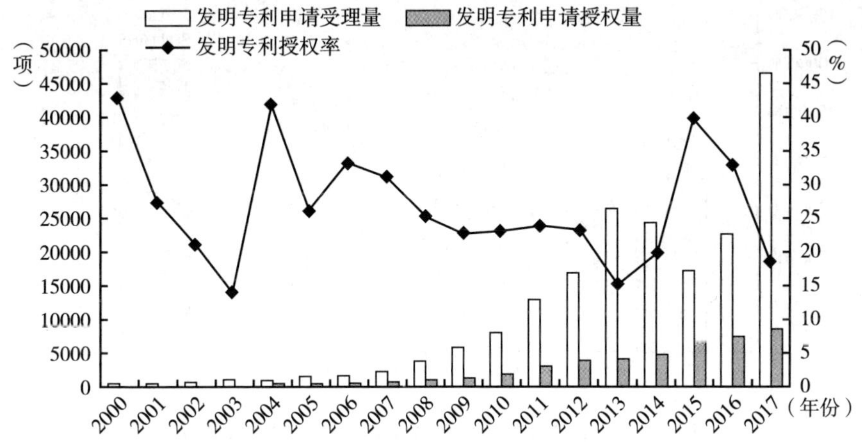

图 11　2000～2018 年陕西发明专利情况变动趋势

科技资源丰富，军工产业基础雄厚，2017 年全省的技术合同交易额突达 921.55 亿元，但科技成果产业化效果并不理想。军民深度融合发展推进缓慢，军工产值、增加值在全省工业中占比仅为 6%、3% 左右，与陕西作为军工大省的地位极不相称。

（四）营商环境不断优化，市场主体快速增长，开放型经济加快发展，开放平台依然偏少

近年来，陕西省以自贸区制度创新为抓手，持续破解市场准入方面的“痛点”“堵点”，不断深化“放管服”改革，优化营商环境，激发市场主体活力，全省市场主体增长成效显著。2018 年，全省实有市场主体总量达到 304.17 万户，突破 300 万大关，同比增长 29.14%，高于全国平均增长水平 16.86 个百分点。自“十三五”以来，全省市场主体总量年均增长 15.77%；全国排名从 2015 年的第 16 位上升至 2018 年的第 13 位；全省实有企业从 2015 年的 51.45 万户增加至 2018 年的 82.03 万户，年均增长 16.82%，高于全国市场主体平均增速。

2018 年，陕西对外贸易依存度为 14.4，增速达到 32.1%，速度列全国第三位；出口主要产品超过 100 种，出口贸易伙伴遍及五大洲。东联中国五

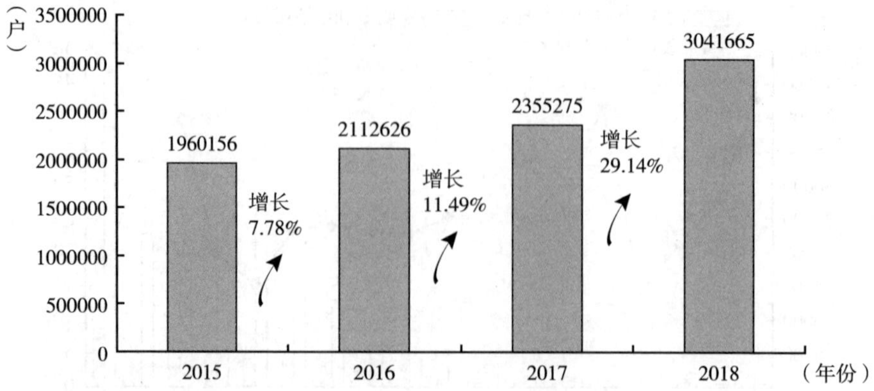

图12　“十三五”以来陕西市场主体总量变化情况

大“经济圈”、西接丝绸之路经济带的“陆空新通道”的国际交通贸易网络格局雏形已现，开放型经济新格局加快形成。

然而，对标东部沿海发达省份，陕西省的经济发展规模和质量依然比较落后。特别是在新一轮信息技术革命浪潮引领下，以互联网和移动支付经营模式为特征的经济席卷全国的背景下，陕西省的平台经济发展仍然较为缓慢，平台经济发展的速度和科技大省地位不能匹配，与陕西省深厚的发展潜力形成巨大反差。如何在大力发展枢纽、门户、流动经济的同时，把平台经济作为优先发展领域，依托“一带一路”开放前沿和门户开放城市，放手发展平台经济，拓展开放新空间是未来陕西亟须考虑的重要内容。

（五）区域发展协调性增强，全面小康基本实现，但全面脱贫仍面临诸多困难与挑战

关中地区生产总值突破1.5万亿元大关，陕北地区突破5000亿元，陕南地区突破3000亿元，均实现了突破性增长，区域发展协调性增强。2019年上半年，全省累计已有27个贫困县实现“摘帽”，预计2020年可实现现行国家标准下贫困人口全部脱贫。目前，陕西正处在脱贫攻坚的关键阶段。虽然全民脱贫机制初步形成，但由于全省贫困人口基数较大，贫困发生率仍然高于全国1.48个百分点。此外，由于人口分布较为零散，剩余贫困人口

的贫困程度比较深重，“等、靠、要”思想比较严重，脱贫难度更大。同时，全省居民人均可支配收入较低，仍没有实现赶超全国平均水平的目标，收入增长放缓与生活成本支出的上涨影响民生改善的成效和人民群众的生活质量，提高居民收入方面仍面临着艰巨的任务。

（六）城市化进入快速发展期，但公共基础设施短缺依然严重

2018年，陕西城镇化率为58.13%，低于我国城市化平均水平，也远低于西部的重庆（65.50%）和内蒙古（62.70%）。公共服务基础设施建设供需矛盾问题突出；优质医疗、教育资源总量匮乏，分布不均衡；公路网密度、铁路网密度、互联网普及率未达到全国平均水平；信息消费起步缓慢，公共服务发展不充分，城乡收入差距较大，影响群众获得感和满足感。

在基础设施建设方面，陕西公路网密度、铁路网密度、互联网普及率与全国平均水平都有差距，且基础设施建设放缓，再加上城镇化进程的加快，使陕西的基础设施无法满足经济发展和人民生活水平提升的需求。

（七）生态环境比较脆弱，生态保护与治理压力依然艰巨

水环境污染排放大。污水处理速度跟不上工业废水及生活污水的排废增长，水污染的叠加效应导致地表及地下水均受污严重，特别是渭河中下游段干流与支流水域。地下水严重超采，沿渭城市地下水超采现象突出，局部地区形成区域降落漏斗。

大气污染加剧。工业污染、扬尘污染、机动车污染、生物质燃烧污染是当期主要污染源，雾霾或污染天数占30%以上，自从建立了污染联防联控机制，空气质量有所好转但有害气体排放量仍然很大。

森林覆盖率较低，崩坏流地质问题灾害成群，湿陷性黄土影响基础设施建设，水土流失较为严重，渭北台塬及河流沿岸水土流失问题突出。

工业固体废弃物的利用率和生活垃圾处理率虽有部分提升，但是跟不上固体废弃物增加的速度，亟须提升对生活垃圾无害化的处理率。

城市环境遭到破坏，随着关中平原城市群及大西安都市圈的快速发展，

人口的剧增、城市群建筑的密集、城市绿带的缺乏，都加剧了陕西各城市气候变暖效应，热岛效应显著。

二 “十四五”陕西经济高质量发展的路径选择

“十四五”时期，尽管面临日益趋紧的世界环境，下行压力加大的国内经济形势，但陕西省依然处于转型发展的机遇期、动能积蓄的释放期、综合优势的转化期、四化同步的推进期。总体来看，风险与机遇并存，但是机遇大于挑战。推动陕西高质量发展，必须紧紧围绕统筹推进“五位一体”总体布局和协调推进“四个全面”战略布局，聚焦习近平总书记“追赶超越”和“五个扎实”要求，坚持新发展理念，坚持以供给侧结构性改革为主线，坚持全面深化改革，坚持全面扩大开放，坚持以人民为中心，践行高质量发展要求，深入实施创新驱动发展战略，以发展“三个经济”为突破口，推动陕西高质量特色化发展。

（一）以供给侧结构性改革为主线，加快现代产业体系建设

1. 构建现代特色农业产业体系

持续深化农业供给侧结构性改革，加快发展特色农产品，构建优势产业链，打造特色农业“陕西品牌”，推动农业加快由增产导向转向提质导向。加速推进“3 + X”工程，全面提升农业特色产业的质量、效益与竞争力。进一步健全现代农业服务体系，促进农村一产、二产、三产深度融合，加快发展农业服务业，培育发展休闲农业、创意农业。

2. 推进新型工业高质量发展

实施“陕西制造 2025”行动计划，瞄准国际化，聚焦高端化、智能化，坚持服务化、绿色化，培育发展世界级先进制造产业集群，打造一批国家级优势竞争产业集群，建成全国战略性新兴产业重要的制造中心和科技创新中心。加快建设一批生产性服务业公共服务平台，推进发展现代金融、现代物流、研发设计、人力资源服务等现代服务业，推动先进制造业与现代服务业

深度融合。

3. 优先发展现代服务业

培育发展服务业新业态、新模式、新产业，着力打造西部服务经济中心。优先发展现代金融、研发设计、信息服务、商务服务、人力资源服务、节能环保等生产服务业，活跃创新经济。以现代物流、电子商务、会展服务等为重点推进发展流通服务业，聚力“三个经济”。大力发展文化服务、体育服务、健康服务、养老服务等社会服务业，均享普惠经济。提高品质，提升发展旅游服务、家政等居民服务业，强化需求侧综合管理，推进房地产业转型升级，共享幸福经济。

（二）深度融入“一带一路”，加快内陆开放创新高地建设

1. 加强国际产能合作

拓展共建“一带一路”国家和非洲、中东欧、南美等新兴市场，积极开发境外矿产资源，构建共享型跨境产业链，推动国际产能深度合作。建设哈萨克斯坦纺织工业园、吉尔吉斯斯坦石油炼化园、中白工业园、中美农业科技产业园、上合组织“农业技术交流培训示范基地”等项目，加快申建高水平陕西自由贸易港。

2. 推动区域产业联动发展

探索跨区域产业合作新路径，推行“生产基地 + 工业园区”建设模式。建设航空军民融合产业园、临空会展中心等产业承载平台，招引一批能源化工、航空航天、装备制造、有色金属、工程建筑等企业总部和研发中心来陕发展；支持国家级开发区建立陕西“飞地”园区，加强陕西开发区与东、西部开发区联合共建。

3. 建设“一带一路”科技创新中心

持续深化陕西与东部、西部科技创新合作，打造协同创新共同体。充分发挥陕西高校院所的创新源头作用，鼓励高校、企业联合建立“校企联盟”等产学研合作组织，建设一批有国际影响力的产业技术创新中心，探索建立一批新型产业技术研发组织，推动科技成果加速转化为现实生产力。

（三）构建区域联动机制，推动城乡区域协调发展

1. 推进关中平原城市群建设

以建设西安国家中心城市为契机，联动发展副中心城市，促进关中平原城市群协同发展。加快将西安建成服务“一带一路”的国际化大都市，推进大西安现代化都市圈建设，增强大西安辐射带动作用，引领陕西打造“一带一路”核心区。建立关中平原城市群沟通协商机制，促进关中区域与城乡联动发展。推动陕西、山西、河南三省区域深度合作，增强中西部地区良性互动，把“黄河金三角”建设成为中西部地区新的经济增长极，创建欠发达地区一体化、跨越式发展示范区。

2. 持续推动陕北转型发展、陕南绿色循环发展

积极探索能源开发利用与生态环境循环可持续发展创新路径。推进陕北能源产业向高端化、智能化、绿色化方向发展。加快发展红色旅游、特色农业等特色产业。建设城乡统筹综合改革先行区、黄土高原生态文明示范区、延安国家绿色能化循环综合利用基地、红色旅游基地。统筹推进南水北调水源区、主体功能区、生态文明示范区建设，打造生态产业循环发展的新格局。推动陕南三市一体化发展，主动融入西安、成渝、武汉都市圈，联手打造汉江生态经济带。统筹推进移民搬迁、美丽乡村、旅游资源开发；积极开展生态补偿机制和生态产品价值实现机制试点，共同打造生态美丽新陕南。

3. 推进对外区域联动发展

拓展结对帮扶的广度，促进苏陕扶贫协作向多层次、多形式、宽领域、全方位拓展，推动苏陕扶贫协作由政府主导推动扩展到社会共同参与，形成“责任共担、优势互补、成果共享、发展共赢”的帮扶协作模式。在加强江苏、北京、天津和陕西对口协作的基础上，进一步扩大与长三角、珠三角、京津冀的合作，通过水源区环保基础设施、公共服务、科技创新与转化、生态产业发展、经贸合作和人力资源服务等方面的战略合作，进一步拓展省际区域合作的空间。

（四）大力实施乡村振兴战略，培育新的经济增长点

1. 强化特色城镇建设

构建特色小镇统筹推进机制，编制特色小镇总体发展规划。重点引导陕北黄土高原风光、沙漠风光、能源开发等特色小镇的发展；推动关中高端装备制造、金融服务、传统文化、科技创新等特色小镇的发展；促进陕南绿色农业、生态休闲、医疗康养等特色小镇的发展。

2. 有序建设美丽乡村

构建乡村现代产业体系，培育乡村现代经济主体。全面实施乡村信息化工程，推动电子商务进农村。营造乡村生态宜居环境。实施特色经济林提质增效工程，打造一批乡村振兴示范村，重点开展垃圾污水治理、厕所革命、村容村貌提升等工程。建立农田垃圾回收处置体系，开展农村面源污染防治，打造绿色安全和谐的清洁田野和环境整洁优美的美丽乡村。

3. 壮大集体扶贫能力

构建市场、政府、社会协同共进的大扶贫开发格局，鼓励民营企业发挥人才、资金、技术、市场、管理等方面优势参与精准扶贫脱贫，支持社会组织积极参加政府购买扶贫服务项目。

（五）大力实施生态保护工程，筑牢生态安全屏障

1. 实施重大生态保护工程建设

实施秦岭生态保护工程，建立秦岭生态环境保护与利用的长效机制以及秦岭保护管理的政策体系。实施天然林、三北防护林保护工程、退耕还林工程等，促进陕北大绿化、关中园林化、陕南森林化。

2. 江河湖泊环境治理

以“关中水系规划”为统领，以“河湖长制”工作为抓手，以生态恢复“八水绕长安”工程及生态示范河湖建设为中心，围绕渭河综合治理及河湖湿地建设两个中心，全面推进水生态环境治理。以示范河湖建设为抓手，推进湖池湿地建设。

3. 治污降霾联防联控

建立关中地区联防联控工作方案，按照“责任共担、信息共享、联防联治、群策群力”的原则，落实汾渭平原大气污染治理要求，建立关中地区统一规划、统一标准、统一监测和统一防治措施的区域大气污染联防联控机制。

4. 城市再生资源利用

加快制定支持大力发展再生资源产业的相关财政、税收和相关的配套政策，扶持培育再生资源龙头企业。深入推进垃圾分类，加大宣传引导力度，提高再生资源回收利用率，推进资源节约和循环利用。

三 “十四五”陕西经济高质量发展的策略

（一）抢抓政策机遇，加快推进“三个经济”建设

1. 积极争取国家在“十四五”规划中将新亚欧大陆桥经济走廊建设纳入国家区域发展战略

新亚欧大陆桥经济走廊作为“一带一路”六大走廊中最长的经济走廊，是西部地区加强重大基础设施互联互通的重要区域，是协调国内东中西部地区形成区域发展新格局的重要依托。新亚欧大陆桥经济走廊的建设，对于国家新时代西部大开发构建新格局，推动形成东西双向对外开放新格局具有重大战略意义。通过建设陆桥走廊区域的交通物流集散枢纽，提升通道运输能力，促进中欧班列供应链整合，对陕西成为“西来东去”和“东联西出”的重要交汇点和国际化的商贸物流中心具有现实意义。

2. 积极推进陕西与长江经济带、中蒙俄通道、粤港澳大湾区等区域的深度对接

加快省内国家高速公路、铁路扩能改造，完善“米”字形高铁线路，形成连接东西、呼应南北、高效便捷的“四纵四横”对外运输的大通道。加大西延、西十、西康、延榆高铁项目推进力度，推动西安至法门寺、西安

至韩城等城际铁路建设，加快西安火车站改扩建等项目建设。争取分别修建太原经榆林至银川、宝鸡经汉中至重庆、十堰经安康至汉中三条新线路高铁，以完善陕西的高铁网，为陕西“第二极”打好交通基础，实现“关中通城际、市市通高铁、快速通全国”的铁路建设目标。建设“宽带陕西”“云端陕西”，加快开展中国—中亚跨境路缆的建设，创建畅通全球的物流信息平台。

3. 加快建设国际综合交通物流枢纽

打造“临空经济”生态，形成以西安咸阳国际机场为核心，以榆林、延安、汉中三个百万级机场为支撑，以其他 4 个支线机场为辅助，以多个通用机场为补充的机场布局。加强与全球重要枢纽机场的联动，不断拓展跨境电商货运包机新航线。充分利用第五航权，吸引外国航空公司经停西安，拓展乌克兰、波兰等中东欧国家的航线，不断巩固国际航空枢纽地位。

4. 完善西安国际港务区功能，建设中欧班列（西安）全国集结中心

完善“三网三港”物流体系和大西安综合物流枢纽功能。以陆港新城 + 空港新城 + 综合保税区为核心，逐步构建陕西“空中丝路”，形成以西安为中心，以亚欧重点城市为节点，连通亚欧全境的国际物流通道。力争把西安国际港务区打造成全国最大的陆港，充分发挥其作为亚欧桥梁的作用。创新多联业务运营模式，吸引产业投资入驻，货物中转集散，国际供应链协同，鼓励和促进运营合作创新。推进陆空联运、公铁联运、海铁联运。

5. 加快形成“大通关”体系

推进一类口岸系统化建设，建成一批重点口岸产业园，把关中打造成为陕西自贸区进出口产品的核心区域，陕北建成中高端能化进出口基地，杨凌示范区和渭南等地形成陕西特色农业口岸。建立共用共享机制，共享陆港的国内、国际代码，加快通关一体化进程，建立健全口岸服务体系。通过口岸信息化、智能化建设提升口岸通关效率和监管水平。强化物联网建设，推进航空枢纽口岸、铁路口岸、电子口岸多式联运。培育壮大一批与中亚、西亚和欧美等发达地区产业合作、产能合作、人文交流合作和投资贸易合作的跨国口岸产业集群。

（二）不断优化投资结构，提高投资有效性

1. 优化投资结构，加大工业投资

全面优化固定资产投资结构和工业投资结构，推动工业投资增长重回上升通道。从工业投资发展目标、投资结构优化、支持保障政策、强化工业落实机制等方面形成合力。积极争取国家重大专项及战略性新兴产业重大项目，推动战略性新兴产业快速发展，不断提高战略性新兴产业和生产性服务业的投资比重，更好地发挥政府的财政补贴、税费减免等政策杠杆作用。同时，要发挥科技创新平台优势，培育创新型企业。发挥高校资源和科技优势，持续推进科技企业孵化器、众创空间和大学科技园建设，打造一批创新创业国家示范区或示范基地。

2. 发挥政策引导作用，提高投融资平台的融资能力

制定产业投资引导政策，加大对小微企业、科技型中小企业、创新型企业的财税金融扶持力度，支持“双创”平台建设和新技术新产品研发。引导支持民间投资，增强经济增长活力。首先，要发挥地方政府投资杠杆对民间投资的带动作用。其次，要清理不公平税负，减轻或取消增大民企负担的不合理的收费项目，加大财税政策对民间投资的引导和支持力度，有效调动企业投资的积极性。大力发展适应民间投资需要的多层次金融体系，积极发展非国有地方银行和中小金融机构，通过完善中小企业信贷担保体系，设立专门的贷款担保基金，从而为民间投资发展提供更多资金支持。

3. 不断完善多元化、多层次投资风险分担机制，吸引各方投资者进入

引导社会资源向产业技术前端集聚，以重大创新发展工程和应用示范工程建设为契机，加快构建具有全球竞争力的技术体系和产业体系，不断提升本地企业在全球价值链中的层次。探索建立优化风险管理机制。建立和完善新兴产业风险预警和风险处置决策机制，提高对新兴产业领域化解风险的快速处置能力。提高信息化治理水平。加强在线、移动、大数据监管能力和队伍建设，提高网上技术侦查、新产品检验检测、金融领域新风险防范、网络

信息技术产品和服务安全审查等技术水平。进一步完善公共管理和决策工具体系，缩短风险监测信息反馈周期。

（三）深化体制机制改革，不断优化营商环境

1. 以自贸区制度创新为引领，加快体制机制改革

对标国际经贸规则体系，推动营商环境改革创新，推动投资自由化、贸易便利化、监管法制化，建立更加开放透明的市场准入管理模式，构建与商事制度改革相适应的市场监管体系。围绕投资、金融、法治和新兴要素便利流动开展一系列制度创新，吸引全球科技资源、高端人才和资本在新兴产业形成集聚效应，推动开放型经济加快发展。全面推进通关一体化改革，推进西安、宝鸡、榆林口岸合作和保税监管改革。推广“保税展示＋跨境电商”、“保税＋实体新零售”、保税延展等模式。深入推进“智慧政务”工程。以“信息技术＋制度创新”推动政务流程优化、政府管理体制变革，重构行政审批和政务服务流程及标准。全面深化商事登记制度和“多证合一”改革，推进企业投资项目承诺制改革试点，推进信用信息互联共享。利用大数据对企业进行信用评级，推进智慧信用监管。建立完善信用信息安全保护机制，完善质量守信联合激励和失信联合惩戒制度。

2. 构建亲清新型政商关系，努力营造良好的营商环境

加快推进“互联网＋政务服务”，严格执行行政权力清单、责任清单、公共服务事项清单制度。探索建立健全清单动态调整常态化机制，不断提高政务服务的透明度、满意度。营造法治化营商环境，彻底清理有违公平的涉企政策、地方性法规、规章和规范性文件，夯实制度基础。打造廉洁从商环境，健全完善企业信用评价修复机制和异议处理机制。营造公平的招商引资环境，全面推行首问负责制、限时办结制、服务承诺制、效能告诫制等机制，规范招商引资审批部门行为，建立健全招商引资激励机制和考评方法。落实招商引资“负面清单”制度，不断完善市场主体“非禁即入”机制，坚决破除各种准入障碍。

3. 优化产业环境，破解融资难题

探索建立政府、风险投资公司、担保公司、生产销售企业等多元化投资与风险分担机制。由政府牵头落实战略性新兴产业基金，通过建立担保平台，调动银行积极性，不断完善政策性金融体系。积极培育和扶植一批中小企业，有效缓解中小企业初创期融资难、融资贵等问题。探索推进数字化信用评级 + 网络借贷的创新金融模式，打造“五通一平”的创新要素共建共享体系，培育发展产业平台型、总部型、生态网络联盟、微商联盟等产业组织新模式，全方位释放创新活力。

（四）积极培育创新活力，不断增强高质量发展新动能

1. 推进区域创新资源要素合理流动

通过顶层设计，科学规划，努力构建协同有序、优势互补、科学高效的区域创新体系。加快推进区域协同创新，按照关中率先发展、陕北跨越发展、陕南突破发展的要求，探索人才、技术、成果、资本等创新要素统筹配置的新模式。加快推进西安高新区国家自主创新示范区建设，深化科技体制机制改革，不断提升自主创新能力，建设高水平创新驱动发展引领区。积极引导陕南地区更大力度集聚创新要素、培育特色产业，形成创新发展新优势。实施陕北科技与人才支撑工程，支持陕北地区大力引进能化高端技术和人才，切实以科技创新支撑跨越发展。

2. 深入推进军民融合创新

深入推进建设西安航空产业基地、西安航天产业基地、西安经开区兵器工业基地、西安高新区军民融合产业园等四大基地（园区），加快培育航天、航空、兵器、船舶、军工电子等产业集群。不断深化军工企业体制改革，积极支持军工企业以兼并重组、战略合作、上市融资等多种方式，积极发展行业领军企业。设立军工科研院所企业化改革试点，示范推进科研院所改制进度。推动军民资源开放共享，深化和扩大“民参军”，组建军民融合产业联盟，培育发展一批“民参军”专业化配套企业；推动军工单位与在陕高校和研究机构共建军民两用重点实验室、中试基地和工程中心。

3. 深入实施创新人才战略

深入推进科教与人才强省战略，不断提升科技创新效能，建设“一带一路”人才中心。积极融入国际创新体系，强化合理划分单位和创新人才之间权益的法律保障，建立人才引进使用中的知识产权鉴定机制，研究制定国有企事业单位人才股权期权激励政策。进一步加大人才培养开发力度，加强复合型创新人才、科技领军人才、战新产业高端人才和高技能人才培育；积极探索高层次人才、急需紧缺人才职称直聘办法。利用好“新丝绸之路大学联盟”、人文交流服务平台、丝绸之路经济带教育文化研究交流中心等平台，深化国际教育培训合作，探索国际化创新人才培养新路径。

4. 着力推进“大众创业、万众创新”

积极构建激发“大众创业、万众创新”活力的激励制度、公共服务体系和政策环境。鼓励和引导民间投资流向新兴产业流域，进一步扩大创业投资规模，不断完善创业投资引导机制，加快拓宽创业投资供给渠道，积极推动创业投资“引进来”与“走出去”。

（五）加强生态保护，完善绿色保护体系

1. 加快生态保护立法进程

“绿水青山就是金山银山”，政府要落实最严格的生态环境保护制度，厘清政府部门职责，加强人大监督。发挥人大在立法中的主导作用，充分调动各方参与立法的积极性，针对生态环境保护中的突出问题，及时出台相应的生态环境保护法规。构建生态保护长效机制，有效促进自然生态环境的修复。

2. 推广绿色发展理念

推动传统优势产业绿色化发展；发挥国家科技重大专项核心引领作用，创新和开发绿色技术，促进经济绿色增长转型发展。建立健全绿色技术创新评估和激励机制，对绿色技术应用实行奖励和支持，扩大绿色科技的应用范围。

3. 倡导绿色生活方式

大力发展低碳交通运输体系，推行低碳、节能的交通方式。开展低碳社

区建设，倡导绿色低碳生活方式，宣传节能知识，让“低碳理念”向大众普及，形成浓厚的低碳社区建设氛围。

（六）强化考核监督，构建评估保障体系

1. 构建高质量经济发展指标体系

通过构建高质量发展考核指标体系，引导全省在“十四五”期间高质量发展。把质量提高、民生改善、社会进步、生态效益等指标作为重要考核内容，作为陕西“十四五”经济社会发展导向。

2. 建立内部监督与评测评估机制

由省发改委、统计局共同组织实施监测评价，衡量高质量发展的实施效果。建立健全统计数据质量责任制、监督制。建立政策决定的终身负责制，运用法律和政策制度进行监督，从而促进经济调控措施有效施行。通过监督和评估，及时发现问题，并针对政策执行过程中出现的新问题进行及时修正或改进。

3. 强化第三方外部监测评估考核

组建高质量发展评估专家库，对陕西省“十四五”期间经济社会发展进程和目标实现进行监测评估和分析研判，保证动态分析的科学性，确保信息反馈的及时性，优化政策设计。

陕西区域经济高质量发展的战略思路研究

赵守国*

摘　要： 区域协调发展问题关乎经济全局，事涉高质量发展，是国家和地方的重大战略。本文总结了“十三五”时期陕西区域协调发展与区域合作取得的主要成效和存在的突出问题，分析了“十四五”时期陕西区域经济协调发展的战略机遇，以高质量发展为根本要求，提出了“十四五”陕西区域协调发展的战略思路、战略定位及深化跨区域合作的方向与重点任务，最后，提出了“十四五”陕西区域协调发展的政策建议。

关键词： 区域经济　高质量发展　战略思路　陕西

一　“十三五”时期全省区域协调发展与区域合作取得的主要成效和存在的突出问题

“十一五”以来，基于不同历史阶段的形势变化和发展重点，陕西省对三大区域采取了不同的发展战略。“十一五”提出“关中率先、陕北跨越、陕南突破”的区域发展战略，“十二五”时期的区域战略定为“关中创新、陕北持续、陕南循环”。

2015 年，习近平总书记在来陕视察讲话中强调，“陕西经济发展的重心集中在关中地区，陕北、陕南发展不足，区域发展差距较大。要增强关中辐

---

* 赵守国，西北大学经济管理学院教授、博士生导师，陕西省与西安市决策咨询委员会委员。

射带动能力，加快陕北、陕南发展，推进区域协调平衡发展”。为贯彻落实习近平总书记重要指示精神，深入推进三大区域协调发展，陕西省“十三五”时期提出“强关中、优陕北、兴陕南”的基本思路，将发展战略扩充为“关中协同创新、陕北转型持续、陕南绿色循环”。

“十三五”以来，陕西三大区域既错位发展又联动协同，实现强者增优、弱者加速，区域差距得以缩小，发展的平衡性、协调性日益显现，三大区域各有特色、互为支撑的格局逐步形成。

关中地区，是陕西发展的主要支撑，也是全省经济社会发展最活跃的地区。《关中平原城市群发展规划》明确了西安建设国家中心城市的目标定位，大西安建设深入推进，西咸一体化步伐明显加快。关中各市区科技资源统筹不断推进，创新能力持续提升，新动能快速成长，产业转型升级步伐加快。中国（陕西）自由贸易试验区改革创新全面启动，开放成为关中地区发展的鲜明标签。

陕北地区，依托我国第一个国家级高端能源化工基地，通过实施“三个转化”（煤向电力转化、煤电向载能工业品转化、煤气油盐向化工产品转化）战略，能源化工产业由初级加工加速向产业链中高端跨越，产业不断发展壮大，已成为世界最大的兰炭生产基地、中国最大的甲醇生产基地和国内重要的氯碱产业生产基地。在能化工业带动下，陕北地区经济社会面貌发生了巨大变化，延安由传统农业大市逐步转向现代工业强市，榆林陕甘宁蒙晋交界最具影响力城市已具雏形。

陕南地区，立足特色、把握机遇，经济在不断赶超，占比在逐年提升，后发优势逐渐凸显，从“兴陕南”到“陕南兴”的发展态势已经形成。基础设施保障能力不断提升，产业园区建设步伐加快，绿色循环产业不断壮大。

东西部扶贫协作和对口支援，是推动区域协调发展、协同发展、共同发展的大战略，是加强区域合作、优化产业布局、拓展对内对外开放新空间的大布局，是实现先富帮后富、最终实现共同富裕目标的大举措。苏陕扶贫协作工作不断取得新进展、新成效，成为陕西脱贫攻坚的重要力量和省际合作的典范。截至2018年底，陕西56个贫困县与江苏实现结对全覆盖，落地协作项目559个，其中95%为产业项目，拉动投资达116.97亿元，使39.12万贫困人口受益。支持苏陕两省以共建园区的形式，促进产业集群发展，启动了10个“区中园”项目合作。开展区域对口协作是加快南水北调工程建设，完善生态补偿机制，推动区域协调发展的重要举措。国家确定了天津和陕西的对口协作关系后，天津市对陕南三市水源区生态产业、环保设施、公共服务、科技转化、经贸合作和人力资源开发等方面进行了重点支持。

陕西省区域协调发展在取得明显成效的同时，还存在一些亟待解决的突出问题。

一是陕西省区域发展差距依然较大，区域分化现象依然存在，区域发展不平衡不充分问题仍然比较突出。

在关中五市中，西安一枝独秀，经济总量居首位，人均GDP居次席，经济增速是关中五市中最快的。陕南地区三市整体经济比较落后，GDP比较低，但是经济增速较高，总体增速超过关中。陕北两市属于陕西的“富裕地区”，人均GDP较高，目前发展速度也不慢，如表1所示。

表1　陕西省各城市2018年人均GDP情况

排名	地区	2018年GDP（亿元）	2017年末常住人口（万人）	2018年人均GDP（元）	人均排名
—	陕西省	24438.32	3812.62	64098	—
1	西　安	8349.86	961.67	86827	2
2	榆　林	3848.60	340.33	113084	1
3	咸　阳	2376.45	437.60	54306	6
4	宝　鸡	2265.16	378.10	59909	5
5	渭　南	1767.71	538.29	32839	11
6	延　安	1558.91	226.31	68884	4
7	汉　中	1471.88	344.93	42672	7
8	安　康	1133.77	266.10	42607	8
9	商　洛	824.77	238.13	34635	10
10	铜　川	327.96	83.34	39352	9
11	杨　凌	150.46	20.64	72897	3

二是陕西省城市群、都市圈发展尚不成熟，分工协作有限，基础设施互联互通水平有待提高，航空、铁路、高速公路等交通网需要持续加密提速，数字大通道等新基础设施需要统筹规划建设。

三是以市场为主导的区域协调发展机制尚未建立。全省区域一体化发展仍处于初级阶段，产业集群引领、区域配套协作等市场化配置资源手段仍很薄弱，区域要素的自由流动和资源的优化配置效率不高，区域协调发展的市场机制有待培育完善。

四是产业分工协作格局尚未形成，各区市产业布局各自为政，主导产业重复建设，产业规划缺乏对接机制，主要城市间主导产业趋同，产业同质化倾向依然突出，限制了全省优势产业集群的一体化发展。

五是关中地区创新资源丰富，但尚未形成合力，区域协同创新机制亟须健全。产学研合作与科技成果转化缺乏系统化、专业化、特色化的集成交流平台，制约着各区域知识产权合作和科技成果转化。重大科技联合攻关的组织机制尚未形成，创新成果利益分配机制尚未建立，共建共享的人才服务体系尚不完善等。

六是各区域缺乏互认互通机制，区域间合作机制亟待完善。各区域政务服务平台尚未实现互联互通，准入标准互认、业务系统互联、数据资源共享等方面存在诸多限制。如，区域间生态环保要求的互认互用和区域生态环境联合治理力度还需进一步加大，省内各地难以形成财税跨区域转移支付和统筹平衡。另外，省级间的区域合作需进一步拓展深度和广度。

七是区域资源有机整合不足。关中地区开发程度较高，土地与水资源严重不足，环境污染压力增大，发展受到制约。陕北生态功能脆弱，水资源匮乏，技术创新不足，转型升级难度加大。陕南山多地少，发展空间逼仄，又地处南水北调水源涵养区，科技和人才匮乏，经济发展多方受限。

八是区域间基本公共服务不均等。区域经济差距逐渐拉大，直接导致区域间基本公共服务难以实现均等化。无论是教育、医疗，还是养老等基本公共服务水平，均呈现关中高，陕北、陕南低的格局。如果从城乡这个维度观察基本公共服务情况，不均衡的态势更为凸显。

二　“十四五”时期陕西区域经济协调发展的战略机遇

“十四五”时期，是“两个一百年”奋斗目标的历史交汇期。如期全面建成小康社会、实现第一个百年目标，是我国社会主义现代化建设进程中一个重要的里程碑，标志着我们将跨过实现现代化建设第三步战略目标必经的承上启下的重要发展阶段。开启全面建设社会主义现代化国家新征程、向第二个百年目标进军，是我国现代化建设“三步走”总体战略的继续和深入，意味着我们将站在更高的起点上，向着把我国建成富强民主文明和谐美丽的社会主义现代化强国的目标奋勇前进。在“两个一百年”奋斗目标的历史交汇期，我国社会主要矛盾已经转化为人民日益增长的美好生活需要和不平衡不充分的发展之间的矛盾，必须紧扣这一变化开启区域协调发展的新征程。

（一）国家区域发展总体战略

党的十八大以来，以习近平同志为核心的党中央着眼全国“一盘棋”，深入实施区域协调发展战略，西部大开发、东北全面振兴、中部地区崛起、东部率先发展统筹推进，京津冀协同发展、长江经济带发展、粤港澳大湾区建设、长三角区域一体化不断扎实推进，区域空间结构不断优化，区域经济发展不断迈上新台阶，形成了区域协调发展新格局。

立足于解决发展不平衡不充分的问题，通过重大国家战略，将不同区域板块和横跨东中西、连接南北方、沟通国内外的重要轴带相耦合，区域发展差距呈缩小态势。国家统计局数据显示，十八大以来，按不变价格计算，东部、中部、西部、东北地区人均地区生产总值年均增速分别为 7.2%、8.2%、8.5%和 6.1%，中西部地区发展速度领先于东部地区。人均最高的东部和最低的西部之间的相对差值从 2003 年的高峰值 2.5 倍逐渐缩小到 2018 年的 1.8 倍。

西部大开发战略实施后，西部地区经济增长持续发力，与东部发达地区的差距逐渐缩小。2018 年，东部、中部、西部和东北地区生产总值分别达到 48.1 万亿元、19.3 万亿元、18.4 万亿元和 5.7 万亿元。1999 ~ 2018 年，西部地区生产总值占全国比重由 17.9% 提高到 20.1%，人均地区生产总值从相当于全国平均水平的 62.9% 提高到 75.4%。

在西部大开发进程中，陕西表现不俗。1998 年，陕西生产总值在全国排名第 22，自此一路追赶超越，连续赶超重庆、云南、吉林、江西、山西、广西和黑龙江七个省份，2018 年排名提升到第 15 位。生产总值从 1999 年时的 1592 亿元，增加到 2018 年的 2.44 万亿元，20 年间增长了 14 倍，从西部 12 个省份的第五位上升到第二位。

实施区域协调发展战略是新时代国家重大战略之一。2018 年 11 月 18 日，《中共中央国务院关于建立更加有效的区域协调发展新机制的意见》提出，到 2020 年，建立与全面建成小康社会相适应的区域协调发展新机制；到 2035 年，建立与基本实现现代化相适应的区域协调发展新机制，显著缩小区域发展差距；到 21 世纪中叶，建立与全面建成社会主义现代化强国相适应的区域协调发展新机制。建立区域战略统筹机制，推动国家重大区域战略融合发展。建立以中心城市引领城市群发展、城市群带动区域发展新模式，推动区域板块之间融合互动发展。以“一带一路”建设助推沿海、内陆、沿边地区协同开放，以国际经济合作走廊为主骨架加强重大基础设施互联互通，构建统筹国内国际、协调国内东中西和南北方的区域发展新格局。

着眼国家区域发展总体战略，“十四五”规划期，“一带一路”和新一轮西部大开发仍然是陕西省区域协调发展的重要战略机遇。

为贯彻落实中共中央、国务院《关于新时代推进西部大开发形成新格局的指导意见》，陕西省将努力在推进新时代西部大开发中发挥支撑作用，在推进西部大开发、形成追赶超越新格局中展现新作为，体现新担当，实现新突破，着力打造西部大开发的升级版。

（二）“一带一路”建设

2013 年，习近平总书记先后提出建设“丝绸之路经济带”和“21 世纪海上丝绸之路”的重大倡议。据世界银行发布的报告，“一带一路”倡议全面实施可使全球贸易增加6.2%，沿线经济体贸易增加9.7%，全球收入增加2.9%。新加坡《联合早报》刊登文章认为，中国“一带一路”构想提供了一个包容性巨大的平台，堪称人类历史上第二次地理大发现，一旦变成现实，将构建起世界跨度最长、最具发展潜力的经济走廊。“一带一路”的丰硕成果开辟了世界经济增长新空间，6年来，一大批重大合作项目落地生根，中国同共建“一带一路”国家贸易总额超过6万亿美元。

“一带一路”倡议，赋予了陕西开放发展千载难逢的历史机遇。6年来，陕西主动融入“一带一路”大格局，着力打造“一带一路”核心区，构筑内陆改革开放新高地，以枢纽经济、门户经济、流动经济“三个经济”为引领，持续建设“一带一路”上的交通商贸物流、国际产能合作、科技教育、国际文化旅游、丝绸之路金融“五大中心”，正由内陆腹地转身变为向西开放的前沿，打开了发展的新格局和新视野，跃上全方位开放发展新舞台。

（三）国家主体功能区战略

实施主体功能区制度，是我国经济发展和生态环境保护的大战略。主体功能区战略在全国层面空间规划中发挥战略引领和刚性控制作用，目的是解决生态系统恶化、环境问题凸显、资源消耗过度、开发建设失序等问题，统筹谋划未来国土空间开发的战略格局，形成科学的国土空间开发导向。目前的主体功能区分为优化、重点、限制和禁止开发四大类，其中优化开发、重点开发对应城市化地区，禁止开发对应各类“红线”管控区域，限制开发对应除禁止开发以外的农产品主产区和重点生态功能区。这两种分类方式分别对应着强度管制和功能管制的要求。

主体功能区战略按照各基本行政单元的资源禀赋、区位条件、经济基础、发展阶段的不同，制订差异化的战略定位、发展路径和配套机制。按照“广义的综合效益”标准，促进空间均衡发展，推动形成更高质量、更有效率、更可持续的空间发展模式。

主体功能区应当按照差异化发展的思路，建立“目标—战略—举措—行动”的逻辑框架，特别是建立健全生态产品价值实现机制，挖掘生态产品市场价值，增强重点生态功能区自我造血功能和自身发展能力。

（四）国家城市群和都市圈战略

“十四五”时期，为了发挥市场机制促进区域协调发展的决定性作用，形成基于统一市场下的要素自由流动和要素聚集机制，区域合作发展将形成以中心城市为引领的、以城市群和都市圈为空间单元的区域空间格局。通过市场要素自由流动、基础设施网络共建、生态环境协作补偿、基本公共服务均等化等机制，促进城市群和都市圈内部不同规模城市和城镇之间的相互协调发展，实现真正有市场效率的区域协调发展格局。2019 年 2 月，国家发改委发布了《关于培育发展现代化都市圈的指导意见》，标志着我国区域合作发展的都市圈时代正式来临。

从发展形态方面来说，都市圈是城市群的核心。成熟城市群由若干分工较为明确、经济社会联系紧密的大中小城市连绵而成，且均以一个或几个大都市圈为“硬核”，例如，纽约都市圈、芝加哥都市圈、日本三大都市圈（东京、大阪、名古屋）、伦敦都市圈以及巴黎都市圈等。

目前，我国发展潜力百强城市中有 96 个位于 19 大城市群，有 54 个位于 24 个千万级大都市圈。24 个千万级大都市圈以全国 6.7% 的土地集聚约 33% 的常住人口，创造约 54% 的 GDP。从大的城市群格局看，中国最具活力和潜力的城市群主要是粤港澳大湾区城市群、长三角城市群、环渤海大湾区城市群、成渝城市群和长江中游城市群。关中平原城市群成为继长江中游城市群、哈长城市群、成渝城市群、长江三角洲城市群、中原城市群、北部湾城市群后的第 7 个国家级城市群。

三 “十四五”陕西区域协调发展的战略思路

促进区域协调发展，是陕西由全面建成小康社会向基本实现社会主义现代化迈进的重大战略任务，也是破解区域发展不充分、不平衡“短板”，加快追赶超越步伐，推动高质量发展的战略路径选择。

（一）指导思想

以习近平新时代中国特色社会主义思想为指导，贯彻新发展理念和高质量发展要求，深刻认识和准确把握国际国内环境变化及陕西省情，把区域协调发展有机融入国家战略。按照“五个扎实”要求和追赶超越定位，充分发挥特色优势，创新区域协调发展机制，形成优势互补、高质量发展的区域经济布局，促进三大区域之间互动融合和联动发展，大力实施关中创新引领、陕北转型振兴、陕南绿色崛起三大战略，努力打造全国区域协调发展的陕西样板。

（二）战略定位

1. 关中创新引领

充分发挥西安国家中心城市的龙头带动作用，依托关中平原城市群，高能级建设大西安都市圈，推动西咸、西铜、西渭一体化，辐射带动十市二区发展。依托西安打造全球硬科技之都，关中聚力打造丝路科创中心，全省要以技术创新、制度创新为重点进行全面创新，把关中打造成全国知识创新、技术创新和成果转化的重要策源地，并协同带动陕北、陕南创新发展，共同打造内陆改革开放新高地。

2. 陕北转型振兴

顺应全球能源变革新趋势，持续推进煤、油、气、盐优势资源多元转化和深度转化，加快发展绿色能化、红色旅游、特色农业等特色产业，通过延安、榆林一体化发展，共同建设世界一流的高端能源化工基地。弘扬延安精神红色文化，统筹推进红色资源开发，建设红色文化旅游示范区。按照体制先行、国土管控、产城一体、服务均等的原则，建设城乡统筹综合改革先行区。持续推进建设延安国家城乡统筹改革先行区，支持榆林开展民营经济转型升级试验区试点。实施天然林保护、三北防护林、京津冀风沙源治理、黄土高原丘陵沟壑区综合整治等生态工程，加强资源开采沉陷区综合治理，构筑生态安全屏障，建设黄土高原生态文明示范区。建设延安国家绿色能化循环综合利用基地，推动榆林循环经济试点城市建设。

3. 陕南绿色崛起

充分发挥汉中等区域中心城市对陕南区域经济发展的引领带动作用，推动陕南三市一体化发展，主动融入西安、成渝、武汉都市圈。坚持保护生态、绿色发展，深入开发山水林田特色资源，实现产业生态化、生态产业化。积极融入汉江生态经济带，统筹推进南水北调水源区、主体功能区、生态文明示范区建设。积极开展生态补偿机制和生态产品价值实现机制试点，共同打造生态美丽新陕南。

四 “十四五”陕西深化跨区域合作的方向与重点任务

（一）深化跨区域合作的方向

1. 共同打造“一带一路”核心区

深度融入“一带一路”大格局，大力发展枢纽经济、门户经济、流动经济，通过建设“一带一路”核心区，以更大的力度协同推进对外开放，深化开放合作，打造内陆改革开放新高地。

围绕绘好“一带一路”建设“工笔画”，着力构建交通商贸物流中心、国际产能合作中心、科技教育中心、国际文化旅游中心和丝绸之路金融中心。

着力推动陕西自贸区辐射联动，通过制度创新推动高水平开放，用高水平来倒逼改革，全面提升国际合作的竞争新优势，打造更具国际市场竞争力和影响力的特殊经济功能区。

2. 协同建设关中平原城市群

关中平原城市群是我国西北地区基础条件最好、创新能力最强、集聚效应最显著、发展潜力最大的区域，作为西北地区唯一的国家级城市群，将是缩小国内区域发展差距最值得发力并取得成功的地区。关中平原城市群是关中天水经济区和黄河金三角示范区中心城市的叠加，将有力促进核心城市大西安（咸阳），次核心城市宝鸡、铜川、渭南、商洛、杨凌、天水及山西的临汾、运城，甘肃的平凉、庆阳一体化发展。

关中平原城市群以建设具有国际影响力的国家级城市群为目标，以深度融入“一带一路”建设为统领，以创新驱动发展、军民融合发展为动力，以延续中华文脉、体现中国元素的风貌塑造为特色，加快高端要素和现代产业集聚发展，提升人口和经济集聚水平，打造内陆改革开放新高地，充分发挥关中平原城市群对西北地区发展的核心引领作用和我国向西开放的战略支撑作用。

充分发挥大西安的综合优势，打造大西安都市圈。加速关中平原城市深度融合，突出协调合作，实现错位发展、抱团发展，重点在规划、交通、产业、创新、公共服务、环境保护等诸多方面逐步做到“无缝对接”。形成圈内资源共享、产业共兴、竞合有序、共同发展的格局。

依托晋陕豫黄河金三角承接产业转移示范区，通过晋陕豫三省区域合作，实现东中西部地区良性互动，不断增强自我发展能力和辐射带动作用，努力把黄河金三角建设成为中西部地区新的经济增长极和欠发达地区实现一体化发展、跨越式发展的示范区和城市群。

3. 积极融入呼包鄂榆城市群

榆林、延安要积极融入呼包鄂榆城市群，着力推进生态环境共建共保，着力构建开放合作新格局，着力创新协同发展体制机制，着力引导产业协同发展，着力加快基础设施互联互通，努力提升人口和经济集聚水平，带动陕北革命老区的转型振兴发展。

4. 联手打造汉江生态经济带

以汉江生态经济带上升为国家战略为契机，推动汉江新流域一体化发展，鄂豫陕三省联手打造汉江“金三角”城市群。

（二）深化跨区域合作的重点任务

牢固树立“一体化”意识和“一盘棋”思想，深化区域合作机制，深入推进跨区域基础设施、产业分工、科技创新、对外开放、公共服务等协调联动、高效协同，依托城市群和都市圈实现一体化发展。

1. 基础设施互联互通

统筹优化布局各区域铁路、公路、水运、航空、管道、电网、信息、物流、水利等基础设施。以构建综合交通运输网络为支撑，加强各种运输方式的衔接和综合交通枢纽建设，加快多式联运发展，建成安全便捷、绿色低碳的综合立体交通走廊，实现陕西三大区域内部互联、外部相通，达到物流其畅、人流其旺，为全省融入全国、走向世界提供高效的交通保障。

2. 产业发展配套互补

在全省三大区域内，引导跨区域产业协作，协同布局企业总部、研发基地、生产基地，在产业链和价值链上形成优势互补、错位竞争、链接发展、分工合作的区域集群式发展模式。积极搭建跨区域产业合作平台，创新园区共建新模式，把推动三大区域开发区的协同发展作为产业一体化发展的抓手。

关中地区突出发展高新技术、先进制造、现代服务和文化旅游四个万亿级产业，形成竞争优势明显的优势产业集群。陕北充分发挥资源优势，重点做大做强煤炭、电力、油气和化工四大产业，大力培育发展新能源、装备制造、高效设施农业等新兴产业。陕南以绿色为底色，重点发展新型材料、食品医药、先进制造、生态旅游等特色产业。

3. 科技创新协同攻关

以打造关中高新技术产业带为目标，深化区域科技创新合作，推动科技设施联通、创新平台互通、人才资源流通，形成互相促进、错落有致、梯度有序的区域创新体系，着力打造区域协同创新共同体。率先建成创新资源富集、创新效率高、创新辐射广和引领示范作用强的创新型高地。

区域协同创新攻关一体化的有效平台。在集聚创新资源、打造创新高地上，西安要勇当科技创新“排头兵”，突破一批关键核心技术，协同推进科技成果的转移转化，不断提升在国内外持续链中的位势。西安可到其余市区开辟“产业飞地”，其余市区可到西安设立“科创飞地”。

4. 公共服务共建共享

以提高人民群众获得感、幸福感、安全感为目标，聚力提升三大区域教育、医疗、公共文化、社会治理等方面的合作水平，建设包容共享的公共服务圈，共同提升居民美好生活水平。

加快三大区域标准、要素、信用一体化，建立统一开放大市场。以深化“最多跑一次”改革为牵引，加快推进政府数字化转型，推动三大区域政务服务信息互联互通和开放共享，实现全省各市区间“一体受理，一体发证”，打造跨区域“一网通办”示范省。

5. 生态环境联防联控

认真落实“共抓大保护、不搞大开发”方针，全面践行绿水青山就是金山银山的“两山理论”，深刻汲取秦岭北麓西安境内违建别墅问题教训，协同构建省际生态廊道屏障，联合打赢“四大保卫战”。

完善三大区域污染联防联控机制，切实加强区域生态环境共防、共治、共保、共建，共同促进区域可持续发展。

6. 对口协作提质增效

在苏陕两省扶贫协作的基础上，基于双方的经济互补性、合作互利性，不断加大扶贫协作的深度，积极拓展结对帮扶的广度，促进苏陕扶贫协作向多层次、多形式、宽领域、全方位拓展，推动苏陕扶贫协作由政府主导推动扩展到社会共同参与，形成“责任共担、优势互补、成果共享、发展共赢”的帮扶协作模式，迈向提质增效的新阶段。

在加强江苏、北京、天津和陕西对口协作的基础上，进一步扩大与长三角、珠三角、京津冀的合作，通过水源区生态产业、环保设施、公共服务、科技转化、经贸合作和人力资源开发等方面的战略合作，进一步拓展省际区域合作的空间。

五 “十四五”陕西区域协调发展的政策建议

（一）出台配套支持政策

依据各区域新的发展定位和工作重点，围绕基础设施、产业培育、创新驱动、公共服务、环境共治等方面出台“十四五”三大区域协调发展的支持政策，统筹协调发展规划。同时，针对各区域的差异化，出台专项规划和支持政策。由于产业转移的输出区与输入区税收等利益存在冲突，产业输出方政府意愿不高，不利于形成统一的大市场和有效的产业协同。建议从国家层面，应加快探索产业跨省市迁移、重大产业项目跨省市协作的税收分配机制。

（二）强化资源要素保障

采取政府引导、市场运作的方式，进一步拓展投融资渠道。统筹中省政府专项资金，突出财政资金的引导性和带动性。建立促进三大区域协调发展投融资平台，设立关中创新引领股权投资基金、陕北转型振兴发展基金、陕南绿色崛起发展基金。鼓励国内外金融机构在陕设立区域联动的功能性总部及分支机构，开展跨区域的金融服务。探索创新金融产品，鼓励开展“创新券”等跨区域互认互通。

（三）完善联席会议制度

完善由省政府主要领导牵头，各市区主要领导、省市相关厅局、龙头企业及相关智库参与的协调发展联席会议制度，省政府围绕关中创新引领、陕北转型振兴、陕南绿色崛起分别召开年度专题会议，部署安排区域协调发展重大工作，协调解决有关重大问题。

B.8

供给侧结构性改革背景下陕西经济高质量发展研究*

王铁山　张　青**

摘　要： 首先，对陕西经济质量发展过程中的经济增长、产业结构、消费水平、进出口额等方面现状进行分析，然后再将陕西和全国其他省区的经济质量指数进行评价分析，得出陕西当前所处排名的发展阶段和未来经济的发力点。其次，根据陕西经济发展现状提出陕西发展过程中存在的问题。然后提出了陕西经济实现高质量发展的路径：以“三个经济”为引领、向全球价值链高端攀升、构建绿色经济发展体系。最后，对陕西经济高质量发展提出建议和保障措施。通过对陕西经济质量进行评价分析，得出现阶段陕西发展的机遇与挑战共存，陕西得到各项国家政策的支持，但地理位置限制了陕西很多可以提高和发展的方面，陕西更应该发展优势产业，实现经济更高层次的发展。

关键词： 高质量发展　全要素生产率　产业结构　自由贸易试验区　陕西

---

* 本文是全国统计科研项目（2016LY11）、陕西省统计科研项目（LZ201808）、陕西省社科基金项目（2015D011）、陕西省社科联项目（2019TJ019）、陕西省软科学项目（2019KRM145）、陕西省科协高端科技创新智库项目、陕西省教育厅智库项目（18JT003）、陕西自贸试验区重点课题（ZMZ2019003）、西安市社科基金项目（16Z06、17Z28、18J41）、西安市软科学项目（201805072RK3SF6－3）的阶段性成果。

** 王铁山，经济学博士，西安工程大学管理学院副教授、硕士生导师，产业发展与投资研究中心主任，研究方向为“一带一路”与自贸区、经济高质量发展；张青，西安工程大学管理学院硕士生，研究方向为产业发展与投资。

自2018年起，我国经济发展更加注重结构稳步调整和质量不断提升，“速度”与“质量”并重，努力实现有质量、有效率、可协调、可持续的增长。实现经济高质量发展是陕西把握机遇、实现“追赶超越”目标、带动西部地区乃至全国发展的重要一步，对陕西经济健康发展具有现实意义。

一　供给侧结构性改革与高质量发展的内涵

（一）供给侧结构性改革的内涵

供给侧结构性改革是因为供给侧问题突出表现为结构性问题：有效供给不足和无效产能并存，其中无效产能主要有剩余产能、落后产能和产生污染的产能三种类型。出现结构方面矛盾是因为现行经济发展方式使供给不能适应我国经济进入中等收入阶段以后消费者的多样化需求。在中等收入阶段，人们的饮食由需要吃饱转变为需要吃得健康，生活用品由功能需求变为质量、品牌及个性化定制需求，但该阶段的供给服务却无法及时满足变化快速的消费需求，导致有效供给不足与无效及低端供给并存，引发库存和过剩问题。针对这些普遍存在的社会现象提出供给侧结构性改革的重点任务，包括减少甚至清除无效的产能和库存，及时补足供给短板，降成本，转变发展方式。供给侧结构性改革可以激发陕西经济发展新的动力和活力，也能使陕西经济各领域突破现状。在我国经济向高质量行列迈进的重要时期，必须将供给质量放在第一位，优先发展效益，以供给端的结构性改革为高质量发展主线，加快创新驱动发展战略的推进实施，重视重点行业和环节的改革提升，坚决打好防范和化解并行的各类重大风险、精准化帮扶脱贫、污染治理三大攻坚克难战争，大力推动经济发展中的质量变革、效率变革和动力变革，加快陕西发展不平衡不充分的问题解决步伐。此外，要重视陕西自贸试验区的制度创新及复制推广重要作用，重视枢纽经济、门户经济、流动经济的发展，加快现代化经济体系的构建和完善，为陕西加快实现“追赶超越”增添力量。

（二）经济高质量的内在发展特征

经济高质量发展主要包含三个层面：一是基本层面发展，依据协调发展理念保持一定强度、一定稳定性和合理经济结构的经济增长，依据开放发展理念构建多方位对外开放的新格局；二是社会成果层面发展，依据共享和创新的发展理念，为了使社会成员尽可能全面共享经济发展的优惠，要加快积累人力资本，从而建设以人力资本为重要载体的创新型国家；三是生态成果层面发展，依据绿色发展理念投入更多精力给生态环境保护。在推进供给侧结构性改革的重要时期，一方面，通过深化改革为市场增添活力，配置更优势资源；另一方面，要不断创新，建立创新动力机制以及提高生产效率和质量。同时，要发挥好陕西自贸试验区制度创新和复制推广作用优势，培养新经济发展模式，针对新科技革命和产业变革及时做出恰当的战略选择，进而体现出通过供给侧结构性改革来提高经济发展质量的本质要求。

二　陕西经济发展质量评价

（一）陕西经济发展质量现状

本研究主要从经济总量、GDP 增长、产业结构、消费、进出口额、能源消耗等方面体现陕西经济发展质量。

1. 发展水平逐步提高，质量效益逐步显现

由图 1 整体发展趋势可知，2013 ~ 2018 年的生产总值逐步增加，但增长率有所回落，这一增长趋势表明陕西经济发展进入新常态阶段。因此，以供给侧结构性改革为背景，实现陕西经济高质量发展势在必行。

2. 产业结构逐步优化，服务效果逐渐增强

由图 2 可知，2018 年陕西第一产业和第二产业的占比相比 2013 年都呈下降趋势，而第三产业则逐年递增，2018 年的占比为 42.8%。

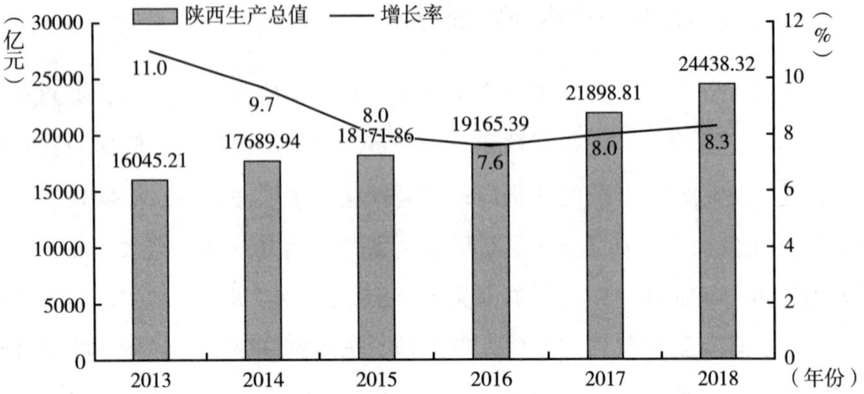

图1　2013～2018年陕西生产总值

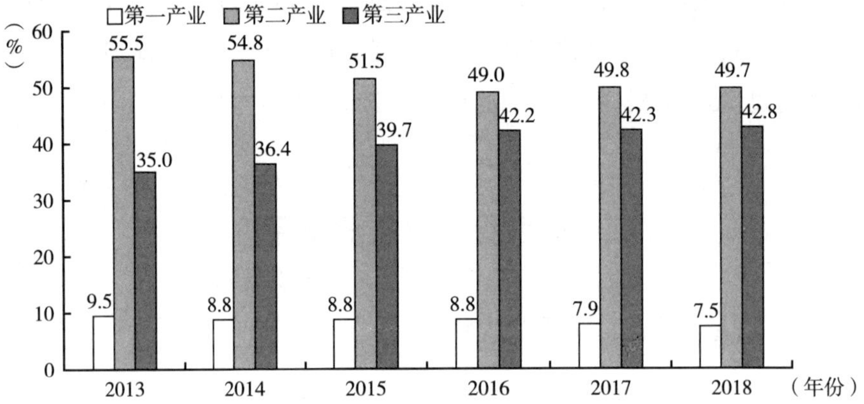

图2　2013～2018年陕西三次产业结构

资料来源：《陕西统计年鉴》(2013～2018)。

3. 内需结构持续改善，居民消费扩容升级

由图3可知，2018年陕西全年社会消费品零售总额8938.27亿元，比2017年增长10.2%。按经营地分，城镇消费品零售额7866.04亿元，增长10.0%；乡村消费品零售额1072.24亿元，增长11.5%。按消费形态分，商品零售额7991.25亿元，增长9.9%；餐饮收入947.03亿元，增长12.7%。2013～2018年社会消费品零售总额的增长率均在11.5%左右浮动，说明消

费趋于饱和，需要新的增长动力来刺激消费，而新的增长动力则是提高消费质量，促进社会经济高质量发展。

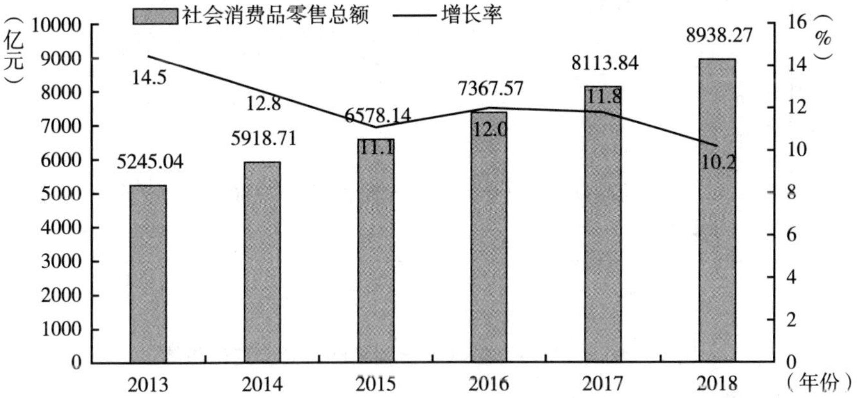

图3　2013～2018年陕西社会消费品零售总额及增长率

资料来源：《陕西统计年鉴》。

4. 对外开放稳步提速，经济外向度有所回升

经济外向度也称外贸依存度，是一个国家或地区对外贸易总额占国内或地区生产总值的比重，反映一个国家或地区与国际经济紧密联系的程度。由图4可知，陕西2013～2018年经济外向度与全国经济外向度相差甚远。2018年陕西的进出口额是五年内最大，但经济外向度却只有全国经济外向度1/3多。陕西经济外向度逐年提升，说明陕西一直在实施各类开放举措，要想实现陕西开放水平达到全国平均水平以上，还需加大开放力度。

5. 能源消耗下降，绿色发展初见成效

陕西是全国能源生产基地，长期以来，煤炭、石油、天然气等主要能源产量在全国均位居前列，为全国经济发展提供强有力的能源支撑。由于陕西的自然禀赋特点，煤炭的生产和消费占比较高，一直在70%～80%，煤炭资源为陕西经济发展做出了巨大贡献。另外，由于煤炭消费比重较高，随着经济的发展，煤炭消费带来的环境问题日益突出，给陕西推动生态文明建设

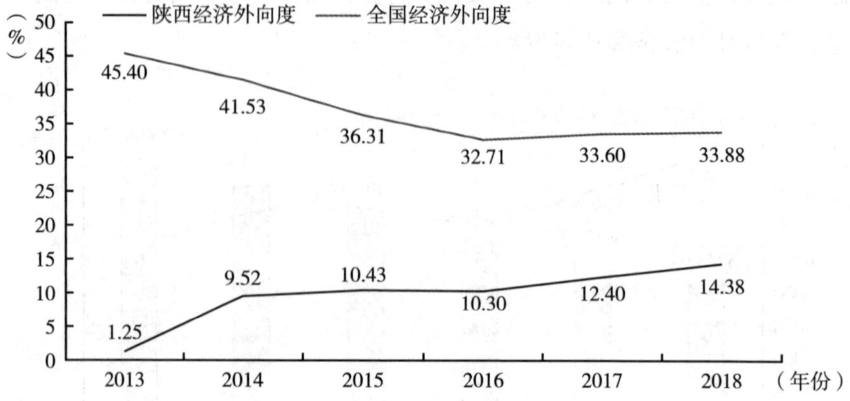

图4　2013～2018年陕西与全国经济外向度变化趋势

资料来源：《陕西统计年鉴》。

带来巨大挑战。因此，陕西通过加强治污减霾、发展新能源行业及加强环保生态等手段逐步实现绿色发展。

单位 GDP 能耗是指每创造 1 万元生产总值需要消耗的能源价值，这是反映地区能源利用效率的重要指标之一。从图 5 可以看出，除 2015 年外，其余年份的单位 GDP 能耗下降率逐年提高，充分说明近年来陕西省的能源利用效率在逐步提高。

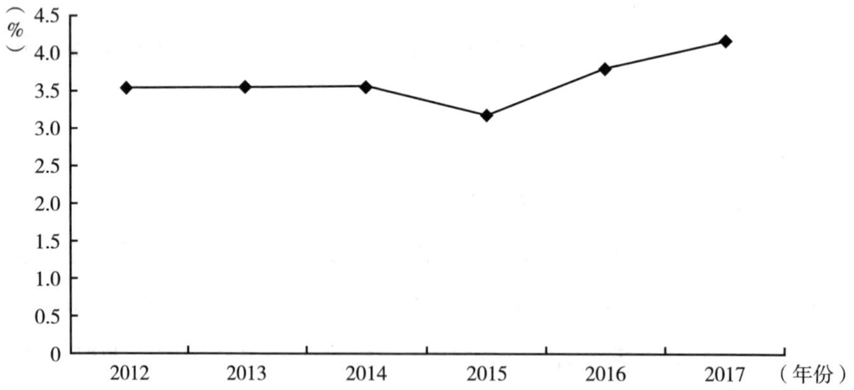

图5　2012～2017年单位 GDP 能耗下降率

（二）陕西省内区域经济发展比较

1. 评价方法与指标设置

本研究利用数据包络分析法（DEA）评价陕西省内关中、陕南、陕北三大区域经济发展质量。通过文献分析，并考虑到数据可获得性，整理出陕西经济发展的评价指标。其中，投入指标包括财政支出、全社会固定资产投资、城镇单位就业人数，产出指标包括地区生产总值、财政收入和社会消费品零售总额。

2. 数据说明

陕西经济各指标数据来源于历年《陕西统计年鉴》。关中、陕南、陕北三大区域的投入产出数据如表1、表2、表3所示。

表1　2012～2017年关中地区投入产出指标值

单位：亿元，万人

年份	财政支出	固定资产投资	城镇单位就业人数	GDP	财政收入	社会消费品零售总额
2012	1367.98	8621.69	303.23	8808.62	611.94	3630.81
2013	1592.50	10677.86	355.59	10061.86	748.53	4162.80
2014	1725.52	12710.56	351.86	11066.91	844.77	4713.97
2015	1931.04	13432.49	347.11	11585.17	925.33	5247.78
2016	2038.39	14926.65	346.04	12525.19	894.25	5883.66
2017	2244.92	17209.46	342.02	14092.03	916.61	6450.1

表2　2012～2017年陕南地区投入产出指标值

单位：亿元，万人

年份	财政支出	固定资产投资	城镇单位就业人数	GDP	财政收入	社会消费品零售总额
2012	492.15	1306.73	55.86	1674.79	73.24	474.82
2013	547.95	1657.99	66.03	2005.74	86.85	541.69
2014	601.88	2075.76	67.66	2267.26	98.02	611.76

续表

年份	财政支出	固定资产投资	城镇单位就业人数	GDP	财政收入	社会消费品零售总额
2015	664.77	2565.25	68.09	2433.18	107.30	692.86
2016	720.95	3071.82	68.56	2691.48	102.07	803.91
2017	797.13	3749.18	70.53	3065.02	95.43	911.93

表3　2012～2017年陕北地区投入产出指标值

单位：亿元，万人

年份	财政支出	固定资产投资	城镇单位就业人数	GDP	财政收入	社会消费品零售总额
2012	663.12	2803.29	52.13	3940.90	388.32	476.00
2013	716.90	3148.95	72.84	4133.60	416.12	540.55
2014	733.73	3188.11	76.93	4306.67	435.96	592.98
2015	780.96	3021.54	75.31	3690.15	456.75	637.50
2016	798.47	2826.78	75.71	3855.96	363.24	680.00
2017	908.42	2860.75	76.94	4673.88	453.35	751.81

3. 数据分析

首先，利用DEA方法对关中、陕南和陕北三大区域2012～2017年的数据分别进行效率评价。结果显示，除了陕北2013年经济发展效率不为1，其余区域的其余年份都为DEA有效，说明各区域基本在不同年份发展良好，所以不再赘述区域间的结论。其次，对三大区域2012～2017年的数据分析不同年份的结果基本相同，以2017年分析结果为例，陕南与关中、陕北地区相比效率小于1，存在资源浪费，具体如表4所示。

表4　2017年三大区域指标分析结果

区域	综合效率	纯技术效率	规模效率	
关中	1	1	1	
陕南	0.872	1	0.872	irs(规模递增)
陕北	1	1	1	

由表4可知，陕南2017年经济发展存在规模效率不足现象，最先增加的是社会固定资产投资和政府财政支出，可提高地区生产总值和社会消费品零售总额，其中在扩大财政支出的同时也意味着政府要相应减少财政收入提高人民生活质量和幸福感，来促进陕南地区经济向高质量发展，从而实现陕西经济整体高质量发展。关中和陕北在发展过程中基本均为DEA有效。

（三）陕西省外区域经济发展比较

1. 质量评价的指标选取

参考马茹等人在对区域经济高质量发展评价时建立的评价体系，考虑到数据的可获得性，故选取以下指标进行分析，包括5类一级指标和13个二级指标（见表5）。

表5　区域经济高质量发展评价指标体系

一级指标	二级指标	计算方法	指标类型
高质量供给	创新能力（万人发明专利授权量）	国内发明专利申请授权量/年末常住人口	正指标
	人才供给（每万劳动力中R&D人员占比）	规模以上工业企业R&D人员全时当量/城镇单位就业人员	正指标
	动能转换（R&D经费内部支出企业资金与政府资金比）	规模以上工业企业R&D经费/地方财政科学技术支出	正指标
高质量需求	消费水平（居民消费水平）	—	正指标
	城市化率	城镇人口/年末常住人口	正指标
发展效率	单位面积土地产出	GDP/（城市建设用地+农作物播种用地）	正指标
	劳动生产率	GDP/城镇单位就业人员	正指标
	生态能源效率（主要污染物人均排放量）	二氧化硫、氮氧化物、烟等主要污染物/年末常住人口	负指标
经济运行	增长质量（人均GDP）	—	正指标
	安全稳定（城镇登记失业率）	—	负指标
	风险防范（规模以上工业企业资产负债率）	规模以上工业企业流动负债/规模以上工业企业流动资产	负指标

续表

一级指标	二级指标	计算方法	指标类型
对外开放	对外贸易(货物进出口总额占GDP比重)	经营单位所在地进出口总额/GDP	正指标
	利用外资(外商直接投资占GDP比重)	外商投资全社会固定资产/GDP	正指标

2. 评价对象及数据来源

为了将陕西经济发展质量与其他地区进行客观比较，选取了与陕西整体发展类似的其余省份，包括西部地区的四川省，中部地区的河南省、湖北省、湖南省和山西省，参与经济发展高质量评价的总计6个省份。数据来源于《中国统计年鉴》。

3. 数据分析过程

（1）数据的标准化及归一化过程

正指标的标准化公式为：$v_{ij} = \frac{x_{ij} - x_{\min}}{x_{\max} - x_{\min}}$。

负指标的标准化公式为：$v_{ij} = \frac{x_{\max} - x_{ij}}{x_{\max} - x_{\min}}$。

在数据进行标准化后对数据进行归一化处理：$p_{ij} = \frac{v_{ij}}{\sum_{i=1}^{m} v_{ij}}$。

（2）熵值和差异性系数的计算

在对数据归一化处理后，计算每个指标的熵值：

$$e_j = -\left(\frac{1}{\ln m}\right) \sum_{i=1}^{m} p_{ij} \ln(p_{ij})$$

每个指标的差异性系数：$g_j = 1 - e_j$。

（3）权重和评价指数的确定

接下来计算各指标权重：$w_j = \frac{g_j}{\sum_{j=1}^{n} g_j}$

最后是计算每个一级指标的质量评价指数：$Z = 1000 \times \sum (p_{ij} \times w_{ij})$

4. 计算结果

通过对数据进行以上步骤的分析，得出最终6个省份不同一级指标的指数结果和差异趋势分别如表6和图6所示。

表6　区域经济高质量发展评价结果

一级指标＼省份	山西省	河南省	湖北省	湖南省	四川省	陕西省
高质量供给	4.249	44.266	48.717	104.250	36.302	46.294
高质量需求	19.185	2.374	55.983	37.445	21.642	25.384
发展效率	9.968	13.682	39.891	50.057	29.942	33.455
经济运行	15.348	23.634	52.119	31.939	13.843	50.126
对外开放	0.000	32.782	45.468	6.741	49.634	56.375

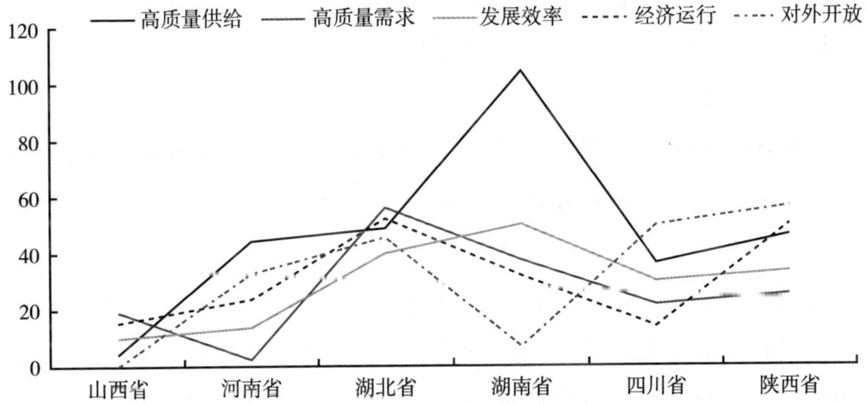

图6　各省经济高质量发展指数

从表6和图6中可以看出，高质量供给指数湖南省最高，山西省最低，陕西处于中等水平；高质量需求指数湖北省最高，河南省最低，陕西同样处于中等水平；发展效率指数湖南省最高，山西省最低；经济运行指数湖北省和陕西省均处于较高水平，四川省最低；对外开放指数陕西省最高，山西省最低。从以上五个方面分析结果来看，各个省份的优势不同，陕西未来实现经济高质量发展应重视高质量供给和高质量需求，也就是重视区域创新能力和动能转换，培育战略性新兴产业；其次，加快对外开放步伐，做好西部经济发展的重要引擎。

（四）陕西经济实现高质量发展存在的问题

1. 结构性矛盾

人民美好生活需要的日益增长和发展不平衡不充分之间的矛盾是现阶段我国社会面临的主要矛盾，其中，表现在经济发展方面主要是供给侧结构难以快速适应需求侧结构的变化。近几年，陕西居民境外购物和跨境消费金额逐年递增，居民对高质量的教育、医疗等方面的需求缺口很大。这说明结构性矛盾已经成为现阶段经济发展的主要矛盾，而且矛盾主要集中在供给侧；目前我国经济发展不平衡不充分，发展质量有待提高。因此，实现经济高质量发展是解决新时期社会矛盾的重要途径，潜力巨大的国内需求将成为陕西经济高质量发展的强大动力。

2. 制造业和服务业发展不足

目前陕西制造业发展存在的突出问题就是规模大而不强，除技术水平不高这一原因外，制造业的产品质量档次和安全标准与发达国家相比也存在较大差距。包括陕西在内的国内的大多数生产环节基本停留在生产中低端产品阶段，供给体系不能提供消费者所需产品，所以消费者到海外去采购。除制造业外，服务业也存在大规模、低质量层次的问题。陕西的金融保险服务、电信数据服务、会计审计服务等的质量整体较低，这在限制自身企业及产业发展的同时也制约了关联紧密的其他产业高质量发展。

3. 国际投资层次低，实际利用外资停留在浅层面

由表7可知，2017年陕西实际利用外资的增长率达19%，但实际利用外资金融与安徽、重庆、天津和四川相比仍然差距较大，只达到安徽的1/3。这说明，陕西引进外资的竞争力不强，在招商引资方面还需要更适合陕西省省情的引资举措。

表 7　2017 年五省份实际利用外资和增长率

单位：亿元，%

省份	实际利用外资	增长率
安徽	1071.6	9.3
重庆	686.3	-8.9
天津	715	6.6
四川	586	3.2
陕西	397.2	19.4

4. 陕西绿色发展水平不高

近年来，陕西生态环境有所好转，但与其他省份相比仍存在较大差距。根据 2017 年国家统计局、国家发展和改革委员会、环保部和中央组织部发布的《2016 年全国生态文明建设年度评价公报》，陕西绿色发展评价指数在全国 31 个省份中排名第 23，处于下游水平，与相关省份存在明显差距。陕西雾霾天气仍时有发生，空气优良天数比例仍然偏低。自 2016 年以来，陕西平均优良天数比例不足 70%，细颗粒物未达标地级及以上城市浓度下降率不降反升。单位耕地面积化肥和农药使用量也有所增加。2017 年陕西单位耕地面积化肥使用量增长 2.4%，单位耕地面积农药使用量增长 3.3%。

三　供给侧结构性改革背景下陕西经济高质量发展的路径

（一）以“三个经济”引领经济高质量发展

紧抓“一带一路”倡议与自贸区建设机遇，推动枢纽经济、门户经济、流动经济的高质量发展。

1. 实现枢纽经济高质量发展，激发“内连外畅”新活力

枢纽经济作为通道经济的重要体现，将海、陆、空三个维度通道交叉贯穿城市间，加快集合了多种运输形式的物流体系构建，这有助于城市整体优

势的发挥和组合效率提高，也为加快枢纽经济发展奠定了坚实基础。随着陕西近年来经济的不断发展，城市间的交通体系建设逐步加强且不断升级，日趋完善的公路网和铁路网正成为陕西区域整合发展的助推器。陕西要为了加快形成航空带动、陆空互动的多形式交通体系不断探索，将陕西的区位优势完全显现并转化为带领陕西乃至西部经济“腾飞”的重要引擎，为实现陕西经济高质量发展夯实枢纽基础。

2. 加快发展门户经济，筑起向西开放新高地

陕西要做好内陆省份开放的“领航者”，要积极应对经济全球化新趋势，全力做好扩大向东开放和引领西部的文章，进一步拓展开放领域和范围，发挥陕西自贸试验区的制度创新和复制推广作用，以全面开放推动经济高质量发展。陕西自贸试验区加快了企业“走出去”服务平台的搭建，从法律、金融等多方面服务支持企业的跨境投资活动；此外，通过设立签证服务中心为进行跨国贸易的企业提供一站式便捷服务，吸引了更多金融服务企业及制造业企业的入驻，加快了陕西自贸试验区作为门户经济的不断发展，同时，带动了装卸运输、仓储物流、融资租赁、信息咨询等生产性服务业的发展。快速发展的门户经济为实现陕西经济高质量发展增添了活力。

3. 大力发展流动经济，促进生产要素澎湃涌流

陕西流动经济重点在于人才流动，人才流动正给陕西的经济发展带来蓬勃生命力，通过人才流动实现了由以往人才跟着项目走向项目跟着人才走的转变。同时，流动经济通过将金融机构资本、民间私人资本及外商资本汇集到陕西，增加陕西金融的活力，提升金融质量。流动经济带来的人才流动效应为陕西经济高质量发展“保驾护航”。

（二）加快产业迈向价值链高端步伐

供给侧结构性改革的根本目标是提高生产力，高质量发展的关键是要迈向价值链高端。制造业作为经济发展的主导行业，其质量影响经济整体发展水平。陕西要实现经济高质量发展，离不开实体制造业向价值链高端攀升，这是实现价值链的高质量发展的重要路径之一。

1. 实现传统制造业向智能制造转型

在以“智能制造”为核心的新一轮产业革命中，中国和西方发达国家拥有同等的技术起跑水平，这有助于中国产业实现转型升级。从陕西工业的发展来看，部分智能化生产发展快速，企业也逐渐转为智能制造，各类大型运输机、芯片、新能源制造等成为“陕西智造”新亮点。加快发展智能制造，对于推进陕西省制造业转型升级、促进产业向中高端迈进、形成陕西竞争新优势具有重要战略意义。陕西要顺应新产业革命发展趋势，以专门政策强化“智能制造”相关产业优势，以供给侧结构性改革为目标，借助大数据技术优势，帮助制造业企业在海量数据背后寻找和发现客户的购买习惯和特点，精准判断客户心理，通过提高供给质量满足消费需求，为推动建设制造业强省，进而建造制造业强国强化高端产业基础。

2. 加快培育战略性新兴产业

随着全球化进程的加快，高科技研发和产业化活动有机会选择世界上先进的技术研发平台。因此，陕西要提高科研管理水平、对标国际发展层次、建立国际最高水平研发平台，就需要创造顶尖行业环境和工作氛围以吸引世界高水平人才的集聚，进而实现科研突破，打造战略性新兴产业的良性研发生态。目前，中国引进的先进技术和高水平人才大多数在东部发达地区进行创新工作，陕西引进人才的效果不理想。需要进一步解放思想，为华人科学家、高技术水平的外籍人士提供同等国民待遇，力争引进拥有世界领先的研发能力的各类人才。

3. 积极发展知识密集型服务业

现代服务行业中积累了大量的技术资本、知识资本以及人力资本，也正是这些资本积累一方面推动了现代服务产业结构优化、效益增加；另一方面对产业的工艺改进、产品质量提高、功能优化及集聚发展提供了转型发展基础。因此，现代服务业不断发展对经济转型意义重大，还能通过加快制度创新释放经济增长潜能。尤其随着服务业成为全球经济增长的新源泉，以及知识经济的兴起，知识密集型服务业成为经济活动最重要的内容和表现形式、现代城市的新主角，为城市经济发展提供了最新的动力来源。因此，陕西应通过大力发展知识密集型服务业带动经济增长，实现经济高质量发展。

（三）构建绿色经济发展体系

1. 树立绿色发展理念

习近平总书记明确指出："良好生态环境是最公平的公共产品，是最普惠的民生福祉。"这是基本民生观的重要体现，但从目前我国生态环境现状来看，仍与人民生活的美好期许存在较大差距，暂时无法满足人们对幸福生活追求的要求，这更使生态资源保护和环境污染治理成为亟须解决的民生难题。因此，陕西要在我国整体的绿色发展理念指导下，通过绿色新动能的培育实现经济高质量发展，并带动生态环境质量的大幅提升。

2. 建立完善绿色发展体系

党的十九大报告指出："推进绿色发展，建立健全绿色低碳循环发展的经济体系，构建市场导向的绿色技术创新体系，以及清洁低碳、安全高效的能源体系，推进资源全面节约和循环利用。"陕西要以此为背景，推动经济社会的绿色化可持续发展，增强绿色投资在供给侧结构性改革中的作用，加快绿色发展新动能的培育，这是实现陕西经济高质量发展的有效途径。

四　陕西经济高质量发展的对策与保障措施

实现高质量发展，必须以科学把握高质量发展的内涵为基本前提，以供给侧结构性改革为主线，以构建协同发展的产业体系为生产力基础，加快国家治理体系和治理能力现代化的有效机制建立，以继续完善高质量发展配套政策体系为重要保障，构建有效的市场机制、充满活力的微观主体及调控有度的宏观经济体制，进而推动陕西经济在实现高质量发展上不断取得新进展。

（一）陕西经济高质量发展的对策措施

1. 强力推进改革，筑牢经济高质量发展的体制基石

高质量发展体制的建立和完善涉及多个方面的各个主体，从这些方面入

手深化改革、计划部署，有利于陕西体制新优势的加快形成，为实现经济高质量发展提供充分有力的体制支撑。对陕西而言，在各类市场主体加快进入时，应对原有的制度体系进行创新改进从而与国际对外投资贸易等规则接轨；充分利用陕西自贸试验区的设立优势，不断深化改革，持续推进制度创新，加快形成与陕西高质量发展要求相匹配的新制度、新政策、新环境。

2. 突出创新引领，推动高质量的新动能蓄势迸发

加快创新战略的制定和实施，推动重点领域、重点区域创新。陕西应该紧随国家的战略方针，提出适合陕西省情的发展战略，利用陕西科教大省的资源优势塑造其在新一轮区域竞合中的核心竞争力。可以将国家级、省级开发区作为创新动能培育的研发平台，加快创造核心区构建，大力支持推进陕西省高新区、西咸新区等区域的建设；充分利用好陕西省内各产业技术研究院、省技术产权交易市场等创新平台，推进建设省级、国家级制造业的创新中心。鼓励西部省份创新主体的资源配置全球化，一方面可以将企业的研发中心设在海外，另一方面可以对国外优秀企业进行投资并购，扩大陕西对外开放的范围，为打造西部创新高地增添动力，助推陕西经济高质量发展。

3. 坚持实体为本，厚植高质量的现代产业体系

一是瞄准打造世界级先进制造业集群的发展目标，在全省布局若干具有地方标志、领跑全国乃至全球的产业标杆。这就需要将国内外两个市场、两种资源结合利用，同时在避免重复建设和同质化竞争的前提下增进与国内其他省份合作；此外，要加快陕西省重点产业集聚培育规划的制订，尤其加快以新一代信息技术、高端装备制造业、人工智能及纳米技术等为代表的产业集群培育。

二是在经济结构调整的重要窗口期，要时刻关注以数字经济、共享经济和现代供应链等为代表的国际产业发展动态；同时确立国内各产业国际领先、带动力强的发展目标，加快国内新产业、新模式、新业态的形成和发展；不断提高科技创新的贡献份额，强化企业创新主体地位。此外，要加快生产性服务业的智能化发展和转型升级，以此为陕西制造业的发展提供强有

力的生产性服务支持。

三是提前规划并加快落实世界领先水平的智能基础设施建设，在“互联网+”背景下构建工业互联网发展新模式，将大数据、区块链等新技术更快与实体制造业结合，提高新一代信息技术的赋能效益，打造新型高效、有活力、强竞争力的服务产业体系。

4. 加快双向投资，扩大陕西对外开放

一是加强对外投资，实现经济的高水平开放。通过增加对外投资提高投资引导、投资保护和风险防控体系建设的有效性。首先，提高对共建“一带一路”国家的直接投资水平，缓解生产要素成本压力。其次，推动对第三产业和新型产业投资，促进经济结构进一步优化。陕西要利用好“一带一路”倡议带来的投资机会，加强与沿线国家投资交流，提升陕西第三产业的投资开放水平。最后，增加对发达国家技术获取型直接投资，推动经济增长动力转换。要对拟获取技术国家的行业特征、国家技术合作的文化差异、不同国家的技术管控政策和风险等因素进行全盘考虑，从而制订符合要求的技术投资计划。

二是利用外商直接投资，为外商提供良好的投资环境。首先，外商投资的引进离不开公平市场环境和利用外资社会氛围的营造；其次，政府部门间要通力合作以确保外资利用政策制定的合理性和落地稳定性，要在外商投资便利化方面出台优惠政策，并在一定程度上降低外商企业税负以增强外商投资吸引力；再次，要加快法律法规的完善，加大外资企业知识产权保护力度，使外资企业有信心和决心将国外先进技术投入国内使用；最后，加强中外企业的合作交流，特别是股权合作、研发合作及技术合作，从而扩大外资企业市场化的技术溢出效应。

（二）陕西经济高质量发展的保障措施

1. 完善政策制定，健全体制机制

供给侧结构性改革背景下陕西经济实现高质量发展需要相关体制机制支持。就供给数量来看，市场监管部门要定期对经营不善、技术落后、产品质量低下的企业实施强制退出的处理办法，这需要有关体制机制、知识产权保护等制度支持。就供给质量来看，同样离不开完善体制机制的支持，要及时对企业生产中出现的违规行为做出合理处理；对那些制造假冒伪劣商品、生产中投机取巧、逃税避税等违背市场公平原则和社会道德缺失行为，要从制度层面建立处罚机制。

2. 创新引领增长，培育创新动力

一是坚持企业在创新中的主体地位，实现动力转换。要突出企业才是创新中的主体，陕西政府要鼓励企业和科研院所加大合作力度，扩大合作范围，推行多种政策鼓励企业创新，提高产品质量和生产新产品数量。

二是推动以科技创新为核心的全面创新，实现创新驱动。科技创新是实现创新发展的核心部分，其他创新则紧紧围绕着科技创新。因此，陕西可以通过全面深化体制改革建设，激发经济增长的潜能与动力，促进陕西经济可持续增长。

三是不断强化实现高质量发展需求的人才队伍建设，培养创新型人才。在人才培养中要大力宣传和弘扬科学家、企业家和工匠“三种精神”。完善好人才培养需要的体制改革和政策创新，加快破除有关人才培养、评价、使用、流动、激励的思想禁锢和制度“围墙”体系，最大限度激发高水平人才的创新创业活力，形成具有国际竞争力的人才制度优势。

3. 实体经济发展保障

经济体制改革是推动实体经济发展、实现经济高质量的重要保障力量。经济体制改革要将产权制度完善、要素市场化配置放在重要位置，先从基础领域入手实现体制改革新突破，以落实“三去一降一补”五大任务为重要方向。重点在“破”“立”“降”上下功夫：破除无效低水平供给，增强市场化、法制化去产能能力；提高科技创新水平，培育经济发展新动能；降低实体经济运营成本，降低制度性交易成本。

4. 保障双向投资，实现陕西经济进一步开放

陕西政府要采取有效措施保障陕西企业在共建“一带一路”国家直接投资的顺利进行。首先，系统制定和逐步完善相关法律规范，提高境外投资

审批效率。其次，建立企业投资促进中心等机构以帮助企业建立海外风险预警体系，防范对外直接投资风险，提高对外直接投资的成功率。最后，要加强与其他国家政府间的交流和国际合作，为陕西企业对外直接投资降低进入门槛，从而减少东道国政府在进入方式、股权结构、投资领域等方面的限制，减少与东道国政府和企业间的各种摩擦。

参考文献

师博、任保平：《中国省级经济高质量发展的测度与分析》，《经济问题》2018 年第 4 期。

任保平、文丰安：《新时代中国高质量发展的评判标准、决定因素与实现途径》，《改革》2018 年第 4 期。

孙志明：《我国省级经济质量比较与评价研究》，《经济纵横》2017 年第 12 期。

任保平、李禹墨：《经济高质量发展中生产力质量的决定因素及其提高路径》，《经济纵横》2018 年第 7 期。

安淑新：《促进经济高质量发展的路径研究：一个文献综述》，《当代经济管理》2018 年第 9 期。

张述存：《“一带一路”战略下优化中国对外直接投资布局的思路与对策》，《管理世界》2017 年第 4 期。

邬晓霞、张双悦：《“绿色发展”理念的形成及未来趋势》，《经济问题》2017 年第 2 期。

刘志彪：《攀升全球价值链与培育世界级先进制造业集群——学习十九大报告关于加快建设制造强国的体会》，《南京社会科学》2018 年第 1 期。

马茹、罗晖、王宏伟：《中国区域经济高质量发展评价指标体系及测度研究》，《中国软科学》2019 年第 7 期。

王铁山：《基于大数据的制造业转型升级》，《西安邮电大学学报》2015 年第 5 期。

王铁山：《知识密集型服务业与智慧城市的互动发展研究》，《西安邮电大学学报》2015 年第 4 期。

王铁山、裴兵兵：《自贸试验区：推动陕西经济高质量发展》，《国际经济合作》2019 年第 2 期。

综　合　篇

Comprehensive Reports

B.9
陕西在新时代西部大开发新格局中的地位和策略研究*

陕西省社会科学院经济研究所课题组**

摘　要： 西部大开发20年来，陕西交通基础设施不断改善，生态环境日益向好，经济连续登上新台阶，脱贫攻坚不断取得新成效，科教优势加快释放，对外开放领域不断拓展，开放型经济新格局正在形成。通过构建指标体系对西部大开发20年西部地区12个省（区、市）综合发展水平进行定量评估，发现陕西在西部大开发新格局中仍处于第二梯队，综合优势相较于四川、重

* 2019年陕西经济社会发展研究重大课题（立项号为19SXZD03）阶段性研究成果；2019年国家社科基金项目“新亚欧大陆桥经济走廊区域协同发展新机制研究”（立项号为19XJL009）阶段性研究成果。

** 课题组组长：裴成荣，陕西省社会科学院学术委员会副主任、经济研究所所长，二级研究员，研究方向为区域经济。主要成员：顾菁、班斓、冉淑青，陕西省社会科学院经济研究所助理研究员。

庆并不明显，发展不平衡不充分的矛盾依然严峻。由此提出，提升陕西在新时代西部大开发新格局中地位的对策建议。

关键词： 西部大开发 新格局 陕西

一 陕西在西部大开发中取得的新成就

自西部大开发战略实施20年来，在基础设施、生态环境、科技教育等方面一系列国家政策的支持下，陕西的交通基础设施不断改善，生态环境日益向好，科教优势持续释放，经济在“追赶超越”中连续登上新台阶。2018年陕西经济总量跃升至西部第二，脱贫攻坚不断取得新成效，对外开放领域不断拓展，对外贸易高速增长，开放型经济新格局正在形成。

（一）立体综合交通体系加快形成

陕西“米”字形高速公路骨架日臻完善，“两纵五横三枢纽”的铁路网络格局初具雏形，截至2019年4月西咸机场累计开通货运航线20条、国际航线7条，构建起“丝路贯通、欧美直达、五洲相连”的国际航线网络布局。邮电通信产业迅猛发展，大量的通信技术和手段，如程控交换、光纤通信、数字微波、卫星通信、移动通信、数据通信等在生产生活实践中广泛应用，在通信产业发展的带动下，互联网宽带用户进入快速发展期。陕西在陆路交通、航空运输、信息传输方面取得了丰硕的建设成果，为在新一轮西部大开发中承担通往“一带一路”门户重要角色奠定坚实的物质基础。

（二）综合实力不断提升

西部大开发战略实施20年以来，陕西经济不断迈上新台阶。2018年，陕西GDP达到24438.32亿元（见图1），跃升西部第2位；人均国内生产总值达到53980元（见图2），成功实现从低收入省份向中上等省份的跨越。2018年，城镇居民人均收入 33319 元（见图 3），城乡居民生活实现由温饱不足到总体小康并向全面小康迈进。

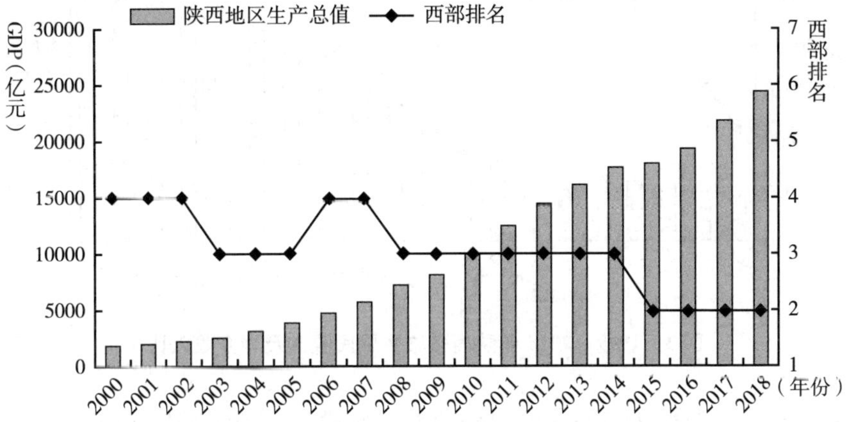

图 1　2000～2018 年陕西省地区生产总值及其西部排名

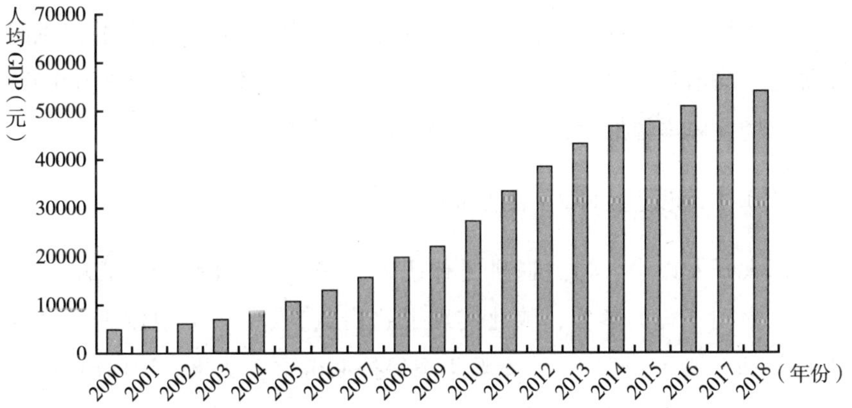

图 2　2000～2018 年陕西省人均国内生产总值

（三）产业结构优化升级步伐加快

西部大开发战略实施以来，陕西产业结构由“二一三”模式过渡到“二三一”模式。工业生产高位趋稳，新兴服务业活力不断增强，一、三产

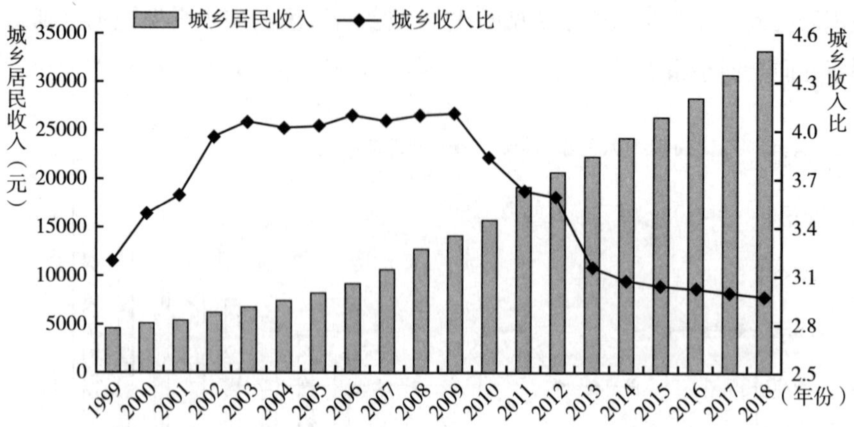

图 3　1999～2018 年陕西省城乡居民收入及城乡收入比

业发展迅速，助推陕西经济发展新动能加快成长。2018 年陕西煤制油、煤制烯烃产能居全国第一方阵，汽车产业建成和在建的整车产能突破 150 万辆；果业、畜牧业、设施农业、茶叶等特色产业蓬勃发展，苹果、猕猴桃产量稳居全国第一；服务业发展活力不断增强，西部大开发战略实施以来服务业增加值年均增长 12.8%。截至 2018 年底，陕西市场主体已突破 300 万户，企业类市场主体增幅加大，市场主体质量进一步提升。

（四）生态安全屏障不断加固

西部大开发以来，通过退耕还林还草工程、“三北防护林战略”以及系列重大水利工程的落实，陕北实现了“由黄变绿”，关中建成了“百万亩森林”和“百万亩湿地”，秦岭生态保护取得重要成果。2018 年全省 50 个国考断面水质优良比例为 80%，提前两年超额完成陕西省“水十条”目标任务；渭河干流水质明显好转，汉江、丹江、嘉陵江流域水质保持优良，达到近 20 年来最好水平。平均优良天数 254.8 天，“蓝天保卫战”取得初步成效。

（五）发展创新能力不断提升

科教优势进一步释放，创新型省份建设加快推进，军民融合、部省融合、央地融合步伐加快，创新供给能力进一步提升。2017 年，全省拥有省级以上技术转移示范机构 70 家，创业投资机构 200 家，创新创业孵化器 200 家，科研机构 1174 家，高等学校 108 所，两院院士 64 人。全省综合科技进步水平指数达 68，综合科技进步水平居全国第 9 位，稳居全国第一方阵。R&D 投入 460.9 亿元，位居全国第 8，平均每年增速为 14.0%。专利申请受理量和授权量都呈指数型增长。

（六）脱贫攻坚成效显著

截至 2019 年 5 月，全省累计 27 个贫困县实现“摘帽”，其中延安、西安、宝鸡、咸阳 4 个市率先在全省实现所有贫困县脱贫摘帽。新建扶贫产业园 1136 个，完成建档立卡易地扶贫搬迁 15.11 万户，通过鼓励支持各类培训、教育机构加大贫困劳动力培训力度，12.5 万名贫困劳动力得到免费技能培训，20.3 万贫困劳动力实现就业，为 2020 年实现现行国家标准下贫困人口全部脱贫打下坚实的工作基础。

（七）开放型经济加快形成

在西部大开发第二个十年，陕西积极融入“一带一路”建设，加快外向型经济发展步伐。2018 年陕西对外贸易进出口突破 3000 亿元大关，是 2000 年的 19.8 倍，对外贸易依存度上升至 14.38，实现了内陆封闭经济向开放型经济的转型。2017 年陕西自贸区试验区获批，陕西在制度创新方面不断推进，除完成了 165 项试点任务外，还形成了制度创新案例 118 个，“铁路运输方式舱单归并新模式”等 7 项制度创新成果在全国复制推广。2018 年“长安号”开行突破千列，重载率、货运量和实际开行列数均位居全国第一，覆盖中亚、中东及欧洲主要货源地，同年西安空港开通了国内首条陆空联运跨境电商货运直飞航线，陕西“海陆空网”立体丝路开放通道已经形成。截至 2019 年 6 月底，丝路沿线国家来陕西投资企业总量超过 400 家，在“引进来”的同时，陕西企业“走出去”步伐也逐步加快，陕西 300 多家企业在 48 个国家和地区投资总额超过 30 亿美元。通过欧亚论坛、"一带一路"国际研讨会、"丝博会"、上合组织经贸部长会议、陕粤港澳经济合作周等系列大型商贸会展活动及文化交流合作，陕西在"一带一路"的影响力与知名度快速提升。

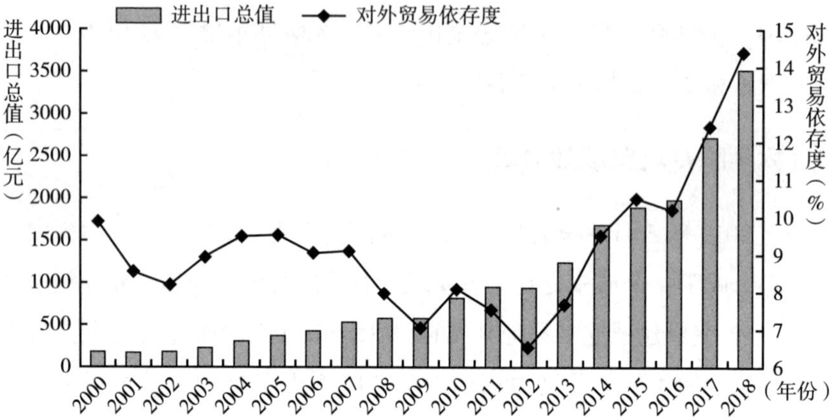

图4　2000～2018年陕西省对外贸易进出口总值和对外贸易依存度

二　陕西在西部大开发区域格局中的地位演变

西部大开发战略实施20年来，虽然西部地区经济社会各项事业都得到了快速发展，但由于各省份经济基础、资源环境、区位条件等的差异，经济社会发展不可能齐头并进。为了准确把握陕西在新一轮西部大开发中的新地位，本文通过构建指标体系，对西部大开发20年西部地区各省市综合发展水平进行定量评估。通过横向比较，深刻认识陕西在西部大开发中的地位变化，为科学分析陕西在西部大开发新格局中的地位奠定研究基础。

（一）评价指标体系的构建

通过完善和修订西部大开发"十三五"主要规划指标，从宏观经济发展、工业化进程、生态环境、社会发展、创新科技、对外开放共6个层面选择相应指标，采用均方差决策法确定指标权重，构建评价指标体系，运用统计分析法分析西部大开发战略实施以来西部12个省（区、市）的发展成就。各指标内容及权重见表1。

表1　西部地区12个省（区、市）综合发展评价指标体系

一级指标		二级指标	
指标名称	权重	指标名称	权重
宏观经济发展	0.214	GDP	0.084
		人均GDP	0.072
		财政收入	0.054
		资本形成总额	0.066
工业化进程	0.164	固定资产投资	0.079
		工业总量	0.067
生态环境	0.122	森林覆盖率	0.030
		城市绿地保有量	0.025
		人均水资源拥有量	0.027
社会发展	0.180	城市化率	0.068
		居民人均可支配收入	0.062
		教育经费	0.054
		最终消费率	0.062
创新科技	0.147	信息化指数	0.05
		发明专利授权数	0.040
		R&D人员全时当量	0.024
		技术市场成交额	0.045
对外开放	0.173	FDI	0.042
		进出口总额	0.062

资料来源：国家统计局、《中国统计年鉴》、《中国科技年鉴》、经济社会大数据研究平台等官方数据，选取2000年、2009年、2018年为时间节点进行计算。

（二）综合评价结果分析

评价结果显示：西部大开发战略实施20年，西部地区发展格局一直在不断变化：四川的综合排名一直保持在第1位，陕西的综合排名一直徘徊在第2、第3名；重庆充分发挥后发优势从2000年的第7名升至2018年的第

2名；云南省从2000年的第3名跌落至第6名；内蒙古虽然在2009年升至第2名，但是在2018年回落至西部第4的排名。

从宏观经济发展水平看，陕西保持了较高水平的稳定增长，GDP迈上新台阶，增长率全国领先。从工业化进程看，陕西工业经济呈现增速加快、结构优化、效益提升的良好态势，在西部地区拥有明显优势。从生态环境的视角看，陕西区域性和季节性资源短缺现象十分严重。从社会综合发展的层面看，虽然西部地区城市发展和基本公共服务的整体水平都得到了快速提升，但陕西的综合优势并不明显。在城市化发展进程中，2018年陕西人口城市化率在西部地区的排名与2000年相同，都是第4位。在人均可支配收入方面，2018年陕西人均可持续收入排名由2000年的西部第7位升至第3位，人民生活水平大幅度提升。然而，在教育经费投入方面，2017年陕西的西部排名由2000年的第2位降到第5位。从科技创新水平来看，陕西科技创新能力得到进一步提升，在我国西部地区中的科技创新中心地位已逐渐凸显。虽然发明专利授权数2018年的排名保持在西部地区第2位，但是全年申请发明专利增幅为全国第1位。在技术市场成交额（技术输出水平）方面，2018年攀升至西部第1位、全国第6位。在信息化水平建设方面，陕西2018年居第3位。从对外开放的层面看，陕西在对外开放建设中，“引进来”的步子略领先于“走出去”，对外开放的深度和广度远落后于四川和重庆。但总体来看，陕西与四川及其他经济发达地区间的经济差距正逐步收敛，陕西已经从“高速度、低质量”阶段向“中高速、中质量”经济发展阶段转型。

通过定量分析与横向对比可以看出，西部大开发战略实施以来，虽然西部地区经济社会发展水平都得到了总体提高，但由于区位条件、经济基础、资源赋存、科教条件等差异，西部大开发的政策在西部不同省份的实施效果差异较大。整体来看，西部地区内部经济发展不均衡的格局并未得到改善，甚至不同地区经济发展水平的差距不仅没有因为西部大开发战略的实施而有所缩减，反而呈现进一步扩大的趋势。从西部大开发20年来的实践看，陕西在西部大开发中的地位虽然在不断提高，但同时也可以看到，陕西处于第二梯队的地位始终没有根本改观。在新时代西部大开发新格局中，陕西要实现“追赶超越”与地位跃升，必须抓住政策机遇，加快补短板，强弱项，抓重点，聚焦优势，凝聚合力，形成突破。

三　提升陕西在西部大开发新格局中地位的策略

（一）积极对接国家战略，进一步提升国际综合枢纽地位

一是积极争取国家在“十四五”规划中将新亚欧大陆桥经济走廊建设纳入国家区域发展战略。新亚欧大陆桥经济走廊作为“一带一路”六大走廊中最长的经济走廊，是西部地区加强重大基础设施互联互通的重要区域，是构建统筹国内国际、协调国内东中西和南北方的区域发展新格局的重要依托。新亚欧大陆桥经济走廊的建设，对于国家新时代西部大开发构建新格局，推动形成东西双向对外开放新格局具有重大战略意义。通过建设陆桥走廊区域的交通物流集散枢纽，提升通道运输能力，促进中欧班列供应链整合，使陕西成为“东联西出”的汇聚点和国际化的商贸物流中心。

二是积极推进陕西与长江经济带、中蒙俄通道、粤港澳大湾区等区域的深度对接，加快省内国家高速公路、铁路扩能改造，形成连接东西、呼应南北、高效便捷的立体大通道。以西安为中心，加快建设全国高铁网络枢纽，推动“关中铁路环线”建设进程，实现“关中通城际、市市通高铁、快速通全国”的铁路建设目标。加快建设西安、宝鸡、延安国家物流枢纽，支持安康、榆林等地建设区域交通枢纽。

三是加快国际航空枢纽建设。推进西安咸阳国际机场三期、卤阳湖国家民机科研试飞基地建设，推进延安、榆林、神木、韩合机场建设计划，完善支线和通用机场布局。将西安咸阳机场建设成为国际对外门户，国际航空枢纽。以陆港新城＋空港新城＋综合保税区为核心，通过发展临空产业，逐步构建陕西的“空中丝路”，打造“临空经济”生态，把西安建设成新亚欧大陆桥经济走廊的物流集散新中心、亚欧合作的重要基地。

四是加快国际陆港基础设施建设，把西安国际港务区打造成亚欧合作的桥梁、全国最大的陆港。拓展“长安号”中欧班列运输网络，扩大“长安号”业务覆盖面和班列规模数量，形成高密度国际物流网络。开展多式联运，支持多联合作联盟主体，创新多联业务运营模式，通过境外仓、外集内配、绿色联运等措施，吸引产业投资入驻，货物中转集散，国际供应链协同，促进运营合作创新，推进陆空联运、公铁联运、铁海联运，提升物流通行能力和通行效率。形成以西安为中心，以亚欧重点城市为节点，连通亚欧全境的国际物流通道。

五是加快形成“大通关”体系。推动区域化大通关合作，努力创造国际商贸流通的便利条件。推进口岸信息化、智能化建设，逐步实现航空枢纽口岸、铁路口岸、电子口岸等多式联运。培育壮大一批与中亚、西亚等发达国家产业合作、产能合作、人文交流合作和投资贸易合作的跨国口岸产业集群，形成与沿海沿边主要口岸紧密合作、辐射全球主要经济体的口岸开放新格局。

六是加强人工智能、工业互联网、物联网、智慧城市等新型基础设施建设，积极建设“宽带陕西”“云端陕西”，完善高速信息网。加快东庄水库、引汉济渭二期工程、黄河古贤水利枢纽工程、南水北调水源地保护及水资源污染防治工程建设等重大水利项目建设；全力推进陕北—武汉输电通道等项目建设。积极呼吁国家制定专项水源区保护行政法规，推动水源区保护生态补偿长效机制建立。

（二）深度融入“一带一路”，推动开放型经济高水平发展

一是深度开展国际产能合作。积极拓展共建“一带一路”国家和非洲、中东欧、南美等新兴市场，主动与沿线更多的城市缔结友好城市，以优势产业和龙头企业为抓手，在开发境外资源的基础上构建跨境产业链，深度开展国际产能合作。通过在海外项目的设计、采购、施工、承包以及组建联合体等形式，为国际产能合作开辟新道路，拓展新空间。通过与俄罗斯、吉尔吉斯斯坦、哈萨克斯坦、韩国等多个国家合作建设国际产业合作专业园区，推动哈萨克斯坦纺织工业园、吉尔吉斯斯坦石油炼化园、中白工业园、中美农

业科技产业园、中哈现代农业示范园等境外合作园区建设，打造“一带一路”示范项目。加快推进欧亚经济综合园区、中俄丝路创新园和中欧、中德、中法等国际园区建设。支持陕西重点优势企业“走出去”，鼓励企业在境外建设研发生产中心，提升陕西省企业在全球配置资源能力。积极培育外贸综合服务企业，支持企业在哈萨克斯坦、德国、匈牙利等设立“海外仓”和国际营销服务网点，在重点边境口岸设立陕西品牌展示中心，带动优势产品出口。加大境外经贸合作园区资金支持力度，支持企业整合省内外、国内外各类生产要素，搭建产业投资合作平台，与相关省属企业合作在资源所在国建设生产基地。积极推进中欧产业园、哈萨克斯坦爱菊粮油工业园等项目建设，吸引上下游产业链转移和关联企业协同布局，实现集群化发展、专业化运营，有效提升产业配套能力和综合竞争力。

二是构筑开放新高地，创新合作交流新模式。以建设“一带一路”综合改革开放试验区为契机，着力构建交通商贸物流、国际产能合作、科技教育、国际文化旅游、丝绸之路金融等五大中心，提高全球资源配置能力。办好既有展会，引进高端展会，构建开放合作平台，密切与京津冀、长江经济带、粤港澳大湾区等地协作，加强“一带一路”经贸人文交流，全面提升陕西门户区域的影响力和服务水平，大幅提升港务区、出口加工区、综合保税区、自由贸易区等开放试验区的对外合作规模效率，增强联通世界的门户效应。加快推进杨凌农科城的“上合组织农业技术交流培训示范基地”项目，建成一批现代农业研究中心、国际联合实验室、农业技术推广应用平台，并深入开展上合组织国家农业科研交流合作、现代农业科技人才培养培训、国际农业产业园区建设，开启国际现代农业交流新模式。借鉴上海自贸区经验，通过整合陕西自贸片区、海关特殊监管区资源要素，高水平建设陕西自由贸易港。

三是积极探索区域产业合作发展的新路径。推行“生产基地 + 工业园区”建设模式。启动建设航空军民融合产业园、临空会展中心等产业承载平台。推动一批能源化工、航空航天、装备制造、有色金属、工程建筑等企业总部和研发中心来陕发展，支持国家级开发区建立飞地园区，推进东西部开发区联合共建。推动电子信息、汽车、现代农业、新能源、新医药、航空制造等多个领域的项目合作。

（三）以高质量发展为导向，全方位优化营商环境

一是以制度创新为核心，加快体制机制转型。以陕西自贸试验区制度创新为核心，加快管理体制机制创新，推动营商环境改革创新。以“信息技术+制度创新”推动政务流程再造、政府管理体制变革，重构行政审批和政务服务流程及标准，进一步破除制约企业和群众办事创业的体制机制障碍，建立更加开放透明的市场准入管理模式，构建与商事制度改革相适应的市场监管体系。推进自贸区金融开放创新，积极争取国家在陕西自贸区进行中国知识产权保护试点示范，努力营造开放便利高效的投资贸易环境。推进智慧信用监管，依托“信用中国”平台建设，建立完善的质量守信联合激励及失信联合惩戒制度，优化企业信用环境，建立完善信用信息安全保护机制。

二是构建亲清新型政商关系，营造风清气正政治生态。加快推进“互联网+政务服务”，严格执行行政权力清单、责任清单、公共服务事项清单制度，不断提高政务服务的透明度、满意度。营造法治化营商环境，彻底清理有违公平的涉企政策、地方性法规、规章和规范性文件，夯实制度基础。打造廉洁从商环境，健全完善企业信用评价修复机制和异议处理机制。强化监督保障措施，加强对重商、尊商、亲商政策执行情况的监督检查。搭建沟通平台，帮助企业排忧解难。构建宽松的社会环境，强化容错纠错机制。营造公平的招商引资环境，全面推行首问负责制、限时办结制、服务承诺制、效能告诫制等有效机制。建立健全招商引资激励机制和考评方法，依法清理不符合国家政策法规、市场规律、政府职能转变和发展环境优化的法规、规章和行政措施。完善市场主体“非禁即入”机制，坚决破除各种准入障碍。

三是整合全域资源，构建产业创新发展生态环境。整合全域资源，构建多要素联动、多主体协同创新机制，形成共生竞合、动态演化的创新生态圈。引导社会资本投资创新企业，鼓励风险投资公司、保险公司、生产销售企业等参与投资，建立多元化投资与风险分担机制，解决小微创新企业

“融资难、融资贵”难题。创新融资模式，探索数字化信用评级 + 网络借贷的融资机制，试行知识产权股权质押融资模式。探索建立利益分享、政策协同机制，探索在战略性新兴产业领域推进实施特殊管理股制度。大力培育发展产业平台型、总部型、生态网络联盟、微商联盟等产业组织新模式，全方位释放创新活力。着力打造“五通一平”的知识、技术、信息、数据等创新要素共建共享体系，支撑新产业新业态大发展、大繁荣。依托国家创新试点深入推进军民、部省、央地融合，紧扣先进制造业发展需求健全科技攻关机制，强化统筹组织，攻克一批关键核心技术。依托西安国家军民融合创新示范区建设，搭建国家军民融合服务平台，推进军民融合政策落地，完善军民融合产业体系。充分发挥行业协会和商会作用，鼓励引进国际化中介服务机构，促进企业链接国际高端资源，推动企业迈向国际化。制定并出台国有企事业单位人员创新创业股权和分红激励政策，充分激发技术、业态、组织、管理、制度、战略等全要素创新活力和创新潜力，提升创新绩效。

（四）以构建现代产业为核心，培育可持续发展核心动力

一是建设世界级的绿色能源化工基地。以清洁、低碳、安全、高效为要义，大力推进能源革命，推动陕西能源产业向高端化、智能化、绿色化方向发展，推动以榆林为核心的“金三角”能源化工产业融合协同、高质量、可持续发展。抓住煤化工产业效益提升的机遇，提高传统化工产品附加值，实施一批煤化工领域重大技改项目，对煤制烯烃、煤制油、高载能产品等进行升级改造，建立绿色化、现代煤化工产业体系。双向延伸能源化工产业链条，鼓励能源化工科技研发和产品创新，积极发展合成纤维、合成树脂、合成橡胶等高附加值能化产品，推进现代煤化工产业的绿色、高端化发展。积极发展高效污染物脱除、多污染物协同控治、废水零排放以及“三废”资源化利用等技术，依托示范工程尽快实现产业化。加强现代煤化工与可再生能源、清洁能源的互补融合，建设低碳煤基综合能源产业基地。大力推进现代煤化工与电力、石油化工、化纤、盐化工、冶金建材等产业的融合发展，延伸产业链，生产高端化、特色化、高值化化学品。多条腿走路，促进煤化

工行业高质量发展。加快能源产业的布局优化和结构调整，加强与跨国化工企业的交流合作，在产业布局上，要将大规模、基地化、上下游一体化、全产业链作为主要发展方向。大力发展产业链循环、技术先进、产品创新的能源工业产业园，助推化工产业向高端化、综合化、集群化方向迈进。

二是大力发展数字经济，推动新型智能产业快速发展。抓住数字经济发展机遇，加快推进数字技术对传统产业进行全方位、全角度、全链条赋能，新一代信息技术与三次产业融合渗透，促进传统产业数字化、网络化、智能化发展，推动各产业向中高端水平迈进。推进数字产业化，超前布局建设新型数字基础设施，以“高端化、智能化、绿色化、服务化、国际化”为主攻方向，通过加快推进军民融合、部省融合、央地融合，进一步提升创新供给能力，推动信息与制造技术加快深度融合，培育发展先进制造业产业集群，积极创建制造业高质量发展国家级示范区。做大做强集成电路、软件和信息服务、工业互联网等核心产业，加快发展5G、北斗应用、人工智能、航空航天等前沿产业。进一步加速制造业智能化、网络化发展，推动工业互联网应用，引导传统产业运用平台经济、共享经济、体验经济等新模式实现数字化转型。推动服务业数字化发展，改变传统生产要素组合方式，实现组织柔性化、技术柔性化、边界柔性化、产业柔性化，催生电子商务、共享经济、人工智能及互联网金融等新业态新模式。

三是推进绿色循环经济发展，构建绿色生态网络。抓住国家长江经济带战略、汉江生态经济带战略、秦巴山集中连片贫困区规划政策实施的机遇，积极推进陕南生物资源向生物产业转化，打造万亿绿色产业，建设秦巴山区中国最大的生物自然基因库。以循环经济园区为载体，走集聚化、绿色化、创新发展的新型工业之路。推进能源梯级利用、水资源循环利用、废物交换利用、土地节约集约利用，促进企业循环式生产、园区循环式发展、产业循环式组合。打造金属材料、建材及非金属、节能与新能源、食品医药、再制造循环产业链。

（五）加快关中平原城市群建设，增强区域综合竞争力

一是建设西安国家中心城市，促进关中平原城市群协同发展。推进西

咸、富阎一体化，强化西安的辐射作用，全力支持西安以“创新之都”“文化之都”为引领，全面提升综合服务、产业集聚、文化高地、科技创新、国际交往等功能，以建设代表国家新形象、带动大关中、引领大西北、具有国际竞争力的国家中心城市。推动西安“一带一路”综合试验区建设，打造欧亚经济综合园区的核心区与示范区，将西安建设成为服务“一带一路”与亚欧合作交流的国际化大都市，加快西安国际消费中心城市建设。建设“一带一路”国际人文交流港、丝路国际金融中心、全球文化旅游产业研发基地。支持高校建立健全人才创新机制，打造全面高效的人才公共服务平台。通过“引智”和“聚才”引进和培育一批国际知名创新领军企业、跨国现代服务企业和高端技术人才队伍。

二是促进关中城市群大中小城市优势互补与协同发展。支持西铜、西渭、西商一体化，加快大西安现代都市圈形成。推动韩城－河津、彬县－长武－旬邑一体化发展，带动延安、汉中、榆林、安康等地发展，形成包茂联通西南西北、京昆对接京津冀、福银对接长江经济带和宁夏等省区的发展格局。深化“一市一策”，进一步提升宝鸡、铜川、渭南、商洛、杨凌、韩城等城市综合承载能力，扩大人口规模，提升综合服务功能和管理水平，增强对城市群发展的支撑作用。培育沿黄生态城镇带新极点，做大做强县域经济，强化特色城镇功能。大力实施乡村振兴战略，以农产品加工、农业旅游和农业社会化服务领域为重点，促进农村一二三产业深度融合发展，推动城乡融合发展。

三是进一步强化区域协作机制。以体制机制创新为抓手，加快推动关中地区经济社会发展的“多规合一”、市场联动的区域市场一体化发展新机制，促进要素在区域间充分自由流动，形成区域竞争新优势。加快完善有利于资源集约节约利用和可持续发展的资源价格形成机制，建立支持陕北等资源型地区经济转型长效机制。支持陕南地区与天津等地通过资金补偿、对口协作、产业转移、人才培训、共建园区等方式建立水源地生态补偿机制。

（六）推进生态共建环境共治，筑牢国家生态安全屏障

一是落实最严格的生态环境保护制度，建立保护与利用的长效机制，加

强生态保护立法。从建立健全秦岭保护管理体系、落实资源保护政策等方面入手，制定秦岭生态环境保护考核办法，建立秦岭生态环境保护与利用的长效机制以及秦岭保护管理的政策体系。

二是围绕“山青、水净、坡绿”的目标推进生态环境保护，将黄河、渭河、泾河等列为重点水产种质资源保护区，以湿地滩涂等重要生态板块为补充，建设绿色生态廊道。完善重点污染源的监控体系，提高对整体环境质量的综合分析能力，加强环境污染跨区域联合执法，提标改造污染物处理设施，提升污染物无害化处置水平。

三是治污降霾联防联控。持续推进铁腕治霾，认真落实“1+9”行动方案。健全关中地区联防联控工作方案，按照“责任共担、信息共享、联防联治、群策群力”的原则和汾渭平原大气污染治理要求，建立关中地区统一规划、统一标准、统一监测和统一防治措施的区域大气污染联防联控机制。按照新发展理念和新形势要求，统筹布局“煤改气”、“煤改电”、地热能利用，降低污染排放强度。实行联合检查制度，针对区域结合部的监管盲点、难点、薄弱点，建立健全以扬尘污染、燃煤污染、机动车污染、散乱污企业为重点的联合执法机制，适时开展关中地区大气污染交叉检查活动，严厉查处各类大气污染突出问题。建立省级及关中地区重污染天气应急预警体系，提早应对极端不利天气下的雾霾污染。加强关中城市群“协同作战”，建立大气污染预警应急联动机制，实施城市清洁空气行动。

四是城市再生资源利用。制定支持大力发展再生资源产业的财政、税收和相关配套政策，对再生资源回收及资源综合利用、生产环保设备的企业，利用废水废气废渣等废弃物为主要原料进行生产的企业，给予减免税收的优惠政策。设立再生资源产业发展引导基金，对再生资源回收体系、再生资源利用项目、再生资源利用重大工程、再生资源利用技术研发给予资金支持，扶持培育再生资源龙头企业。倡导绿色生活方式，深入推进垃圾分类，加大宣传引导力度，提高再生资源回收利用率，推进资源节约和循环利用。从总体上筑牢国家生态安全屏障，全面推动陕西绿色发展、高质量发展、可持续发展。

B.10

“一带一路”国际资本交易中心构建与战略对策研究*

单英骥　王 钦　陈 恒**

摘　要： 由于共建“一带一路”国家的经济发展、民族民俗、宗教等国情较为复杂，中国在“一带一路”建设中面临着巨大挑战。事实上，中国在“一带一路”建设与发展领域，存在忽视“一带一路”未来发展风险与战略危机的问题，主要表现在中国在“一带一路”建设未来收益面临流失、金融管理服务框架尚待健全等问题。基于此，本文从维护国家主权、保障“一带一路”建设成果，增强国家金融实力、保障中国在“一带一路”建设上预期利益，促进“一带一路”伟大倡议合作成效，提升中国国际资本市场地位出发，阐述了在中国建设“一带一路”国际资本交易中心的战略思考。

关键词： “一带一路”　金融服务体系　国际资本交易中心　金融创新　战略功能

---

* 本文是教育部人文社会科学研究青年基金项目（项目编号为19YJC790007）、陕西省科技厅软科学研究计划一般项目（项目编号为2018KRM068）、陕西省教育厅研究计划项目（项目编号为18JK0319）、西安工程大学博士科研启动项目（项目编号为107020337）的阶段性成果。

** 单英骥，中国（陕西）自由贸易试验区西安管委会智库专家研究生导师，主要研究方向为新兴资本市场；王钦，经济学硕士，西安市经济研究所助理研究员，主要研究方向为区域经济；陈恒，西安工程大学管理学院副教授，硕士生导师，主要研究方向为产业经济。

一 引言

“一带一路”是中国在新常态经济环境下的又一创举，不仅可以有效促进中国与中亚、西亚国家之间的贸易和文化交流，在扩大中国政治、经济、地缘影响力过程中发挥着重大作用，而且为沿线国家的优势互补和开放发展建立了新的合作平台，为欧亚大陆的经济发展提供新的机遇，为建立经济一体化利益共同体提供强大动力，并最终实现可持续的经济发展和互利共赢。在国家战略的指导下，共建“一带一路”国家正在成为中国对外投资合作的热点。自2015年中国与共建“一带一路”国家签署并执行了多重经济合作协议，对外直接投资保持了快速增长①，强烈促进了共建“一带一路”国家经济的增长。而经济强劲增长的结果则进一步增强了基础设施的连通性，并提高了经贸合作和产业投资水平，这无疑会创造大量的金融服务机会。与投资快速增长相对应的是中国在“一带一路”投资中相关金融服务配套体系也在有条不紊地构建中。但是，从现有能够支持“一带一路”倡议的金融配套服务能力看，中国仍然缺乏一个有效的允许“一带一路”外资在中国境内交易结算的国际性资本交易中心。一方面是因为共建“一带一路”国家金融业务发展程度不足，经济实力分布不均；另一方面则与中国金融资本市场起步较晚、发展时间短、多层次资本市场体系不健全有关。共建“一带一路”各国之间制度和法律存在很大差异，开放程度不尽相同，发展严重失衡，当前仍然缺乏一个有效的协调机制。此外，共建“一带一路”大多数国家经济发展较为缓慢，加上单一产业结构导致的经济增长动力不足，中国建设“一带一路”国际资本交易中心面临着巨大挑战。

然而，当前中国正处在“一带一路”、自贸区、城市群多重机遇时期，这就为“一带一路”国际资本交易中心的建设创造了极为有利的平

① 《中国对“一带一路”国家投资持续增长》，人民网，2017年4月10日。

台和条件。主要表现在以下几个方面。一是为进一步满足不同市场主体对多样化融资的需求，中国的资本市场需要实现突破式发展。例如，期货及衍生品市场需要在发展当前商品期货市场、增加并完善商品期货品种的基础上，及时推出金融期货等金融衍生品，并建立资本市场做空机制，实现股票价格对公司内在价值的真实反映，从而减少股市泡沫，防止暴涨暴跌。二是中国政府对金融创新改革具有强烈期望，多次提出通过金融改革和优化资本运行机制支持实体经济发展。例如，"互联互通"项目建议在西部地区设立类似的跨区、跨境金融服务中心，以实现国内外资本与项目的高效融合，并吸引国际化大公司或内地投资者来港上市或投资。三是中国港、深两大资本市场意愿在"一带一路"上展开合作。"深港通"启动、香港互认基金以及互认 ETF 基金上市均表明国际资本交易和资本流动是未来经济和金融结构调整的重要方向，也具备带动经济指数向上攀升的能力。四是构建"一带一路"国际资本交易中心符合金融市场"十三五"规划，其目标是建立现代化金融服务体系。"一带一路"国际资本交易中心可以与亚投行、丝路基金等合作，构建一个功能齐全的"一带一路"金融服务体系，为中国共建"一带一路"国家提供完善、高质量的金融市场服务。五是国家中心城市群竞争力提升对金融创新业务的需求。"一带一路"国际资本交易中心这一概念符合国家中心城市群竞争力发展趋势的内在需求，在国家中心城市群内建立国际资本交易中心，不仅可以吸引境内外的优秀企业资源和资本入驻，带动当地抢占国际业务新高地，实现产业快速升级，还可以通过配套建设和投资带动地方经济、社会、企业、人才等快速发展。

本文认为，"一带一路"经济建设和自由贸易试验区正在紧锣密鼓地进行，相关配套金融服务体系也正在逐步构建。然而，由于缺乏一个标准化、市场化、规范化的国际资本交易中心，共建"一带一路"国家项目与企业的活跃性不足，集中性经济体量也未能体现。此外，共建"一带一路"国家在优势资本与优势项目成熟后会优先选择先进资本国家以寻求资产扩大化再建设，这就会造成"一带一路"建设未来溢价收益的主动性损失。因此，在维护国家主权、强化金融实力、保障“一带一路”建设成果与预期收益的前提下，本文探讨了中国政府为服务“一带一路”所构建金融服务体系存在的不足之处，并提出了中国建设“一带一路”国际资本交易中心这一战略构想。

二 中国为服务“一带一路”倡议构建的金融服务体系

（一）服务于“一带一路”金融服务体系类型

现阶段中国为支撑“一带一路”倡议，构建了亚投行、丝路基金这两家专门服务于“一带一路”倡议的国际化金融机构，但是这些机构均有一定范围和金融特征，都不能完成资本流动性交易，不能完全使用市场约束机制，也不能完全提高信息披露监管的有效性和权威性，从而使其缺少了一定的规范性、制度性。

1. 亚投行

亚投行为“一带一路”基础设施建设提供了大量资金支持，这从侧面反映了国际上缺乏对亚洲国家经济发展提供资金支持的多边机构，不过这也为中国改写全球金融体系、格局提供了重要契机。欧洲国家争相加入亚投行印证了全球经济增长的重点正逐步转向亚洲。但是国际上对于中国倡导成立的亚投行存在多种不同的看法，主要体现在收益不稳定、中国主导、运作效率不确定、政治目的、对传统金融机构和体系造成冲击等方面。本文认为，这些观点是源于对中国的国情缺乏充分的认知，对当前中国在全球经济格局、外汇储备等方面所具备的比较优势，以及中国建立国际性资本交易中心对“一带一路”建设的资本资产带动影响力估计未曾深入了解①。这主要是因为中国目前还没有一个完全市场化的交易平台，国内现有的交易所和交易要素已经被欧美认定为非市场经济交易所。

① 请参考 MSCI 指数连续两年拒绝纳入中国 A 股市场的新闻。

2. 丝路基金

丝路基金主要通过股权投资筹集资金，从而为"一带一路"建设提供长期性资金支持。秉承商业化运作模式，丝路基金的资金运用是投资而非援助，这就要求所投项目在中长期给予合理回报。丝路基金投资的长期性和营利性是现阶段支持"一带一路"并激发社会资本持续参与的重要前提。丝路基金是中国全部出资的投资基金，其中债权融资和股权融资都必不可少，从效率上和运作上都更有优势，由它联合其他投资者共同投资股权，能够有力推动项目的启动。而随后再由亚投行、商业银行以债券形式跟进提供资金，将为"一带一路"项目提供完善的资金保障。

（二）"一带一路"金融服务体系存在的不足

亚投行作为国际性多边金融机构具备更加透明的运作机制，可以更好地反映多方需求。丝路基金作为服务"一带一路"倡议的单边金融机构则可以更为快速地运作，不同于主权基金，丝路基金更倾向于产业投资基金，其投资方向主要集中在基建领域，这就为交通、建材、钢铁等相关领域带来巨大发展空间，具有境外基建业务的企业也将抢占市场高地，这些行业最终将实现股权、债权以及金融衍生品的大规模交易。而上海自贸区金融改革的主要特征涉及范围较小，主要局限于自贸区业务当中，并没有完全涉及"一带一路"整体经济范畴。同时，自贸区金融改革业务涉及的金融产品与金融工具普遍以利率产品、结算产品为主，并没有涉及股权、债权、基金等产品以及其他相关金融衍生品。

目前，中国需要一个可以为"一带一路"建设中的股权、债券，乃至基金交易、金融衍生品交易提供平台的交易所，从而减少可能以上交易流入欧美先进资本管理国家的可能性，从而减少"一带一路"未来溢价收益的损失，实现未来实现"一带一路"双边互惠互利互惠，实现良性发展。

三 “一带一路”国际资本交易中心的实施路径与战略功能

（一）“一带一路”国际资本交易中心实施路径

中国当前正处于经济结构调整阶段，作为世界第二大经济体，我们正在通过“一带一路”伟大倡议构想来实现国内经济转型、产业升级以及国际社会地位提升等一系列战略目标。

“一带一路”基础设施建设将成为互联互通的重中之重，而基建最需要解决的便是资金问题，金融体系的互联互通是支持各项建设和发展的“养分”，至关重要。作为金融体系不可或缺的组成部分，多层次资本市场应抓住这次难得的历史机遇，以创新思维在中国设立“一带一路”国际资本交易中心，作为资本市场国际板的试点，以开放促改革、促发展，为“一带一路”倡议提供有效融资支持平台。

1. “一带一路”国际资本交易中心顶层设计

为率先实现沿线国家互联互通，可以优先允许亚投行、丝路基金、金砖国家银行所投资的沿线项目在该中心进行股权、债权、基金以及金融衍生品交易，其次可以允许沿线建设政治体制稳定、经济发展较好的国家企业，特别是矿产、石油、天然气等战略领域的企业申请到该中心交易，再次还可以允许外商来华投资企业中的优质企业在此挂牌交易，最后允许中国境内企业在沿线建设过程中的境外合作项目来进行挂牌交易。以“一带一路”国际资本交易中心为国际板的试点，不仅能够吸引多元资本积极参与投资，推动资本市场双向开放，支持“一带一路”资金融通发展，还可以促进中外企业融合共生和协同发展，推进“一带一路”实施进程。

2. “一带一路”国际资本交易中心定位

（1）与共建“一带一路”国家战略相适应

紧密围绕共建“一带一路”国家战略部署要求，功能定位在建设资本市场融资平台，与其他相关融资平台密切合作，为共建“一带一路”国家与互联互通建设有关的企业，以及公路和铁路等重点基建项目创新融资工具，从而满足其多样化的融资需求，并突破亚洲“互联互通”的资金瓶颈。

（2）体现战略资源的现实需求

作为制造大国，中国对战略资源的需求高度依赖进口。据国土资源部统计，近年来，中国对石油、铁矿石、精炼铜、精炼铝、钾盐等大宗矿产品的需求和进口急剧上升，外贸依存度居高不下。随着新兴经济体的迅速崛起，国家之间为谋求经济利益进行多方博弈，全球战略资源竞争激化，境外资源使用成本陡增，难度和风险系数显著提高，同时中国与其他重要资源国在资源领域的合作也并不牢固，这些都将严重影响我国经济社会的高效发展。“一带一路”不仅可以拓宽境外资源的获取渠道，大大增加中国对境外资源尤其是陆路资源的有效获取量，也将大力推动中国与共建“一带一路”国家之间就战略资源的开发利用展开合作，从而增加中国对境外战略资源的获取量。所以，应重点吸引共建“一带一路”国家或地区的矿产、石油、天然气等领域的企业到“一带一路”国际资本交易挂牌，从而契合中国的战略资源产业部署要求。

3. “一带一路”国际资本交易中心实施路线

“一带一路”国际资本交易中心的建设必须按照先易后难的原则分步推进。依托“一带一路”倡议，在试点阶段，国际资本交易中心可以将区域锁定在亚洲沿线国家，前期重点吸引那些具有国家信用背景的、属于战略资源领域的企业或项目挂牌。待时机成熟后，可以进一步扩展到沿线的欧洲国家以及其他领域的企业，最后建立资本市场国际板，全面开放。

（二）“一带一路”国际资本交易中心主要作用与功能

1. 加大国内资本市场改革力度，提升改革效能

资本市场双向开放允许外国企业登陆资本市场是中国资本市场对外开放的必然趋势。2010 年底，世界证券交易所 51 家会员中的 37 家都拥有境外上市公司，其中仅仅美国资本市场就占 40% 左右，而纳斯达克在 2000 年即

有近500家外国公司挂牌交易，中国台湾市场中外国企业占比约30%。但是，目前中国资本市场还不允许外国公司上市。所以，可以利用此次契机，将该项目作为“试验田”，首次允许境外公司在境内资本市场上市，实现推动中国资本市场双向开放的重大制度创新，并为境外企业在主板发行、上市积累经验。同时，国际资本与国内资本以及国际项目与国内项目之间的资本化交易，不仅可以促进“一带一路”建设，助推中国金融市场的创新发展，还可以推动中国资本市场系统化建设进程，增强中国的综合实力和国际竞争力。

2. 推动“一带一路”建设，实现资本市场双向开放

“沪港通”、“深港通”和丝路板块都会在一定程度上推动中国资本市场的对外开放，不同的是，前者主要体现在交易层面上，后者则主要体现在发行融资方面。“一带一路”国际资本交易中心通过允许外国企业进入中国资本市场，进一步丰富国民待遇和负面清单，有利于促进中美战略和经济对话，最终推动中美投资协定谈判，推动改革开放“再深一度”实施进程。此外，“一带一路”国际资本交易中心还可以充分发挥西部地区的区域性市场作用，允许外国企业在西部区域性股权市场挂牌融资，对标国际，这不仅能推动中国多层次资本市场的又快又好发展，还能推动西部地区的经济发展，有效落实西部大开发战略。

3. 推进人民币国际化

“一带一路”的实施在加强中国与共建“一带一路”国家经贸合作的同时，也通过扩大双方本币互换以及结算范围和规模为人民币国际化注入强劲动力，为实现人民币直接交易打开了大门。在双边贸易、直接投资、融资等领域推广并进行人民币的兑换和结算业务，不仅可以大大降低汇率风险和资金流通成本，还能增强金融风险承受能力，提高中国经济的全球竞争力。但是，完全可兑换跨境人民币业务的发展尤其是在证券投资领域的发展并没有达到满意的预期效果。而“一带一路”国际资本交易中心将借助“新三板”模式设立“国际板”，即丝路板块，这会进一步促进人民币的离岸金融业务，有效支持和开展实体投资、商品贸易等活动，提高人民币的贸易结算地

位，保障“货币流通”，带动“贸易畅通”，最终实现中国与共建“一带一路”国家的利益共赢。此外，“一带一路”国际资本交易中心还可以突破西方发达国家对中国实施的金融资本封锁，从而在人民币国际化进程中，获得能与美元、欧元、英镑等国际货币一较高下的区间优势。

4. “一带一路”国际资本交易中心的辐射带动作用

自倡议以来，“一带一路”创造了大批战略性项目，这些项目由于涉及多个国家、金额庞大、结构复杂等，故而对金融服务的跨市场、跨学科以及专业化等均提出了很高的要求。“一带一路”国际资本交易中心应充分利用其全球网络布局和多元化业务平台，创新产品和服务，帮助中国企业客户用好海内海外两个市场、两种资源，为客户提供“组合拳”式的金融解决方案。换句话说，针对不同的投资项目，“一带一路”国际资本交易中心可以为其定制不同且适合的产品方案，例如，可以为重大基建项目提供项目/股权融资、金融贷款、工程保险等服务，为海外产业园区建设提供订单融资、大宗商品融资、跨境现金管理等服务，为大型资源开发项目提供融资保函、投资银行、并购贷款、财务顾问等服务。此外，“一带一路”国际资本交易中心还可以利用专业化的跨境融资服务平台来扩展客户价值链，为资本市场和企业创造双赢局面。这样，既可以通过合理、合法、合情的途径使中国资本和大量产能进行对外输出，也可以吸引共建“一带一路”主体国家及其他境外合格投资者来华进行技术与资本输入，以服务国内经济建设。

四　“一带一路”国际资本交易中心的战略目标

国际资本交易中心的设立不仅符合“一带一路”的倡议构想，而且能有效支撑“一带一路”国家倡议的快速推进。

（一）推进“一带一路”倡议全面实施

中国之所以成立“亚投行”和“丝路基金”，最直接的原因就是更好地推进“一带一路”倡议的实施，故而这类金融机构在国际政治舆论中均具有较为浓郁的主权色彩。为此，中国可以通过建立“一带一路”国际资本交易中心来用市场化手段减少不当舆论对“一带一路”的影响，进一步推进跨区域或跨境项目的实施。例如，在国际资本交易中心上市的境外企业必须遵守中国资本市场规则以及相关法律法规，并使用资本监管的法律手段维护自身合法权益，从而实现“政策沟通”，减少外国政府政策不稳定带来的对外投资风险；在国际资本交易中心上市企业的价值管理通过人民币进行结算，有助于实现人民币国际化的战略构想；境内和境外上市企业（投资者）通过金融资本向产业资本的转变支持实体发展，最终保障资本交易和产业交易协同发展。此外，由于国际资本交易中心允许合格的“一带一路”境内外个人投资者进行资本投资，这就推动双方从资本交流转向人文交流，最终实现“一带一路”倡议全面实施。

（二）加快资本市场国际化，推进“一带一路”国际金融中心建设

“一带一路”国际资本交易中心毫无疑问会加快中国资本市场国际化进程。一方面，以国际资本交易中心为依托，境内机构可以全面开展外国公司的发行、上市、并购、重组等业务，通过为外国公司提供金融服务来提升境内机构的业务能力和国际竞争力；另一方面，国际资本交易中心也可以通过引进国际规范来培育境内投资者的投资理念，从而加强上市企业对投资者收益的关注。此外，国际资本交易中心还可以从需求层面倒逼监管部门加强监管、信息披露制度的实施，扩大惩罚、约束规则覆盖范围，为“一带一路”国际金融中心的建设出力。总之，建设“一带一路”国际资本交易中心必将促进中国资本市场对标国际发展，为资本市场国际化和国际金融中心建设做准备。

（三）推动中国经济发展进程

“一带一路”国际资本交易中心将以“一带一路”为媒介，带动中国经济的大发展和大增长。具体来讲，一是依托“一带一路”，吸引优质上

市资源和公司红利“走进来”。“一带一路”国际资本交易中心允许国内投资者在国内购买境外公司股票，从而获得境外的投资收益，这就进一步打开了中国的资本市场。二是扩大国内证券市场的影响力和竞争力。“一带一路”国际资本交易中心为国内资本提供新的投资渠道，有助于解决我国证券市场流动性过剩的难题，通过对标国际促进证券市场规范化发展，争取中国证券市场再上一个新台阶。三是完善国内资本市场结构，促进中国资本市场健康发展。“一带一路”国际资本交易中心将会吸引大批次的外国优质企业来华上市交易，这不仅能够推动蓝筹市场的规模化发展，还会促使形成资本市场“丝路板”“主板”“二板”“三板”四级联动均衡发展格局，从而进一步完善我国的多层次资本市场体系。四是获取资本定价权，实现中国经济可持续发展。“一带一路”国际资本交易中心将通过资本市场的国际化运作来培养人民币的“国际范儿”，大幅提升中国在世界资本市场的话语权；还可以在国际大宗商品价格上涨的时候，用外国资源（能源）类企业在国内上市所获取的股权收益来进行对冲，这对于打破中国资金的收购壁垒以及经济发展的资源瓶颈发挥着重大作用。五是强化中国金融体系抗风险能力。“一带一路”国际资本交易中心可以将中国的资本优势转化为国际影响力，从而有效减少潜在外部风险的冲击，也可以通过刺激国内金融服务行业的发展来推动中国资本市场国际化，增强中国金融体系的抗风险能力。此外，还可以通过加速监管体制的“国际化”进程，从需求上倒逼国内制度改革进而保障中国金融体系的安全。六是推动人民币国际化进程加快。“一带一路”国际资本交易中心在一定程度上为人民币自由流动和兑换提供了途径，为加速我国汇率制度改革创造了条件，从而助推人民币国际化，最终摆脱“总量强，货币弱”的窘境。七是助力政府政策更好地发挥市场效应。“一带一路”国际资本交易中心在相当程度上缓解了机构投资者对外国企业进行投资的风险厌恶，从而增强了政府政策对股市的刺激作用，这就使政府能够更好地对股市进行市场调控。

五 “一带一路”国际资本交易中心的创新意义与战略价值

第一，项目的实施将创新资本市场运营模式，抢占“一带一路”资本市场制高点。借鉴国际资本交易中心的特色和优势，“一带一路”国际资本交易中心通过融合“一带一路”经济可持续发展的特点，可以形成具有创新性的国际资本交易市场。通过国际资本与国内资本以及国际项目与国内项目之间的资本化交易，促进“一带一路”建设，加速中国的金融创新发展，增强中国在国际金融创新发展中的竞争力，抢占“一带一路”资本市场制高点。

第二，项目将以“一带一路”为平台，推动产业优化和升级，实现国民经济的可持续发展。“一带一路”国际资本交易中心既可以吸引境外企业、有境外业务的境内企业以及境内投资的外资企业在国际资本交易中心进行上市、融资、股权交易等金融活动，大大推动区域性金融行业的产业结构优化和升级；还可以通过融资、股权交易等金融活动为服务“一带一路”的企业提供国际化融资、技术合作、并购、业务扩张等方面的战略机会，大大推动传统行业以及高新技术产业的转型、合作、升级以及国际竞争力提升，最终推动区域性经济的可持续发展。

第三，项目的实施将提升中国在世界资本市场的国际影响力以及战略地位。“一带一路”国际资本交易中心可以通过资本市场运作，实现离岸金融和跨境人民币业务的突破式发展。一方面，国际资本交易中心可以激发区域性经济发展活力，从而成为中国经济发展新引擎。另一方面也可以通过业务本地化和国际化运营弥补地区金融行业以及资本市场短板，完善区域性经济增长结构。总之，结合“一带一路”倡议，国际资本交易中心的“国际性”定位无疑会提升中国在国际资本市场上的战略竞争力和社会地位，并为“一带一路”倡议目标的落地实施提供必要的金融服务保障。

第四，项目的实施会促进中外企业融合共生，实现全面协同发展。中国政府应当有效利用自身综合优势来强化国际资本市场的内在开发与建设，并为中国资本市场创造价值。“一带一路”国际资本交易中心通过支持“一带一路”建设的融资发展，积极引入多元资本参与，进一步推动资本市场双向开放，最终实现“一带一路”的“五通”发展的战略目标。同时应注重利用我国金融机构的多元化平台资源，通过发挥新兴市场作用驱动西部地区国民经济和金融创新的快速发展，大幅推进西部大开发战略的实施进程，最终实现中国创新大发展。

六 “一带一路”国际资本交易中心面临的困难及政策建议

（一）存在的困难

设立“一带一路”国际资本交易中心面临现实困难，除了社会政治、经济文化、宗教信仰、社会传统等层面的因素外，在市场体系建设、监管合作、投资者保护等方面存在的困难也需要统筹研究解决。

1. 法律缺失

中国目前没有针对境外乃至“一带一路”建设的法律体系，尤其是《证券法》和《公司法》都是以国内环境为法律基础的，需要根据实际情况重新统筹、研究、调整、修订或者重新制定新的法律文件。在共建“一带一路”国家公司项目所涉及的财务成本与会计核算的标准也需要重新确定，以保证最终的财务会计报表的真实准确。

2. 风险多元化

中国与共建“一带一路”国家的互联互通项目较多，以基础设施建设为例进行说明，由于基建项目覆盖范围较广、工程作业量较大、项目施工周期较长，再加上一些商业可持续性以及商业信用等方面的不可避免的高风险，这就无法保证项目的盈利水平始终处于同一个波动范围。同时，依托“一带一路”的政策红利，相当一部分没有显著竞争优势的国内企业争相“走出去”，这些企业无疑是很难取得合理回报的。此外，大多数中国企业其实并不了解海外市场及其商业环境，共建“一带一路”国家整体经济发展相对比较落后，法律制度不尽完善，加之其既得利益往往与西方发达国家存在千丝万缕的联系，其较高的市场风险也会增大中国的资本风险。

3. 监管复杂

对跨境项目的监管将成为一个新的重要问题。在国内上市的外国公司其注册地和主要资产、主要业务和主要人员等都分布在境外，公司布局分散就使中国的监管部门和证交所缺乏一定的监管抓手，从而导致监管难度加大。此外，在境内外执法均需要与地方相关部门进行协商和谈判，再加上资本市场环境相差较大、语言沟通受阻等多种现实问题，投资者将面临诸多复杂、特殊的风险因素。

（二）政策建议

当前，“一带一路”建设的参与主体越来越多，其国民经济发展水平不尽相同，在国情、政治、习俗以及宗教信仰等方面也存在较大差异，这些在公司运作、治理方面都将有所体现。由于各个国家和地区对公司内部控制的结构框架、内控评价、报告时间和频率等方面存在很大差异，所以就需要与中国公司治理制度规则统筹衔接，建立和完善关于跨境投资的司法保护机制以及执法合作机制，以形成专门的跨境投资者保护机制。本文对“一带一路”国际资本交易中心建设提出以下建议。

1. 将“亚投行”和“丝路基金”对合作外投资项目作为试验田进行防火墙内的制度测试

通过对境外投资项目的经验处理，可以逐步完善风险应对与危机处置的相应机制，从而构建一个区域性金融风险预警体系，形成“一带一路”沿线投资风险和危机管理的新机制，而跨境合作监管机制将成为突破点。当技术操作领域的股份回购、并购重组、再融资等行为涉及境内和境外两个市场时，由于风险因素较多，并且行为过程较为复杂，这就需要在法律制度、政策措施等方面作出周密而慎重的考虑。同时，面临复杂的监管环境和监管风险，“一带一路”国际资本交易中心还需要形成特殊的运营监管机制和投资者保护机制。

2. 建设初期注重一线监管和风险控制，不可盲目追求规模

依托全球资本市场和中国金融机构境内外多元化平台的资源优势，一方面，“一带一路”国际资本交易中心可以为“一带一路”建设提供各种类型的股权、债券、贷款等资金，以满足境内外优质客户的多元化需求。另一方面，“一带一路”国际资本交易中心还可以在全球发行丝路债券以满足融资需求，从而加强该中心与境内外金融机构的联系，充分发挥投资银行作用，并做好风险防范工作。

3. “一带一路”国际资本交易中心合作区实行特殊先行先试政策

授权中央部委与中心城市共同建立国际资本交易中心，允许其在国家税制改革的框架内带头进行探索和创新，从而改革现代服务业的税收体制，并为中国金融业的开放建立示范窗口；为了支持国家中心城市全面建设“一带一路”人才高地以及健全的人才集聚机制，政府对“一带一路”国际资本交易中心应该以专项资金、高效政策、人才配套等予以加持，这样才有助于营造便利营商和投资环境。

参考文献

汪应洛、王树斌、郭菊娥：《丝绸之路经济带能源通道建设的战略思考》，《西安交通大学学报（社会科学版）》2015 年第 3 期。

张可成：《供给侧改革中“一带一路”支撑作用研究》，《河南社会科学》2016 年第 4 期。

周经、张利敏：《新形势下我国企业对外投资模式的选择》，《经济纵横》2015 年第 3 期。

赵丹妮：《“一带一路”创新驱动科技金融“试验田”运行模式研究》，《科学管理研究》2015 年第 4 期。

保建云：《论我国“一带一路”海外投资的全球金融影响、市场约束及“敌意风险”治理》，《中国软科学》2017 年第 3 期。

肖德、李坤：《“一带一路”背景下中国金融服务贸易国际竞争力分析》，《东北师大学报（哲学社会科学版）》2016 年第 3 期。

胡海峰、武鹏：《亚投行金融助力“一带一路”：战略关系、挑战与策略选择》，

《人文杂志》2016 年第 1 期。

丁一凡：《让金融创新为“一带一路”战略铺平道路》，《国际经济评论》2015 年第 4 期。

褚学力：《金融互联互通支持中小企业跨境电商发展探索——基于我国与“一带一路”沿线国家和地区经济发展的思考》，《中国流通经济》2016 年第 11 期。

范祚军、温健纯：《基于资金融通视角的“一带一路”金融切入》，《区域金融研究》2016 年第 7 期。

于思魁：《浅论开设国际板的必要性》，《金融经济》2010 年第 5 期。

B.11
加快推进陕西省国有企业混改的思考

冯家臻 *

摘　要： 国有企业是壮大陕西省综合实力、抗击经济下行、实现陕西追赶超越的重要力量。推进混合所有制改革是深化国企改革的重要突破口。近年来，陕西省国有企业改革取得新的重大进展和历史性成就。但是，一些国有企业依然存在体制机制不够灵活，现代企业制度建设不够完善，发展动力与竞争活力不足等问题。本文通过对省内一些国有企业、民营企业的调研走访，提出了加快推进陕西省国企混合所有制改革的对策建议。

关键词： 国有企业　混合所有制改革　陕西

国有企业是壮大陕西省综合实力、抗击经济下行、实现陕西追赶超越的重要力量。近年来，陕西省国有企业改革取得新的重大进展和历史性成就。但是，一些国有企业依然存在体制机制不够灵活，现代企业制度建设不够完善，发展动力与竞争活力不足等问题。推进混合所有制改革是深化国企改革的重要突破口。2014 年以来，陕西省出台了不少文件，积极推进国企混改。2019 年，陕西省委省政府又明确要求，进一步扩大国有企业混合所有制改革试点范围。为了更好地了解陕西省国有企业深化改革的具体情况，2019 年笔者对省内一些国有企业、民营企业进行了走访，就推进陕西省国企混合

* 冯家臻，陕西省经济学学会名誉会长、陕西现代经济与管理研究院资深专家委员会主任。

所有制改革的历程，兄弟省份推进国企混合所有制改革的经验借鉴，陕西省国企混合所有制改革的现状、问题、对策等进行了研究，并结合陕西省省属企业的实际情况，就推进陕西省国企混合所有制改革提出意见与建议。

一 关于推进国有企业混合所有制改革的比较分析

改革开放以来，混合经济在国企改革的实践中已经产生，中外合资企业的诞生就是典型。20 世纪 90 年代末，随着国企改革的不断深入，陕西省混合经济有了新发展。那么，现在强调的国企混改，与过去有什么不同呢？

1. 背景不同

20 世纪 90 年代末，发展混合经济的主要背景是贯彻落实党中央《关于建立我国社会主义市场经济体制若干问题的决定》、省委省政府出台的“两个决定”（《关于放开搞活国有小企业的决定》《关于大力发展非公有制经济的决定》）和“抓大放小”、打好国有企业改革“脱困战”。这一次国企混改是在我国全面推进国企国资深度改革和陕西省实施追赶超越战略、加快发展“三个经济”背景下开展的。

2. 定位不同

20 世纪 90 年代末，陕西省国有企业改革的主攻方向是“抓大放小”。“抓大”是对国有大中型企业实行公司制改造，探索建立现代企业制度。“放小”是指把该放的国有小企业全部放开，采取多种形式改制，转换企业经营机制，使其走上小而专、小而精、小而特、小而活的路子。发展混合经济，推进企业改制是“抓大放小”，建立现代企业制度的重要路径。这一次国企混改与上次不同，中央经济工作会议把推进国企混改上升到国企改革的重要突破口，这种定位比过去站得更高，所处的位置更重要了。这是因为：国企混改涉及产权制度改革，对完善我国基本经济制度意义重大。它事关企业激励约束机制和治理结构的完善，事关企业战略投资者的选择，事关企业运营效率的提升，事关企业办社会职能的剥离，事关国有资产管理体制的改革，对于国有企业改革具有“牵一发而动全身”的效果。

3. 思路不同

20 世纪 90 年代末，推进混合所有制改革的思路是通过“抓大放小”，建立现代企业制度，推动混合经济发展。陕西省这次国企混改的总体思路是：分类分层推进，实施“六个一批”。分类分层推进就是根据竞争类、公共服务类、功能类国有企业的不同特点，集团公司和子公司的不同层级，分类分层推进混合所有制改革；“六个一批”就是吸引各类社会资本培育一批，推进改制上市做强一批，实施“引进来、走出去”战略发展一批，加快整合重组步伐搞活一批，探索员工持股转化一批，着眼准入引导新增一批。显然，这一次推进国企混改的思路站位更高、更加清晰、更加实用了。

二　关于补齐推进省属国企混改实现路径的短板

在省委省政府的领导下，陕西省国企混改以推进“六个一批”为抓手，取得很大成绩，涌现了北元化工（陕西北元化工集团股份有限公司）、宏星浆料（西安宏星电子浆料科技有限责任公司）、泰力松（西安泰力松新材料股份有限公司）、法士特、西部机场等国企混改典型。但是，陕西省国企混改的实现路径还存在短板。主要表现如下。

1. 引入民营企业参与国企混改面临观念性和体制性障碍

据调查，民营经济参与国企混改存在思想顾虑。不少民营企业“担心公有资本一股独大、自己没有决策权”，还有的“担心管理模式和机制发生冲突”“担心政府对企业行政干预”，有的“担心政策朝令夕改”“担心发生企业文化冲突”。

2. 国有资产证券化率偏低

资料显示，截至 2018 年 3 月 31 日，陕西省的资产证券化率仅有 33%，落后于发达兄弟省市，在西部地区，排名在四川、重庆、新疆之后。上市企业后备资源不足，有的国有企业高管层对推进资产证券化缺乏积极性。

3. 国企参股、控股、并购重组民企的数量少

混合所有制改革应该是双向的，既大胆“引进来”，鼓励非公有资本参

与国企改革；也积极“走出去”，支持帮助非公企业发展。从调研来看，陕西省省属企业混改主要的实现方式是“引进投资者”，其次是企业改制，再就是与民营企业共同出资成立公司的混合所有制企业，陕西省国资主动“走出去”参股、控股、并购重组民企的数量相对较少。

为了解决上述问题，建议如下。

一是出台专题文件，充分发挥参与国企混改的中小股东作用。

为扫除民营企业参与国企混改的思想疑虑和体制障碍，切实保护中小股东的利益，建议研究制定“充分发挥参与国企混改的民营企业作用的指导意见”，明确指导思想和基本原则，在构建公平参与的资本引入机制、健全有效制衡的公司治理机制、建立科学合理的投资回报机制、完善规范高效的配套保障体系方面提出具体措施，保障民营企业的知情权、参与权、决策权、监督权。

二是加大推进国企资产证券化的工作力度。

制订加快国企资产证券化的具体措施。实施企业股改培育工程，按照“培育一批、股改一批、上市一批”的思路，建立股改清单，进一步扩大上市企业后备资源库。对主营业务突出、竞争力强、发展潜力大、拟上市企业进行重点培育；对列入后备资源库的企业，建立上市挂牌“绿色通道”，多渠道、多角度、全方位提供服务。加大对拟上市企业改制工作的督查力度，定期通报各企业股改进展情况，将企业股改工作纳入年度目标考核内容，将考核结果与企业管理层特别是高管层的经济利益和职务晋升挂钩。

三是推广陕西省国企参股控股民企的典型经验。

利用广播、电视、报纸、各种网站、新媒体和国资委召开的各种会议，大力宣传推广“北元模式”和“泰力松”经验，支持和鼓励省属国有企业控股有技术、有市场的民营企业，创新经营管理模式，推动企业上市，实现优势互补，共同发展。

三　关于加快形成有效制衡的公司治理结构

完善国有企业法人治理结构是全面推进依法治企、新一轮国有企业改革的重要任务。当前，陕西省多数国有企业已初步建立现代企业制度，但从实践情况看，现代企业制度仍不完善，主要表现在如下方面。

一是有些国企改制后，没有按公司法及省上相关规定设置规范的法人治理结构，运行不规范。公司法规定：董事会每年度至少召开两次会议；董事、高级管理人员不得兼任监事；监事会每六个月至少召开一次会议。从调研情况看：有些企业董事会、监事会召开会议次数达不到要求，存在董事兼任监事的现象。《陕西省人民政府办公厅关于进一步完善省属国有企业法人治理结构的实施意见》规定：省属国有企业都要设立监事会，监事会成员一般由 5 ~7 人组成，其中职工监事不少于 1/3。但是，有些企业并没有设立监事会，或者监事会人数较少，没有达到规定的监事会人数。

二是不少国有混合所有制企业还未实现市场化选聘职业经理人。陕西省一些混合所有制企业仍然没有真正实现经理人的市场化选聘，笔者调研的企业中已经实现混改的国有企业推行市场化选聘的职业经理人不到 30% 。

三是有些国有企业管理行政化色彩浓厚，这种管理模式延伸到混合所有制企业，影响了混改后企业的运营效率。有些国企还有行政级别，企业下属单位和职能管理部门的科层设置，也比照政府行政级别进行。形式的行政化，影响到思维的“官本位”。一些公司的治理组成具有明显的行政化色彩，企业内部民主性的公司治理安排流于形式，影响混改后企业的运营和管理。

为解决上述问题，建议如下。

一是建立规范省属混改国企企业治理结构的监督机制。加强对下属企业的监督检查，全面落实陕西省人民政府办公厅《关于进一步完善省属国有企业法人治理结构的实施意见》文件精神。实施规范混改企业治理结构的考核评价，考评结果作为考核企业的重要依据。

二是完善“四会一层”混合所有制企业法人治理结构，明确分工，各负其责，规范运行。党委会发挥“把方向、管大局、保落实”的作用。董事会是混合所有制企业公司治理的核心，在公司战略制定、重大投资决策、经理人员的选聘和公司治理方面发挥重要作用。监事会对董事会、经理层成员的职务行为进行监督，负责检查企业财务，监督企业重大决策和关键环节以及董事会、经理层履职情况。总经理依法行使管理生产经营、组织实施董事会决议等职权。建立健全权责对等、协调运转、有效制衡的混合所有制企业公司治理机制，让参与进来的国有资本和社会资本都有知情权、话语权，依法按章行使决策权。

三是加快推进职业经理人制度。坚持实行内部培养和外部引进相结合，畅通现有经营管理者与职业经理人身份转换通道。推行经理层任期制和契约化管理，董事会按市场化方式选聘和管理职业经理人，合理增加市场化选聘比例；对选聘的职业经理人实行市场化的薪酬分配机制，严格考核，加快建立职业经理人市场化的退出机制。

四　关于积极稳妥地推进国有控股混改企业的员工持股激励

股权激励和员工持股是国企混改的重要形式之一。实施员工持股，将企业利益与高管、技术骨干、业务骨干捆绑在一起，是增强企业凝聚力和活力的重要举措。2017 年，陕西省选择 10 家左右国有控股混合所有制企业，开展首批该类企业员工持股试点。同年 8 月，陕煤化工新型能源有限公司作为陕西首个员工持股改革试点企业正式诞生。

目前，上海、北京、山东、广东、湖南、湖北、天津等多个省市相继出台了国有控股混合所有制企业开展员工持股试点的实施细则、实施方案、实施办法，对员工持股制度设计目标、理念、原则、规范、操作等做了明确规定。相比之下，指导陕西省国有企业员工持股试点工作，还缺乏操作性强、比较实用的员工持股细则。

为解决上述问题，建议如下。参照兄弟省市的实践经验，制定出台陕西省混合所有制企业开展员工持股试点的实施细则，积极推进国有控股混改企业员工持股激励的工作。一是明确试点企业范围和试点企业应当具备的具体条件；二是对试点企业持股员工范围、入股价格、持股比例、持股方式等入股要素做出具体规定，对不同体量企业的员工持股比例做出不同的规定；三是明确试点企业员工持股的具体工作流程，包括试点企业申报、开展审核评估、制订员工持股方案、稳定风险评估、法律风险审核、监事会审核、履行决策程序等；四是对试点企业员工持股的管理作出具体规定，如股权管理主体、股权管理方式、股权流转、股权分红、破产重整和清算、规范关联交易等。

五　关于完善省属国企混改的配套政策，增强实操性

国企混改系统性强，涉及面广。不仅涉及国有资产定价机制、职工劳动关系、土地处置和变更登记、员工持股内容，还涉及财税支持、工资总额管理、军工企业国有股权控制类别和军工事项审查程序等方面的内容，需要配套政策的支持。2017 年底，国家发改委等八部委出台《关于深化混合所有制改革试点若干政策的意见》，从 9 个方面做出具体规定，对推进我国和陕西国企混改起到积极作用。在充分肯定成绩的同时，还应看到，陕西省推进国企混改政策还存在不配套现象。

例如，缺少国有企业混改发挥中小股东作用的配套政策。对此，一些兄弟省份做了积极的探索。山东省政府出台了《关于省属国有企业混改发挥中小股东作用的意见》，对于消除民营企业参与国有企业混改思想疑虑、保障中小股东权益起到积极作用，值得陕西省借鉴。

又如，缺少省属国有企业推行职业经理人制度的指导意见。职业经理人制度是增强国有企业活力的重要因素。根据中央部署，浙江省、海南省、湖南省、四川省、宁夏回族自治区等兄弟省份先后出台了相关文件。对于完善企业治理结构、增强企业活力和竞争力起到积极作用。陕西省省属企业职业经理人制度建设的滞后应该引起注意。

为解决上述问题，建议如下。借鉴兄弟省份推进国企混改的实践经验，出台《关于陕西省省属国有企业混合所有制改革发挥中小股东作用的指导意见》《陕西省省属国有企业推行职业经理人制度意见》，出台的文件要注重实操性。

六　关于完善国有和民营企业混合发展的对接平台

搭建对接平台，创新国企民企合作方式、畅通信息对接渠道是推进混合所有制改革向纵深发展的重要措施。陕西省国资委在2014年就做出部署，要求充分利用西部产权交易所市场平台和企业门户网站等信息聚散优势，多形式、多方位发布信息，广泛征集合作方。同时，委托西部产权交易所组建专业团队，专门为国有企业混合所有制改革提供政策咨询、方案设计等全方位服务。从实践情况看，国有与民营企业混合发展的对接平台还不能满足需要，主要表现在以下两个方面。

一是平台对陕西省国企混改项目的信息发布存在不足。比如西部产权交易所网站上没有集中推出陕西省“省属国有企业拟混合所有制改革项目”的推介信息，“国企混改”专栏仅仅是“相关政策”“案例分析”“最新动态”几类信息，并没有相关项目推介。而兄弟省份产权交易所网站相关推介信息较容易获得，比如，内蒙古产权交易中心的“国企混改”专栏集中发布了相关的混改项目。

二是平台提供的中介服务有待进一步提升。内蒙古产权交易中心从企业尽职调查、混改方案制定、法人治理结构安排、投资价值挖掘等方面为国有资本和社会资本有序组合提供贴身定制服务。中心通过全国最大的跨区域的“E交易”全流程互联网交易平台，大范围、立体式、高效率对接和发现投资人，并综合利用采、转、投、融、询等多种交易和金融服务手段，跨界解决客户个性化需求，提高项目成功率。内蒙古产权交易中心的做法值得陕西借鉴。为解决上述问题，建议如下。

一是线上线下双管齐下，搭建混改信息发布平台。加强沟通与联系，在西部产权交易门户网站开辟陕西省属国有企业混改专栏，及时发布、推介陕西省国企混改项目；利用各种报刊、各省市产权交易所和国家、省、市国资委门户网站宣传、推介陕西省国企混改项目；与易交易信息科技有限公司接洽，借助“E交易”这个全国性互联网交易平台进行混改信息汇集和统一发布，在更大范围内对接、挖掘投资人；线下通过不定期召开混改项目招商推介会，搭建国企与社会资本的交流对接平台。

二是完善提升中介服务平台。支持和鼓励西部产权交易所借鉴北京、上海、内蒙古等兄弟省份产权交易所服务国企混改的实践经验，进一步提升审计、评估、投资咨询、交易转让、股权登记等服务能力。

只要认真总结经验，准确把握陕西省国企混合所有制改革面临的主要问题，针对问题，采取有效措施积极推进，陕西省的国有企业一定会在陕西实施追赶超越战略中迸发新活力，做出新贡献。

参考文献

何金铭、赵炳章：《当代陕西简史》，当代中国出版社，2001。

B.12

加快陕西省分享经济发展的对策研究

薛 健 冯兴军 贺新宇 王晓云 员婉婉*

摘 要： 发展分享经济，对推动资产所有制、组织形式、就业方式和消费方式的创新等具有重要意义。现以西安市为本次研究对象，在研究国内经济发展概况和趋势的基础上，了解国家分享经济发展的战略要求，剖析西安市分享经济发展所面临的机遇与挑战，借鉴国内分享经济发展成熟地区的经验及启发，提出西安市加快分享经济发展的指导思想、发展理念、总体思路、发展目标及重点领域，为西安市乃至陕西省分享经济的发展提出策略建议。

关键词： 分享经济 消费方式 西安市

美国社会学教授 Marcus Johnson 和 Joan Spence 于 1978 年提出了“共享经济”的概念。分享资产驱动型经济发展速度的加快，促进了组织形式、就业方式和消费模式的创新。目前，共享经济已在全球大热，不仅在美洲、欧洲、亚洲有了长足的发展，在非洲也开始萌芽。分享经济现如今已然显现出稳定增长的势头，人们的生产生活方式、消费观念和全面就业模式的转变已成为国家战略。把西安作为研究对象，分析国家共享经济发展战略，借鉴

* 薛健，陕西省发展和改革研究中心主任，研究员；冯兴军，西安市发改委经济研究所所长；贺新宇，西北政法大学商学院副教授；王晓云，陕西省发展和改革研究中心助理研究员；员婉婉，西北政法大学商学院，管理学硕士。

国内共享经济发展成熟地区的经验、启示，明确西安市面临的机遇、挑战。探索经济发展的总体思路、重点领域，为西安市乃至陕西省分享经济的发展提出有针对性的策略、建议。

一　分享经济的相关理论和发展

（一）分享经济的概念和分类

分享经济是指通过网络平台或渠道将社会大量分散的闲置或低使用率的资源聚集，以达到供需快速精准匹配，从而促进经济要素流动、提高社会效率的新经济形态。

随着生活水平的不断提高，大众的消费观念也发生了变化，分享经济已经逐渐渗透到人们生活的各个方面。受到资源、发展难度及政策等方面的限制，不同行业领域分享经济的发展速度及规模有所不同，有序发展出了房屋、车辆、物品、资金、时间、技能、经验等多个行业的分享经济。

按照不同的消费主体和市场供应主体类型，分享经济可以分为以下几种类型。

1. C2C 模式——自由市场的回归

在 C2C 模式下，人们既是生产者也是消费者，没有中介公司作为第三方进行垄断，而是个体在平台上实现了直接对接。供应方和需求方在移动互联平台上完成分享交易，典型的代表企业有国外的 Uber、Airbnb，国内的滴滴出行、人人车等。

2. C2B 模式——让众筹和众包成为时尚

在 C2B 模式中，企业成为需求方，由个人为企业提供多种多样的个性化服务，企业借助社会个体的力量进行运作，通过众包形式满足临时的劳动力需求，企业既可以是实体，也可以虚拟化运营，我国主要有达达快送、UU 跑腿、闲鱼、58 同城、猪八戒网等新兴企业。

3. B2C 模式——“以租代售”的战略转型

在 B2C 模式下，企业不再主张传统的面向消费者卖多和卖新的行为，而是将销售产品转变为提供租赁服务。目前，我国汽车行业中这种模式运用的较多，如宝马与 Uber 的合作，北京的各种类型以租代购获京牌的企业。

4. B2B 模式——从消费到生产的分享

B2B 模式即供应方和需求方都是企业。企业和企业相互之间将自己闲置的产能、资源、人员进行分享，这样供应方可以通过过剩资源的共享来降低企业的经营成本，需求方可以非常低的成本来获取企业需要的资源，从而达到双赢的效果。B2B 模式在中国还处于摸索阶段，没有代表性的企业。

（二）分享经济的特征

分享经济的主要特征如下。

1. 技术特征

基于互联网平台。分享经济的交易基本上是依托互联网，个体和企业之间都是通过互联网平台建立联系。

2. 主体特征

大众参与。分享经济涉及的人数众多，大部分网民是分享经济的目标消费者。

3. 客体特征

资源要素的快速流动与高效配置。

4. 行为特征

权属关系的新变化。分享经济不再是传统地将产品的使用权和所有权集为一体，而是将两者分离开来，采用以租代买、以租代售等方式将产品或服务的部分使用权让渡给消费者，实现资源利用的最大化。

5. 效果特征

分享经济较好地满足了每个消费者不同的特殊需求，为他们提供了差异化的服务，取得了良好的效果。

6. 文化特征

分享经济符合现代年轻人超前的消费文化，不追求所有权，更看重使用权，提前享受服务，满足了他们分享和自我实现的需求。

分享经济具有一系列优势。提高资源利用效率，加快资源配置速度，降低配置资源成本。信息技术大大降低信息不对称，使共享平台能够低廉、有效地满足用户的需求，丰富、方便人们生活。

（三）国内分享经济发展概况

分享经济涵盖的领域特别广泛，房屋、车辆、物品、资金、时间、技能、经验等都可以进行分享，目前国内将分享经济分到六个领域，包括产品分享、空间分享、知识技能分享、劳务分享、资金分享以及生产能力分享。在这六个大的领域，几乎每年都在产生大量的分享经济型创新平台企业。随着我国智能手机和互联网的普及，分享经济在迅速崛起，遍布人们生活的各个角落。2011 年分享经济企业在我国开始出现并快速发展，到 2014 年进入井喷期，独角兽企业迅速出现和成长，直至目前，分享经济迎来了发展的黄金期。

2016 年我国的分享经济涉及的消费者超过 6 亿人，比上年增加了 17%，分享经济对人们生活方式的影响也越来越深。仅仅是提供服务的劳动者就有 6000 万，极大地解决了我国就业问题，弱化了社会矛盾。根据数据统计，参与到生活服务领域中的人最多，高达 5.2 亿人，仅提供服务的人数就有 200 万人，专业的平台员工 341 万人；其次是交通出行，极大地方便了人们的出行，同时节约资源，绿色环保；再次是知识技能分享，将发达地区先进的教育资源和技能通过分享的形式使更多的人受到了教育，使教育资源配置更加公平，使人们的整体素质得到了提升，掌握了更多的知识技能；将更多优质的医疗资源和住房资源在网上进行分享，方便了人们的生活，改善了民生。

2018 年我国分享经济快速成长，取得了重要成绩，分享经济活动涉及的消费者高达 7.6 亿人，参与提供服务的劳动者达到 7500 万人，市场规模持续扩大，实现翻番，分享经济的交易规模29420亿元，比上年增长41.6%。生活服务、生产能力和交通出行成为交易规模最大的三个领域，分别取得了15894亿元、8236亿元和2478亿元的交易额，分享经济迅速发展，衍生出许多的新产业。截至2018年，我国分享经济的创业企业已经达到42家，占到全国创业企业总数的1/5，具有明显的分享经济属性的企业有15家，涵盖了人们生活的各个行业，包括经济金融、交通出行、生产能力、知识科技、房屋出租、专业服务、医疗美容、自媒体等方面。同时，2018年国家出台了一系列促进分享经济发展的政策及法律法规，为分享经济在全国迅速发展带来了政策红利。政府监管与企业合规力度加大，市场主体的运行也更加规范和完善，相信在不久的将来，分享经济在我国可以得到更大范围的发展。

表1　各行业分享经济参与人数

单位：人

领域	参与人数	其中	
		提供服务人数	其中:平台员工数
生活服务	5.2亿	2000万	341万
生产能力	900万	500万	341万
交通出行	3.3亿	1855万	151万
知识技能	3亿	2500万	12万
房屋住宿	3500万	200万	2万
医疗分享	2亿	256万	5万

资料来源：国家信息中心分享经济研究中心。

二　西安市分享经济发展的相关问题

目前，西安市分享经济在发展过程中也面临着诸多问题，例如，社会各界人群认识不统一，相关法律及行业政策建设不健全，平台运营能力不足和公共服务不够完善等，也暴露了信任缺失、产业发展不完善、缺乏有效监管等弊端，具体来说，有以下几个方面。

（一）法律法规亟须适应新业态的发展

总体而言，平台企业的相关法律规范和责任义务没有明确界定；对平台的性质、行业分类、新型劳动关系、从业人员和平台税收征缴没有明确规定。新兴行业一切还处于探索发展阶段，各方面协调不一致的情况时有发生，相关行业由于没有及时地进行法律规范，很难调和消费者、服务者和平台之间的关系。

（二）公共数据获取途径限制性高

实践中必须获得公共数据的支持，共享经济其本质上是一个由数据驱动的经济。目前的数据依然以依靠政府的二手资料为主，时效性与更新速度还有待提高。消费者和平台之间最大的矛盾其实就是数据获取之间不可协调的矛盾。政府向公众和平台提供具有威性的数据，平台借助权威数据才能更好地服务于消费者。

（三）统计监测体系亟待建立

现行统计制度很难界定和衡量共享经济发展的实际影响，从某种角度而言，统计制度的不成熟将直接影响到有关部门政策的制定。理论与数据是支持政策制定的根本，政府制定相关政策依赖于统计制度的确立。政府制定相关政策依赖于统计制度的确立，因此需要在统计监测和政府行为之间有一座可以顺利、高效沟通的“桥梁”。

三　西安市加快分享经济发展的思路

（一）加速分享经济发展须树立以下理念

①创新理念，创新商业模式是分享经济的直接表达；②共享理念，分享经济的根本是资源得以共享；③平等理念，以互联网为平台，突破各种约

束，向所有人平等开放；④绿色理念，分享经济将资源发挥最大效用，资源使用率提高，分享经济才能持续发展；⑤开放理念，分享经济就意味着打破地区和观念上的桎梏，不仅能提高本地区的资源利用率，并能扩展及延续到全国资源。

（二）加强分享经济发展的思路

①根据不同业务领域的特点，进行分类和细化。②明确规定行业进入原则，开展行业间指导协调工作，突破行业壁垒和地区限制等的束缚。③加强垄断性业务平台的监管和防范，净化营销环境。④建立信息共享平台、公示系统和基础数据库与建立政府与企业之间的信息共享之间的协作关系，确保企业、统计部门与政府之间形成良好的合作机制。⑤创新和改进，从社会公众的需求出发，满足社会保障制度对分享经济的需求。

四　对策及建议

（一）加快推进重点领域分享经济发展

1. 重点加快交通出行领域的持续发展和完善

西安市作为国家中心城市，交通出行总体规模持续扩大，滴滴出行、神州专车、首汽约车、曹操专车等一系列网约车打车软件基本普及，关于网约车出行，政府出台了很多新的适应当地发展的政策，规范了网约车市场，不仅绿色环保节能减排，方便了人们日常的出行，更解决了西安的就业问题，缓解了西安的就业压力。当然目前交通出行领域还存在一些不容忽视的问题。网约车新政大多处于过渡期，其他细分市场的相应管理办法还没有定型，未来发展的政策环境还存在较大的不确定性。司机、乘客、平台、保险公司的责任划分尚不清晰，价格、税收、劳动保障等政策还需要进一步完善。西安市的交通行业主管部门应该鼓励出行领域的各类企业以不同的方式加入分享经济的洪流中，推出整合多种出行方式的一站式分享服务，进一步改善人们的出行体验。

2. 依托西安众多高校资源

在教育行业加快知识技能分享，让更多优质的教育资源得以共享。知识技能分享内容将大幅拓展，使拥有一技之长的普通人加快能量释放，推动知识成果的快速转换，促进产学研一体化发展。将来企业也会不断从 B2C 模式向 B2B 模式转化，不仅服务于个体，更为企业提供一系列完整的个性化服务。知识付费将迎来从模式到内容的关键比拼，真正做到教育公平、资源共享，为跨界学习和终身学习提供良好的平台。

3. 加快发展西安市住房短租分享经济

西安市自 2017 以来房价持续上涨，购房的主体多为年轻的“80 后”“90 后”，为满足这些年轻人的刚性需求，改变住房市场供不应求的市场状况，主管行业要鼓励发展住房分享经济，在线上开发出更多如蚂蚁短租、小猪找房等一系列专业的租房 App。同时，未来 C2C 领域房源供给侧将会出现越来越多的“职业房东”，带动保洁、维修、保险等专业化团队建设。平台盈利模式也更多样化，通过为房客的潜在需求提供增值服务探索新的盈利方式。

4. 加快农产品行业的快速分享

针对具有陕西特色的农产品推出不同季节的时令水果及农产品，设计具有特色的销售 App，比如白鹿原樱桃、洛川苹果、大荔冬枣、周至猕猴桃等销售 App。同时，提供更多的生鲜水果送货 App，使每个人都拥有自己的私家田园和农产品特供渠道。

5. 加快推进在线旅游分享经济

依托陕西特有的旅游资源，分享住宿、分享出行、分享度假、分享知识，为每一位游客在线上提供独一无二的旅游攻略和行程安排，通过与携程、马蜂窝、去哪儿网、途牛旅游等 OTA 旅游企业的合作，联合推出适合陕西特色旅游的定制服务，更好地满足游客个性化的需求。

6. 持续推进生活服务行业的分享

生活服务分享主要包括的就是人们日常生活中的衣食住行、家政打扫、汽车维修服务、医疗美容等各个方面，近年来生活服务分享的质量和安全问题引发社会关注。生活服务分享与人们的生计休戚相关，部分平台自律不够，对入驻商户把关不严，从业者鱼龙混杂，导致出现了多起信任危机事件。如互联网外卖平台的食品安全问题、商户的无证经营问题、到家服务的人身财产安全问题等。主管部门应该在现有的基础上，不断推进生活服务分享行业的不断细化与规范，不断完善制度、管理细节，为更多的老年人以及生活不便的人提供更多更加舒适便利的服务，建立分享型经济社区，提高人们的生活水平，以增强用户体验为核心的自律自治将成为平台企业发展的制胜法宝。

（二）加快完善分享经济体制机制建立

1. 探寻协同治理机制

西安目前正处于共享经济发展初期，需要政府、企业、行业、第三方组织、第四方组织以及广大用户共同协同监管。平台企业应不断优化相关自律监管体系，保障自身可持续发展；行业协会作为分享经济协同治理的重要参与主体，应配合政府部门制定相应行业进入规范及规则解读。

2. 出台具体配套政策

西安市分享经济要高速发展，首先需要本地政府部门理性确定本市可行发展领域，并结合该领域的资源概况、市场需求、行业特征，逐步出台具体的配套政策，制定详细的市场准入原则和活动方案。加快各部门在融资、人才、技术、信息和税收等领域相互配合，共同发展。

3. 构建分享经济的信用分类监管体系

搭建信用分类监管体系，要从依据的信用记录、信用监管的主体、差异化信用监管措施三个方面着手。一是加快推行政府部门征信数据的开放共享与使用规范；二是构建各主体之间的协作关系，两者之间形成 2×2 的关系，即“政府 + 企业”“企业 + 企业”的信用信息共享；三是培育专业信用服务公司，构建用户信用评级体系。

4. 继续完善劳动关系

首先要制定符合非标准劳动关系特征的、适度的标准体系；其次要建立多元化的劳动标准和法律制度，根据行业发展现状对相关内容加以调整；最后用工方和劳动者各自明晰其权利义务，规定用工方对劳动者相关权益的保障机制，规范有关劳动争议的协调办法。

5. 健全政府监管体系

借助“互联网 +”分享经济，搭建统一的信息发布平台，保证公众的知情权。首先，要做到监管模式的改进和创新，并及时完善相应的政策、法规。其次，监管要求能够真正落地，构建和规范新的行业秩序。企业与监管者密切互动，行业监管部门成立相关监管机构，提升入驻门槛；合理明晰行业准入的相关机制与规则，规范服务交付过程中的标准。

参考文献

中华人民共和国国家发展和改革委员会：《关于促进分享经济发展的指导性意见》，http：//sousuo. ndrc. gov. cn/s? siteCode = bm04000007。

张岳：《消费者即消费商：新时代背景下的分享经济模式》，《经济论坛》2016 年第 7 期。

国家信息中心课题组：《分享经济：全球态势和中国概览——中国分享经济发展报告（2016）要点》，《浙江经济》2016 年第 6 期。

牛禄青：《分享经济国家战略新引擎与新路径》，《新经济导刊》2016 年第 5 期。

庞凤喜、张念明：《进一步完善结构性减税政策　促进经济健康永续发展》，《中国财政》2013 年第 3 期。

邹海林：《完善我国市场经济法治环境的两个基本点》，《环球法律评论》2014 年第 1 期。

《五大发展理念全力助推分享经济》，宣讲家网，2016 年 11 月 25 日。

刘庚：《青神县“四举措”促进非公经济发展》，《四川统一战线》2014 年第 2 期。

丁明磊：《制造业分享经济——分享经济：中国制造业升级的新动力》，《中国工业评论》2017 年第 6 期。

《可持续发展理论》，百度百科，https：//baike. baidu. com/item/% E5% 8F% AF% E6% 8C% 81% E7。

《专题报道：分享经济，开启一个新的时代》，半月谈网，2016 年 3 月 28 日，http：//www. banyuetan. org/chcontent/jrt/2016325/189。

《分享经济“独角兽”频出亟需合理有效监管匹配》，中国商网，2017 年 5 月 15 日，http：//news. zgswcn. com/2017/0515/776913. shtml。

B.13

陕西私募股权与创业投资行业发展现状及对策建议

杨　琳　卢道真　周灵峰*

摘　要：私募股权投资和创业投资基金是推动科技创新与科技成果转化的重要金融工具。本文陈述了陕西私募股权投资与创业投资的历史沿革和发展现状。在此基础上，从募资能力、基金规模、可投项目、从业人员、投后管理、退出渠道和营商环境等七个方面分析了制约陕西私募股权与创业投资行业发展的问题。针对问题，结合陕西自身的优势和特色，提出了充分发挥引导基金的杠杆作用、积极探索授权管理改革试点、不断完善多层次资本市场和持续优化创投营商环境等具有可操作性的对策建议。

关键词：私募股权投资　创业投资　陕西

私募股权投资（Private Equity，以下简称“私募股权”）是指通过私募基金对未上市企业进行的权益性投资，推动其发展而后转让股权获利，在我国主要指对已经形成一定规模并产生稳定现金流的成熟企业的股权投资。创业投资（Venture Capital）是指对未上市的成长性企业进行股权投资，在企业发展到相对成熟后转让股权获得资本增值收益。在科技飞速发展的时代，

---

* 杨琳，博士，陕西省社会科学院金融投资研究所副研究员；卢道真，陕西省创业投资协会理事长，陕西省创新创业联盟秘书长；周灵峰，硕士，陕西省创业投资协会副秘书长。

私募股权投资与创业投资基金是推动科技创新和科技成果转化的重要金融工具，通过发现和培育具有高成长性的项目和企业，激发经济新活力，促进实体经济发展。

一 陕西私募股权与创业投资的发展现状

（一）历史沿革

1. 萌芽阶段

1989 年 6 月，陕西省批准设立省内第一家国有投资公司——陕西省产业投资有限公司，以此为标志，拉开了陕西省私募股权和创业投资的序幕。1998 年，陕西省政府成立陕西省投资集团公司，依托省级平台和日益丰满的金融牌照种类，陕西省投资集团公司逐渐成为陕西省重要的私募股权与创业投资的综合平台。1998 年 9 月 6 日，陕西省政府发布《陕西省企业产权交易管理暂行办法》，保证企业能够依法、有序进行产权交易，为陕西股权投资和创业投资提供了制度保障。

2. 起步阶段

1999 年，西安高新技术产业风险投资有限责任公司成立，这是首批经国家发改委批准成立的国有投资公司之一。2003 年 9 月 20 日，陕西省创业投资协会成立，当时个人会员 128 人，单位会员 28 家。多年来，协会对陕西省私募股权和创业投资行业发展和市场环境改善起到了重要促进作用。2003 年，陕西省政府出台了《陕西省促进关中高新技术产业带创业投资业发展规定》，对创业投资的市场准入、组织形式、退出机制等做出了明确规定。

3. 发展阶段

2008 年，陕西创业投资引导基金成立，由省级政府出资，总规模 2 亿元。2011 年 11 月，陕西金融控股集团有限责任公司成立，陕西金控集团在投资、基金板块重点布局，成为陕西省私募股权、创业投资领域国有投资的中坚力量。2011 年，西安火炬创业投资有限公司成立，这是科技部、财政部创业引导基金支持的西北地区首家创业投资基金，标志着陕西开始运用规范化的私募基金产品开展创业投资活动。2013 年，陕西省科技成果转化引导基金成立，总规模 5 亿元。省科技成果转化引导基金成为陕西科技创新的一支重要力量，入股多家省内创业投资子基金，大力支持了陕西创业投资行业的发展。

4. 规范阶段

2015 年，陕西科技控股集团有限责任公司成立，全面接管陕西省科技成果转化引导基金的日常管理和投资运营。2018 年，为贯彻落实中央金融改革要求，陕西省财政厅全额出资成立陕西财金投资管理有限责任公司，主要业务为金融股权投资及管理、政府性引导基金股权投资。陕西私募股权与创业投资的格局逐渐形成，规模日渐壮大，行业进入规范发展阶段。

2017 年，陕西省政府印发《关于加快推动创业投资发展的实施意见》，文件指出要营造良好的创业投资环境和积极的投资氛围，构建多层次创业投资体系。计划到 2020 年，全省创业投资规模超过 1000 亿元，培育以创业投资业务为主的创业投资机构有 100 家以上，形成主体多元、资本富集、人才集聚的创业投资体系，将陕西省打造成西部地区具有较大影响力的创业投资中心。

（二）发展概况

1. 机构现状

经调研，截至 2018 年 12 月，陕西省共有私募基金管理人 234 家，其中私募股权与创业投资基金管理人 164 家。164 家中国有控股的是 47 家，占总数的 29%；自然人及其所控制民营企业控股的是 107 家，占总数的 65%；社团集体控股 1 家，其他（控股主体性质不明或无控股主体）9 家（见表 1）。在自然人及其所控制民营企业控股的 107 家机构中，38 家机构所管理的基金都获得了政府引导基金的投资。

从区域分布来看，西安市以其突出的经济优势和地域优势集中了多数的私募股权机构。从注册地来看，已登记的164家私募股权与创业投资基金管理人中，有145家在西安市，约占全省的88%；咸阳、宝鸡、渭南、延安、铜川、榆林和汉中地区的共计19家，约占全省的12%，注册地在陕西省但在外地办公的基金管理人共4家，其中北京2家，上海和杭州各1家。

表1　陕西私募股权与创业投资基金数据（截至2018年12月）

项目	全国	陕西
私募基金管理人(家)	24448	234
私募股权与创业投资基金管理人(家)	14683	164
占比(%)	60	70
私募基金管理基金数(只)	74642	402
私募股权与创业投资基金管理基金数(只)	33684	264
占比(%)	45	65
私募基金管理基金规模(亿元)	127800	959
私募股权与创业投资基金管理规模(亿元)	86000	913
占比(%)	67	95

2. 投资现状

截至2018年12月[①]，陕西省创业投资案例数量为180个，全国排名第13位，投资总企业数139家，总投资金额528999万元，平均投资金额3369万元。从投资案例数量来看，排在前五名的行业分别是机械制造（34个）、IT（26个）、生物技术与医疗健康（23个）、电子及光电设备（17个）、化工原料及加工（13个）。从投资金额占比来看，排在前五名的行业依次是金融（20.6%）、机械制造（16.83%）、化工原料及加工（10.75%）、电子及光电设备（9.09%）、生物技术与医疗健康（8.17%）。

截至2018年12月，陕西省私募股权投资案例数量为141个，全国排名第13位，投资总企业数122家，总投资金额373314万元，平均投资金额2939万元。从投资案例数量来看，排在前五名的行业分别是机械制造（19

① 因私募股权投资基金和创业投资基金属于不同类别的产品，为了更全面细致地反映陕西私募股权与创业投资的现状，本报告将两种基金产品分类统计。

个)、IT(16个)、生物技术与医疗健康(13个)、电子及光电设备(12个)、清洁技术(10个)。从投资金额占比来看,排在前五名的行业依次是化工原料及加工(21.63%)、机械制造(12.8%)、互联网(10.94%)、电信及增值业务(10.53%)、能源及矿产(7.38%)。

3. 退出现状

截至2018年12月,陕西省创业投资基金退出案例数为30个,平均退出年限为3.51年,平均回报倍数2.15倍。从退出方式来看,其中以股权转让的方式退出的有14个,并购方式退出的有9个,以IPO方式退出的有3个,以回购方式退出的有2个,以借壳方式退出的有2个。从回报金额来看,0~100万元的有13个,100万~1000万元的有12个,1000万~1亿元的有5个。

截至2018年12月,陕西省私募股权投资基金退出案例数为14个,平均退出年限2.39年,平均回报倍数1.71倍。从退出方式来看,其中以股权转让的方式退出的有6个,并购方式退出的有6个,以IPO方式退出的有4个。从回报金额来看,0~100万元的有6个,100万~1000万元的有5个,1000万~1亿元的有2个,1亿~10亿元的有1个。

二 陕西私募股权与创业投资发展存在的问题

(一)募资能力较弱,社会资本参与度较低

从私募股权投资基金、创业投资基金的管理人数量和管理规模来看,2016年陕西省注册成立的管理人有29家,新增管理规模252亿元;2017年陕西省注册成立的管理人有53家,新增管理规模48亿元;2018年陕西省注册成立的管理人有5家,新增管理规模0.79亿元。总体来看,近三年来新增基金管理规模呈下降趋势,基金管理人的募资能力较弱。

截至2018年12月,陕西省省级政府投资基金拟募资总规模1241.01亿元,而基金实际到位83.75亿元,仅占拟募资总规模的6.75%。其中,省

级政府实际出资47.17亿元，其他资本到位36.58亿元。由此可知，陕西省的基金募资情况并不乐观，私募股权基金、创业投资基金的主要出资方是政府财政，但是财政资金引导并撬动的社会资本有限，社会资本的参与度较低。

（二）基金数量较少，管理规模效应不明显

从基金管理数量来看，陕西省私募股权与创业投资基金管理机构共有164家，共管理基金264只，平均每家机构管理1.61只基金，其中，管理3只及以上基金的机构仅为17家（其中最多的是陕西关天资本管理有限公司，共管理22只基金），管理2只基金的机构有24家，仅管理1只基金的机构仍有97家，有26家机构没有管理基金。从基金管理规模来看，大于100亿元的机构仅有3家；10亿~100亿元的机构有8家；1亿~10亿元的机构有49家；5000万~1亿元的机构有20家；84家机构的基金管理规模低于5000万元。总体来看，基金数量较少，机构之间差距较大，基金管理的规模效应不明显。

（三）项目多来自国有体系，优质市场项目较少

陕西省的国有经济长期占据主导地位，国有企业改革和企业治理结构优化过程中释放出很多股权投资的机会，因此，陕西省早期的IPO项目，大多数来自国有企业以及高校、科研院所的科技成果转化。但是，国有资产的大额产权交易存在体制审批和资本核查的双重制约，手续繁杂，流程费时，为引进战略投资人或股权转让设置了很多的障碍。同时，陕西的民营经济不发达，营商环境有待改善，民营企业实力有限，因此，来自市场上的优质投资项目较少。

（四）从业人员数量少，高端专业人才匮乏

截至2018年12月，全国私募基金管理机构员工总人数24.47万人；管理基金规模12.78万亿元，人均管理规模5222万元。按照陕西管理基金总规模913.36亿元计算，人均管理规模约6358万元，远高于全国人均水平。

陕西省私募股权与创业投资基金管理人员总计 2462 人，仅占全国的 1%，其中陕西省国际信托股份有限公司（367 人）和长安国际信托股份有限公司（659 人）就占了陕西从业总数的 41.67%；其余 1436 人，分布在 162 家机构，平均每家机构仅有 9 人。因此，陕西私募股权与创业投资基金的从业人员数量较少。

专业化、特色化、差异化的投资策略是私募股权和创业投资基金管理人的核心竞争力。这就要求管理团队不仅有懂技术、懂法律、懂财务等领域的从业人员，还要有深耕行业、精通业务的高端专业人才。这样就可以锁定某个行业或行业的上下游进行投资，主动筛选项目，在投后管理上提供增值服务并发挥产业协同效应。但是，在陕西的私募股权和创业投资领域，复合型的高端人才还比较匮乏。专业化的人才队伍建设是创投行业持续发展的前提和保证，人才匮乏将直接影响到投资的绩效。

（五）信息披露不及时，投后管理体系欠缺

项目信息的及时披露与沟通，是投后管理的第一步，但是，很多项目在投资完成之后，企业与投资机构的联系就慢慢减少，企业不能按照要求及时披露经营信息，导致投资机构难以及时掌握企业的经营情况，无法对接投后服务。另外，国内股权投资行业普遍重前期投资而轻投后管理，缺少退出策略规划。投资机构不仅缺乏专业的投后管理人才，而且风控和投后管理体系建设也亟待完善。陕西省的这种情况更为突出，由于投资机构的运作时间较短，团队成员较少，投后管理人员配置不足，所以投后服务难以满足已投企业的相关需求，影响了创业企业的快速发展。

（六）退出渠道少而窄，资金退出困难

私募股权和创业投资的退出渠道主要是多层次资本市场以及活跃的股权交易市场。对于基金管理人而言，投资项目若能通过 IPO 成功登陆资本市场，就是资金退出的理想路径。2017 年，中国证监会共核发 401 家企业的 IPO 批文，2018 共核发 102 家 IPO 批文。而陕西省近两年通过 IPO 的数量只

有3家。在陕西IPO数量较少的背景下，并购凭借交易方式灵活、交易成本较低及收益可观等因素成为重要的资金退出渠道，但是由于信息不对称、沟通不利和交易复杂性等因素，陕西省每年成功的并购案例很少。另外，管理层回购也是退出路径之一，但是取决于投资方和项目方协商的具体情况，在实际操作中难度较大。因此，陕西私募股权和创业投资基金的退出渠道少而窄，资金退出困难。

（七）服务意识较弱，创投营商环境亟须优化

在政务服务方面，私募股权投资、创业投资基金管理人的工商注册，私募基金产品主体的注册以及基金与被投企业的纳税申报，涉及工商、税务、银行等多个部门的支持和配合，手续很多，流程复杂。由于政府服务意识较弱，业务流程宣传、讲解程度不够，一些窗口的办事人员经验不足，导致办事效率较差，存在企业办事“多跑路”的现象。在缴税管控方面，陕西基本上是遵从国家层面的法律法规，本地的税收优惠政策很少，而按照国家层面的法律法规对投资基金进行缴税监管会出现重复征税的问题，许多投资者在对比国内其他地区的税收优惠政策之后对陕西望而却步，而选择对其他地区的投资基金进行投资。在中介机构方面，券商投行、律师事务所、会计师事务所、众创空间、孵化器等专业中介服务机构，与基金管理人、被投企业构成了信息互通的股权投资和创业投资生态，以此来克服信息不对称带来的投资风险。但是，陕西的创业投资起步较晚，专业的中介机构数量较少且发展缓慢，私募股权和创业投资的营商环境亟须优化。

三　陕西私募股权与创业投资发展的对策建议

（一）充分发挥引导基金的杠杆作用，缓解募资难题

1. 提升引导基金的运作效率

面对省内私募股权和创投机构实力较弱和募资困难的问题，政府引导基

金（简称引导基金）是一支重要的培育和支撑力量。陕西从 2008 年开始探索引导基金的设立及运作，10 多年来陕西省的引导基金稳步发展，子基金数量和管理资本规模呈逐年增长的趋势，撬动大量社会资本，对相关区域重点产业发展、科创企业培育起到关键支持作用。但是，长期以来，不同功能的引导基金分属不同部门和机构管理，管理团队不够专业，影响了引导基金的运作效率。建议要加强引导基金的专业化管理，采用“基金公司 + 托管银行 + 政府监管”的综合管理模式，提升引导基金的运作效率。以公开招标的方式，选定经验丰富、业绩出众的基金公司来负责引导基金日常管理和投资决策，通过市场化运作来真正实现专业化管理和自主决策。资金委托给银行进行第三方托管，实现对财政资金安全的有效保障。政府成立监管机构，监督资金的使用并考核资金的利用率。

2. 拓宽引导基金的资金来源

引导基金主要是政府财政出资，资金来源过于单一，在母基金层面撬动社会资本的作用有限。因此，要采取多元化的资金募集策略，拓宽引导基金的资金来源，促进引导基金的快速发展。在引导基金成立阶段，可以整合政府、各类金融机构、大中型产业投资机构的投资意愿和需求，共同参与引导基金的设立。此外，可以探索让利机制，适当降低准入门槛，吸引更广泛的社会资本参股引导基金。在风险可控的条件下做结构化设计，设置优先级和劣后级，由财政资金做劣后层，以吸引银行投资等风险偏好低、规模大的社会资本。

3. 设立特色鲜明的引导基金

结合陕西省的发展规划、各地市的规划以及陕西省上市后备企业资源，围绕新兴产业设立特色鲜明的产业引导基金。通过引导基金的定向扶持和引导功能，吸引社会资本参与，大力发展关键技术、核心技术，淘汰落后产能，以先进制造业、现代服务业为突破口，促进陕西经济快速发展。

依托“科技资源”与“军民融合”两个优势，围绕科研院所和高校的科技成果转化设立创业投资引导基金。引导基金将吸引越来越多的社会资本进入创业投资领域，加快科技成果转化步伐。基于产学研平台，引导基金通过入股创业投资子基金来支持更多的科创企业和项目，培育经济新动能，并促进陕西私募股权与创业投资的发展。

（二）积极探索授权管理改革试点，走出投资困境

1. 开展央企在陕单位授权管理改革试点

陕西有大量的央企在陕单位，行政上隶属于央企集团，而产权关系归属于国家不同的部委，其自身没有产权的处置权，改制审批还需要财政部和国防科工局审批。因此，在科技成果转化和产权处置过程中，审批困难，手续复杂。建议选择有意愿、有基础的1～2家央企在陕单位，由陕西省政府出面，与国资委和央企集团公司沟通，探索实施授权管理改革试点。对涉及科技成果转化和新成立市场化研发主体的方案，由陕西省主管部门审批，报原管理体系备案。通过先行先试，积累经验，逐步总结央企在陕单位的改制模式，从而走出陕西国有企业投资的困境。

2. 鼓励私募股权和创业投资基金参与国企混改

鼓励私募股权和创业投资基金等多元化主体参与科研院所改制、国有企业混改，不仅可以挖掘和培育优质的投资项目，还可以完善和优化企业法人治理结构。在相关政策放开的前提下，有序鼓励私募股权和创业投资基金等多元化市场主体参与到混合所有制改革中，不仅可以解决资金问题，还有利于释放国有体系的活力，促进国有体系的科技成果转化。私募股权和创业投资基金参与到国企混改中，首先有助于建立各司其职、各负其责、协调运转、有效制衡的现代企业法人治理结构；其次能够强化企业内部激励，形成灵活高效的市场化经营机制，激发更多高成长性的可投项目。

（三）不断完善多层次资本市场，拓宽退出渠道

1. 发展多层次资本市场

发展并完善多层次资本市场是拓宽私募股权和创投基金退出渠道的一条基本路径。目前，我国已有包括主板、中小企业板、创业板、“新三板”（非上市股份有限公司股权交易平台）和科创板的多层次资本市场，但是资

本市场的规范性和活跃度仍然有待提升。建议陕西省积极完善“陕西股权交易中心”的交易制度，制定真正能落实的支持企业挂牌陕西股权交易中心的各类补贴政策，并且加强与其他省份区域交易市场之间的联系，互通有无，互惠互利。在此基础上，强化区域股权交易中心的企业孵化功能，勇于实践，探索不同层次资本市场的转板机制，为私募股权和创投基金的退出疏通渠道。

2. 构建私募股权二级市场

目前，国内的私募股权二级市场（Private Equity Secondary Market）还处于早期萌芽阶段。S 基金（Secondary fund）是指专注于私募股权二级市场的基金，即从投资者手中收购企业股权或基金份额，交易的对象是投资者。私募股权二级市场可以活跃区域股权交易，有助于改善私募股权基金的流动性，从而拓宽私募股权和创投基金的退出渠道。建议陕西省积极调研，提前规划，尽早构建私募股权二级市场和布局 S 基金在陕落地。在信息方面，对标上海股权交易所，充分发挥陕西股权交易中心的信息共享与股权交易功能，克服信息不对称的问题；在估值方面，探索早期阶段二级市场合理的估价体系；在监管方面，学习广州、上海、深圳等城市的基金份额交易经验，同时推进商事制度中关于合伙企业份额转让的改革。

（四）全面提高服务意识，优化创投营商环境

1. 以用户为中心，优化政务服务

在全国推进“放管服”改革的背景下，陕西省的各级政府部门要进一步提高服务意识，践行“民之所盼，政之所向”，推动政务服务由“以部门为中心”向“以用户为中心”转变。在服务信息方面，通过对服务信息分门别类地处理，让个人和企业对信息“一目了然”。聚焦不动产登记、市场准入、企业投资、民生事务等办理量大、企业和群众关注的高频事项，将高频事项实现系统对接及数据共享，让用户第一时间获得全面正确的信息。在办事流程方面，全面理顺政府相关部门的办事业务流程，让个人和企业对办事流程“一清二楚”。并且整合、协调部门间的分工合作，能共享的材料不

得要求重复提交，节省办事的时间成本。另外，加强对政务人员的培训和监督，提高工作人员尤其是一线业务人员的业务能力，为企业和个人提供周到的服务。优质高效的政务服务是优化营商环境的重要环节，有利于增强企业和公众的获得感，有助于激活本地区私募股权和创业投资的投资热情。

2. 落实优惠政策，完善投融资服务体系

为鼓励和支持私募股权和创业投资的发展，地方政府相继出台了一些税收优惠和补贴政策，吸引一些大型知名投资机构落户本地区。建议陕西省借鉴山东、江苏、广东、四川等省份关于私募股权和创业投资发展的优惠政策，结合陕西的财政实力和地域优势，制定可操作、可落地的优惠与扶持政策。在税收方面，比如制定对私募股权和创业投资机构的所得税优惠或者补贴，投资机构投资本地项目或企业可获税收补贴，对投资机构高管的个人所得税优惠等。在奖励方面，比如根据基金的注册规模或实缴规模，给予一次性奖励等；在保障方面，比如对私募股权和创业投资机构租赁或购买办公场所给予补贴，对投资机构高管的子女入学提供绿色通道等。

从产业空间布局入手，不断完善投融资服务体系，优化创业投资的营商环境。建议根据陕西省各地市的金融产业定位，统筹规划建设基金小镇或股权投资基地，支持律师事务所、会计师事务所、众创空间、孵化器等专业中介服务机构提前入住，升级打造投资集聚区，并配套相关优惠政策和定制化服务，以吸引国内外知名私募股权和创业投资机构以及高端专业人才集聚陕西。

产 业 篇

Industry Reports

B.14 中国（陕西）自由贸易试验区建设中的金融创新研究

沈 悦*

摘 要： 陕西自贸区是连接共建"一带一路"国家经济、文化交流的重要支点，是陕西尝试通过金融创新促进产业结构升级、优化投资环境、扩大对外贸易、转变政府职能的关键。本文遵循"文献梳理—提出问题—分析问题—解决问题"的研究思路，得到如下结论。第一，陕西自贸区的金融创新虽然已经取得了一定的阶段性成果，但其成立时日较短，有关政策还未能真正落实并发挥预期作用。第二，应重视陕西自贸区金融创新过程中的风险，继续大力支持科技金融发展，建立金融合作机制等。

* 沈悦，西安交通大学经济与金融学院教授。

关键词： 自贸区　金融创新　陕西

一　陕西自贸区建设中金融创新现状分析

（一）陕西省自贸区建设中金融创新的支持性政策

1. 陕西自贸区复制推广金融创新经验

金融创新是陕西自贸区建设中探索投融资便利化、人民币国际化、利率市场化的重要改革措施，通过扩展金融制度创新、金融机构与服务创新、金融技术创新等领域，为自贸区金融业对外开放探索新路径和新模式，是借鉴了其他自贸区经济增长方式的转变和经济结构的优化提供的可复制、可推广经验，结合陕西省自身情况提出的，是陕西自贸区建设的重点工作。

（1）金融制度创新

由于陕西自贸区的战略定位中明确提到，它是以“制度创新”为核心的，因此，在金融创新领域的研究中，金融制度创新是重中之重。

①以“负面清单”管理制度为核心的外资管理制度创新

第一，对外商投资实行准入前国民待遇加“负面清单”管理制度。第二，打造与“负面清单”管理方式配套的事中事后监管制度，探索强化实际控制人管理制度，建立相应的信息公示平台，科学、公开地按规定提升全面监管的质量。第三，在投资领域方面，“负面清单”管理制度更多地倾向于对高新技术产业的引入。

②以促进投融资便利化为目的的金融开放制度创新

陕西自贸区金融开放制度创新主要包括两方面规定。其一，建立与自贸试验区相适应的本外币账户管理体系，促进人民币国际化的进程。其二，支持自贸试验区内符合条件的企业按规定开展境外证券投资。其中具体包括“支持境外母公司境内发行人民币债券”“跨国企业双向资金池”“跨境人民币基金、证券、衍生品投资业务”等。如图1所示，若以陕西辖内银行办理跨境人民币结算金额近似表示人民币国际化程度，可以看出从2011年到2014年有了一个较大的提升，但是在2014年以后，其结算金额略有下降，虽然也保持在远大于2011～2013年的水平上，但是其持续略有下降的态势说明陕西省在推行银行办理跨境人民币结算上遇到了一些问题，由此影响了其发展水平。

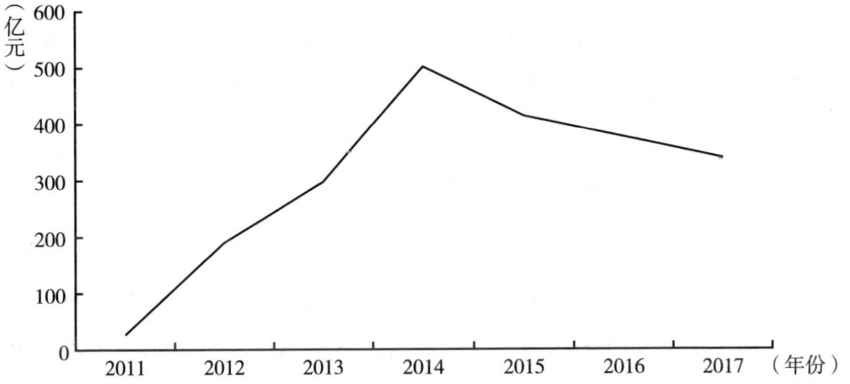

图1　2011～2017年陕西辖内银行办理跨境人民币结算金额

③以推动贸易转型升级为目的的政府“服务清单”管理制度

第一，建立政府部门“服务清单”管理制度，进一步拓展新型贸易方式，实现贸易的转型和升级。第二，探索创新服务贸易发展模式，扩大服务贸易双向开放。

（2）金融机构与服务创新

金融机构与服务创新是中观层面上的创新，涉及金融机构自我职能的改善和金融服务功能的增强。

第一，增强金融机构的金融服务功能。在金融机构的设立方面，拓宽了资金的进入渠道，包括“支持外资进入”“支持民营企业进入”“放宽外资准入条件”“简化管理”等，尤其强调对共建“一带一路”国家的优惠。第二，鼓励自贸试验区内银行业金融机构高新技术领域企业提供高效优质金融服务。

（3）金融科技创新

主要包括创新科技合作机制和创新教育合作机制两部分，前者主张政府投入与引导企业相结合，后者强调跨国教育和相关院校优化，二者结合，共同为金融创新提供企业层面和人才层面的科技储备，包括创新科技合作机制和创新教育合作机制。

2. 陕西省各部门协同配合提供金融政策支持

自贸区金融改革是陕西省各相关部门协力完成的，各部门根据其职能划分，提出了有关自贸区金融改革的意见、通知、方案等，为自贸区金融改革提供了相应的政策支持。

3. 陕西自贸区内各金融示范区协同配合

在陕西自贸区内，结合西安市区域金融中心建设，对于各个细分区域结合特点与资源聚集也明确了相应的金融改革定位。打造金融改革的“三个示范区”+“三个功能区”［“三个示范区”即科技金融示范区（高新区）、文化金融示范区（曲江新区）、军民融合金融示范区（经开区）；“三个功能区”即能源金融功能区（沣渭能源金融区）、物流金融功能区（空港新城、国际港务区）、绿色金融功能区（浐灞生态区）］。此外，在陕西自贸试验区西安区域内，积极发展离岸金融。在陕西自贸区挂牌成立以来，自贸区内的各个金融功能区也出台了相应的招商引资政策来推动区内的金融改革进程。

（二）陕西省自贸区建设中金融创新的阶段性成果

1. 形成了一系列金融创新典型案例

综上所述，陕西省自贸区的金融创新在一系列政策支持下，已经形成了一些金融创新典型案例，其中可复制的经验已逐渐向全省甚至全国推广。陕西自贸区建设中的部分典型金融创新案例如表 1 所示。

表 1　陕西自贸区典型金融创新案例总结

序号	陕西自贸区典型金融创新案例总结	已实施区域	复制推广区域	牵头单位
1	文化企业股权融资。即银行业机构对文化企业进行股权投资	自贸试验区	全省	中国人民银行西安分行
2	“内保外贷”金融创新。企业通过内保外贷的形式，申请由境内商业银行向其境外分行出具相对应金额的融资性对外担保保函，由境外分行为其发放贷款	西安高新区功能区	全省	中国人民银行西安分行
3	信用金融服务创新。建立“税银企”合作机制。通过“资本金用途”股权投资类理财产品创新	西安高新功能区	自贸试验区	中国人民银行西安分行、自贸试验区各管委会
4	征信服务与政务服务联动。利用商业银行网点设立征信自主查询代理点，为个人提供征信查询服务，推动守信联合激励、失信联合惩戒	西安高新区功能区	全省	中国人民银行西安分行、各市（区）政府
5	着力发展科技金融	高新功能区	—	高新功能区与深交所信息公司、陕股交中心共同搭建
6	保理金单制供应链金融新模式。搭建供应链金融平台；创新保理金单新模式；突出风险双向管控	西安国际港务区片区	—	市商务局、保理公司以及核心企业

2. 多个金融机构落户陕西，新型融资方式相继展开

2018 年，各种金融科技企业，陕西鼎盛裕和、陕西财信等内资租赁公司，中核工业、京东金融等商业保理企业，中航安盟等外资保险公司相继落户陕西省自贸区，在自贸区建设中，金融业态集聚效应初步体现。

二　陕西省自贸区金融创新存在的问题分析

尽管陕西自贸区成立一年来在金融创新方面取得了很大成绩，为自贸区

建设提供了全方位金融服务，但是，由于各种主客观条件的限制，陕西自贸区建设中的金融创新服务仍然面临一系列挑战。

（一）金融制度创新的不足

从金融制度创新来看，其创新力度不足。陕西自贸区没有如同上海自贸区一般的“个体工商户向其在境外经营主体提供跨境人民币资金支持”的有关规定。另外，在“本外币账户管理体系”中，陕西自贸区仍没有被允许开立自由贸易账户，而是仅仅处在探索阶段。“资本项目”里，陕西未被允许开设“合格境内个人投资者境外投资试点”和“符合条件的机构和个人在境内外证券期货市场投资”。

对比其他自贸区，陕西省自贸区金融创新未落实的支持性政策总结如表2所示。

表2 陕西省自贸区金融创新未落实的支持性政策

序号	金融机构市场准入方面政策
1	支持设立外资控股的人身保险公司
2	探索推进巨灾债券试点
3	允许自贸试验区内证券期货经营机构开展证券期货业务交叉持牌试点
人民币跨境使用方面政策	
1	个体工商户向其在境外经营主体提供跨境人民币资金支持
深化外汇管理改革方面政策	
1	开立自由贸易账户
2	合格境内个人投资者境外投资试点
3	符合条件的机构和个人在境内外证券期货市场投资
4	融资租赁外债便利化试点，支持注册在自贸试验区的融资租赁公司项目子公司共享母公司外债额度
风险监测及管理方面政策	
1	建议国家扩大投贷联动试点范围，授予自贸试验区内符合条件的地方法人银行开展投贷联动试点资格
2	探索金融科技的监管创新

尽管陕西自贸区同其他自贸区，特别是建设于经济更为发达地区的第一和第二批自贸区相比，有一些政策的缺口，但是实际上已经参考其他自贸区可复制经验，复制了大多数的金融支持性政策。但是不可否认，虽然各种金融支持性政策在陕西省已经被提出、强调并且加以落实执行，但是其执行情况和效果由于自贸区建设时间较短、金融创新对经济各方面影响情况具有时滞性等，是否如预期中积极正向仍是不确定的。

（二）金融机构与服务创新的不足

从金融机构与服务创新角度来看，其融资方式仍旧有限，而融资工具和手段都不够丰富。虽然自贸区对于离岸金融业务的发展也放开了制度上的限制，但是目前陕西自贸区该政策的推进还比较缓慢，尤其是与上海自贸区相比，非银行金融机构发展滞后限制了自贸区金融系统的效率提升。从金融科技创新角度来看，陕西自贸区对于金融科技的监管创新的相关措施还没有落地。

以金融租赁为例，如图 2 所示，目前自贸区有关金融租赁的政策并没有全面落实，这一点在陕西、辽宁等地尤为明显。可以看出，陕西省金融租赁业刚刚起步，亟待在尝试中获取相关经验，而陕西自贸区可以承担起这样的任务，因此在自贸区范围内，可以试验各种信贷方式以及贸易和融资租赁等新型信贷业务，并且进一步推动知识产权、股权等质押贷款，创新针对科技产业的股权、债权、融资租赁的模式。

（三）金融科技创新的不足

陕西省金融科技创新处于起步阶段，其水平有待提高。一方面，由于目前陕西的金融体系仍以商业银行为主，金融科技的发展主要体现为服务窗口机器代替人工，虽然节约了人力，但主要体现为柜台服务的改进，并未在高端业务发展上有更多创新，金融科技的优势并没有发挥作用。另一方面，有关掌握金融科技的高端人才的引进和补给问题也困扰着陕西省自贸区金融科技的发展。但是，培养企业的创新文化和培育人才养成体系需要一定的时

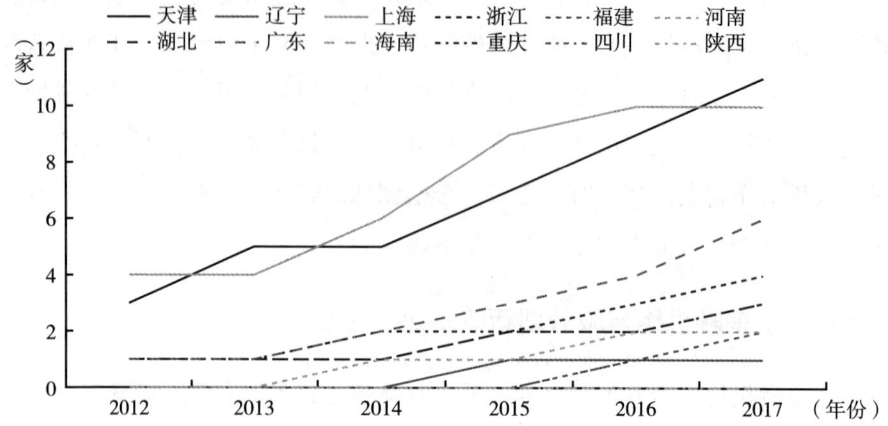

图2　2012～2017年设有自贸区省及直辖市金融租赁业企业数

间，因此在短期内，自贸区文件中有关金融科技创新的规定可能并不能起到其预期的积极作用，反而可能因为冲击了原有的奖励机制和融资体系，对金融业创新快速发展产生阻碍作用。

三　研究结论及对策建议

（一）研究结论

本文在阅读国内外相关文献的基础上，结合陕西自贸区金融创新的实际情况，梳理了陕西自贸区金融创新的成果和不足。在此基础上，通过对以上内容的研究，本文得出以下结论。

第一，从陕西自贸区金融创新指数与全国其他11个自贸区的比较结果来看，作为第三批批准设立的内陆型自贸区，陕西自贸区建设水平处于中等偏下的水平，同辽宁、天津金融创新水平相当，而同上海自贸区和经济发达地区如浙江自贸区的发展水平有一定差距。但是实际上，陕西金融创新水平在自贸区成立后的近三年间有所增长，这说明自贸区金融创新的工作阶段性成果值得肯定。

第二，陕西省自贸区中金融创新还有很多政策未能落实，且已落实的政策还未能发挥应有的效用。在政策制定和推行的过程中，其不确定性放大了金融风险，对自贸区建设产生了负面影响。

（二）政策建议

根据陕西自贸区金融创新的理论、现状与实证分析，本文发现在陕西自贸区建设的过程中，尽管金融创新已经取得了一定成就，但是相关措施仍没有取得预期的成就，这意味着陕西自贸区所实施的金融创新政策还有进一步优化和改革的空间。因此为了更好地发挥自贸区“改革试验田”和“改革先行者”的作用，最终促进陕西自贸区的建设，本文提出如下政策建议。

1. 大力发展科技金融，充分发挥陕西科教资源优势

大力支持科技金融发展。第一，可通过金融创新解决科技型中小企业融资难的问题。与一般工商企业相比，大部分科技型中小企业以轻资产模式经营，缺乏可用于抵押的固定资产，因此在自贸区金融创新中，应引导金融机构开展知识产权质押贷款、股权质押、应收账款质押、贷款等新型信贷业务，以解决部分科技型中小企业规模小，房产少，设备少，可供抵押资产不足，无形资产占比高，从而难以获得资金的问题。第二，加大对高新技术企业的信贷支持力度，并且在自贸区内建立以发展军民融合产业和高科技企业为主要投向的产业基金、股权基金，综合运用买方信贷、卖方信贷、贸易融资、融资租赁等融资方式，搭建针对军民融合产业和高科技产业的融资租赁资产交易平台，创新针对科技产业的股权 + 债权 + 融资租赁融资模式。第三，在自贸区中科技发展到一定程度以后，还可以此为支撑促进金融科技的进一步发展，即网络科技、数字货币、区块链等技术。

在维持目前陕西科教资源优势的基础上，进一步引入高端金融人才，充实自贸区专家库。其一，应根据相关政策措施给予金融人才相应的物质奖励，比如人才政策中的个税奖励、健康管理、子女就学、住房补助等支持政策，对于外籍人士来说，其通行和居留也需要进一步便利化，这样的政策基础无疑会为金融人才来陕发展打下基础。其二，自贸区应通过提升金融实

力、改善金融生态环境，吸引金融人才的加盟。另外，由于陕西省具有深厚的人文内涵，有助于形成陕西招牌，用品牌风采吸引金融人才进驻，从而探索出自贸区金融人才发展的“陕西路径”。

2. 支持物流金融发展，创新区域性金融合作机制

依托以强调物流金融发展的西安国际港务区、空港新城等片区，推进物流融资能力的提升；通过完善社会配套设施、税收优惠、完善交通等措施，吸引物流保险运营中心、保险经纪、保险公估等机构入驻陕西省，促进物流保险机构及产品发展；完善物流金融中介服务体系，培育和发展中介服务机构，完善相关金融服务机构，推动物流资产证券化业务发展，进一步提升人民币国际化成果的收益，积极拓展跨境电子商务人民币海外业务。

3. 大力发展文化金融

根据陕西自贸区特色定位，根据与共建“一带一路”国家人文交流新模式的需要，政府应促进陕西省申报丝绸之路经济带文化金融合作试验区，进一步探索文化金融深度融合，形成一些可复制、可推广的经验。建议给予陕西优质文化企业上市“绿色通道”，服务创新型文创中小微企业，基于文创企业优先办理立项、评审等手续等政策优惠，推动文化企业建立健全现代企业制度，搭建文化金融合作平台，促进陕西与共建“一带一路”国家的人文交流。鼓励设立中小文化企业专项风险补偿基金，分担文化企业债务成本和债务融资风险。

4. 增强金融业内生动力，关注新型金融工具的创造

与其他自贸区相比，陕西自贸区金融组织体系尚不完善，制约了金融产品的有效供给，为此需增强金融业内生动力。第一，提高金融业服务实体经济的核心能力。发挥陕西省作为新丝绸之路起点的优势，努力把陕西省建设成为丝绸之路金融中心，提高陕西自贸区金融服务水平。第二，紧握自贸区建设给陕西省带来的难得的对外开放新机遇，吸引境内外各类金融机构业务入驻陕西自贸区，把握自贸区建设的机遇打造有世界知名度的跨国公司。第三，鼓励民间资本投资各类金融机构。第四，鼓励地方法人银行、证券、信托、保险机构做大做强，如发展 PPP 模式、资产证券化、兼并重组、境外

融资。第五，重视政府对于金融创新发展整体把控和监督的作用，建议政府同步推动改革以完善监管的职能，对境内外居民和投资者的跨境投资进行监管，以预防、监控和消除其对社会经济、金融乃至政治产生巨大的冲击。第六，提高金融中介业务的专业化，鼓励金融中介业务的发展，如信用创造、清算支付、资源配置、信息提供和风险管理等金融中介服务功能。第七，优化金融资源布局，积极打造包含高新科技金融、军民融合金融、金融租赁业务等示范区和西咸能源金融、国际港务区、空港新城物流金融、浐灞绿色金融等功能区，构建金融产业新格局。

5. 强调金融创新服务实体经济，支持自贸区企业做大做强

自贸区建设过程中，金融创新政策的制定应与国家发展需求、地方实体经济的发展需求相吻合。作为内陆省份，陕西省对外开放水平还并不是很高，亟须提高外向型企业的水平，因此对陕西自贸区中金融创新对于实体经济的促进能力产生了更高的要求。第一，陕西自贸区应支持现有外向型企业发展，并且支持建设更多中小企业开展对外贸易业务。第二，吸引跨国公司落户陕西，促进区内产业发展与金融创新的共同发展。支持自贸区现有大型公司发展跨国业务。陕西自贸区作为发展对外开放业务的良好平台，应出台政策积极吸引大型外资企业和跨国公司在区内设立资金运营中心，支持现有大型公司发展跨国业务。第三，支持企业“走出去”，发挥目前陕西在航空航天、现代农业、电子信息等高新技术产业的优势，同丝绸之路经济带沿线的国家积极对接，支持相关产业发展跨国业务，特别是在金融创新领域，推动金融机构向西开放。

6. 平稳有序地开放资本账户，推动人民币区域计价结算体系建设

陕西省自贸区建设中的一个重要任务就是推进资本账户开放，以此推动人民币跨境结算业务来为人民币国际化的深化创造条件，也有助于西安新丝路国际金融中心的建设，而平稳有序地推动资本账户开放的工作，则有利于降低金融风险，维持经济稳定发展。通过陕西自贸区内小范围的试验，获得可复制的开放资本账户经验以后，可以尝试进一步在共建“一带一路”国家推广。

7. 强调自贸试验区的简政放权，强化事中事后的金融监管

在进行金融创新的同时，转变政府管理理念，创新自贸区的金融监管措施，构建与自贸区建设相适应的监管制度。对标新金融发展强劲地区，陕西省自贸区需要成为政府管理理念实践的先行者，将政府管理理念从传统的重视事先审批转向注重事中事后监管，由政府被动审批向主动服务企业转变，切实加快自贸区新金融形成陕西特色。加强新金融风险防范。国家金融监管处于转型阶段，积极探索自贸区金融监管的陕西路径。落实风险为本的原则，探索建立跨境资金流动风险监管机制，强化开展反洗钱、反恐怖融资、反逃税工作，防止非法资金跨境、跨区流动，切实防范开放环境下的金融风险。

参考文献

孙立坚：《上海自贸区总体方案的金融开放战略》，《新金融》2013 年第 12 期。

仰炬、唐莹：《中国（上海）自由贸易试验区金融创新研究》，《国际商务研究》2014 年第 3 期。

张苑：《上海自贸试验区推进金融创新研究》，《国际金融》2016 年第 3 期。

刘彬、李麟：《自贸区金融创新机理研究——基于试错机制的视角》，《上海金融》2016 年第 6 期。

黄梅波、陈冰林：《福建自贸试验区成立下两岸金融合作的探讨和展望》，《东南学术》2015 年第 5 期。

欧阳卫民：《自贸区金融改革创新：目标、思路和对策》，《南方金融》2016 年第 3 期。

梁承寰、贺新然：《金融创新视角下的河南自贸区建设问题研究》，《征信》2018 年第 10 期。

王根蓓、许淑君：《异质性风险偏好、市场摩擦与自贸区金融创新的消费和投资效应——基于 Diamond 世代交叠模型的理论分析》，《财经研究》2015 年第 12 期。

周明升、韩冬梅：《上海自贸区金融开放创新对上海的经济效应评价——基于“反事实”方法的研究》，《华东经济管理》2018 年第 8 期。

王勇、王亮、余升国：《自贸区离岸金融制度创新理论分析框架》，《上海经济研究》2018 年第 5 期。

B.15

加快陕西生产性服务业发展研究*

陕西省社会科学院课题组**

摘　要： 生产性服务业是一、二产业向第三产业延伸并加速融合的关键。伴随国民经济的持续增长与工业化进程的快速推进，陕西生产性服务业步入快速发展轨道，占全省服务业增加值的比重已经超过50%，对全省经济增长的支撑作用明显提升；但同时还存在总体规模依然偏小，行业结构层次较低，行业龙头企业缺乏，国际开放程度不高，行业管理松散无力等问题。因此本文在系统分析陕西生产性服务业现状的基础上，提出了创新生产性服务业体制机制，推进与制造业深度融合，构建生产性服务产业体系，优化生产性服务业开发格局，推进生产性服务业制度创新，构建生产性服务业支撑体系等六大对策建议，加快推进陕西生产性服务业的发展，使其成为驱动陕西制造业转型升级的“心脏和翅膀”。

关键词： 生产性服务业　制造业　陕西

---

* 2018年陕西省社科基金项目“陕西现代产业体系协同发展的动态演进机制、测度与路径研究”（立项号为2018D07）、2019年西安市社科基金项目“‘一带一路’背景下西安现代服务业发展评价、战略选择与路径研究”（立项号为19Z86）阶段性成果。

** 课题组组长：曹林，陕西省社会科学院经济研究所副研究员。课题组成员：杨琳，陕西省社会科学院金融投资研究所副研究员；刘晓惠，陕西省社会科学院经济研究所助理研究员；张爱玲，陕西省行政学院财务管理系讲师；李艳，陕西诺尔产业规划研究院产业规划所所长。

生产性服务业是一、二产业向第三产业延伸并加速融合的关键，是全球产业竞争的战略制高点，也是引领产业向价值链高端提升的关键环节①。当前，陕西生产性服务业对制造业发展水平和发展效率的提升作用不强，发挥驱动制造业转型升级的“心脏和翅膀”作用有限。加快陕西省生产性服务业，特别是知识密集型生产性服务业的发展，对于弥补生产性服务业发展短板，加速与制造业融合发展，推进经济新旧动能转换，加快构建科技创新、现代金融、人力资源与实体经济协同发展现代产业体系具有重要意义。受制于服务业统计工作滞后的影响，以2019年国家统计局生产性服务业的统计分类标准为依据，结合陕西省实际，确定本报告生产性服务业包括批发业，交通运输、仓储和邮政业，信息传输、软件和信息技术服务业，金融业，租赁和商务服务业，科学研究和技术服务业，水利、环境和公共设施业等七大类国民经济行业。

一　陕西生产性服务业发展的现状分析

（一）步入快速发展轨道，支撑作用明显提升

伴随国民经济的持续增长与工业化进程的快速推进，陕西省生产性服务业步入快速发展轨道（见表1）。2017年，陕西省生产性服务业增加值为4690.8亿元，占服务业增加值比重首次超过一半，达到50.6%，比2014年提高了1.2个百分点；2015～2017年增加值年均增速为13.2%，高于同期服务业1.1个百分点。规上法人单位数、固定资产投资额与就业人数均保持同步增长趋势。2017年，陕西省生产性服务业规上法人单位数共计77626家，2015～2017年平均增速18.5%，高于全省服务业6.8个百分点；固定资产投资8597.0亿元，2015～2017年平均增速为28.7%，高于全省服务业14.7个百分点；实现就业175.44万人，2015～2017年平均增速为5.3%。

① 《山东省生产性服务业发展布局规划》，2019年1月。

陕西省生产性服务业对GDP增长贡献率保持高位水平，对全省经济增长的支撑作用明显，已经成为新时期陕西省经济增长的重要力量。

表1　2013～2017年陕西生产性服务业发展情况比较

类别/年份	规上法人单位数		就业人数		固定资产投资		增加值		
	数值（家）	增速（%）	数值（人）	增速（%）	数值（亿元）	增速（%）	数值（亿元）	增速（%）	对GDP增长贡献率（%）
2013	35985	—	140.77	—	3157.9	—	2865.78	—	
2014	46678	29.7	150.23	6.7	4030.5	27.6	3237.60	12.9	22.6
2015	56693	21.5	151.54	0.9	5068.1	25.7	3574.30	10.4	69.9
2016	64182	13.2	160.03	5.6	6562.3	29.5	4072.52	13.9	50.1
2017	77626	20.9	175.44	9.6	8597.0	31.0	4690.80	15.2	22.6

注：①因为生产性服务业统计标准进行了重大调整，基于可比性原则选择2014～2017年统计数据。②批发业的就业数据使用限额以上批发业从业人员数据。

资料来源：①《中国第三产业统计年鉴》（2014～2018），中国统计出版社，2015～2019。②《陕西统计年鉴》（2014～2018），中国统计出版社，2015～2019。下文数据不做特殊说明均来源于以上数据资料。

（二）结构调整步伐加快，优势行业发展壮大

随着陕西省产业转型升级的加速和产业结构调整步伐的加快，生产性服务业内部结构加速向现代化、高端化迈进。从静态内部结构来看（见图1），2017年，生产性服务业内规模最大的行业为金融业（占生产性服务业的比重为27.7%），其次为批发业（19.8%），交通运输、仓储和邮政业（17.8%）与信息传输、软件和信息技术服务业（17.8%），规模最小的行业分别为水利、环境和公共设施业（1.5%）、租赁和商务服务业（4.4%）。从动态行业演变来看（见表2），信息传输、软件和信息技术服务业，科学研究和技术服务业，租赁和商务服务业三大新兴行业近3年年均增速为31.5%、20.2%、20.1%，分别高于生产性服务业年均增速18.3个、7.0个和6.9个百分点，相应三大新兴行业占生产性服务业比重快速提升，尤其是信息传输、软件和信息技术服务业占比三年提高了6.5个百分点；批发业，交通运输、仓储和邮政行业增速为6.1%和7.2%，分别低于生产性服

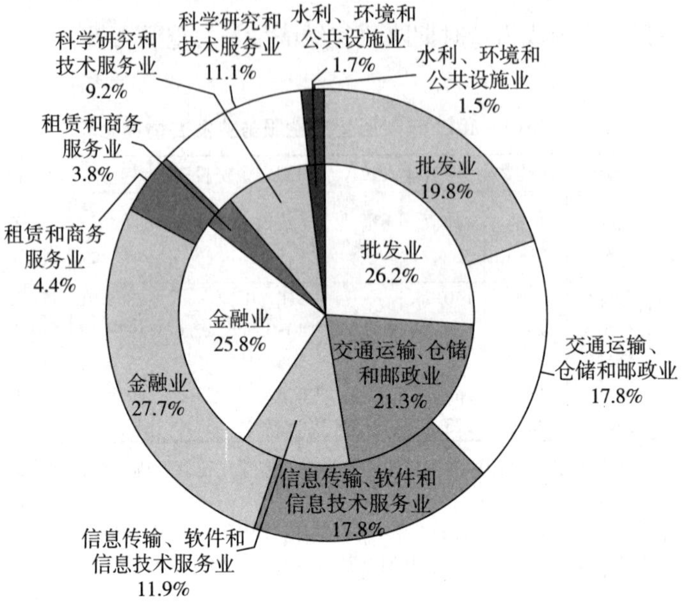

图1　2013 年（内圆）与 2017 年（外环）陕西生产性服务业行业占比情况

务业年均增速 7.1 个和 6 个百分点，相应两大传统行业比重持续降低，由 2014 年的 44.8% 下降到 37.6%。从全国行业竞争优势来看（见表3），对陕西省 2013～2016 年生产性服务业增加值偏离份额分析结果表明，陕西省批发业（－120.64 亿元），交通运输、仓储和邮政业（－4.17 亿元），水利、环境和公共设施管理业竞争力分量值（－2.77 亿元）均为负值，低于全国平均水平，反映出这些产业在全国不具有竞争力；信息传输、软件和信息技术服务业，金融业，科学研究和技术服务业增加数值所有指标均为正值且绝对值较高，说明陕西这三个行业在全国具有较强的竞争优势；租赁和商务服务业虽然竞争力分量为正值，但绝对值较小，说明具有全国竞争优势但不明显。因此，陕西省形成了以信息传输、软件和信息技术服务业，金融业，科学研究和技术服务业为代表的竞争优势产业。同时，生产性服务业转型升级步伐加快，批发业中现代交易形态比重大幅提升，物流商贸业中的第三方物流、跨境电子商务、快递等新业态、新模式不断涌现，金融业的创业投资与私募基金等新行业发展迅猛。

表2　2013～2017年陕西生产性服务业增加值比较

单位：亿元，%

年份	2013	2014	2015	2016	2017	2015～2017年年均增速
地区生产总值	16205.45	17689.94	18021.86	19399.59	21898.81	7.4
服务业增加值	5832.14	6547.76	7342.1	8215.02	9274.48	12.3
生产性服务业增加值	2865.78	3237.6	3574.3	4072.52	4690.8	13.2
批发业	751.84	774.8	795.0	831.66	926.47	6.1
交通运输、仓储和邮政业	611.11	675.7	712.18	771.77	832.62	7.2
信息传输、软件和信息技术服务业	342.24	366.7	447.87	587.13	834.75	31.5
金融业	738.52	948.9	1079.29	1181.54	1300.1	11.1
租赁和商务服务业	109.6	117.9	132.16	165.23	204.51	20.1
科学研究和技术服务业	264.13	301.2	345.08	470.59	522.57	20.2
水利、环境和公共设施管理业	48.34	52.4	58.74	64.61	69.78	10.0

表3　2013～2016年陕西生产性服务业增加值偏离份额分析

单位：亿元

主要行业	份额分量	结构分量	竞争力分量	总偏离分量	总变化分量
生产性服务业	1137.71	-2.60	71.62	69.02	1206.73
批发业	298.48	-98.02	-120.64	-218.66	79.82
交通运输、仓储和邮政业	242.61	-77.78	-4.17	-81.96	160.66
信息传输、软件和信息技术服务业	135.87	75.03	33.99	109.02	244.89
金融业	293.1	64.16	85.56	149.82	443.02
租赁和商务服务业	43.51	7.36	4.76	12.12	55.63
科学研究和技术服务业	104.86	26.80	74.80	101.60	206.46
水利、环境和公共设施管理业	19.19	-0.15	-2.77	-2.92	16.27

资料来源：陕西省统计局《提高陕西生产性服务业竞争力研究》，统计分析，2018年11月28日。

（三）研发投入不断加大，质量效益稳步提高

陕西省生产性服务业创新驱动能力不断增强。2017 年，陕西省科学研究与技术服务业法人单位数 15126 家，与 2013 年相比增长 64.75%；从业人员 27.11 万人，与 2013 年相比增长 30.9%，在生产性服务业中每万名从业人员中从事科学研究与技术服务业的人员为 1545 人，与 2013 年相比增长 5.1%；R&D 经费内部支出 460.94 亿元，与 2013 年相比增长 34.48%，占地区生产总值的 2.1%；R&D 人员全时当量 98188 人年，同比增长 3.62%；全省技术市场成交额实现 920.94 亿元，与 2013 年相比增长 72.69%（见表 4）。基于信息、知识、技术密集等特征，生产性服务业劳动生产率普遍较高。2017 年，全省生产性服务业劳动生产率 225737 元/人，分别高于全省全社会平均水平和服务业平均水平 1.1 倍和 69.9%。分行业看，劳动生产率最高的为金融业，达到 564166 元/人；信息传输、软件和信息技术服务业劳动生产率为 418237 元/人；科学研究和技术服务业劳动生产率为 212005 元/人；交通运输、仓储和邮政业劳动生产率为 189938 元/人；批发业劳动生产率为 145550 元/人；租赁和商务服务业劳动生产率为 97000 元/人；水利、环境和公共设施劳动生产率为 60293 元/人。

表 4　2013～2017 年陕西科学研究与技术服务业情况比较

年份	法人单位数（家）	就业（万人）	R&D 经费内部支出（万元）	R&D 经费内部支出与地区生产总值之比（%）	技术市场成交额（万元）
2013	9181	20.71	3427454	2.14	5332787
2014	11219	22.49	3667730	2.07	6400198
2015	12392	24.49	3931727	2.18	7218211
2016	13169	25.10	4195554	2.19	8027887
2017	15126	27.11	4609363	2.10	9209395

（四）区域分布相对集中，集聚区成为重要载体

与自然地理、经济分布和城镇化布局相适应，陕西省生产性服务业呈现以西安为核心，以关中城市群为主体，以陕南陕北区域中心城市为节点的相对集中的区域分布形态。从三大区域就业布局看（见图2），2017年关中、陕北、陕南生产性服务业就业人员结构为79.7∶10.1∶10.2，关中城市群生产性

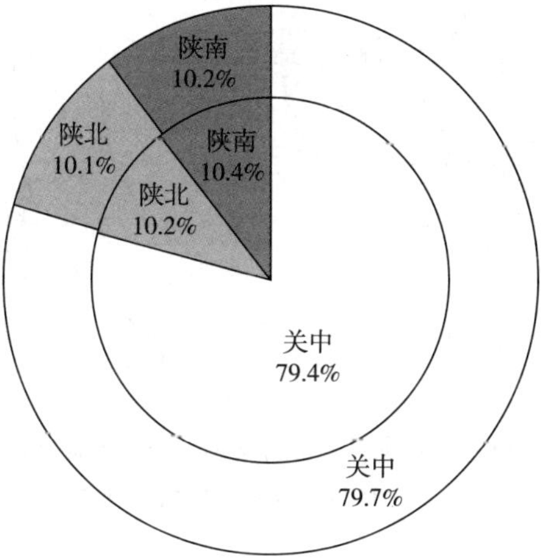

图2　2013年（内圆）与2017年（外环）三大区域生产性服务业就业结构对比情况

服务业比重接近80%。2013年区域就业结构为79.4∶10.2∶10.4，呈现“关中微升，陕北、陕南略降”的稳态格局。从城市就业结构来看（见图3），2017年，西安以58.21%的占比绝对优势位列第一，随后为关中的渭南（7.25%）和咸阳（6.61%），榆林（6.27%）和汉中（4.96%）分别位于陕北、陕南首位。从与2013年比较来看，2017年西安市就业比重增加1.12个百分点，增长最多，渭南减少0.62个百分点，下降最多。产业集群是有效的产业组织形式，开发区、工业园区、特色街区也成为陕西省生产性服务业的重要载体。当前，陕西已形成西安交大科技创新港、西安高新区软件

园、国际港务区物流产业集聚区、曲江新区文化产业集聚区、浐灞金融商务产业集聚区、西安经开区制造服务业集聚区等一批生产性服务业集聚区，有力地推动了全省服务业集中、集聚发展。

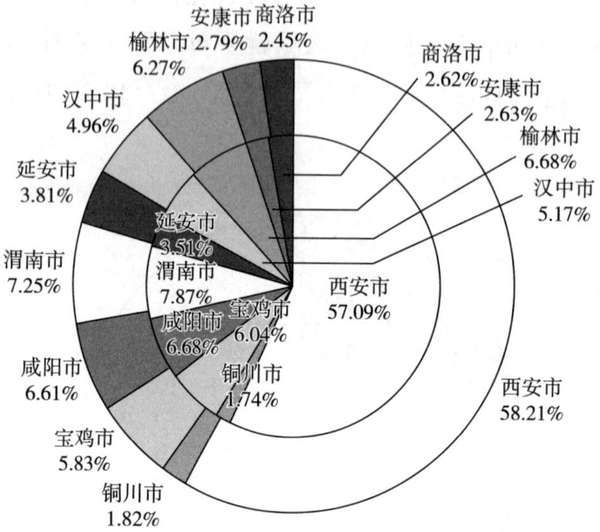

图3　2013年（内圆）与2017年（外环）陕西城市生产性服务业就业结构对比情况

（五）综合改革成效显著，开放步伐不断加大

改革创新是生产性服务业发展的不竭动力，陕西省深入开展了西安、西咸新区国家服务业综合改革试点工作，高标准建设国家自贸区、国家自主创新示范区，并以国家临空经济实验区、国家科技资源统筹区等为重点，全面、系统地进行了生产性服务业各领域的创新改革。2010年，西安获批国家首批国家服务业综合改革试点区域。“十二五”期间，先后获批确认了国家、省、市三级服务业综合改革试点聚集区共计40个，实现各区县全覆盖，成为引领全市乃至全省服务业发展的重要引擎。2017年，西安被列入首批国家服务业综合改革示范典型区域。行政效能革命强力推进，服务业公共服务不断完善，在服务业体制机制、市场准

入等改革方面取得重大进展，在科学调整服务业结构和布局、培育服务业新业态新模式方面取得较大成效。陕西省生产性服务业对外开放持续扩大，“三个经济”助推服务业贸易规模不断增大。“十二五”时期，陕西省服务贸易进入快速发展时期，服务贸易进出口总额由“十一五”的106.7亿美元，上升到292.25亿美元。2017年，陕西省服务贸易进出口总额为73.74亿美元，涵盖运输服务、计算机服务、加工服务与技术服务等多个领域。

二　陕西生产性服务业发展存在的问题及制约因素

（一）存在的问题

1. 总体规模依然偏小，供给总量相对不足

陕西省生产性服务业虽然取得长足发展，但是总体规模依然偏小，供给总量相对不足，与建成西部经济强省的目标仍有不小差距。2017年，全省生产性服务业的法人单位数为77626家，占全国的1.6%，与相邻的湖北、四川、河南相差1～4个百分点，仅为江苏的13.7%；固定资产投资为8351.1亿元，占全国的4.9%，低于湖北和河南，比四川低1.1个百分点，是江苏的78.2%；营业收入为12040.1亿元，占全国的1.7%，比相邻的湖北、四川、河南低0.4～0.8个百分点，仅为江苏的19.1%，如表5所示。

表5　2017年全国6个省份的生产性服务业统计数据比较

省份 数据	法人单位数		固定资产投入		营业收入	
	数量（家）	占比（%）	数量（亿元）	占比（%）	数量（亿元）	占比（%）
全国	4895833	100.0	170636.7	100.0	688448.5	100.0
江苏	568676	11.6	10673.3	6.3	62983.7	9.1
安徽	189824	3.9	6193.2	3.6	13538.5	2.0

续表

省份 数据	法人单位数		固定资产投入		营业收入	
	数量(家)	占比(%)	数量(亿元)	占比(%)	数量(亿元)	占比(%)
湖北	233230	4.8	8493.1	5.0	17266	2.5
四川	118698	2.4	10191.0	6.0	14374.8	2.1
河南	174832	3.6	8539.4	5.0	15741.1	2.3
陕西	77626	1.6	8351.1	4.9	12040.1	1.7

注：法人单位数包括批发业，交通运输、仓储和邮政业，信息传输、软件和信息技术服务业，金融业，租赁和商务服务业，科学研究和技术服务业，水利、环境和公共设施业等7个行业数据；固定资产投入包括除去批发业的其余6个行业的数据；营业收入包括除去金融业的6个行业数据。

资料来源：《中国第三产业统计年鉴（2018年）》，个别省份的行业数据缺失。

2. 行业结构层次较低，发展水平有待提高

尽管全省生产性服务业行业结构不断升级，高端生产性服务业比重逐年提高，但是所占份额仍然偏小。从增加值来看，2017年，高端生产性服务业中的信息传输、软件和信息技术服务业，租赁和商务服务业，科学研究和技术服务业三个行业增加值合计1561.83亿元，只占生产性服务业增加值的33.3%，占服务业增加值比重仅为16.8%①。陕西省金融业增加值占服务业增加值比重为14%，低于相邻省份湖北（16%）、四川（17.4%），也低于全国水平（15.4%）；从营业收入来看（见表6），2017年，陕西省批发业与交通运输、仓储和邮政业两项传统生产性服务业营业收入占生产性服务业的比重高达78.3%。而知识密集型服务业中，信息传输、软件和信息技术服务业占比仅为8.6%，租赁和商务服务业为5.8%，学研究和技术服务业为6.1%。这三项的营业收入之和为20.5%，均低于相邻省份湖北的26.7%、四川的35.7%、河南的24.0%。

3. 行业龙头企业缺乏，示范带动作用不强

龙头企业作为一个行业或地区发展的领头羊，其对整个地区有着非常重

① 陕西省统计局：《提高陕西生产性服务业竞争力研究》，统计分析，2018年11月28日。

表6　2017 年全国 5 个省份生产性服务业的营业收入占比

单位：%

类别＼省份	全国	江苏	湖北	四川	河南	陕西
1. 批发业	64.8	61.0	60.0	49.4	57.2	67.7
2. 交通运输、仓储和邮政业	10.7	9.3	11.5	12.9	17.3	10.6
3. 信息传输、软件和信息技术服务业	7.8	9.6	5.9	15.7	6.7	8.6
4. 租赁和商务服务业	11.5	14.3	13.6	13.8	9.1	5.8
5. 科学研究和技术服务业	4.5	4.9	7.2	6.2	8.2	6.1
6. 水利、环境和公共设施管理业	0.8	0.9	1.7	2.0	1.4	1.3
行业 3 +4 +5 合计	23.7	28.8	26.7	35.7	24.0	20.5

资料来源：《中国第三产业统计年鉴（2017 年）》，国家统计出版社。

要的示范和带动作用。但陕西省生产性服务业龙头企业数量明显偏少，尤其是缺乏一批经营规模大、实力雄厚和知名度高的大企业、大集团和具有全国影响力的品牌。以规模以上服务业调查为例，2017 年，陕西省规模以上交通运输、仓储和邮政业，信息传输、软件和信息技术服务业，租赁和商务服务业，科学研究和技术服务业，水利、环境和公共设施管理业调查单位数为 1991 家，仅占全国的 1.7%，营业收入合计 2888.72 亿元，占全国的 1.8%，年营业收入超过 10 亿元的企业只有 41 家，占比只有 2.1%①。中国企业联合会、中国企业家协会发布的 2019 年中国服务业企业 500 强榜单②显示，全省进入该榜单的服务业企业只有 5 家，分别为排名第 71 位的西安迈科金属国际集团、第 157 位的陕西投资集团、第 270 位的西安高科集团公司、第 311 位的陕西粮农集团、第 401 位的西安曲江文化产业投资集团，登榜企业数量占全国的比重仅为 1%。

① 陕西省统计局：《提高陕西生产性服务业竞争力研究》，统计分析，2018 年 11 月 28 日。

② 《2019 中国服务业企业 500 强榜单》，新浪财经新闻，http://finance.sina.com.cn/zt_d/2019_fwy500qbd/。

4. 监管体制亟待优化，行业管理松散无力

当前陕西省生产性服务业营业收入占地区生产总值比重已经超过 1/5，包含国民经济行业 10 大类 35 中类 171 小类，具有跨界性、综合性、混业性等特征，但宏观与行业管理体制不合理，管理与服务难以适应信息化与智能化条件下生产性服务业高速发展的需求。突出表现如下。一是宏观管理缺乏统一协调性。生产性服务业中的物流、环保、咨询、信息、会展等一些新兴行业普遍存在多头管理、交叉管理和无人管理现象，缺乏跨部门、跨行业的统一管理协调①。二是监管部门力量薄弱，监管手段，有待丰富，能力有待提高。调研发现，省级生产性服务业宏观监管职能划归省发改委贸易和服务业处，管理人员不足 8 名；西安市市级宏观监管职能划归贸易和服务业处（物流业发展处），处室人员 5 名；汉中市服务业管理职能划归发改委贸服科，管理人员 2 名；西乡、城固县服务业分属不同的部门分散管理，尚未启动改革，无专门牵头主管部门与专职管理人员，省、市、县不论是监管体制，还是管理人员、监管手段与监管能力均亟待加强。三是行业管理比较松散。从调研的 12 家省市协会看，多数生产性服务业协会组织缺少专职人员，管理松散，功能单一，有些还处于依靠收取会费维持生存的阶段，行业协会在行业规划、沟通协调、行业标准与规范制定、行业自律等方面的功能发挥极为有限。

（二）制约因素

1. 工业转型升级迟缓，发展需求动力不足

生产性服务业与工业生产发展的水平相辅相成，发达的工业生产能刺激生产性服务业的需求，带动影响生产性服务业发展；反之，完备的生产性服务业供应能促进工业内部主辅分离，集中资源做好主业，提高核心竞争力，加快工业转型升级的步伐。但是，陕西省相当数量的工业企业的生产方式仍较为落后，企业产业链条短，侧重实体产品的生产，物质材料消耗占产品成

① 郑雪春：《浙江生产性服务业发展和竞争力分析》，浙江工业大学硕士学位论文，2011。

本比重较大，与产品制造相关的金融、研发、设计、市场营销、人力资源、信息技术等占全部支出比重较小①，外包服务不发达且涉及面较窄，导致对陕西省市场化的生产性服务业需求不足，严重约束了陕西省生产性服务业的发展。

2. 市场化程度偏低，行业快速发展受限

全省生产性服务业市场化、社会化程度偏低，管制过多、行业失范、事业化经营等多种不合理现象并存。在金融、信息服务、军民融合服务等一些行业准入条件较高，管制要求过多，投资主体比较单一，造成行业缺乏竞争，影响企业的服务能力、质量和效率。在全省创业投资基金领域较为典型，存在政府干预投资基金用途“招商化”倾向，投资基金管理层选拔、经营团队专业化程度不够等问题，削弱了该行业的市场竞争力；物流、律师、会计、咨询等一些行业准入门槛较低，缺乏配套的行业规范，造成低价竞争和无序竞争，影响产业链一体化的实现。如冷链物流标准和服务规范体系缺乏导致行业无序发展乱象，咨询业缺乏进入门槛与技术规范成为形成低价恶意竞争，“劣币驱逐良币”，行业发展混乱的根源性因素；一些本来应该实行市场化经营的产权交易、技术交易等中介服务机构，却作为公益性社会事业被管理，这些制约了市场竞争，阻碍了生产性服务业水平的提升。

3. 产业服务体系不完善，面临要素瓶颈

生产性服务业是知识密集型产业，高端人才和创新是其核心要素。全省生产性服务业面临专业人才不足和融资较为困难两大瓶颈。一是生产性服务业专业人才不足。调查发现，无论是生产前期的市场预研、产品研发和品牌策划，还是生产过程中的质量控制、资金融通、会计、管理，直至贯穿生产下游的物流、销售、广告等各种生产性服务环节，专业人才均比较缺乏，特别是领军型、管理型、复合型的高端人才匮乏。同时，区县等地区面临严重的专业人才缺乏和人才流失问题。二是融资较为困难。生产性服务业是创新较强的行业，多以轻资产、少抵押物的小微企业为主，面临较大风险，企业获取银行贷款问题比较突出。而陕西省金融业存在直接融资占比过小、新兴

① 彭辉：《东营市生产性服务业发展研究》，《经济视野》2013年第24期。

金融和普惠金融弱小的“失衡”问题，直接导致金融机构对创新服务能力较弱。2018年末，全省小微企业贷款余额占全年贷款余额的18.6%；天使基金、种子基金、创投基金和私募股权投资基金等基金链较弱，陕西私募股权投资基金仅387家，管理基金规模937亿元，仅分别占全国的0.52%和0.73%①。

三　加快陕西生产性服务业发展的对策建议

（一）创新生产性服务业管理体制，优化产业运行机制

1. 创新管理体制，强化组织领导与协调

推动建立权责明确、分工合理、部门合作、上下联动、务实高效的生产性服务业工作机制。建议省政府成立陕西生产性服务业发展领导小组，加强领导、指导和统筹协调全省生产性服务业发展工作。建立全省生产性服务业部门联席会议机制，定期召开会议，及时解决全省生产性服务业发展过程中的重点难点问题。在服务业发达的中心城市或城区探索组建现代服务业发展局。加快推进区县对服务业（含生产性服务业）的宏观管理与协调，增强服务业发展科室人才队伍培育，加强监管体系建设。成立生产性服务业专家委员会，下设现代物流、金融、商务、人力资源等行业专家委员会，为编制发展规划、解决重大问题和制定相关政策提供决策咨询。健全生产性服务业统计制度，加强生产性服务业统计工作，建立生产性服务业高质量发展综合评价体系，加强对生产性服务业发展的运行监测，并形成年度、季度统计信息发布机制。

2. 完善现代行业管理体系，培育扶持现代行业协会发展

建议着手制定《陕西省协会条例》《陕西发挥行业协会作用的实施意见》《促进行业协会商会改革发展财政扶持具体措施》等政策，建立“社会

① 陕西省发改委：《2019年上半年经济运行情况研究报告》，2019。

组织孵化基地”，向行业协会提供培育基地和综合性的服务场所。重点增加拨款补助经费，加大对行业协会购买服务力度，通过委托开展课题调研、名牌评选、发放生产许可证、企业技术改造鉴定、科研项目鉴定等方式增加协会经费。结合政府职能转变，把可以让生产性服务业行业协会行使的职能以委托的形式移交给行业协会，支持开展行业统计、行业调查，协调价格争议，协助开展产品质量认证。

（二）推进制造业与生产性服务业深度融合，推动服务业开放发展

1. 推进制造业与服务业深度融合

出台《陕西制造业与服务业融合发展指导意见》，积极落实《陕西生产性服务业发展政策导引——制造业与服务业融合发展政策》。围绕陕西省节能与新能源汽车、航空航天装备、高档数控机床与机器人、电力装备、集成电路和生物医药等重点领域和核心制造环节，发展嵌入制造业流程的服务业，建立完整的产业协作机制，形成研发设计、加工制造、检验检测、维修服务等一体化产业链。推动制造业主辅分离，积极推广“陕鼓模式”，支持隆基集团、力邦制药等企业将其非核心但具有比较优势的研发设计、物流配送、品牌营销、产品销售、在线运营等服务环节从原企业分离出来，设立独立的法人企业，向社会提供第三方专业化生产服务。

2. 推动生产性服务业对内对外开放

一是扩大对内开放。制定《政府购买生产性服务指导目录》，加大基本公共服务领域向社会购买服务的力度。对于党政机关、事业单位和社会团体的信息咨询、软件开发、培训、展览等服务鼓励实行公开招标，扩大生产性服务的需求。

二是扩大对外开放。鼓励优势服务企业“走出去”，加大力度提供境外投资项目的评估、咨询、推广、金融、信息查询等专业化服务。加快与共建“一带一路”国家和重点市场商签共建经贸合作园区，争取自由贸易协定、投资协定以及各种形式的优惠贸易安排。探索生产性服务业对外开放的新领

域和新举措，推进金融、教育培训等领域有序开放，放开建筑设计、会计审计、商贸物流、电子商务等领域外资准入限制。进一步对接高标准的国际经贸规则，高标准建设陕西自贸试验区、西咸服务贸易创新发展试点，鼓励先行先试，有效复制和推广相关经验。

（三）发挥比较优势，突出重点，积极构建生产性服务产业体系

1. 把握重点方向，寻求重点领域与关键环节实现突破

陕西省应聚焦重点，积极发展现代金融、研发设计、信息服务竞争优势产业，推进发展租赁与商务特色优势产业，提升发展现代物流、商务服务与批发业。研发设计业要加快建立科技融合发展体系，构建全链条创新体系，以军民融合和西安自创示范区引领探索创新驱动新路径，纵向打通“科学研究－技术研发－产业发展”完整链。以推进西安争创世界联合国教科文组织“世界设计之都”为突破点，扶持工业设计、交通设计、能源化工设计、建筑设计、电力设计等优势行业，建设一批专业创新设计产业园，提升西安设计品牌价值和国际影响力。信息服务业要加快推进建设“一带一路”国际信息枢纽，面向丝路沿线国家和主要贸易伙伴国家，建设云计算和大数据服务中心。尽快出台《陕西5G产业发展实施意见》，加强新一代信息基础设施建设。聚焦智能制造、智慧农业、智慧园区、车联网、物联网、虚拟现实/增强现实等领域，加快推进5G技术应用。积极引进国内外5G生产企业，鼓励发展5G器件、5G网络与基站设备、5G基础材料、通信设备及智能终端制造等产业，打造西部5G产业集聚高地。现代金融业要以提升金融服务效能为目标，大力发展能源金融、科技金融、文化旅游金融、离岸金融服务体系。要紧抓科创板机遇，加强上市企业培育，鼓励企业在多层次资本市场挂牌；要加快股权交易中心和金融集聚区建设，确立创业投资于私募基金重要业态，强化金融对创新创业的支持作用。现代物流业要坚持智慧物流高端定位，加速推进公路、铁路、机场、管道与信息一体化的智慧型基础设施建设，打造“一带一路”综合交通运输通道和现代物流枢纽。预判中巴经济走廊、新亚欧大陆桥建设带来的新机遇，提前谋划高铁物流，强占未来

物流新高地。强化亚欧航空货运格局演变预判，推进专用货运机场建设，以航空专用货运为突破点，塑造航空物流新优势。开展多式联运试点，力促多式联运发展，做强长安号中欧班列，提升铁路运输国际竞争优势。商务服务业要打造特色总部经济集聚区，吸引国内外大型企业、国际组织设立总部，建设一批百亿级商务楼宇。大力发展资产评估、会计服务、贸易结算、法律服务、人力资源服务、信用评估、知识产权服务等专业服务业。办好秦商大会、西商大会，凝聚全球商业资源和商业力量，对接国际高端市场和资源。批发业要积极适应“互联网+”发展趋势，推动建立一批现代专业化大型批发市场，依托延长云商平台、陕西煤炭交易中心、“大商道”商品交易市场，打造世界区域性煤炭、石油、有色金属（钛、钼、钒、镁等）高端电子（批发）交易平台，加紧布局“一带一路”市场，提高批发对外竞争力。把握新业态新模式，推进批发业由商品流通向实物流通转化，由商业批发商向商品代理商转化，发展批零一体化。

2. 实施百企升级育引工程，打造一批行业龙头企业

聚集陕西省生产性服务业发展的重点行业和细分领域，推进生产性服务企业之间的联合重组，引导生产性服务企业开展联合、兼并和资本运营，不断做大企业规模①，增强辐射带动功能，提升行业引领力，打造百家引领行业质态提升、具有国际竞争力的生产性服务业领军企业。力争三年内培育8～10家领军企业进入全国服务业企业500强或成为全国生产性服务业行业龙头企业。

（四）优化生产性服务业开发格局，推动产业集聚集约发展

1. 优化生产性服务业开发格局

积极构建“一核引领、一带崛起、五极辐射、多点支撑、开放协同”的空间开发格局。“一核引领”，依托西安国家中心城市，构建以西安、咸

① 杨书群、冯勇进：《生产性服务业在我国发展的经济意义及路径选择》，《中国乡镇企业会计》2012年第2期。

阳主城区及西咸新区为主体，聚集高端资源要素，打造生产性服务业极核，发挥对全省乃至西部生产性服务业的辐射引领作用。“一带崛起”，依托关中平原城市群，串联西安、宝鸡、杨凌、铜川、渭南，联动推进生产性服务业发展带高质量发展，支撑全省生产性服务业提质扩容增效降本。“五极辐射”，依托五大区域性中心城市榆林、延安、汉中、安康、商洛打造生产性服务业五大区域增长极，推进陕北能源化工产业高端化，陕南绿色工业转型升级。“多点支撑”，依托高新区、经开区、工业园区、农业生产基地等建设一批专业生产性服务业集聚区，推动生产性服务业专业化、集群化、差异化发展。“开放协同”，加强区域合作，以国家级高新区、经开区、大学科技园为重点，采用“飞地经济”“园区托管”“科技成果产业化”“产业链整合”“产业联盟合作”等形式探索生产性服务业跨区共享的发展模式，促进集群之间、区域之间、城乡之间生产性服务业联动发展。

2. 实施百家集聚示范区培育工程，推进生产性服务业集聚发展

加快制定省级生产性服务业集聚区具体标准，积极引导生产性服务业在中心城市、重点城镇、高新区、经开区、工业园区集聚，着力打造一批特色小镇、众创空间、楼宇经济、总部经济、城市综合体及临空、临站、临场等特色鲜明的省级生产性服务业集聚区，发挥对全省生产性服务业发展的示范引领作用。在榆林、延安、汉中、安康等区域中心城市设立生产性服务业集聚中心，推动区域产业整合；在重点县镇（街道、开发区）设立生产性服务业集聚中心，推进地区产业耦合；在工业集中区设立生产性服务业集聚中心，推进深度产业融合。

（五）推进生产性服务业制度创新，重点做好两项改革工作

1. 推进宏观调控政策改革

深刻认识世界服务业发展规律与趋势，正确把握陕西人均 GDP 超过 15000 国际元，陕西省已经进入生产性服务业加速成长的阶段，改变重视工业而轻视服务业的传统观念，必须把发展生产性服务业放置于深入推进产业结构优化升级，加快构建现代产业体系，推进实现经济高质量发展的高度，

实施先进制造业和生产性服务业“双轮驱动”融合发展的经济新战略。

2. 深入推进服务业体制改革

一是深入推进投资管理制度创新。用好负面清单管理制度，减少行政审批手续，使各类市场主体可依法依规平等进入负面清单之外的领域①。在电信、民航、邮政等行业进一步放开市场准入，取消不合理的经营范围限制。打破对社会资本的实质性限制，鼓励进入金融、保险、研发、军民融合等高端服务业领域。对于职业教育、专业培训等非基本公共服务，全面降低市场准入门槛，引入竞争机制。二是深入开展生产性服务业综合改革试点。重点推进西咸新区国家服务业综合改革试点、国家级西安临空经济示范区建设，积极争取国家军民融合科技服务综合改革试点，设立“三个经济”综合改革试点，争创“世界研发设计之都”，创新体制机制与发展模式，示范带动全省生产性服务业发展。三是推进生产性服务业审批制度改革。借鉴浙江省经验，设立生产性服务业“先建后验”审批制度改革试点，推进服务业“放管服”改革，依法精简投资项目准入手续，简化审批程序，下放省市级经济管理审批权限，实施“先建后验”管理新模式。深化投资项目审批全流程改革，推行容缺审批、告知承诺制等管理方式。简化境外投资审批程序，进一步提高服务业境外投资的便利化程度。

（六）构建生产性服务业支撑体系，增强产业发展保障

1. 进一步健全生产性服务业发展的政策体系

一是构建系统完备的生产性服务业产业政策体系。研究制定推动陕西省制造业主辅分离、生产性服务业和服务型制造发展等具体化政策，促进制造业和生产性服务深度融合；编制全省生产性服务业发展布局规划，制定城市主体功能与生产性服务业空间布局良性结合的政策措施；编制全省生产性服务业集聚区建设导引政策，明确物流、金融、研发设计、电子商务等各类集聚区的标准与条件，推进园区基础设施配套建设；出台陕西“四新”经济

① 来有为：《推动服务业高质量发展对策》，《新经济导刊》2018 年第 11 期。

发展的指导意见，编制陕西“四新”经济绿皮书，指导全省生产性服务业技术创新、产业创新、组织流程创新、模式创新和业态创新。二是加大财税支持力度。完善政府对服务业发展的支持方式，形成“专项资金＋引导基金＋购买服务”的财政综合支持体系。扩大省现代服务业专项资金总规模，完善陕西省现代服务业发展专项资金管理办法，优化资金扶持结构，提高资金使用效率，支持重点向陕西生产性服务业关键领域、薄弱环节和“四新”经济领域倾斜。鼓励有条件的市、县在本级财政预算中设立相应的生产性服务业专项资金。发挥政府资金引导作用和杠杆效应，探索设立陕西省生产性服务业发展引导基金，以市场化运作模式吸引社会资金进入生产性服务业领域。加大生产性服务业采购力度，深化政府采购制度改革，通过推行特许经营、定向委托、战略合作等方式，引入竞争机制，加大政府购买各类服务的力度。

2. 加快完善生产性服务业发展的服务体系

一是建立专业人才供给保障体系。加强生产性服务业相关学科专业调整与设置，支持高校、职校和院所与企业合作建设人才培养和实训基地，培养复合型、国际型人才。鼓励采用“订单式”教育、定制式培养等方式，培育输送更多适用性、高技能人才。创建国家级人力资源服务产业园区，以“高端化国际化人力资源服务支撑体系＋政府公共人力资源服务＋人力资源产业发展”模式，打造线上综合人力资源产业运营平台，发展人力资源服务产业高端形态。二是构建高效的公共基础设施体系。按时序、有重点地推进建设5G基础设施。探索组建重大实验设备专业运营公司，推进政府投资的各种实验室、实验设备开放共享，构建基础技术知识、信息高速公路以及经济技术数据库等重大基础设施资源的共享机制。三是建立公共服务信息平台。推动建立陕西生产性服务业联合会，支持整合政府部门、协会、科研单位、企业信息资源，建立“陕西生产性服务业”综合信息服务平台。引导各专业协会建立现代物流、电子商务、研发设计、地理信息等各类专业化行业公共信息服务平台，构建多层次的行业公共信息网络。

3. 推动建立生产性服务业发展的标准体系

一是深化标准化改革工作。深入开展国家级、省级生产性服务业标准化试点，分类推进生产性服务业重点领域标准研制工作，逐步建立与国际接轨的服务业标准体系。积极开展面向新兴服务业态的服务模式、服务技术与服务市场等标准化探索研究[①]。二是实施生产性服务业标准化行动。以促进服务业提升质量、打造品牌为着力点，实施服务业标准化行动。围绕服务业质量监测，针对重点服务业态，加强服务质量监测标准的研制，统一服务业质量监测的基本流程、方法。三是加强行业自律和外部监管，积极推行职业资格证书制度，加快建立服务业职业资格标准体系。

参考文献

陕西省发改委：《2019 年陕西省上半年经济运行情况研究报告》，2019。

陕西省统计局：《提高陕西生产性服务业竞争力研究》，统计分析，2018 年 11 月 28 日。

浙江省经贸委生产性服务业课题组：《浙江省生产性服务业发展战略研究》，https：//www. docin. com/p - 1690993244. html。

冯宇：《陕西省生产性服务业与装备制造业互动发展研究》，西北大学硕士学位论文，2018。

国家统计局：《中国第三产业统计年鉴》（2014 ~ 2018），国家统计出版社。

国家统计局：《中国城市统计年鉴》（2014 ~ 2018），国家统计出版社。

陕西统计局：《陕西统计年鉴》（2014 ~ 2018），国家统计出版社。

《上海市现代服务业“十三五”规划》（沪府发〔2016〕65 号），2016 年 9 月。

《山东省现代服务业“十三五”规划》（鲁发改服务〔2016〕1140 号），2016 年 11 月。

《广东省现代服务业“十三五”规划》（粤发改服务〔2017〕1873 号），2017 年 4 月。

《江苏省现代服务业“十三五”规划》（苏政办发〔2016〕133 号），2016 年 11 月。

① 来有为：《推动服务业高质量发展对策》，《新经济导刊》2018 年第 11 期。

B.16

“一带一路”建设背景下陕西高技术产业转型升级研究*

薛伟贤　郑玉雯　李　琳**

摘　要：“一带一路”倡议是新时代开放经济条件下产业转型升级的重要动力，为陕西高技术产业的转型升级带来了巨大的发展机遇和挑战。探索新时期向西开放战略背景下陕西高技术产业的转型升级路径，有助于陕西高技术产业适应新战略环境，适时调整发展方向，提升国际竞争力水平及全球价值链地位。本文在明确陕西高技术产业在“一带一路”倡议共商、共建和共享三阶段战略目标的基础上，以提升高技术产业在全球价值链中位置为目标解析陕西高技术产业转型升级的实现条件，基于全球价值链理论构建高技术产业转型升级机理模型，探索性设计以完善陕西高技术产业创新体系，加快高技术产业高端化的演进进程，提升高技术企业集群国际竞争力水平，实现高技术企业集群深度嵌入全球价值链，通过内向与外向国际化对接“一带一路”实现全球价值链位置提升的转型升级路径；提出相应的保障措施，包括：建立陕西高技术产业合作平台，构建推进陕西高技术产业发展的人才政策，培育内生性市场需求。

---

* 本文为国家社会科学基金项目（17BJL005）、陕西省软科学项目（2017KRM022）阶段性成果。

** 薛伟贤，西安理工大学经济与管理学院教授、博士生导师，研究方向为产业与区域发展战略、国际经济与贸易；郑玉雯、李琳，西安理工大学经济与管理学院博士研究生。

关键词： 高技术产业 转型升级 全球价值链 陕西

伴随全球高技术产业规模迅速扩大，交叉融合现象日益明显，产业应用深度和广度进一步加强，世界上的发达国家和新兴经济体无一例外地将高技术产业作为国家战略性产业。高技术产业是新时代带动中国经济实现高质量发展的核心引擎。近年来，陕西高技术产业从产业增加值和从业人数两个方面均呈现高速增长态势。截至2018年末，陕西高技术产业增加值和从业人数在全国31个省份中位居中上，在“一带一路”建设顶层设计规划重点圈定的18个省份中名列前茅，在西北5省区市中稳居第一。然而，当前陕西高技术产业仍存在产业发展活动与区域资源环境承载力之间的冲突，相对低下的劳动生产率和资金利用率使以廉价生产要素和政策补贴为支柱的高技术产业无法持续发展。随着“一带一路”倡议的深度推进，新时期开放战略下陕西高技术产业发展呈现四个新的特征：一是将全面参与国际竞争，由内向型向外向型转变，为对外贸易赋予新的势能，有利于提高陕西的国际分工地位；二是“一带一路”倡议为产业往西部地区转移提供了巨大的推动力，促使西部地区产业链衍生，形成网络状演进态势；三是为确保“一带一路”建设中的生态安全，迫切要求西部地区突破资源发展瓶颈，通过清洁生产实现循环经济发展；四是资本存量和人力资本向两个高级的转变，资本存量向高效率部门倾斜，人力资本向高技术产业倾斜。新时代开放环境对陕西经济高质量发展提出了更高的要求，实现陕西高技术产业转型升级迫在眉睫。特别是美国自2018年7月6日起正式对从中国进口的，其中包括高技术和与《中国制造2025》相关的340亿美元产品征收25%关税，这势必会影响到陕西重点发展的航空和医药等高技术产业，寻找陕西高技术产业转型升级的路径具有重要的理论意义和实践价值。

伴随全球产品内分工的发展，一些学者对全球价值链视角下高技术产业转型升级的相关问题进行了研究，认为参与全球价值体系是促进高技术产业发展的重要推手。部分研究发现包括中国在内的发展中国家参与全球价值链存在“低端锁定”的困境。还有一些研究以全球价值链重构为出发点对高技术产业转型升级问题进行了讨论，认为价值链重构是发展中国家突破“低端锁定”困境，实现产业升级的重要途径。通过分析现有文献不难看出，大多研究关注高技术产业升级方向的选择、高技术创新效率及影响因素、高技术产业核心能力提升以及高技术产业转型升级的政策与制度的制定等问题，缺乏以全球价值链为视角的高技术产业转型升级路径研究。本文在明确“一带一路”倡议下陕西高技术产业发展阶段及战略目标的基础上，基于全球价值链理论构建高技术产业转型升级的机理模型，探索陕西高技术产业转型升级路径。

一 陕西高技术产业的发展阶段及战略目标

（一）启动阶段——共商

在启动阶段，以“共商”为发展宗旨，通过区位优势与沿线国家和地区之间互联互动，实现产能合作，将陕西打造为“一带一路”我国西部地区高技术产业对外贸易中市场影响最大的核心区。

1. 发挥区位优势，着力构建交通商贸物流中心

目前陕西已经成为丝绸之路经济带的天然交通枢纽，形成了成熟的丝路大通道。具体体现在以下两个方面。一方面，“一带一路”倡议的推进使陕西成为向西开放的主要通道和交通枢纽。随着中亚旅游列车等一系列“陆空数字”交通经贸网络的建设，陕西已形成承东启西、连接南北、高效便捷的立体大通道以及现代商贸物流高地。另一方面，陕西交通基础设施建设是商贸物流合作的基础。截至 2018 年底，陕西高速公路通车里程已达 5475 公里，铁路营业里程达到 5686 公里；2018 年 9 月通往巴黎、莫斯科、西雅图、东京等国际航线增加至 59 条，通达 25 个国家的 48 个城市，其中包括共建“一带一路”14 个国家的 26 个城市。

2. 强化联动互助，着力打造国际产能合作平台

陕西将发挥高端装备制造业的领先优势，同丝绸之路经济带沿线多个国家合作建设了多种类型的产业园区，积极开辟国际产能合作空间。产能合作方式有以下两方面，一是加快国际产能合作园区的建设。持续加强对有色集团印度尼西亚200万吨氧化铝等5个境外重点投资项目的跟踪服务，推动成立陕西国际产能合作的海外农业高新技术开发园区。加快推进半导体国际合作产业园、中韩（陕西）产业园、美国内布拉斯加（杨凌）科技园、临空产业国际合作园和中欧工业合作园等省内国际合作产业园建设。二是重大境外能源投资项目相继落地。陕煤化集团在吉尔吉斯斯坦投资4.5亿美元建设的80万吨石油炼化项目，已于2019年6月顺利建成投产；2019年7月西安隆基顺利完成马来西亚光伏电站建设项目并购。此外，陕西有色集团在印度尼西亚投资3000万美元开发氧化铝矿产资源项目正在前期筹备中；杨凌乐达草业公司在吉尔吉斯斯坦投资1394万美元开展的农业果业种植项目也在推进中。

3. 释放科教潜能，着力构建科技创新中心

陕西充分释放科技教育资源潜力，推进产学研合作，着力打造具有国际竞争优势的高技术创新中心。建立多边合作机制，充分发挥以人为本的创新科技资源带动作用。深化国际交流合作，加快建设促进丝绸之路经济带文化交流的服务园区、交流中心、丝绸之路经济带大学联盟等，打造陕西省高技术产业科技创新探索的多条实现路径。探索路径主要包括以下三点：一是开展跨国联合研发和技术转移，利用境外创新资源，开发自主创新的产品和技术；二是支持建立研发中心、高技术企业孵化器，培育创新型产业链；三是鼓励产学研合作，共同参与到国家战略性科技计划和政府间科技合作项目中。

4. 坚持创新合作，着力构建区域金融中心

在“一带一路”倡议的驱动下，陕西金融正步入高质量发展轨道，进一步提升金融服务国际经贸合作的能力，着力从以下三个方面出发构建区域金融中心。一是打造金融聚集区。依托高技术产业开发区和经济技术开发

区，实现融合合作与创新。二是拓展金融业务。鼓励银行机构发挥金融服务优势，扩展离岸金融业务和跨境业务合作。三是深化金融创新。实现国际化金融融资模式，实现世界银行、亚洲开发银行、亚投行等国际金融机构和丝路基金、中非基金等在开展境外重大项目投资方面加强合作。

（二）发展阶段——共建

在发展阶段，通过陕西的辐射带动作用，促进西部地区经济协同发展，实现科技研发平台的共建，促进高科技成果转移通道的建设和完善，打造陕西成为“一带一路”深度推进下的高技术产业孵化中心。

1. 促进丝绸之路经济带区域经济协调发展

在“一带一路”倡议的推进下，中国正与共建“一带一路”国家积极规划并推进六大经济走廊建设，为促进西部地区开放型经济发展提供了重要契机，促进西部地区间的协调联动发展。西部地区将是参与六大经济走廊建设的主力军，其中陕西重点与俄罗斯、中亚和西亚国家实现资源和产业结构方面的互补合作，具有广阔的发展前景。一方面，陕西作为装备制造业和战略性新兴产业的国家重点发展基地，与正处于起步阶段的亚太地区实现对接合作，进一步细分国际市场，抓住国际环境政策，开拓中亚区域市场；另一方面，陕西在与丝绸之路经济带沿线国家共建合作园区进程中，实现利益共享机制，吸引更多的沿线国家企业入驻园区，或者在园区设立生产研发基地、试验基地和分支机构等。

2. 促进高科技成果转移通道建设

畅通陕西高技术产业与共建“一带一路”国家的合作通道，加强陕工商企业的深度合作，推动科技成果转移转化。一方面，陕西具有与丝绸之路经济带沿线地区对接的高技术产业优势。陕西工业体系完整，航空航天、能源化工、电子信息、工程机械、数控机床等在产业全国具有重要地位，重型卡车、输变电设备、飞机及零部件出口居全国前列。另一方面，与共建“一带一路”国家在高技术产业结构上具有高度互补性，尤其是与以牧业、资源型产业为主的中亚国家，具有很强的互补性和广阔的合作空间。

（三）持续发展阶段——共享

共享强调互利共赢，充分发挥陕西高技术产业的辐射效应，形成“一带一路”中我国西部地区高技术产业发展的增长极。

1. 区域发展活力迸发

“一带一路”倡议依托新亚欧大陆桥有助于西部地区在承接国内外产业转移的基础上向西开放，深化西部大开发战略，加强与亚欧等国的合作交流，增强支撑全国经济可持续发展的能力。过去30多年，珠三角、长三角和京津冀地区依托良好的区位条件和资源禀赋形成了拉动我国经济发展的三大增长极，大力发展出口导向型制造业、高技术产业和现代服务业，随着发展阶段的转换，近年来，西部地区开始崛起，陕西作为“一带一路”倡议下内陆改革开放的新高地，有望集聚要素资源，提升竞争能力，进一步发挥比较优势，形成新的战略性增长极。

2. 开放合作深化

“一带一路”倡议显著增强区域之间的连接性，实现区域开放合作的深化。作为古丝路的起点，陕西这一不临海、不靠边的内陆省份迎来历史新机遇，得以快速发展。2017年3月时任陕西省省长胡和平在作政府工作报告时指出，陕西具备全面开放竞争新优势，通过体制机制进行创新培育，推动更高水平的“引进来”和“走出去”战略，更深更广融入全球供给体系，加快打造内陆改革开放新高地。2016年8月，陕西自贸区获批，并提出了三大战略定位，具备鲜明的特色，旨在把自贸区建设成为“内陆改革创新试验田”、打造“一带一路开放合作新高地”等，进一步深化国际合作。

3. 互惠共生发展

“一带一路”倡议将促进以陕西为核心的周边更大范围的区域形成互惠共生的发展模式，利用领先的技术手段解决西部地区产业发展中存在的资源困境，通过高技术产业的转型升级提升陕西在全球价值链中的位置，促进产业发展过程中各环节的提升，带动陕西周边地区的经济增长，实现区域间产业与环境的协同、共生发展。

二　陕西高技术产业转型升级的实现条件

对接全球价值创新网络、鼓励企业整合全球科技资源以及保证科技人才资源储备等是逐步提升高技术产业在全球产业价值链中位置的重要条件。

（一）高技术服务平台的建设

近年来，陕西高技术产业在发展过程中产生的各种问题日益凸显，例如，投资规模受限、投资环境缺乏健全机制等，给经济实现高质量发展带来了诸多负面影响，亟须完善投资环境，拓宽投资渠道，转变发展方式。

1. 搭建安全高效投资网络

优化陕西高技术产业发展的投资环境，需要从以下两方面着手：一是搭建企业信息公开评价网络，防止投资双方流失投资机会；二是搭建“互联网+投资”的投资网络。充分发挥信息化建设的传递优势，使投资方获取更多的企业信息，从而保证投资的高效率。

2. 拓宽投融资渠道

通过改善投资环境和突出资源优势拓宽投融资渠道，具体来说：通过政府职能实现服务管理的高效率，创建一站式服务体制，吸引外来资本，促进产业发展；构建陕西省特色产业链攀升，提升产业链位置；依据陕西特有的区位优势和特色产业吸引外来资金；开展项目合作，提升招商引资潜力，扩大发展空间。

（二）高技术产业合作内容的扩展

高技术产业合作内容扩展是以促进高校科研成果转化、企业技术转移和产业升级三个方面为主要实现目标，通过调动三方面要素增强整体产业科技研发实力。

1. 企业设立科研成果产品转化车间

实现科研成果市场化投产才能真正带动企业发展。一是建立市场创新观察机制，企业通过定量分析寻找未来新的创新点；二是科技包装升级加工流程，通过实现产品工艺流程的升级，获取更高的产品附加值。

2. 高等院校的专业化培养

高校进行两个方面的专业化培养，一是根据产业的升级需要，与高层次人才的培养相匹配。例如，将高等院校中的高层次人才推向企业进行挂职、特殊岗位培养；二是加强高校与企业之间的交流体系建设，以产学研合作的方式提升产品的成果转化率以及高校人才高科技技能的掌握能力，实现高等院校人才的专精化培养。

3. 科研院所发挥科研信息交流平台作用

科研院所在产学研中起到交流平台的作用，需从以下两点着手加强。一是形成创新人才交流的全方位布局。加强科研院所的桥梁和纽带作用，不仅详细掌握高校的研究成果，而且对于企业的发展状况有着客观的评价和理解，推动科技研发进程，找到适合的孵化环境。二是形成科研创新服务体系。为企业和高校提供行业共性关键技术攻关、学术成果转化、企业培育、人才培养等专业化服务。

（三）高技术产业网络内专业化人才培养的加强

推进建立高端创新人才培养体系，完善人才培养机制与激励机制，加强重点人才的持续供应，充分挖掘人才的潜能，是高技术产业人才资源储备的基本保证。

1. 制定青年科技人才培养计划

通过制定企业专项人才资助计划和提供适量的科技岗位实现青年科技人才的有效培养。鼓励高等院校大学生、研究生、青年骨干教师参与专项技术难题项目中，对于取得显著成果、具有明显效果的提供相应的物质和精神激励政策。此外，不断发掘专项人才，加快专项科研技术人才团队建设，开展具有专门方向的科研项目。

2. 完善企业科技研发激励机制

一是根据企业实际情况，制定适用于高新技术企业发展需求的劳动股权制度，依据企业科技人才的实际贡献给予股权，提升科技人才参与生产的积极性；二是铺设企业科技创新绿色通道。通过行政审批上的手续简化、优化财政科技资金投向，提高财政科技资金使用效率，引导企业用好政策，加大企业对科技创新的投入；同时通过科技创新降低企业生产成本，增加企业利润，激励企业家更为重视科技创新。

三　陕西高技术产业转型升级路径设计

重新审视和注重价值链的构建，探究产业向全球价值链的高端环节延伸和拓展的实现机理，是提升陕西高技术产业在“一带一路”区域的竞争力和主导地位的重要方式。

（一）基于全球价值链理论的高技术产业转型升级机理

高技术产业要实现全球价值链中的升级并占逐渐占据价值链中附加值较高的环节。本研究借鉴波特“钻石模型”的架构构建机理分析的理论模型，用于分析产业升级能力的提高，如图1所示。

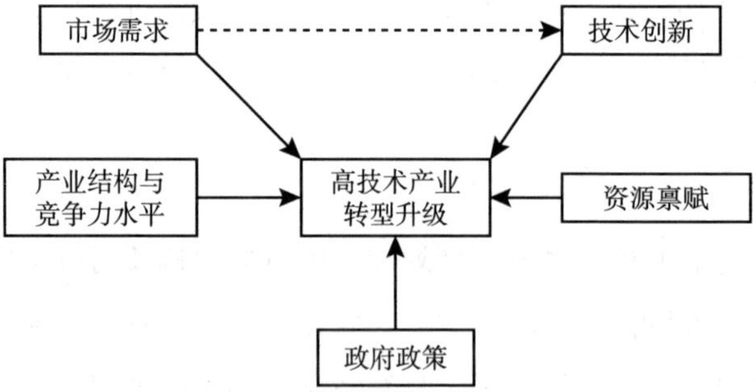

图1　基于全球价值链的高技术产业转型升级机理模型

基于全球价值链，以产业升级为导向的政府政策和主导企业是产业升级的激发动力，对内生机制起指导和辅助作用。具体如下。

（1）产业结构与竞争力水平

将高技术产业的发展置身全球化的竞争环境中。高技术产业占据着全球价值链的较高环节，适当调整产业结构实现在全球价值链中的攀升，有助于其实现与更多国际组织的交流合作。与传统产业不同的是，高技术产业可以通过提升科技竞争力水平嵌入全球生产网络中，由以往的产业间合作转变为产业内合作，提升高技术产业全球价值链的参与程度，实现升级。

（2）政府政策

政府的政策导向在很大程度上决定了高技术产业集群的宏观调控。高技术产业的技术创新能力和技术提升能力与政府的宏观调控政策紧密相关。当政府持积极鼓励态度时，会通过财政政策、基础设施建设经费投入、土地资源投入等方面给予高技术产业发展更多的支持，高技术产业集群内的企业可以积极把握有利政策，发挥自主的组织机制，在创新合作方面取得更大的突破。此外，政府的政策调控能够有效吸引国外企业入驻，增强市场竞争力，进而提升高技术产业的整体竞争实力。

（3）市场需求

市场需求是高技术产业集群内企业实现跨越式发展的引擎。在当前新时期建设背景下，高技术产业市场的需求呈现多样化特征，这促使企业不断追求创新。随着市场需求的不断扩张，高技术企业获得了集聚的外在条件，进而实现本地市场与产业集群的地理邻近优势，帮助企业更快地适应新环境，迎合不断演变的市场需求；市场需求还会不断激励企业扩大规模获取更多的收益。企业的新进入者不断增多，加剧了市场竞争，在竞争机制的作用下，原有企业不断被迫实现技术创新，以获取更大的竞争优势，产业集群市场也将扩张。

（4）技术创新

技术创新能够帮助企业提升创新科研效率，缩短创新周期；能够强化创新成果转化机制，使技术创新的实现过程制度化，降低成果被泄露的概率；

帮助企业降低创新失败的概率；形成集聚优势，帮助企业在市场中获取竞争优势，迅速占领高端市场。

（5）资源禀赋

高技术产业升级的核心竞争力是高素质、高水平人才，人力资源才是行业成长的核心资源。高技术产业的集聚形成了智库，可以加速成果转化进程；人力资本的进步可以提升企业的管理水平和对外服务水平；高水平人才的不断加入与集聚，使集群内人才竞争力进一步提升，实现了持续性进步态势。

（二）陕西重点高技术产业转型升级的具体路径

航空航天器及设备制造业、医药制造业、电子及通信设备制造业是陕西优势性高技术产业，下面主要针对这三类高技术产业的发展提出转型升级路径。

1. 航空航天器及设备制造业

从全国角度看，近年来高端装备制造业发展迅猛，其中航空航天器及设备制造业发展尤为迅速。就陕西的发展来说，航空航天器及设备制造业是陕西省高技术产业发展的核心竞争力，在当前“一带一路”倡议的不断推进下，将其作为陕西省重点发展的高技术产业通过以下路径实现：加强与丝绸之路经济带沿线国家的合作，深度融入国际生产分工体系——建立完善与丝路沿线国家的共生式生态型产业组织，推进高技术产业的协同发展和融合发展。

2. 医药制造业

发展陕西省的医药制造业需准确把握国际生物医药科技的发展前沿，建立陕西与周边地区的深度合作。具体来说：建立健全创新体系促进产品升级，协同国外先进资源和技术优势攀升价值链较高环节——培育具有自主知识产权和国际竞争力的大型企业集团，实现产业链、价值链、供应链的深度整合——扶持并培育科技小巨人企业引领陕西医药制造业的自主创新与转型升级——发展具有陕西特色优势的健康旅游产业，扩展旅游城市的新型竞争力。

3. 电子及通信设备制造业

全球价值链中电子及通信设备制造业属于购买者与生产者混合驱动的，在工艺创新方面具有一定的拓展局限性。对于丝绸之路经济带沿线大多数发展中国家来说，可以借助产品开发或专用技术的开发实现其产品附加值的提升。

四 陕西高技术产业转型升级路径的保障措施

（一）建立陕西高技术产业合作平台

通过建立紧密的技术联盟，积极引导和扶持陕西高技术产业的合作平台构建，引导相应政策制定。首先，建设产业技术联盟。以高技术产业为突破口，依托产业龙头企业和研究机构，以经济利益和科技产品为纽带，建立紧密型的技术联盟，延长产业链；政府以联盟为基本单元，建立和完善基本扶持政策。其次，建设专业化特色产业园区。推动高新区、经开区、高技术产业基地等各类园区及基地成为带动区域经济发展方式转变的重要载体。再次，建设公共服务平台。加快大型科研仪器设备、自然科技资源和科学数据共享平台建设；推进科技文献共享平台与省内高校、科研机构紧密合作，实现省内文献资源全部共享；推进工业技术研究院、重点实验室、工程技术研究中心等研发平台建设。最后，积极完善综合配套政策体系。坚持规划先行，远近结合，统筹规划产业技术联盟、园区和科技项目，发挥资源配套的最大效益，为广大创新创业者提供良好的环境。

（二）构建推进陕西高技术产业发展的人才政策

建立高端人才发展规划体系，制定促进高端人才发展的培养机制及相应规划，建立高端人才发展平台，通过纵向衔接与横向配套逐步健全高端人才发展体系。首先，完善人才培养机制。充分发挥陕西科教优势，积极开展陕西高技术产业领军人才成长工程，实施陕西高技术产业人才团队支持计划。

其次，创新人才引进机制。围绕重点发展领域，以重大产业化攻关项目为载体，引进一批能够突破关键技术、带动新兴学科、拓展新兴领域、开发新兴市场的领军人才和团队；抓住“一带一路”倡议带来的良好机遇，以项目促进陕西高技术产业人才成长成才。再次，健全人才评价机制。打破地域、身份、年龄、学历、资历等的限制，推行资格考试与评聘相结合、考试考核与同行评议相结合、社会公认与业内认可相结合的人才评价体系；推行技术要素、知识要素参与分配的政策，加大科技奖励支持力度，形成事业、文化、薪酬等多元化的人才激励体系；建立陕西高技术产业人才专家库，推行陕西高技术产业领军人才实名推荐制，为陕西高技术产业人才提供长期服务。最后，优化人才创业环境。拓宽科技人才创新创业筹融资渠道，为陕西高技术企业制定优惠的财政与税收政策，降低人才创新创业成本；改善陕西高技术产业人才的软环境；制定适合陕西高技术产业发展的知识产权保护政策，加强重大发明专利、商标等知识产权的保护，鼓励省内企业申请国外专利。

（三）培育内生性市场需求

通过激励对高技术产业产品的需求、培养新型消费观以及建立有效的市场环境，培养高技术产业的内生性市场需求。首先，激励需求端，积极培育拓展下游市场。如购买价格补贴、消费税减免、消费贷款贴息、重大示范等。目前陕西对这一政策工具的运用已较为成熟，下一阶段主要目标是完善相应政策，并且着重放宽市场准入政策，鼓励产业内竞争，降低价格。其次，引导新型消费观念，宣传绿色化和低碳化的消费理念，持续推进高技术产业的发展。

参考文献

柴华奇、崔晓敏、高幸：《陕西省高技术产业竞争力提升对策研究》，《科技和产业》

2013 年第 12 期。

桂黄宝：《我国高技术产业创新效率及其影响因素空间计量分析》，《经济地理》2014 年第 6 期。

郭俊华、卫玲、边卫军：《新时代新常态视角下中国高产业结构转型与升级》，《当代经济科学》2018 年第 6 期。

金碚：《工业的使命和价值——中国产业转型升级的理论逻辑》，《中国工业经济》2014 年第 9 期。

金碚：《全球竞争新格局与中国产业发展趋势》，《中国工业经济》2012 年第 5 期。

金京、戴翔、张二震：《全球要素分工背景下的中国产业转型升级》，《中国工业经济》2013 年第 11 期。

李平、狄辉：《产业价值链模块化重构的价值决定研究》，《中国工业经济》2006 年第 9 期。

林敏、王毅：《西部地区战略性新兴产业发展模式研究》，《科技进步与对策》2013 年第 17 期。

刘志彪、张少军：《总部经济、产业升级和区域协调——基于全球价值链的分析》，《南京大学学报（哲学·人文科学·社会科学）》2009 年第 6 期。

任家华、王成璋：《基于全球价值链的高新技术产业集群转型升级》，《科学学与科学技术管理》2005 年第 1 期。

魏龙、王磊：《全球价值链体系下中国制造业转型升级分析》，《数量经济技术经济研究》2017 年第 6 期。

杨高举、黄先海：《内部动力与后发国分工地位升级——来自中国高技术产业的证据》，《中国社会科学》2013 年第 2 期。

杨小凯、黄有光编《专业化与经济组织》，经济科学出版社，1999。

杨小凯、张永生编《新兴古典经济学与超边际分析》，社会科学文献出版社，2003。

余壮雄、米银霞：《地区产业转型中的企业行为与资源错配》，《中国工业经济》2018 年第 6 期。

张公嵬：《我国产业集聚的变迁与产业转移的可行性研究》，《经济地理》2010 年第 10 期。

张鸿、汪玉磊：《陕西省高技术产业技术创新效率及影响因素分析》，《陕西师范大学学报（哲学社会科学版）》2016 年第 5 期。

张立杰、梁锦凯：《我国丝绸之路经济带沿线省（市、区）高技术产业创新效率研究——基于 DEA - Malmquist - Tobit 方法》，《科技进步与对策》2019 年第 13 期。

张娜、杨秀云、李小光：《我国高技术产业技术创新影响因素分析》，《经济问题探索》2015 年第 1 期。

张然：《创新驱动与中国产业转型升级战略探析》，《改革与战略》2016 年第 11 期。

周升起、兰珍先、付华：《中国制造业在全球价值链国际分工地位再考察——基于

Koopman 等的“GVC 地位指数”》，《国际贸易问题》2014 年第 2 期。

Gereffi G.，“International Trade and Industrial Upgrading in the Apparel Commodity Chain”, *Journal of International Economics* 48 (1999): 37–70.

Bair J.，Gary G.，“Upgrading, Uneven Development, and Jobs in the North American Apparel Industry”, *Global Networks* 3 (2003): 143–169.

B.17

用农业大数据助推陕西省“3+X”特色现代农业加快发展

陕西省决策咨询委员会课题组*

摘　要： 扎实推进农业现代化是习近平总书记对陕西省“五个扎实”要求的重要内容。当前，数据驱动的创新正在向经济社会和现代农业的各个领域全面渗透，加快发展农业大数据，能为陕西省“3+X”特色现代农业发展提供强劲动力。本文通过对陕西省农业大数据发展情况的调研，提出了用农业大数据助推陕西省特色现代农业发展的对策建议。

关键词： 农业大数据　特色现代农业　陕西

扎实推进农业现代化是习近平总书记对陕西省“五个扎实”要求的重要内容。当前，数据驱动的创新正在向经济社会和现代农业的各个领域全面渗透，加快发展农业大数据，能为陕西省“3+X”特色现代农业发展提供强劲动力。为此，陕西省决咨委组织力量，对陕西省农业大数据发展情况进行了调查研究。现将研究成果和相关建议报告如下。

一　农业大数据能助推“3+X”特色现代农业高质量发展

2018年底，陕西省出台了《关于实施“3+X”工程加快推进产业脱贫

* 课题组顾问：陈再生、张鸿；课题组组长：王山稳；课题组成员：郭卫东、王海燕、张旭峰、王建康、许立新、周鹏；执笔：王海燕、周鹏。

夯实乡村振兴基础的意见》。“3”即大力发展以千亿级苹果为代表的果业、以千亿级奶山羊为代表的畜牧业、以千亿级棚室栽培为代表的设施农业；“X”即因地制宜做优做强茶叶、魔芋、中药材、核桃、红枣等区域特色产业。通过打造百年果业、世界级羊乳产业和设施农业西部强省，高标准统筹推进陕西省现代特色农业体系建设，为打赢脱贫攻坚战、实现乡村振兴产业兴旺奠定坚实的基础。省农业农村部门正在完善有关规划，围绕“3+X”加大现代信息技术与农业生产、经营、管理、服务深度融合，以实现农业的转型升级、提产增效。

（一）“3+X”工程实施需要农业大数据支撑

农业大数据是综合利用现代信息技术，对海量农业数据进行采集、存储和关联分析，为农业产供销及相关管理及服务提供有效的信息支持，以提升经营管理效率，提高综合生产力，促进结构战略性调整的新一代信息技术和服务业态。发展农业大数据能有力地助推“3+X”特色现代农业高质量发展。一是农业大数据能提高农业生产流程的工业化、标准化、精细化、市场化和智能化水平，提升农业生产效率，细化优化农业分工，改善农业各环节连接能效，进而提高整个产业链的效益。二是农业大数据借助智能算法和网络技术，能从田间到餐桌，由产品到服务，按市场需求实现产品的定制化、消费的社群化，构筑流动经济新的增长点。三是推进大数据与陕西省“3+X”特色现代农业深度跨界融合，能够催生新业态、创造新模式、提高附加值。

（二）外省发展农业大数据的先进经验值得借鉴

2015年，农业农村部印发了《关于推进农业农村大数据发展的实施意见》，明确了农业农村大数据发展的五大基础性工作和11个重点领域。目前，在全国已组织对8个农产品单品种大数据进行了试点；遴选认定了38项农业农村大数据实践案例；共认定了三批共210家全国农业农村信息化示范基地；农业物联网区域试验示范已扩大到9个省份。农业大数据及应用在京津冀、长三角、珠三角等核心地区，已形成了比较完整的产业业态，正在加快集聚发展，有许多经验值得借鉴。

1. 贵州抢占先机，用大数据提升农业全产业链价值的经验

贵州省从 2013 年起紧抓大数据发展机遇，率先启动了首个国家大数据综合实验区建设；率先颁布实施了大数据地方立法；率先设立全球第一个大数据交易所。利用后发优势，努力抢占大数据产业发展制高点，带动区域经济新发展。通过构建全省农业云平台框架，贵州建成了农业数字（监测感知）、农业生产管理、农产品市场销售和农业监管服务四大体系，推进大数据与现代农业融合发展，提升了农业全产业链的价值。修文县将“大数据 + 猕猴桃”系统布局到种植、农旅、深加工、销售、金融等多个板块，覆盖到全县 60% 的 384 个猕猴桃果园。由大数据严格把关、实行绿色种植、全程监管和可追溯生产的猕猴桃品质得到极大提升，一个能卖到 19.9 元，人工成本降低了 36.5%。贵州利用大数据对流通渠道、消费习惯、农产品种类、价格指数的关联分析，不仅改变了农业生产方式，也深刻改变了农产品消费方式。在贵阳市蓬莱仙界休闲农业旅游区，农业大数据管控着农作物田间智慧种植、运用 GPS 技术的农机“智能收获”、全程食品安全可追溯、消费者网上“点菜下单”的全过程。

2. 浙江领导重视，全省统筹，从应用入手系统建设的经验

浙江省以“最多跑一次”改革为切入口，以大数据系统化建设为抓手，将能够数据化的经济社会管理等公共事务，全都经过流程再造纳入其中，变群众跑为数据跑。由省长挂帅，解决公安和人行等关键点的数据共享难题。全省一张图、各部门一张网，按月督办建设进度，全方位推进全省的大数据建设。在此过程中，浙江省农业厅统筹规划，整合省市县各级涉农资源，以顶层设计方式建成了“一个平台一个中心 N 个应用”的智慧农业云平台。通过汇聚植保、农机、畜牧、农资、农经、科教等各级农业业务应用及数据，形成“大农业”数据中心。以市场和群众需求为导向，科学指导农业生产经营管理、政府决策监管和社会公众服务。也培育发展出了托普云农、甲骨文超级码等一大批优秀的农业大数据企业，在农业物联网设备研发生

产、SaaS 云服务平台建设、区块链追溯服务、农产品品控增信、风险预警等领域形成了强大的技术竞争力。

3. 江苏重视与大学合作，紧扣物联网抢占农业大数据发展先机的经验

江苏省宜兴市丁蜀镇，在省市县各级政府的重视推动下，积极与中国农业大学和南京农业大学开展深度合作，产学研紧密结合，以大田作物智能化和高附加值水产养殖提质增效为重点，紧扣物联网技术产品的研发应用，用先进的信息技术推动农业、商贸、文化、旅游等各业态综合协同发展。通过集成智力，整合多种资源，争取到了农业部的多项现代农业试点。已经初具规模的丁蜀物联网农业小镇，物联网应用提高了螃蟹等高附加值水产养殖的智能化水平，使成活率、产品质量、品牌知名度、节能水平得到了大幅提升。大数据技术的综合应用使水稻、茶叶、水产养殖、全域旅游等产业协同增效成了全国示范。

二　陕西省农业大数据发展有较好基础

（一）陕西省农业信息化建设发展较好

一是数据采集体系建设初具雏形。全省有 10 个市（区）、16 个县成立了农业信息工作机构，从事农业信息化建设的人员 380 余人，村级信息员 2.7 万人，设立了 117 个农业政务信息采集点、12 个农产品批发市场价格监测点，农业数据信息采集指标体系日趋成熟。二是全省农业农村综合服务平台有序开发。从 2013 年开始规划，初步建立起农业品种信息资源库、农产品市场信息库、农业专家资源库、农业生产资料信息库、土壤墒情数据库等 5 个专业数据库。目前已更新数据信息 6.5 万条，汇集各类数据信息 6000 余条。三是资源共建共享有改善。出台了《陕西省农业农村信息化发展规划及顶层设计框架》，按照“平台上移，服务下延”的模式，开发全省各级农业网站群，初步解决了涉农信息资源各自为政、分散管理所造成的低水平重复建设和信息割裂问题。四是各地重视发展大数据相关产业。陕西省

2016 年发布了《陕西省大数据与云计算产业示范工程实施方案》，有力促进了陕西省大数据产业生态体系的不断完善。西咸新区沣西新城、延安市、韩城市等一批市区，正在围绕云计算服务、信息融合、大数据应用、产业基地建设等关键环节积极部署各自的大数据产业，为陕西省农业大数据加速发展提供了强有力的支撑。

（二）国家级苹果产业大数据中心助力智慧果业发展

2018 年，农业农村部将国家级苹果产业大数据中心落户陕西，从洛川县开始试点建设。目前中心已录入全球 12 个苹果主产国以及我国苹果主产省近 10 年的苹果种植及销售数据，形成了苹果价格指数，可以对苹果的种植进行精准化的指导和过程管理，提高种植质量，降低种植风险，实现节约成本、增产增收、品牌增值。据估算，洛川县全县 50 万亩果园，每亩每年能节约各种投入约 750 元，增产 500 公斤，增收 2060 元；全县每年能节支 3. 75 亿元，增产 25 万吨，增收 10. 3 亿元；大数据实现品牌溢价，每公斤终端销售增加 2. 0 元。此外，中心与蚂蚁金服合作，在洛川全县种植户、果园、用工、投入、果库、合作社、专卖店等 7 类数据的基础上，探索以“普惠金融 + 苹果产业大数据”的方式，为苹果全产业链主体提供无担保、无抵押的普惠金融服务，数据整合创新了服务模式。中心开发的“果信通”手机 App，能实现基础数据填报、病虫害防治智能解决方案、线上线下技术指导、果园用工供需精准对接、产销苹果价格服务等，方便千家万户。下一步，苹果大数据中心正在加大物联网应用力度，建设 50 万亩智慧果园、数字型苹果试验站和数字化苹果店等智慧果业新形态，加快推动苹果产业链关键环节的数字化、管理的智能化和数据传输的自动化。

（三）海升 ET 农业大脑助推现代农业提质增效

海升集团是陕西省首家在香港主板市场上市的大型农业企业。通过与阿里云合作建设 ET 农业大脑，海升集团利用农业大数据中台，实现了数据的系统化上云及标准化、可视化、流程化，让农业生产有了一张清晰、准确、实时的“数字地图”。旗下10000亩苹果种植基地可以用一部手机、一个管理软件完成实时管理，有效指导果农播种、施肥和耕作。通过扫描果树旁边的二维码，可便捷了解果树历史浇水、施肥、施药情况，帮助果农每亩地节省200元以上成本，为海升集团每年节省2000万元的生产成本。ET农业大脑还让阎良区的每个甜瓜有一个二维码身份证，对甜瓜全生命周期进行监控，确保瓜农按照标准化手册操作，不打激素，让每一个瓜长足天数。这种可溯源甜瓜的零售价比普通甜瓜高出了3倍。

（四）承信网络深耕三农大数据综合服务平台建设

西安承信网络信息技术公司，多年来一直从事农业信息化服务工程建设，积淀了丰富的农业大数据资源，建立了承信三农大数据综合服务平台。平台能以市场为导向，以“互联网+”为手段，采用先进的GIS技术，从多维度动态采集各类农业数据，与物联网、大数据和云计算应用深度配合，形成省市县三级联动的农业大数据模型，为农业提供生产指导和标准化输出服务。平台先后为各个农业部门，延安苹果、大荔冬枣、周至猕猴桃、澄城数字农业、镇巴农产品电商等特色农产品，提供了可持续的决策及经营指导服务，开创了一套成熟的农业大数据市场化运营服务方案。目前，该平台面向全省，为更多涉农用户提供更加精准的农业大数据服务。

（五）杨凌农业云建成了全国最大的农科教数据中心

杨凌农业云打造了中国杨凌农业大数据中心、农业科技示范推广平台、农业电商服务平台、农产品安全认证溯源平台、农村土地确权平台等载体，为现代农业发展提供信息、科技、商品流通等数据服务。截至目前，杨凌农业大数据中心已收集整理植物品种权威数据、涉农专利数据、涉农专家数据以及其他农业科技成果数据200余万条，是国内最大的农科教数据中心。据统计，陕西省目前已建成的45个物联网苹果园，能实现果园灾害预警、病虫害防治、果园灌溉、施肥等方面的智能控制，正是由杨凌农业云提供技术支撑。

三　陕西省农业大数据发展中存在的问题

（一）制度机制顶层设计不足，主体权责缺位

农业大数据发展既需要信息技术发展的底层规则，也需要厘清政府、企业、社会等参与主体的基本权责。由于目前法律法规、制度标准建设明显滞后于大数据技术及应用的发展，陕西省农业大数据建设还缺乏基本的框架，政府及相关部门的分层数据权责、安全责任、共享开放原则等也不明确。部门之间缺少协调对接的工作机制，都只能根据自身基础和需求开展数据的获取及服务工作，重复采集、指标不统一、难以衔接共享等矛盾突出。公共数据安全和个人隐私保护等也存在很大的制度风险。

（二）数据标准问题突出，野蛮生长阻碍长远发展

海量数据结构化是大数据产生价值的基础性工作及突破难点。现有数据的75%是以音频、视频、图片、网络日志等非结构化形式存储的，结构化数据只有25%，但也因平台功能、采集时间、隶属部门等因素，格式不同，标准不一，接口各异，共享聚合难度很大。企业在市场需求拉动下采用新技术、新概念野蛮生长。由各层级主体碎片化建设的信息化项目，内核相互割裂，内容互不关联，数据千差万别，还在不断催生新的“数据烟囱”。

（三）产业基础不牢，市场需求有待开发

一是广大农村地区的信息化发展缓慢，农业基础数据的前端采集设备布局几乎是空白，农民使用互联网还在起步阶段。二是农业受气候、灾害和市场影响的风险较大，长期资金投入不足限制了农业的现代化、信息化、智能化建设进程。三是陕西省农村土地大多以家庭承包经营为主，规模小、分散经营也极大地制约着现代农业的发展。“3 + X”工程实施依然面临“产不好、销不出、管不住、服务难”等难题，农业大数据的市场需求有待进一步开发。

（四）专业人才队伍储备不足

农业大数据具有跨界知识融通的典型特征。需要一大批复合型人才通透产品环节、洞悉产业全面，通过智力集成及显化应用，针对市场需求痛点打造新的现代农业增长点。农村、基层政府甚至是涉农企业都缺乏这样的人才储备。全省亟须引进、培养一批既懂农业又懂大数据的复合型创新人才参与推广和服务工作。

四　农业大数据助推“3 +X”特色现代农业发展的建议

大数据是智能时代的“石油”。习近平总书记指出，建设现代化经济体系离不开大数据发展和应用，要构建以数据为关键要素的数字经济，推动实体经济和数字经济融合发展，推动互联网、大数据、人工智能同实体经济深度融合。结合陕西省实际，现提出以下建议。

（一）出台指导意见

建议省政府研究制定《陕西省农业大数据发展指导意见》。将发展农业大数据作为陕西省深化农业供给侧结构性改革的重要内容，实现追赶超越的现实途径，像发展汽车产业一样重视。将农业大数据与陕西省“3 + X”特色现代农业，统筹谋划、一体布局、同步推进、协同发展。鉴于农业大数据是面向弱势复杂的农业，以服务农民等弱势群体为主要目标，该意见应将全省农业大数据建设管理主体职责放在省农业农村厅，在机构、编制、人员、资金等方面给予充分的保障。进一步科学划分省网信办、省工信厅等相关部门的职能边界，形成分工负责、责任明确、协同推进的工作局面。该意见还应就陕西省农业大数据的发展，制订具体工作落实的路线图和时间表，明确各环节相关部门的责任，建立有效的跨部门沟通协调工作机制，确保各项工作任务落到实处。

（二）明晰发展路径

借鉴先进省市经验，建议陕西省的大数据平台从省级层面统筹建设，市县部署运用。由省农业农村厅牵头，相关部门紧密配合，统筹全省相关资源的整合及综合集成利用。一是规划布局。在抓好苹果大数据应用深化完善的基础上，总结可复制的经验，制订陕西“3 + X”特色现代农业大数据发展规划，对总体框架、数据结构及标准、对接共享机制等做出科学布局。力争在2019年建成全省统一的农业大数据平台。二是部署推广。在“3 + X”特色现代农业领域，全面部署落实农业大数据平台的应用。应率先在有条件的特色农业园区进行试点示范，不断总结经验复制推广、迭代升级。针对种植、养殖的产业特性，引进国内外先进技术设备，以实用和市场需求为导向，以数据采集、聚合为重点，加快提升全产业链的数据化、智能化水平。力争在2020年内完成主导特色农产品的全覆盖。三是全面应用。在以政府为主体完成农业大数据的基础建设后，制定共享标准和安全使用规则，引导企业面向市场，多层次、跨领域开发有竞争力的产品及服务。促进陕西省农业大数据和“3 + X”特色现代农业等跨界创新商业模式，提升品牌价值，增强产业综合实力。在明确权责的前提下，各级政府可采取购买服务等方式，把数据采集、平台建设运维等业务委托有实力的公司或专业机构承担。力争到2025年，使农业大数据能助推果业大提质、畜牧上水平、设施扩规模的成效翻番。

（三）加强法规建设

鉴于国家有关数字经济的立法滞后现状，建议由省农业农村厅牵头，研究制定《陕西省农业大数据产业发展条例》，明确政府的基础数据建设管理权责、市场监管权责、数据安全及开放共享权责等，形成政府定规则、建基础，引导企业开展大数据开发应用，创新商业运营模式，构建大数据智能驱动的新产业体系。该条例要对陕西省建立农业大数据等的底层框架结构、数据指标、质量标准、接口要求等进行科学规定，通过明确底层规则，推动数据法制化、应用商业化，为陕西省农业大数据长远发展和升级迭代打好基础。

（四）做好产业布局

农业大数据涉及面广，产业链长，建议陕西省及早统筹谋划。前端以物联网传感器装备为重点，注重各类传感器、物联网设备、农业技术装备等基础设施及设备的研发生产。中端以标准和算法为重点，注重加大如基于北斗系统的遥感定位及空间分析技术、数据采集及清洗处理、智能算法及分析、区块链在产品质量安全追溯中的应用等的开发力度。后端以消费价值挖掘为重点。引导企业以市场需求为导向开展兼并整合，突出专业特色，加快做精、做优、做强。鼓励企业加大面向“90后”年轻消费群体的定制化产品及服务开发力度，以跨界融合和服务创新促进陕西省产业结构升级。建议省科技厅通过重大科研专项、关键技术联合攻关等方式，鼓励支持陕西省企业开展物联网、大数据技术的开发应用；省工信厅发挥陕西省装备制造实力雄厚的优势，引导企业通过资产整合、技术合作等方式，加快向大数据设备研发、生产及提供整体解决方案转型。

（五）加大资金支持

农业大数据基础平台建设及运维，是社会公共治理体系的重要组成部分，应由财政资金保障。建议省财政设立农业大数据发展专项资金，由省农业农村厅与相关涉农资金统筹使用。市县财政也应保障本地农业大数据建设中基础数据采集、资源整合及系统运维，确保农业大数据能与“3+X”特色现代农业发展协同推进、同步见效。应充分发挥财政资金的引导作用，鼓励民间资本进入农业大数据与“3+X”特色现代农业融合领域，鼓励金融机构开发供应链融资等新型金融产品，不断提升建设融合推广的资金保障能力。

（六）培育龙头企业

建议省工信厅配合省农业农村厅，围绕“核心业态+关联业态+衍生业态”，构建农业大数据全产业链，引导大数据相关企业向农业大数据产业园集聚发展。引进和培育农业大数据技术成果，形成农业大数据企业集群。力争在5年内，培育1～2家有国际影响力的农业大数据企业，10家左右国内先进的农业大数据应用、服务和产品制造企业。

（七）做好人才培养

建议陕西省在“千人计划”、“百人计划”、三秦学者等人才计划中，加大对农业大数据领军人才的支持力度。各市在人才引进和招商引资中，应注重引进大数据、物联网、云计算、人工智能等创新领域的种子企业和团队，制定更加优惠的政策，积极探索柔性引才新机制，不断壮大陕西省农业大数据人才队伍。鼓励陕西省高校老师以灵活的方式与企业、农户、合作社等市场主体开展技术合作，鼓励高校面向企业和市场需求，开展形式多样的职业再教育，不断夯实陕西省智能产业发展的人才基础。

B.18
关中平原城市群与成渝城市群区域物流竞争力比较分析

郝渊晓　张怡蕾　李松芮　郝思洁　刘浩东*

摘　要： 随着全球化、信息化和我国经济新常态的出现，2014 年10 月国务院印发了《物流业发展中长期规划（2014～2020）》，力争在2020 年实现物流服务体系现代化。2018 年1 月9 日，国务院发布了《关中平原城市群发展规划》，强调了关中平原城市群在我国现代化建设和全方位开放大局中的重要战略地位。区域物流是区域经济发展的重要基础，目前区域物流竞争力的研究主要集中于全国范围或经济发展水平较高的区域，经济欠发达的西部地区物流竞争力的研究较为少见。现有文献对关中平原城市群物流产业的研究大多停留在定性方面，区域物流竞争力的评价体系还不完善。本文运用因子分析方法，对关中平原城市群与成渝城市群区域物流竞争力进行对比实证分析，科学分析其发展现状和差距，得出关中平原城市群物流综合竞争力偏弱、物流经济环境竞争力提升动力不足、在物流规模有一定竞争优势，但中心城市实力弱及物流竞争力得分及排名两极分化更为严重的结论。

关键词： 关中平原城市群　成渝城市群　区域物流竞争力　因子分析

---

* 郝渊晓，西安交通大学经济与金融学院教授、西安外事学院商学院教授，主要研究方向为物流产业与营销管理；张怡蕾，西安交通大学经济与金融学院硕士研究生，研究领域为物流产业；李松芮，中国农业银行股份有限公司陕西分公司，研究领域为物流产业；郝思洁，国家开发银行陕西省分行，主要研究领域为供应链金融；刘浩东，西安交通大学经济与金融学院，主要研究领域为产业经济。

一 关中平原城市群与成渝城市群物流竞争力比较基础

本文立足对比视角，对关中平原城市群与同处西部内陆的成渝城市群进行区域物流竞争力的实证对比研究。在实证研究之前，需要先对两大城市群的物流竞争力比较基础进行分析。

（一）两大城市群区域物流竞争力评价方法研究综述

目前国内学者通常运用定性和定量相结合的方法进行区域物流竞争力的评价研究。目前学术界运用实证的方法主要有因子分析法、聚类分析法、主成分分析法等。罗宝花（2014）利用改进的加权主成分理想解法，研究了湖北省区域物流产业竞争力的发展情况；赵晶英（2015）创新性地利用模糊逼近理想排序模型，对广东省西部地区城市的物流产业竞争力进行分析排序；司文峰（2016）利用因子分析、动态分析和聚类分析法对我国中部城市群物流竞争力进行评价与比较分析；刘佳希（2016）通过构建中三角物流竞争力评价指标体系，利用2013年截面数据，运用因子分析和聚类分析对中三角经济区28个城市进行物流竞争力的测度评价；郭子雪、王兰英（2017）利用组合赋权－TOPSOS方法，对河北省12个城市的区域物流竞争力进行实证评价研究，认为河北省区域物流竞争力整体处于较低水平；夏帆（2018）选取因子分析法和K均值聚类分析法对我国各省份区域物流竞争力进行评价。

国内对于区域物流竞争力的评价多从省域或市域的角度出发，以发达地区为主要研究对象，对于西部地区城市群物流竞争力的研究相对较少。而针对西部地区的城市群物流竞争力的比较研究更为匮乏。本文主要采用因子分析法对两大城市群物流竞争力进行比较。

（二）两大城市群区域物流竞争力比较的战略基础

2016年6月国务院发布《国务院关于成渝城市群发展规划的批复》，

2018 年 1 月的《国务院关于关中平原城市群发展规划的批复》及之后的《中共中央国务院关于建立更加有效的区域协调发展新机制的意见》等国家级城市群战略规划奠定了两大城市群发展的国家战略基础。西部大开发战略及习近平总书记提出的“一带一路”倡议为关中城市群及成渝城市群发展奠定了区域及国际战略基础。

（三）成渝城市群对关中平原城市群的竞争优势基础

在客观条件上，成渝城市群有明显的优势。作为西部地区的经济发展引擎，肩负西部大开发国家战略，带动和引领西部地区经济发展，成渝城市群拥有更早批复时间，区域面积更大，城市数量尤其是中心城市数量更多。在区位政策上成渝城市群优势更加显著。成渝城市群不仅地处丝绸之路经济带和 21 世纪海上丝绸之路的交汇地区，也是长江经济带的重要战略支撑。作为“一带一路”和长江经济带的重要联结点，成渝城市群内河航运更为发达，物流体系更为完善。

在区域经济发展水平上，成渝城市群拥有更强大的区域综合实力。成渝城市群是西部地区经济基础最好、经济实力最强的国家级城市群，2017 年城市群 GDP 为 4.76 万亿元，而关中平原城市群为 2.16 万亿元。根据 2013～2017 年指标数据，成渝城市群五年间的地区生产总值、社会消费品零售总额、进出口总额等经济总量指标数据一直高于关中平原城市群；同时，关中平原城市群第三产业的 GDP 占比也低于成渝城市群占比。

在区域物流业发展水平上，成渝城市群内已建立起集海、陆、空、管于一体的现代物流体系，依托长江黄金水道与中东部地区贸易联系密切，依托出海通道直达东南亚国家，依托强大的铁路运输系统直通西部欧洲国家。而关中平原城市群在区域物流规模的扩张建设方面，由于自身本就缺乏良好的地理环境区位条件，再加上产业支撑不够，拓展动力不足，区域内物流园区和物流中心规划不系统，政策导向不明显等弊端，区域物流水平整体落后于成渝城市群。

从宏观角度看，两大城市群区位战略具有相似性，但相比关中平原城市群，成渝城市群拥有更多竞争优势和更强的综合实力。

二　关中平原城市群与成渝城市群区域物流竞争力比较的实证分析

（一）研究区域与数据说明

实证研究区域共涉及关中平原城市群和成渝城市群的28个城市。因地级市以下地域数据可得性低、可比性差，本文数据均由城市群所辖地级城市汇总计算所得。两大城市群所辖城市如表1所示。

表1　关中平原城市群与成渝城市群所辖城市

城市群名称	所辖城市
关中平原城市群	西安、宝鸡、咸阳、渭南、商洛、铜川、杨凌、平凉、庆阳、天水、临汾、运城
成渝城市群	重庆、成都、自贡、泸州、德阳、绵阳、遂宁、内江、乐山、南充、眉山、宜宾、广安、达州、雅安、资阳

实证研究所运用的数据来源于《中国城市统计年鉴》《陕西省统计年鉴》《四川省统计年鉴》《甘肃省统计年鉴》《山西省统计年鉴》《重庆市统计年鉴》以及关中平原城市群、成渝城市群28个市的国民经济与社会发展统计公报。对于区域物流竞争力指标的选取，由于物流业并没有单独的数据统计，在研究过程中，一般用交通、仓储及邮政业的相关指标进行替代描述。交通、仓储及邮政业固定投资额指标，用固定资产投资额来代替。

（二）关中平原城市群与成渝城市群区域物流竞争力比较测度

1. 数据因子分析描述——以2013年数据为例

（1）KMO与Bartlett球型检验

表2为KMO与Bartlett球型检验结果，从表2中可知KMO检验的统计

量为0.895，大于0.8，表明所收集的数据很适合进行因子分析。Bartlett 球型检验的p值为0.000，表明在0.05的显著性水平下，拒绝各个变量独立性的假设。故在文中所建立指标体系下，利用2013年度数据进行关中平原城市群与成渝城市群区域物流竞争力对比的研究是可行的。

表2 KMO 巴特利检验

Kaiser-Meyer-Olkin 度量值	Sig.
0.895	0.000

（2）特征值和方差贡献表分析

从表3可以看出，前两个特征根分别为9.855和1.001，均大于1；贡献率分别为55.856%和42.839%，累计贡献率为98.695%，表明这两个公因子能够很好地解释原变量的绝大多数信息。故选取两个公因子较为合适。

表3 解释的总方差

成分	初始特征值			提取载荷平方和			旋转载荷平方和		
	总计	方差(%)	累计(%)	总计	方差(%)	累计(%)	总计	方差(%)	累计(%)
1	9.855	89.592	89.592	9.855	89.592	89.592	6.144	55.856	55.856
2	1.001	9.102	98.695	1.001	9.102	98.695	4.712	42.839	98.695
3	0.076	0.691	99.386						
4	0.03	0.276	99.662						
5	0.02	0.178	99.841						
6	0.006	0.057	99.897						
7	0.005	0.045	99.943						
8	0.003	0.024	99.967						
9	0.002	0.014	99.981						
10	0.001	0.014	99.995						
11	0.001	0.005	100						

（3）对因子进行旋转分析

依据最大方差法，旋转后得到因子载荷矩阵，可提取两个因子，累计解释方差率为98.695%。

根据表4可得，第一个主因子在民用汽车拥有量（万辆）X_9、邮电业务总量（亿元）X_7、社会消费品零售总额（亿元）X_3、交通运输邮电业从业人员数（万人）X_{10}、地区生产总值（亿元）X_1、进出口总额（亿元）X_4、互联网宽带用户数（万户）X_{12}因子上有较大载荷。第一主因子可以命名为物流经济环境因子。

第二个主因子在公路里程（公里）X_8、货运周转量（万吨公里）X_6、货运总量（万吨）X_5、固定资产投资（亿元）X_2因子上有较大载荷。第二主因子可以命名为物流规模因子。

表4　因子正交旋转后的成分矩阵

衡量题项	公因子	
	1	2
民用汽车拥有量(万辆)X_9	0.889	
邮电业务总量(亿元)X_7	0.882	
社会消费品零售总额(亿元)X_3	0.88	
交通运输邮电业从业人员数(万人)X_{10}	0.849	
地区生产总值(亿元)X_1	0.847	
进出口总额(亿元)X_4	0.835	
互联网宽带用户数(万户)X_{12}	0.734	
公路里程(公里)X_8		0.895
货运周转量(万吨公里)X_6		0.874
货运总量(万吨)X_5		0.835
固定资产投资(亿元)X_2		0.728

（4）各因子得分与综合得分

由回归法计算因子得分系数矩阵$f_{kj}(k = 1,2; j = 1,2,\cdots,15)$，将指标数据标准化，$Z_j(j = 1,2,\cdots,15)$，得到公因子得分函数。

$$F_k = \sum_{j=1} f_{kj} Z_j (k = 1,2; j = 1,2,\cdots,15) \tag{1}$$

利用回归法计算得到因子得分系数矩阵如表5所示。

表5 因子得分系数矩阵

衡量题项	公因子	
	1	2
地区生产总值(亿元)X_1	0.234	-0.125
固定资产投资(亿元)X_2	-0.047	0.203
社会消费品零售总额(亿元)X_3	0.301	-0.205
进出口总额(亿元)X_4	0.221	-0.111
货运总量(万吨)X_5	-0.235	0.417
货运周转量(万吨公里)X_6	-0.314	0.506
邮电业务总量(亿元)X_7	0.312	-0.218
公路里程(公里)X_8	-0.362	0.559
民用汽车拥有量(万辆)X_9	0.330	-0.241
交通运输邮电业从业人员数(万人)X_{10}	0.240	-0.132
互联网宽带用户数(万户)X_{11}	0.052	0.088

各城市的综合得分F是以各因子的方差贡献率除以两个公共因子总方差贡献率得到的数值为权重，以此来相加得到物流综合竞争力得分函数。

$$F = (55.856\% \times F_1 + 42.839\% \times F_2)/98.695\% \tag{2}$$

表6 2013年关中平原城市群与成渝城市群区域城市物流竞争力得分与排名

城市	物流经济环境因子		物流规模因子		综合因子	
	得分	排名	得分	排名	得分	排名
重庆	1.93	3	4.88	1	3.09	1
成都	3.58	1	1.12	2	2.49	2
西安	2.20	2	0.66	3	1.52	3
绵阳	0.17	4	-0.16	19	0.03	4
咸阳	-0.06	7	0.07	9	-0.01	5
南充	-0.09	8	0.08	8	-0.02	6
德阳	0.09	5	-0.21	25	-0.03	7

续表

城市	物流经济环境因子		物流规模因子		综合因子	
	得分	排名	得分	排名	得分	排名
临汾	-0.31	16	0.32	4	-0.05	8
运城	-0.18	11	0.09	7	-0.07	9
自贡	0.03	6	-0.31	27	-0.11	10
渭南	-0.36	21	0.23	5	-0.11	11
乐山	-0.15	9	-0.07	15	-0.11	12
达州	-0.35	19	0.2	6	-0.12	13
宜宾	-0.26	12	0.05	10	-0.12	14
泸州	-0.28	13	0.02	11	-0.15	15
眉山	-0.17	10	-0.2	23	-0.18	16
宝鸡	-0.32	17	-0.05	14	-0.2	17
资阳	-0.39	23	-0.03	12	-0.23	18
内江	-0.29	14	-0.2	22	-0.25	19
广安	-0.34	18	-0.17	20	-0.26	20
遂宁	-0.35	20	-0.17	21	-0.27	21
庆阳	-0.48	27	-0.04	13	-0.29	22
天水	-0.4	24	-0.16	18	-0.29	23
雅安	-0.37	22	-0.21	26	-0.3	24
商洛	-0.46	26	-0.11	17	-0.31	25
平凉	-0.5	28	-0.09	16	-0.32	26
铜川	-0.46	25	-0.2	24	-0.34	27
杨凌	-0.3	15	-0.42	28	-0.35	28

2. 2014~2017年数据因子分析结果

2014~2017年各年的关中平原城市群与成渝城市群区域城市物流竞争力得分与排名如表7~表10所示。

表7　2014年关中平原城市群与成渝城市群区域城市物流竞争力得分与排名

城市	物流经济环境因子		物流规模因子		综合因子	
	得分	排名	得分	排名	得分	排名
重庆	1.95	3	4.93	1	3.08	1
成都	3.68	1	1.08	2	2.55	2
西安	2.3	2	0.63	3	1.57	3

续表

城市	物流经济环境因子		物流规模因子		综合因子	
	得分	排名	得分	排名	得分	排名
绵阳	0.18	4	-0.15	18	0.04	4
咸阳	-0.04	7	0.08	8	0.01	5
德阳	0.1	5	-0.2	26	-0.01	6
南充	-0.08	8	0.08	9	-0.01	7
临汾	-0.3	16	0.35	4	-0.03	8
运城	-0.18	10	0.1	7	-0.05	9
渭南	-0.35	21	0.25	5	-0.08	10
自贡	0.04	6	-0.26	27	-0.09	11
乐山	-0.15	9	-0.06	15	-0.11	12
达州	-0.34	19	0.19	6	-0.12	13
宜宾	-0.24	12	0.06	10	-0.13	14
泸州	-0.26	14	0.01	11	-0.14	15
眉山	-0.18	11	-0.18	22	-0.17	16
宝鸡	-0.31	17	-0.03	14	-0.19	17
资阳	-0.36	24	-0.02	12	-0.22	18
内江	-0.25	13	-0.19	23	-0.24	19
广安	-0.33	18	-0.16	20	-0.25	20
遂宁	-0.34	20	-0.17	21	-0.26	21
天水	-0.35	22	-0.16	19	-0.27	22
庆阳	-0.46	27	-0.02	13	-0.27	23
雅安	-0.36	23	-0.19	25	-0.29	24
平凉	-0.48	28	-0.09	16	-0.31	25
商洛	-0.44	25	-0.11	17	-0.31	26
铜川	-0.45	26	-0.19	24	-0.33	27
杨凌	-0.29	15	-0.38	28	-0.34	28

表8　2015年关中平原城市群与成渝城市群区域城市物流竞争力得分与排名

城市	物流经济环境因子		物流规模因子		综合因子	
	得分	排名	得分	排名	得分	排名
重庆	1.86	3	4.89	1	3.03	1
成都	3.97	1	1.05	2	2.63	2
西安	2.38	2	0.62	3	1.65	3
绵阳	0.21	4	-0.15	21	0.06	4

续表

城市	物流经济环境因子		物流规模因子		综合因子	
	得分	排名	得分	排名	得分	排名
德阳	0.13	5	-0.19	26	0.16	5
咸阳	-0.03	7	0.09	9	0.02	6
南充	-0.04	8	0.11	8	0.01	7
自贡	0.07	6	-0.2	27	-0.01	8
临汾	-0.31	16	0.38	4	-0.03	9
渭南	-0.33	21	0.36	5	-0.05	10
运城	-0.17	11	0.13	7	-0.05	11
乐山	-0.12	9	-0.05	16	-0.09	12
宜宾	-0.2	12	0.07	11	-0.13	13
达州	-0.31	19	0.15	6	-0.12	14
泸州	-0.23	13	0.02	12	0.13	15
宝鸡	-0.31	17	0.08	10	-0.15	16
眉山	-0.17	10	-0.18	24	-0.17	17
资阳	-0.34	24	-0.01	14	-0.21	18
内江	-0.26	14	-0.17	23	-0.22	19
天水	-0.32	20	-0.15	19	-0.24	20
遂宁	-0.31	18	-0.16	22	-0.25	21
广安	-0.34	23	-0.15	20	-0.26	22
庆阳	-0.45	27	0.01	13	-0.26	23
雅安	-0.34	22	-0.19	25	-0.27	24
平凉	-0.43	26	-0.02	15	-0.28	25
杨凌	-0.27	15	-0.31	28	-0.28	26
商洛	-0.42	25	-0.1	17	-0.29	27
铜川	-0.45	28	-0.15	18	0.31	28

表9　2016年关中平原城市群与成渝城市群区域城市物流竞争力得分与排名

城市	物流经济环境因子		物流规模因子		综合因子	
	得分	排名	得分	排名	得分	排名
重庆	1.98	3	4.97	1	3.11	1
成都	3.62	1	1.04	2	2.52	2
西安	2.37	2	0.58	3	1.61	3
绵阳	0.17	4	-0.16	19	0.06	4
咸阳	-0.03	7	0.07	9	0.01	5

续表

城市	物流经济环境因子		物流规模因子		综合因子	
	得分	排名	得分	排名	得分	排名
南充	-0.06	8	0.09	8	0.01	6
德阳	0.12	6	-0.19	26	-0.01	7
临汾	-0.31	16	0.36	4	-0.02	8
运城	-0.19	11	0.12	7	-0.04	9
自贡	0.05	5	-0.23	27	-0.06	10
渭南	-0.34	22	0.27	5	-0.09	11
乐山	-0.13	9	-0.06	15	-0.10	12
达州	-0.35	23	0.17	6	-0.14	13
泸州	-0.29	15	-0.01	11	-0.17	14
宜宾	-0.25	13	0.07	10	-0.16	15
眉山	-0.18	10	-0.18	22	-0.17	16
宝鸡	-0.32	19	-0.05	12	-0.19	17
内江	-0.23	12	-0.18	24	-0.24	18
资阳	-0.4	24	-0.02	13	-0.20	19
天水	-0.31	17	-0.15	18	-0.26	20
遂宁	-0.32	18	-0.17	21	-0.25	21
广安	-0.33	21	-0.17	20	-0.24	22
雅安	-0.32	20	-0.2	25	-0.27	23
庆阳	-0.46	27	-0.02	14	-0.26	24
商洛	-0.43	26	-0.11	17	-0.29	25
杨凌	-0.28	14	-0.37	28	-0.32	26
铜川	-0.41	25	-0.18	23	-0.31	27
平凉	-0.48	28	-0.09	16	-0.31	28

表10　2017年关中平原城市群与成渝城市群区域城市物流竞争力得分与排名

城市	物流经济环境因子		物流规模因子		综合因子	
	得分	排名	得分	排名	得分	排名
重庆	1.9	3	4.97	1	3.1	1
成都	3.97	1	1.17	2	2.77	2
西安	2.47	2	0.67	3	1.7	3
绵阳	0.23	4	-0.14	17	0.08	4
咸阳	0.02	7	0.09	9	0.05	5
南充	0	8	0.11	8	0.05	6

续表

城市	物流经济环境因子		物流规模因子		综合因子	
	得分	排名	得分	排名	得分	排名
德阳	0.15	5	-0.19	26	-0.02	7
临汾	-0.31	18	0.39	4	-0.04	8
渭南	-0.32	20	0.27	5	-0.05	9
运城	-0.17	11	0.13	7	0.01	10
自贡	0.07	6	-0.23	27	-0.2	11
乐山	-0.09	9	-0.04	16	-0.12	12
宜宾	-0.19	12	0.07	10	-0.07	13
达州	-0.29	16	0.15	6	-0.11	14
泸州	-0.22	13	0.02	12	-0.08	15
眉山	-0.13	10	-0.18	25	-0.15	16
宝鸡	-0.31	19	0.07	11	-0.04	11
资阳	-0.33	23	-0.02	14	-0.25	22
内江	-0.27	14	-0.17	21	-0.15	17
遂宁	-0.3	17	-0.17	24	-0.25	20
广安	-0.32	21	-0.16	20	-0.22	19
庆阳	-0.44	26	0.01	13	-0.25	23
天水	-0.32	22	-0.17	22	-0.24	21
雅安	-0.33	24	-0.17	23	-0.26	24
杨凌	-0.27	15	-0.28	28	-0.31	27
平凉	-0.45	28	-0.04	15	-0.28	26
商洛	-0.4	25	-0.15	19	-0.29	25
铜川	-0.44	27	-0.15	18	-0.27	28

（三）关中平原城市群与成渝城市群区域物流竞争力动态比较分析

1. 物流经济环境竞争力的动态分析

物流经济环境竞争力由地区生产总值、社会消费品零售总额、进出口总额、邮电业务总量、交通运输邮电业从业人员数、民用汽车拥有量、互联网宽带用户数七个指标构成。表 11 和图 1 动态反映了 2013 ~2017 年关中平原城市群与成渝城市群整体均值以及 28 个城市的物流经济环境竞争力变化情况。

表 11 和图 1 反映了关中平原城市群与成渝城市群 2013 ~2017 年物流经济环境竞争力均分的动态走势。

表 11　关中平原城市群与成渝城市群物流经济环境竞争力平均得分

城市群＼年份	2013	2014	2015	2016	2017
关中平原城市群	-0. 178	-0. 161	-0. 174	-0. 159	-0. 179
成渝城市群	0. 140	0. 152	0. 126	0. 134	0. 154

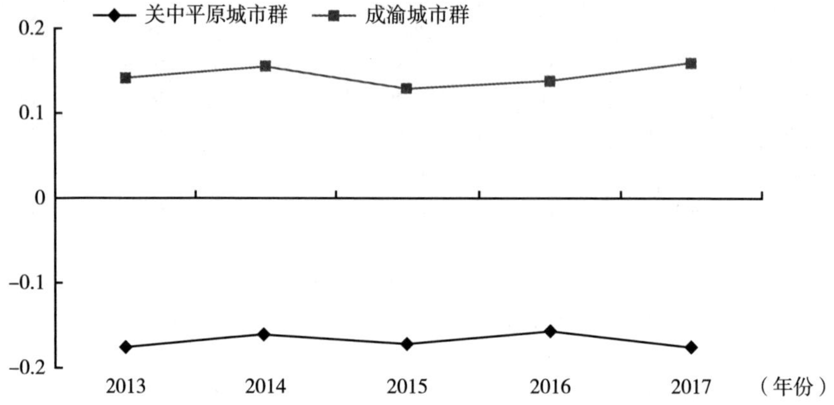

图 1　关中平原城市群与成渝城市群物流经济环境竞争力平均得分趋势

根据表 11 和图 1 可知：两大城市群的物流经济环境竞争力水平差距大，成渝城市群表现更好。两大城市群分差保持在 0. 3 左右，关中平原城市群物流经济环境竞争力水平落后明显；两大城市群物流经济环境竞争力分差呈继续扩大态势。从图 1 可以看出，从 2016 年开始，伴随着成渝城市群得分的上涨和关中平原城市群得分的再次下降，分差扩大，关中平原城市群物流经济环境竞争力提升后劲明显不足。

由于以上数据是两大城市群的平均得分，表现的是城市群整体发展水平，下面将具体对 28 个城市五年间物流经济环境公因子得分及情况进行分析。由于中心城市得分远远高于非中心城市得分，为保证分析的科学性、准确性和合理性，有必要对中心城市和非中心城市的得分情况进行区分。

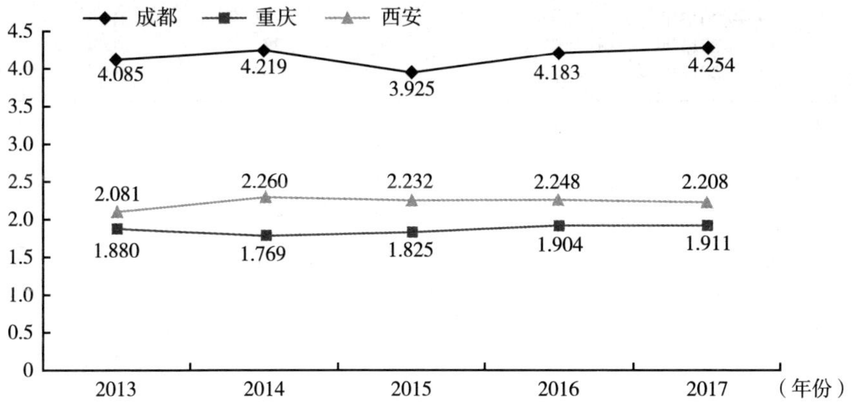

图 2　2013～2017 年两大城市群中心城市物流经济环境竞争力得分

图 2 反映了三大中心城市五年间的得分情况及得分动态趋势。

五年间关中平原城市群中心城市西安市的物流经济环境竞争力在三个中心城市中一直保持第二位，与成都市相比分差较大，但略强于重庆市。作为城市群中心城市，西安市发展相对趋于固化，增长缺乏动力，增长极的作用难以发挥。

成渝城市群中心城市之一成都的物流经济环境竞争力得分水平始终在两人城市群中位列第 ，且遥遥领先。观察物流经济环境竞争力对应指标下的原始数据，可以发现成都市五年来的地区生产总值、社会消费品零售总额等指标对应值均相对较高，经济发展水平良好，物流经济环境基础较好，且发展动力较强。重庆市排名一直位列第三，得分在 1. 8 左右波动。在两大中心城市的带动下，成渝城市群物流经济竞争力水平整体较高。

图 3 分别展示了关中平原城市群和成渝城市群 25 个非中心城市五年间物流经济环境竞争力得分的动态趋势。通过对比分析得出以下结论：①从得分整体情况来看，两大城市群非中心城市物流经济环境竞争力得分均为负数，水平较低，且五年间各城市得分波动并不明显；②从得分分布区间来看，关中平原城市群非中心城市的得分主要分布在 -0. 5 ～ -0. 3，其中包含的城市数量高达 9 个。而成渝城市群非中心城市的分布区间主要集中在 -0. 35 ～

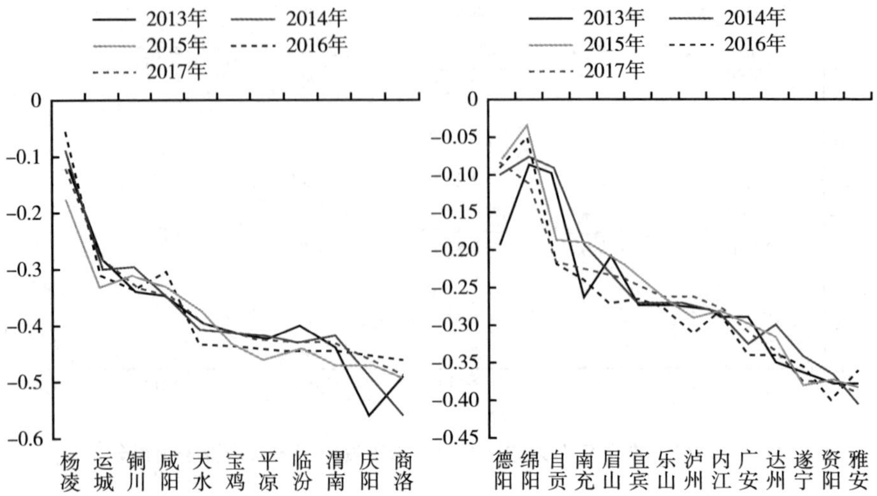

图3　非中心城市物流经济环境竞争力得分（左为关中平原城市群，右为成渝城市群）

-0.2；③从得分极差来看，关中平原城市群非中心城市的得分极差相对更大，为0.5，而成渝城市群非中心城市的得分极差为0.3。

总体来看，尽管两大城市群非中心城市的物流经济环境竞争力得分和中心城市相比较弱，但成渝城市群非中心城市的物流环境竞争力水平要高于关中平原城市群。

从图4可以发现，两大城市群的排名呈现一定的历史依赖性。其中中心城市的排名五年间未发现任何改变，其余城市的排名波动也都在小范围内。由于关中平原城市群非中心城市得分主要分布区间分值较小，其对应的排名也较落后，天水、宝鸡、平凉、临汾、渭南、庆阳、商洛七市的排名长期处于两大城市群末位，运城、铜川、咸阳三市在排名的中下等水平波动（第14~20名），杨凌区情况相对较好，排名一直位列前十。

总体来看，关中平原城市群物流经济环境竞争力位次较低。

2. 物流规模竞争力的动态比较分析

物流规模竞争力包括货运总量、货运周转量、公路里程以及固定资产投资额四个指标，与区域内物流业务量、政府投资情况密切相关。

图5反映了三大中心城市五年间物流规模竞争力的动态趋势。

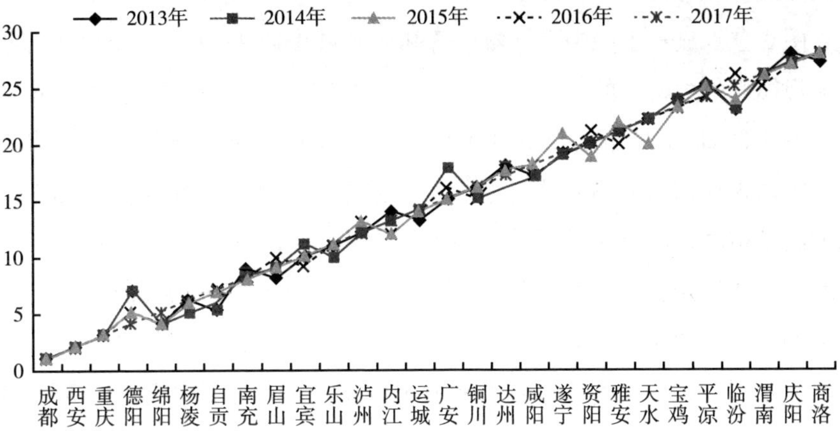

图4　关中平原城市群与成渝城市群区域物流经济环境竞争力排名变化

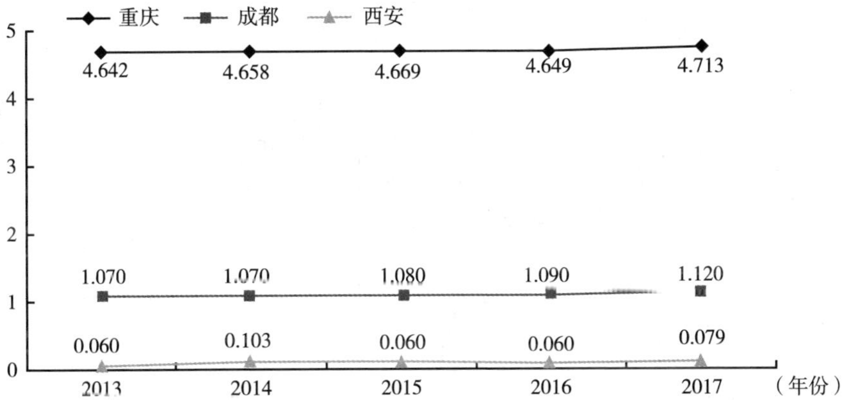

图5　关中平原城市群与成渝城市群中心城市物流规模竞争力得分

根据图5可知，成渝城市群的中心城市尤其是重庆市在物流规模竞争力上拥有绝对优势，而西安市相比之下竞争力偏弱。对于非中心城市而言，除杨凌区外，关中平原城市群其余非中心城市的物流规模竞争力水平整体强于成渝城市群。可以认为，就物流规模竞争力而言，作为中心城市，西安市并未承担起其应扮演的角色，未发挥其中心城市的区位、政策优势，尽管其物流经济环境竞争力水平较强，但物流规模与经济环境水平严重不匹配，体现了较差的发展协调性。

图 6 分别显示了关中平原城市群和成渝城市群 25 个非中心城市五年间物流规模竞争力得分的动态趋势。通过对 2013 ~2017 年关中平原城市群与成渝城市群 28 个城市的物流规模竞争力变化情况进行分析，得到以下结论：①两大城市群物流规模竞争力水平差距大，成渝城市优势突出。五年间成渝城市群该项公因子得分一直在 3 左右波动，整体实力强劲。关中平原城市群物流规模竞争力平均水平五年间一直在 0 左右轻微波动。两大城市群物流规模竞争力分差为 3；②关中平原城市群物流规模竞争力提升前景较为乐观。关中平原城市群的物流规模竞争力水平较物流经济环境竞争力而言更高。

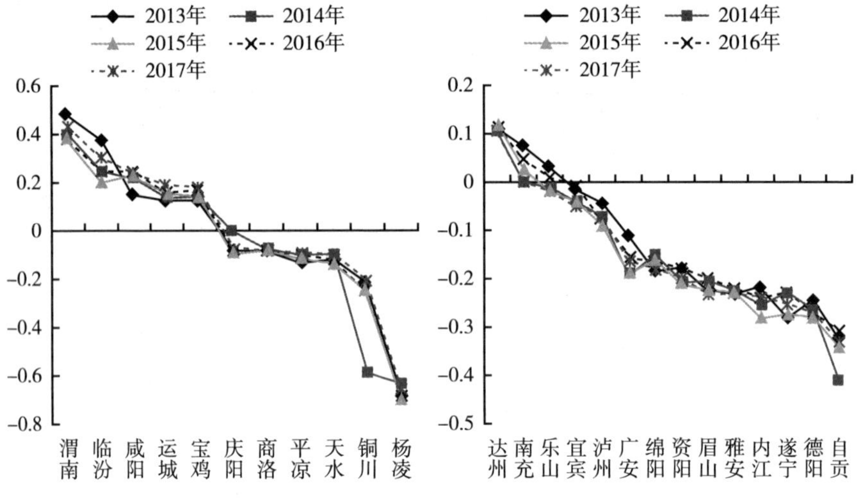

图 6 非中心城市物流规模竞争力得分（左为关中平原城市群，右为成渝城市群）

综合上述分析可知，关中平原城市群非中心城市的物流规模竞争力水平整体强于成渝城市，但由于城市间极差较大，中心城市引领带动作用不足。

3. 物流综合竞争力对比的动态比较分析

物流综合竞争力得分是物流经济环境竞争力和物流规模竞争力的综合，是对区域物流竞争力水平的全面测度。表 12、图 7 动态反映了 2013 ~2017

年关中平原城市群与成渝城市群整体均值以及 28 个城市的物流规模竞争力变化情况。

表 12 关中平原城市群与成渝城市群物流综合竞争力平均得分

城市群＼年份	2013	2014	2015	2016	2017
关中平原城市群	-0.093	-0.123	-0.116	-0.115	-0.092
成渝城市群	0.184	0.186	0.173	0.176	0.183

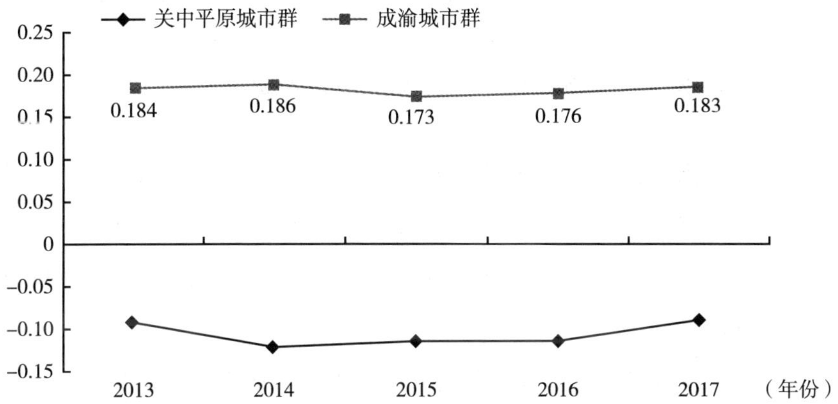

图 7 关中平原城市群与成渝城市群物流综合竞争力平均得分趋势

分析表 12 和图 7 可知，①两大城市群物流综合竞争力水平差距大，成渝城市群整体实力更强。与物流经济环境竞争力分析结果类似，五年间成渝城市群的物流综合竞争力得分更高。关中平原城市群的物流经济环境竞争力得分在五年间一直为负，且存在一定波动，相比经济环境竞争力得分，关中平原城市群综合竞争力得分有一定提升。②两大城市群物流规模竞争力提升前景均较为乐观。从 2016 年起，得分都出现不同程度的回升，可以看出对于物流综合竞争力的提升两大城市群均有充足动力。

图 8 反映了三大中心城市五年间物流综合竞争力的得分情况及得分动态趋势。就城市得分情况来看，五年间关中平原城市群中心城市西安市的物流综合竞争力得分及排名一直位列第三，且与重庆和成都存在较大分

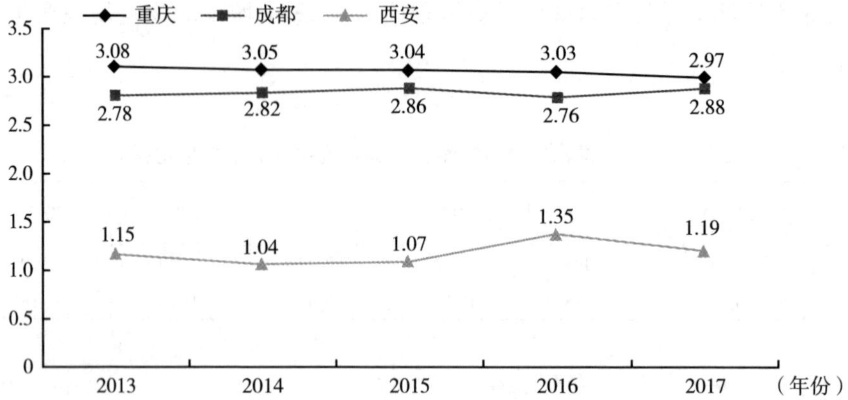

图8　关中平原城市群与成渝城市群中心城市物流综合竞争力得分

差。就得分变化趋势来看，五年间西安市的物流综合竞争力得分经历了较大波动，物流综合竞争力提升并不明显，物流经济环境不稳定，物流规模较小，后续发展动力不足。作为中心城市，对于整个城市群物流竞争力的提升作用较差。

综上所述，西安市的物流综合竞争力和重庆、成都相比差距明显，作为中心城市，其物流经济环境竞争力和物流规模竞争力均没有突出优势，城市群发展引擎作用亟待加强。

图9分别显示了关中平原城市群和成渝城市群25个非中心城市五年间物流综合竞争力得分的动态趋势。通过对比分析得出以下结论。①从得分整体情况来看，非中心城市的物流综合竞争力相对较弱。②从得分分布区间来看，五年间除运城、咸阳、渭南、临汾及宝鸡五市外，关中平原城市群非中心城市的得分主要分布在 -0.4 ~ -0.1。关中平原城市群非中心城市物流综合竞争力两极分化严重。成渝城市群的得分集中于 -0.32 ~ -0.1，区间范围及城市间分差均较小。总体来看，关中平原城市群非中心城市整体实力弱于成渝城市群。③从得分极差来看，关中平原城市群非中心城市极差相对较大，说明非中心城市间发展仍存在较大差距。而成渝城市群非中心城市极差仅为0.2，得分分布紧凑。

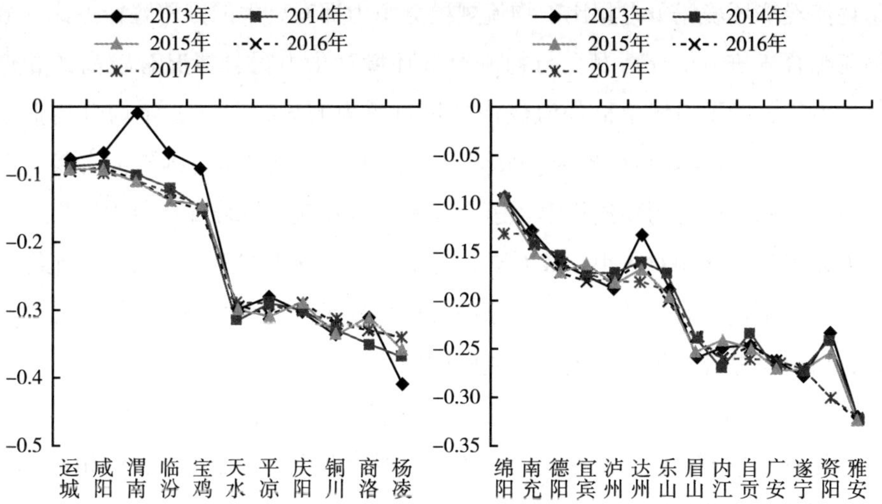

图 9　非中心城市物流综合竞争力得分（左为关中平原城市群，右为成渝城市群）

综合以上分析可得，关中平原城市群非中心城市的物流综合竞争力水平整体弱于成渝城市群。

三　关中平原城市群与成渝城市群区域物流竞争力比较结果

（一）关中平原城市群区域物流竞争力比较结果

上述分析通过利用关中平原城市群与成渝城市群的 3 个中心城市和 25 个非中心城市的 2013～2017 年五年数据的因子分析结果，从物流经济环境竞争力、物流规模竞争力和物流综合竞争力三个方面进行详细对比分析，下面将以关中平原城市群的角度从三个方面进行总结。

1. 关中平原城市群物流综合竞争力偏弱，物流经济环境竞争力提升动力不足

物流综合竞争力是物流经济环境竞争力和物流规模竞争力的综合，且由

于物流经济环境竞争力相比于物流规模竞争力拥有更大的方差解释占比，故物流综合竞争力得分情况会与物流经济环境竞争力得分情况有较高的相似性。由于关中平原城市群物流经济环境竞争力明显较弱（五年均分均低于-0.15），与成渝城市群形成较大分差，且在未来分差呈持续扩大态势。尽管关中平原城市群的物流规模竞争力要高于其物流经济环境竞争力，但由于其方差解释占比相对较小，故对整体的提升作用并不明显，反映至物流综合竞争力水平仍相对较低。关中平原城市群物流经济环境竞争力的提升后劲不足，对物流综合竞争力的提升形成掣肘。

2. 关中平原城市群物流规模有一定竞争优势，但中心城市实力偏弱

尽管关中平原城市群物流规模竞争力得分低于成渝城市群，但相比于关中平原城市群的物流经济环境竞争力得分而言，高出近1.5，发展情况较为乐观。分城市性质来看，关中平原城市群非中心城市的物流规模竞争力水平整体强于成渝城市群，但由于城市间极差较大，故在发展过程中需要注意发挥竞争力较强城市的引领带动作用，促进整体城市群的协调发展。而对于中心城市，西安的物流规模竞争力水平较重庆和成都差距较大。作为中心城市，西安市并未承担起其应扮演的角色，未发挥到其中心城市的区位、政策优势，尽管其物流经济环境竞争力水平较强，但物流规模与经济环境水平严重不匹配，体现了较差的发展协调性，这也是西安市物流产业的发展困境。

3. 关中平原城市群非中心城市物流竞争力得分及排名两极分化更加严重

根据研究结果可知，两大城市群的三个中心城市五年间的得分波动较小，发展状态相对固化，对应名次在五年间也基本没有变动。但对于非中心城市而言，尽管五年间的得分波动较小，但城市群内部的非中心城市之间存在较大差距，这一现象在关中平原城市群体现得更为明显。关中平原城市群城市阶层区分明显，不同阶层的得分差距较大，在两大城市群的综合排名表中，出现严重两极分化现象。

（二）提升关中平原城市群区域物流竞争力政策建议

由于关中平原城市群在西部的区域物流竞争力在与成渝城市群进行比较

中仍处于弱势，并且存在中心城市带动力不足、两极分化严重的问题，本文提出以下建议。①大力推动关中平原城市群的区域经济发展，充分发挥中心城市的经济增长极带动作用和非中心城市次增长极的辐射下的“涓滴效应”。以推动整个区域经济的发展。②建立一个物流空间布局合理明确、物流运行效率高效能动的区域城市群物流体系，健全物流基础设施建设。③增强关中平原城市群物流人才储备，提升区域物流竞争软实力。④提高关中平原城市群物流产业信息化水平，加强政策引导和企业扶持。

参考文献

罗宝花：《基于改进的加权主成分 TOPSIS 的湖北省物流产业竞争力研究》，武汉科技大学硕士学位论文，2014。

赵晶英：《多区域物流产业竞争力的模糊逼近理想排序（TOPSIS）模型》，《浙江大学学报（理学版）》2015 年第 4 期。

司文峰：《中部城市群物流竞争力评价与比较分析》，湖南工业大学硕士学位论文，2016。

刘佳希：《中三角经济区城市物流竞争力评价研究》，南昌大学硕士学位论文，2016。

郭子雪、王兰英：《基于组合赋权 – TOPSIS 的河北省物流业竞争力评价研究》，《河北大学学报（哲学社会科学版）》2017 年第 1 期。

夏帆：《区域物流竞争力的综合评价与比较——基于因子分析和聚类分析》，《中外企业家》2018 年第 12 期。

田莎莎、季闯：《成渝城市群经济协调发展的路径研究》，《湖北经济学院学报（人文社会科学版）》2018 年第 4 期。

专 题 篇

Special Reports

B.19

新时代陕西特色小镇建设路径研究*

顾 菁**

摘 要： 特色小镇是不同于行政建制镇和产业园区的新型创新创业平台。随着政策的不断完善，新时代特色小镇进入规范发展阶段，为陕西在新时代产城融合、城镇化和就业拓展等方面的发展提供了新动能。但特色小镇建设也出现了比较优势不凸显、同质化问题严重、管理水平不高等一系列问题，需要重新审视新时代背景下陕西特色小镇的建设思路。因此，本文在研究新时代特色小镇影响因素及其层次结构的基础上，分析了陕西特色小镇建设中存在的问题，并在此基础上提出了新时代陕西特色小镇建设的路径。

* 本报告系陕西省社会科学院 2019 年度重点研究课题“陕西特色小镇发展动力机制及建设路径研究”阶段性成果。

** 顾菁，博士，陕西省社会科学院经济研究所助理研究员。

关键词： 特色小镇 建设路径 陕西

党的十九大报告提出，以特色小镇为载体，加快乡村振兴进程。特色小镇作为调整产业结构、促进转型升级的重要载体，在带动民营经济、县域经济突破发展中扮演着重要角色。在国内各省市，多点布局、别具特色、产城融合的特色小镇受到资本的青睐，全国一度掀起建设特色小镇的热潮。但是，陕西在特色小镇建设中存在比较优势不凸显、同质化问题严重、管理水平不高等一系列问题，在新时代背景下，有必要对于陕西省特色小镇建设的目的、意义和投融资建设方式进行重新审视，探索并逐步形成符合经济规律和地方经济特点的发展路径。

一 新时代特色小镇的内涵与特征

（一）新时代特色小镇的内涵

2014 年，特色小镇这一概念被浙江省初次提及，其是随着我国新型城市化和经济转型升级应运而生的小镇发展特色产物，是新时代我国城市网络中的重要构成节点。陕西在《陕西省发展和改革委员会关于加快发展特色小镇的实施意见》中进一步将特色小镇描述为“在几平方公里土地上聚集特色产业、生产生活生态空间相融合，不同于行政建制镇和产业园区的创新创业平台，力求少而特、少而精、少而专、精而美，机制灵活，要素聚合”。可以明确的是，特色小镇区别于行政区划单元和产业园区，是以空间优化与产业升级为主导形成的区域创新载体，区别于传统意义上的建制镇，更偏向于结合地方实际融产业、文化、旅游、生态综合发展的一体化平台，注重体现融合发展的特点，强调特色资源对产业链和产业集群发展的支撑作用。

（二）新时代特色小镇的特征

特色小镇根植于区域发展，着眼于突破城市和区域发展瓶颈。作为城市化进程中的新业态，特色小镇将在新旧动能转换之际，扮演至关重要的角色，逐步成为未来城市网络发展的重要组成部分。特色小镇在发展中更加注重以人为本、创新引领、绿色低碳、融合发展和文化传承等，表现出特色化、市场化、融合化、创新化、人本化、生态化等具体特征。

1. 特色化

发展特色小镇需要突出特色二字，要本着实事求是的原则，充分考虑地方经济发展的特点和阶段，认识到不同地区间的经济差距、产业不同，文化差异。不可大干快上，一哄而上，更不能照抄照搬，盲目扩张。所谓特色，就是将本地产业特色、文化内涵和生态优势植入特色小镇的产品和服务中，充分激发其独特的内生动力，结合地方经济特点进行小镇的“供给侧结构性改革”，从而激发地方经济增长活力。

2. 市场化

特色小镇不同于传统小城镇建设，其开发多以 PPP 或 BT 等方式进行资金运作，需要企业发挥更多作用。这种模式在现实管理中极容易陷入政企不分的困境，政府常常越位、缺位，甚至成为建设主体，在规划、项目、资金等方面大包大揽。从整体上看，新时代的特色小镇正在进入一个规范和治理时期，“厘清政府与市场边界”“坚持市场主导”，重新调整政府和企业之间的位置与合作关系，是新时代特色小镇发展与传统小城镇发展的主要区别之一。

3. 融合化

特色小镇必须体现融合发展的典型特征。这种融合主要体现为产城融合，特色小镇既能会聚产业和技术，聚合资本和发展，同时又能兼顾生态和旅游，打造宜居宜商的环境，是新型城镇化、供给侧结构性改革、经济转型升级和脱贫攻坚工作的一个最佳的突破口与结合点。特色小镇以其吸收资本、人才、技术的能力利于实现产业和资本结合、生态与宜居契合、城市与乡镇融合。

4. 创新化

发展特色小镇需要贯彻新理念，承担培育创新精神的部分功能，是新兴产业与资本结合的新平台、试验田。在市场机制的作用下，特色小镇将以创新保持内生动力，形成影响全域发展的资源、要素优势，推动小城镇各方面的繁荣，特色小镇因地制宜、重点培育特色产业，汇集周边区域劳动力，搭建城乡发展一体化平台。资本和技术的结合可以有效激发创新活力。其对各地区的带动作用和示范作用不言自明。

5. 人本化

打造以人为本、宜家宜居的环境是建设特色小镇的根本目的。无论是地方经济发展，还是特色小镇建设都是要紧紧围绕宜居这一根本理念，从人民的利益出发，一方面因地制宜建设本地居民宜居的；另一方面充分将移动互联网、5G、人工智能等高科技新兴产业的最新成果加入特色小镇的建设中去，一切从居住者和旅游者的观感出发，在既保留小镇的古风古韵的同时，积极拥抱新科技和新兴产业，打造具有地方特色的宜居型特色小镇。

6. 生态化

加强对特色小镇周边生态环境的综合保护利用，加大环境治理力度，通过污水处理、废物利用、河流治理等综合手段实现保护生态环境，解决传统经济粗放型发展与地方生态环境保护的矛盾，在生态环境容量和资源承载力的约束条件下，将绿色发展作为基本要求正确处理人与自然之间的关系。

二 新时代特色小镇发展的影响因素

（一）影响因素的确定

基于现有文献的总结归纳，本文选择了 8 个特色小镇项目建设的影响因素做进一步的分析。

1. 政策支持

包括国家相关部门围绕特色小镇建设制订的发展规划、相关政策、法律、监督机制及搭建的发展平台。为特色小镇的发展方向予以科学的规划引导，以期实现高效率的区域统筹发展。

2. 特色产业

特色小镇的根本在于产业，只有产业适合地方经济发展的特点，各地才能协调发展，为经济发展提供源源不断的后续动力。

3. 人居环境

包括具有产业支撑、旅游休闲、居住生活的综合性人居环境空间，具体包括小镇优美自然生态环境、基础设施与公共服务等。建设有历史记忆、文化脉络、地域风貌、民族特点的美丽小镇，形成宜居、宜业、宜游的小镇人居环境，能够满足居民高质量的居住、生活需要，吸引更多游客或高素质人才。

4. 市场环境

包括保护市场主体，提高市场吸收能力、市场发展潜力和市场活力等方面。活跃的市场带来的消费需求可以吸引专业资源在地方上的集聚，促进相关产业的快速发展，提升地区交易频率，促进特色小镇的繁荣，创造出大规模的生活型需求，反哺地方建设。良好的市场秩序也将大幅提升建设效率。

5. 融资能力

特色小镇的建设需要大量资金。融资能力不足严重限制了特色小镇的融资渠道，使特色小镇建设更多地依靠政府部门、银行等金融机构的支持，如果融资能力不提升，后期特色小镇产业运营也会因缺乏资金出现产业链断裂的风险。

6. 绿色发展

特色小镇应积极培育便捷的交通网络与优美的绿化环境，使其新陈代谢更加生态化。良好的生态环境一方面可以吸引更多资本来投资经营和发展，另一方面有利于留住本土人才回乡创业，从而全面提升小镇发展质量。

7. 创新资源

特色小镇始于改革创新，也必须成于改革创新。作为“产、城、人、文”四位一体有机结合的发展平台，特色小镇不但需要资本、技术、人才等多层次创新要素向特色小镇不断流动，推动要素跨界配置和产业有机融合；同样需要打破思维定式和体制束缚，充分吸收和利用本地创新创业资源，打造适宜的营商环境。

8. 管理服务

管理效率取决于优惠政策的落实情况、公共服务水平、医疗服务水平、文化教育水平、社会福利、公共安全等指标。特色小镇作为一个多功能的发展复合体，其运营涉及人员、商业、产品等方面。各发展要素的特殊性与关联性导致它们需要一个高效、科学的运营管理机制，科学规划特色小镇的生产、生活、生态空间。

（二）影响因素的关联结构分析

根据前文对特色小镇发展影响因素的定性分析，本文选定8个主要影响因素，并将这些因素分别设置为：政策支持（S_1）、特色产业（S_2）、人居环境（S_3）、市场环境（S_4）、融资能力（S_5）、绿色发展（S_6）、创新资源（S_7）、管理服务（S_8）。

根据要素关系，建立邻接矩阵A，A为8阶方阵，其元素定义见公式（1）。

$$a_{ij} = \begin{cases} 1, S_i R S_j \\ 0, S_i \bar{R} S_j \end{cases} \tag{1}$$

式中：S_i与S_j分别表示第i第j个因素；R表示S_i对S_j有直接影响；$\bar{R}$表示S_i对S_j没有直接影响；则$a_{ij}=1$则表明S_i与S_j有关系，从S_i到S_j有一条长度为1的通路。

$$A = \begin{bmatrix} 1 & 0 & 1 & 0 & 1 & 1 & 0 & 1 \\ 0 & 1 & 0 & 1 & 0 & 0 & 1 & 0 \\ 0 & 0 & 1 & 0 & 0 & 0 & 0 & 0 \\ 0 & 1 & 0 & 1 & 0 & 0 & 1 & 0 \\ 0 & 1 & 0 & 1 & 0 & 0 & 0 & 0 \\ 0 & 0 & 1 & 0 & 1 & 1 & 0 & 0 \\ 0 & 1 & 0 & 0 & 1 & 1 & 1 & 0 \\ 0 & 1 & 1 & 1 & 1 & 1 & 0 & 1 \end{bmatrix} \tag{2}$$

利用Matlab软件，通过编程求解可达矩阵R（Reachability Matrix）。

$$A = \begin{bmatrix} 1 & 1 & 1 & 1 & 1 & 1 & 1 & 1 \\ 0 & 1 & 1 & 1 & 0 & 1 & 1 & 0 \\ 0 & 0 & 1 & 0 & 0 & 0 & 0 & 0 \\ 0 & 1 & 1 & 1 & 0 & 1 & 1 & 0 \\ 0 & 1 & 1 & 1 & 1 & 1 & 1 & 0 \\ 0 & 0 & 1 & 0 & 0 & 1 & 0 & 0 \\ 0 & 1 & 1 & 1 & 0 & 1 & 1 & 0 \\ 0 & 1 & 1 & 1 & 0 & 1 & 1 & 1 \end{bmatrix} \tag{3}$$

继续利用Matlab软件对可达矩阵分解与优化，并进一步划分层级，划分结果表明可达矩阵 R 中的8个单元可以划分为4个等级，分别为 $L_1=\{S_3, S_6\}$，$L_2=\{S_2, S_4, S_7\}$，$L_3=\{S_5, S_8\}$，$L_4=\{S_1\}$。

根据上述计算结果提取递阶结构模型图，可以分析特色小镇发展影响因素关系结构，如图1所示。

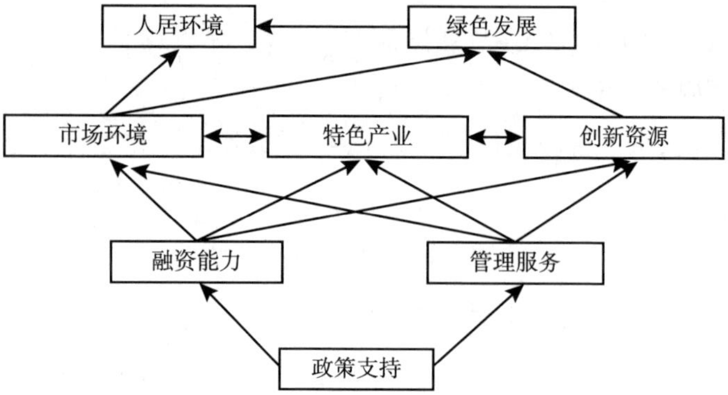

图1　特色小镇发展影响因素关联结构

计算结果显示，特色小镇发展影响因素根据其影响路径被划分为四个层级，第四层级至第一层级影响力逐步减弱。第四层级，也就是最深层级，其驱动力和影响范围最大，直接影响第三层级因素，间接影响所有其他因素。第四层级只有政策支持一个因素，政府作为一只“有形的手”在特色小镇的发展中通过颁布各种政策与方案发挥引导和调控的作用，促进特色小镇规划的和谐统一。第三层级是过渡层，受第四层级因素的直接影响，直接影响第二层级，要素包含融资能力和管理服务。融资能力是特色小镇实现长久稳定发展的关键，有效的融资策略和科学的融资时序能有效刺激市场活力、吸引创新资源、保障特色产业主要项目的建设与运营。管理服务是特色小镇建设有序运转的基础保障，一方面在各个项目建设过程中要通过协调相关部门，及时解决各类问题，精准落实相关政策，提升服务效率，另一方面通过配套发展公共服务，提升服务水平，持续激发新时代特色小镇的发展活力。第二层级是中间层，受第三层级因素的直接影响，再传递向第一层级，具体要素包含市场环境、特色产业和创新资源，这些要素相互影响形成了一个强连通块，环环相扣，充分说明特色小镇的建设是一个存在内部多层次循环的复杂系统。第一层处于表面，对特色小镇建设的影响最直接，包括人居环境和绿色发展两个要素。其中绿色发展主要受到市场活力和创新资源的直接影响，而人居环境则受到市场环境的直接影响。

三　陕西特色小镇建设中存在的问题

近年来，陕西省政府全力开展特色小镇建设，吸引不少民间资本的参与，在政策支持和资本推动下，特色小镇在近年来发展迅速，建设速度和面积取得了极大提升，自 2013 年以来，陕西 35 个重点示范镇累计完成投资 660.76 亿元，解决 7.26 万贫困人口就业问题，4A 级景区和 3A 级景区分别达到 12 个和 15 个，吸纳非农就业人数 18.96 万人。128 个镇入选全国重点镇，14 个镇入选全国特色小镇。10 个镇入选西部地区特色小镇。其中，神木县大柳塔镇及汉滨区恒口镇入选 2018 年全国综合实力千强镇；灞柳基金小镇是《西部大开发“十三五”规划》重点打造的百家特色小镇中唯一的基金小镇，已成功吸引了 300 余家基金企业入驻；西咸新区国际学镇将西咸新区的现代田园城市理念与国际著名高校的“学镇”理念相结合，探索中国特色世界一流大学新模式。但一拥而上的“造城运动”必然伴随着发展的参差不齐，特色小镇在资本的推动过程中得到快速发展的同时，也产生了一系列亟待解决的突出问题。

（一）顶层设计欠缺，存在“低端重复、高端不足”的现象

1. 在小镇布局和项目建设方面，存在特色不明显、同质化程度高等问题，对现有小镇的产业特色研究不够深入，产业选择和布局顶层设计不足

特色小镇在产业空间、生态空间和生活空间均存在一定的碎片化倾向；同时，远离城市服务中心又大大降低了与周边城市的关联共建水平，无益于

区域城镇化的协同发展。在项目建设方面，主导功能总体发展不均衡。目前，陕西重点特色小镇的发展类别包括旅游业、农业、文化、工业、商贸等类型（见表1）。其中以“文化+旅游”为主打的小镇比重超过50%，与国家“弱旅游、强产业”的发展方向存在明显差距，容易造成重复建设和恶性竞争。

表1　陕西重点特色小镇的发展类别

名称	发展类别	主要内容
蓝田汤峪镇	旅游休闲型	蓝田汤峪、水陆庵、猿人遗址、蔡文姬墓、王顺山国家森林公园、汤峪湖森林公园、辋川溶洞等
耀州区照金镇	旅游休闲型	拥有照金丹霞地貌、陕甘边照金革命根据地纪念馆、芋园游击队大本营、中共陕西省委坟滩旧址等，是著名的红色旅游景点
眉县汤峪镇	旅游休闲型	西汤峪、太白山国家森林公园、红河谷等
宁强县青木川镇	文化民俗型	青木川国家级自然保护区、青木川古镇等
杨陵区五泉镇	生态农科型	农业高新技术产业示范基地、隋文帝泰陵、后稷教稼园
勉县武侯镇	文化民俗型	武侯祠、马超墓、古阳平关城墙、诸葛亮读书台、万寿塔等文化旅游景点
山阳县漫川关镇	文化民俗型	漫川关古镇、乔村古文化遗址、蛮王冢、千佛洞、漫川关战役旧址等
长武县亭口镇	能矿资源型	境内四季分明，光热、水力、煤炭资源丰富，已探明煤炭储量35.3亿吨，占彬长煤田的56%
扶风县法门镇	旅游休闲型	法门寺、周原遗址、杨鄂墓、封神台、子牙庙等
宝塔区柳林镇	特色制造型	柳林以酒闻名，是中国四大名酒西凤酒产地，拥有汉太尉李固墓、汉将军辅德王纪信墓、纪信祠等古迹
镇安县云盖寺镇	旅游休闲型	古寺云盖寺、明清时期古街，汉剧二黄、花鼓、渔鼓等特色楚韵文艺繁荣
黄陵县店头镇	能矿资源型	是一座以煤炭资源综合开发、循环利用为主导的现代化工业重镇；还有北魏时期古刹紫娥寺等历史文物遗迹
延川县文安驿镇	特色农业型	形成了以枣果业、养殖业、棚栽业为主的特色农副产品体系；还拥有文州书院、古驿站、烽火台、延川黄河蛇曲地质公园

续表

名称	发展类别	主要内容
平利县长安镇	旅游休闲型	是西北名茶大镇，有秦楚边关古长城、西岱顶、生态产业园等休闲胜地
柞水县营盘镇	旅游休闲型	有牛背梁国家森林公园、山水乐园、峡谷夹缝、高端民宿聚集区
华阴市罗敷镇	健康疗养型	是汉乐府《陌上桑》秦罗敷的故里
汉滨区恒口镇	商贸物流型	是连接安康市汉滨、汉阴、紫阳三县（区）的交通枢纽和商贸文化中心
灞柳基金小镇	商贸物流型	灞柳基金、西安金融实验室以及金融孵化器
西咸新区国际学镇	科技教育型	将现代田园城市理念与国际著名高校“学镇”形态相结合，建设“校区、园区、社区”三位一体的创新体、技术与服务的结合体、科技与产业的融合体
礼泉县烟霞镇	文化民俗型	烟霞洞、袁家村、昭陵碑林、唐昭陵博物馆、湾里村等
神木县大柳塔镇	能矿资源型	处于秦晋蒙能源金三角，已探明煤炭储量约72亿吨，煤质以“三低一高一富”著称

2. 高质量的“名品”特色示范小镇较少，综合竞争力不足

陕西仍处在特色小镇发展的初期阶段，从入选全国第一、二批特色小镇名录的数量来看，处于全国中等位置；从入选全国千强镇名录的数量来看，其发展质量排名处于全国中下位置；以2016年1月至2019年9月底百度搜索指数平均值的排名来看，陕西特色小镇的知名度处于全国中上水平。总的来说，陕西特色小镇的综合排名处于全国中间位置，这与陕西文化旅游强省、科技教育强省的定位不符。

（二）建设进度缓慢，产业支撑力不足

1. 陕西文旅小镇数量众多，但是产业缺乏统筹规划

大部分特色小镇虽然拥有丰富的历史文化级旅游资源，但是对历史文化内涵的挖掘不够，尤其是一系列非物质文化遗产的开发、保护和利用都不到位，文创产业极少，商业价值转换率低。大部分地区处于对袁家村、马嵬驿模式的盲目模仿阶段，导致旅游、文化和社区功能呈现“散而弱”的态势，

产业间无法建立有效联动，运营成本居高不下，运营效率低下。随着地产开发不断对土地资源形成再分配，由于资本的逐利性，拥有教育和医疗资源的区域得到资本追捧获得快速发展，而一些缺少资源的区域因缺少资本关注而被冷落，造成了地方经济区域发展新一轮不均衡的新问题。

2. 主导产业的聚合能力不足，产业结构不尽合理

首先，陕西特色小镇产业基础相对于东部地区较为薄弱，很难形成“主导产业引领，若干产业配合”的深度产业链，容易导致简单重复建设下积聚而不集群的效果。此类科技含量低、生命周期短的传统产业的承载能力不强，很难推进特色小镇的可持续发展。其次，缺乏对传统制造业集群利用和改造升级的具体思路，亟须立足扎实的产业基础，通过延伸产业服务，打造创新型产业链，形成产业链条的良性循环。

3. 个别特色小镇发展过于依赖某一产业

个别特色小镇过于依赖地方某一产业，导致特色小镇的建设实际变成这一产业的几家企业甚至是一家企业的一个产业园区的现象，这种“开倒车”的行为明显与特色小镇“产城融合”的初衷背道而驰，造成“产”“城”脱节“两张皮”的现象，忽略了人居环境的建设和小镇的绿色可持续发展，小镇的功能层次处于低级开发阶段，导致特色小镇的“三生”融合特性不突出。

（三）管理机制不健全，小镇配套服务不足

1. 组织机构不健全，社会参与不够

特色小镇初期建设过于依赖政府的推动和建设，但是各地方政府财力有限，由于没有调动起社会资源和资本的有效参与，政府单一推动力量有限，效果不佳。各单位、管理部门之间相互衔接不足，建设项目的审批备案、建设施工、验收管理并没有形成一个完整的系统，部门沟通不充分，重复建设和协调机制不力等现象制约政府对特色小镇整体布局的把控。

2. 陕西特色小镇对外社会宣传不足，对内关注度分布不均

总体上看，陕西的特色小镇重文旅宣传，轻科教和生态宣传，对于生态

类、科技产业类等后起之镇的关注度不足。即便是传统产业类小镇，陕西的关注重点也集中在汤峪镇、五泉镇等重点特色小镇，不利于陕西省特色小镇的全面展开。

3. 基础设施不足，生态环境受到挑战

特色小镇建设的不少乡镇原先属于经济比较落后的地区，电网、水利、煤气等基础设施建设存在许多不足。一些地方为了盲目上马特色小镇项目，在基础设施建设问题尚未解决之时仓促上马，导致这类地区建成项目整体完成度不高，用户体验不佳。还有一些地区盲目引入一些容易造成污染的产业项目，忽视生态环境的保护和建设，在政策执行上大打折扣，导致生态环境遭到一定污染和破坏。

（四）要素支撑不足，制约后续发展动力

1. 特色小镇的投融资机制尚不健全，产业金融存在功能缺失，总体金融配置效率较低

大规模的资金运作是特色小镇得以顺利发展的原动力，同时也加大了融资的难度。特色小镇的投资周期较长，初期投资回报不高，导致民间资本投资动力不足，零散项目融资多，整体项目融资少，资本构成单一等问题。“政府热、企业冷”不利于产业充分培育，市场机制很难发挥资源配置作用，各项资金的使用缺乏有效整合，制约了特色小镇的创建进度。

2. 科技管理资源支撑不足

现阶段特色小镇难以吸引大量的科技型人才下乡，科技型管理型人才存在需求重心与供给重心的结构失衡。当前特色小镇建设中，大部分的管理人员由村干部兼任或由当地农民担任，这些人大多“半路出家”，面对重点难点问题时，专业技术短缺，远不能满足实际工作需求。

四　陕西特色小镇发展的路径选择

特色小镇建设是一个涵盖各个领域的系统工程，其影响因素众多。本文

运用解释结构模型对各个因素如何影响特色小镇建设进行了分析，并结合陕西实际问题，设计新时代陕西特色小镇的发展路径。

（一）搞好顶层设计，充分发挥政府的引导性

1. 坚持政府引导、企业主体的市场化运作模式

在特色小镇建设上，政府不能越位全面包办，也不可“拉郎配”。要强化企业的主导权，激发其主动性，通过与政府间有效的分工合作推动特色小镇行稳致远。

2. 完善相关政策法规，加强政府机关对特色小镇建设的动态监测

完善特色小镇统计流程，立足产业“特而强”“聚而合”“小而美”“新而活”的本质要求，制定出权威且完整的量化考核指标体系。对已认定的特色小镇工作推进情况进行检查。对于建设情况较好的小镇，将支持其申请专项资金，通过财政补贴给予适当奖励；面对存在产业基础差、资金供给不足等客观问题的特色小镇，政府可以为其提供从项目建设到运营管理的全链条服务，指导各地有序推进特色小镇的规划建设发展；对不符合要求的区域坚决撤回建设用地，避免特色小镇的建设沦为新一轮的土地投机。

3. 优化区域发展布局，加快产城融合

对于特色小镇的建设，政府应当做好全局规划，既要发挥出陕西省的产业和地方特色，同时要兼顾科技和生态元素的融合。应当认识到，国家发展特色小镇并不是让地方搞商业地产开发，做一些简单的文旅项目，而是要通过特色小镇盘活产业、技术、人才，整合经济发展、生态资源，进行环境保护，平衡城市、乡村发展的关系。在区域发展理念上应当因地制宜，保护好文物古迹的原貌，运用先进技术呈现新城的色彩，实现“一镇一风格”，打造小镇品牌。在保存乡镇生态环境不受破坏的基础上，大力发展生态农业，注重周边旅游资源的开发，实现经济发展、科学技术、生态环境齐头并进的局面。

（二）推动发展要素供给侧结构性改革，提升后续动力

1. 开拓融资路径，强化融资能力

通过制定融资鼓励政策，支持金融机构作为资金供给方助力小镇发展，激励企业融筹资，落实资金。建立特色小镇投融资平台，按照“谁投资、谁所有、谁受益”的原则，公建配套部分，由政府买单，通过 PPP 或者政府购买服务的方式解决；准公共部分，由政府向社会资本采购服务，政府做主要买单人，或者政府向社会资本支付可行性缺口补助，社会资本作为运营方；市场化项目，全部由社会资本承担。政府让利土地收益，获利公共服务水平的提升、产业的发展以及人才的汇集；企业收益来源于小镇的房产开发收入和产业升值收入，提供产业发展、小镇运营、人才引进、物业服务等作为对价。采用特许经营权模式、城投债模式、公私合营模式、资产证券化模式等投资模式，鼓励企业、个人投资小城镇基础设施建设。

2. 做好基础设施工作，提升公共服务质量

按照“缺什么补什么、需要什么建什么”原则，实施配套设施提升工程。实现特色小镇的长期健康发展，关键在于设计出可持续的盈利机制和制衡机制：一是要允许企业获利；二是要求企业获利后投入；三是鼓励企业从运营中获取长期的、可持续的收益。如此一来，社会资本承担的不仅是房地产和商业开发，而且是整个项目的运营和管理，是长期的、动态的和可持续的。政府引导基金在这个环节主要是以市场化的方式建立和谐共赢的机制，增强企业参与小镇、扎根小镇和运营小镇的积极性。进一步将医疗资源、物流管理、购物娱乐等民生工程与网络结合，打造舒适、便利、拥有良好现代化服务环境的一体化的特色小镇服务体系。

（三）发挥市场作用，提升产业素质

1. 培育发展新增长点

首先，依据陕西经济社会发展的新需求，结合陕西新时期特点重点发展高端装备制造、生态农业等产业，通过拓展思维，打造信息经济类、先进制

造类、航空航天类、科技创新类、商贸物流类、金融基金类、旅游文化类、健康养生类、现代农业类、历史经典类等各类特色小镇。其次，依托“特色产业”，纵向从产业生产向产业应用和产业服务延伸，横向进行三产和二产的融合发展。最后，基于陕西国际旅游枢纽的特征，搭建“特色小镇联盟”平台，推动同类别特色小镇的统筹联动、资源共享，打破特色小镇的封闭空间，完善各地旅游的软件和硬件设施，统筹协调客流、旅游资金、旅游人才、旅游信息等资源，重构开放、互动的特色小镇发展网络。

2. 做强特色产业

通过一系列调研与普查，对陕西特色小镇各类“特色”资源进行挖掘和汇编分析，针对秦岭山水人文生态、红色旅游、周秦汉唐等一系列文化资源建立规范化、标准化的资源数据库。选准产业，选对区域。吸引资金、人才和技术的集聚发展。探索实施个性化、专业化、功能化和品牌化策略，突出独特的产业定位，提升小镇在细分产业内的影响力；强化创新能力强的领军型团队和成长型企业，加快产业提档升级转型，提升小镇产业发展层次；推动产业内协同创新，培育一批单打冠军，做强一批特色产业。

3. 打造人才成长生态链，培育专业人才

立足优势项目吸引专业人才，背靠重点产业发展战略打造专业人才的聚集群，形成人才的虹吸效应。当地政府依据小镇特色和产业特点制定相应的人才需求目录，如传统技艺传承人才、复合型管理人才、产业创意人才、科技人才及营销人才等。开设“一站式”人才服务窗口，解决人才的住房、落户、子女上学等方面的问题。同时，组织本地劳动力，邀请专业培训机构进行技能培训，扶植本地人才。

（四）推进生态共建共治，打造宜居宜业美丽城镇

1. 重视生态环境，实现可持续发展

通过开展实地调研、向专家咨询、召开群众座谈会等方式推动监管系统工作标准和实施步骤的规范，落实严格的生态环境保护制度，要多管齐下、多策并举，吸取各地生态环境破坏问题的教训，将保护生态资源落实到位。

依托持续技术创新和实施清洁发展、绿色发展战略，促进传统优势产业向绿色增长转型。引进实用性强、应用面广的绿色技术。打造包含科研、农业、旅游休闲、文化创新产业的绿色可持续发展产业链，从而开启产业精而强的生态宜居小镇创建之路。

2. 以人为本有效推进“融合发展”

要通过精准的产业地位，明确各地产业重点，高屋建瓴地进行综合发展规划，要从建设运营、招商引资、生态治理、环境保护、市场开发等方面综合施策，促进产业技术、生态环境、城乡发展、开发建设、文化内涵的深度融合，在具体建设上政府要统一思想，统筹规划，避免政出多门、多头监管的局面。要加强部门间的协调配合，充分利用特色小镇建设的契机，改善地方区域经济发展不平衡、城乡经济发展不平衡、发展经济与生态保护不平衡的局面，以人为本，打造宜居、宜商、宜家、宜人的环境，充分实现经济、人文和生态的融合发展。

参考文献

王振坡、张安琪、王丽艳：《生态宜居特色小镇：概念、内涵与评价体系》，《管理学刊》2019 年第 2 期。

刘晓萍：《科学把握新时代特色小镇的功能定位》，《宏观经济研究》2019 年第 4 期。

易开刚、厉飞芹：《特色小镇的功能聚合与战略选择——基于浙江的考察》，《经济理论与经济管理》2019 年第 8 期。

徐梦周、潘家栋：《特色小镇驱动科技园区高质量发展的模式研究——以杭州未来科技城为例》，《中国软科学》2019 年第 8 期。

辛金国、宋晓坤、沙培锋：《我国特色小镇生态位综合评价——以杭州特色小镇为例》，《调研世界》2019 年第 9 期。

国家发展改革委、国土资源部、环境保护部、住房城乡建设部：《关于规范推进特色小镇和特色小城镇建设的若干意见》，http：//www. ndrc. gov. cn/gzdt/201712/t20171205_869709. html。

陕西省住建厅等四部门联合印发《关于规范推进全省特色小镇和特色小城镇建设的意见》，http：//js. shaanxi. gov. cn/zixun/2018/5/104072. shtml。

B.20

新中国成立70年来陕西城镇化发展历程与展望*

冉淑青**

摘　要： 城镇化是我国实现现代化的必由之路，是增强陕西省内需潜力和发展动能的关键所在。新中国成立70年以来，陕西省城镇化经历了快速发展、大起大落、徘徊停滞、活跃发展、跨越发展等5个阶段。这一时期陕西省城镇化取得显著成就，城镇化水平稳步提升，城镇数量和规模不断扩大，小城镇建设成效显著，城镇基础设施不断完善，重点区域建设取得突破进展，但依然存在人口城镇化率较低，区域分布结构不合理，城镇体系结构不平衡，城市公共服务体系不完善以及城市建设与资源环境矛盾突出等问题。展望未来，陕西省要完善城市体系，做大做强大西安现代化都市圈，加快推进关中平原城市群建设，建设区域性中心城市，培育发展中小城市，构建合理的城镇规模结构；同时更要适应城市发展方式转变宏观趋势，创新城市发展动力，坚持以人为本的发展理念，创新城市建设实践，贯彻绿色发展理念，提高城市发展质量。

关键词： 城镇化　城市发展　陕西

---

* 2019年国家社科基金项目“新亚欧大陆桥经济走廊区域协同发展新机制研究”（立项号：19XJL009）阶段性研究成果；2019年陕西省社科基金项目“新中国成立70年陕西城镇化演进及高质量转型研究”（立项号：2019D034）阶段性研究成果。

** 冉淑青，陕西省社会科学院经济研究所助理研究员，主要研究领域为城市经济与区域经济。

新中国成立70年以来，陕西省经历了城市快速发展的历史阶段，城镇人口数量飞速增长，城镇规模等级体系逐步建立。截至2018年底，陕西省人口城镇化率达到56.79%，初步形成了由“1+2”大西安中心组团，副中心城市宝鸡，区域性中心城市渭南、铜川、韩城、杨凌、延安、榆林、汉中、安康、商洛以及若干中小城市等组成的四级城市体系格局，成为推动陕西社会经济发展的重要力量。

一　城镇化发展历程回顾

（一）陕西快速发展阶段（1949～1957年）

这一阶段是新中国第一个五年计划实施完成的重要时期。在党中央的直接领导下，国家集中力量进行大规模的工业化建设，156个国家重大建设项目和限额以上的694个建设项目初步建立起我国独立的工业体系。由于工业化建设的需要，国家在陕西布置了156项重点建设项目中的24项（实际完成了22项），随后，西安交通大学、西安电子科技大学、西安第二工业学校等一批国家重点院校也迁入陕西或在陕西组建，为陕西工业发展源源不断地输送各类高技术人才。在产业发展和科研力量的带动下，城市建设得到快速发展，大量人口在城市聚集，形成了陕西城镇化快速发展的第一个浪潮。

（二）大起大落阶段（1958～1965年）

这一时期，国家对社会主义道路的探索经历了摸索、失败、调整的过程，经济出现了严重的困难局面，城镇化发展也经历了大起大落。在“大跃进”和“人民公社化”运动等影响下，农业生产效率急剧下降，三年自然灾害更是给农业生产雪上加霜，农产品生产难以满足全国人民的温饱需求。国家采取调整措施，提出了“调整、巩固、充实、提高”的国民经济八字方针。1962年，陕西按照党中央制定的各项政策采取了许多措施，重点加强农业生产在人力、资金等方面的投资，鼓励、动员大批拥有城镇户口的学生、工人等回乡务农，全面压缩城市人口，精简企业职工，与此同时，积极调整市镇建制，这一时期撤销了汉中市和一批建制镇，使陕西城镇人口数量大幅度减少。

（三）徘徊停滞阶段（1966～1978年）

20世纪60年代中期，国家提出加强第三线建设的战略部署，陕西的“三线建设”工作取得了重要成就。国防工业实现突破式发展，先后开工建设80多个国防生产和科研项目，涉及航空、航天、核工业、兵器以及军工电子工业等各个方面；交通运输条件实现极大的改善，阳安铁路、襄渝铁路、兰宜公路、府（谷）新（街）公路以及多座横跨汉江的公路大桥均在这一时期建成通车；能源工业得到快速发展，扩建了铜川矿区，新建了桑树坪、崔家沟煤矿。“三线建设”在基础设施和工业领域的投资极大地改善了陕西的经济发展格局，并对陕西社会经济后来的发展产生了至关重要的深远影响。然而，由于项目多数散布于关中平原地区和陕南山区，位置偏僻且与外界交通联系不便，很难对城市发展产生重要的推动作用，也难以聚集人口形成新的城市，加上“文革”十年间国家动员大批干部和城镇知识青年上山下乡，大批城市人口向农村回流，使陕西城市发展呈现停滞状态甚至萎缩状态。

（四）活跃发展阶段（1979～1999年）

改革开放政策的实施极大地促进了陕西各类城市的迅速发展。随着乡镇企业的发展和户籍管理制度逐步放宽，大批农村剩余劳动力向第二、三产业转移，城市作为非农产业活动的中心，产业聚集带动人口集聚作用进一步凸显。这一时期陕西城镇人口规模快速增加，一批具有产业特色的县城和小城镇迅速发展起来，陕西城镇体系初步框架大致形成。

（五）跨越发展阶段（2000年至今）

这一时期，伴随着西部大开发战略的实施，陕西城镇化建设也进入跨越发展的新阶段。经过20年的开发建设，陕西经济总量不断迈上新台阶，交通基础设施发生了翻天覆地的变化，生态恢复取得重要成果，这些都为陕西城镇化的快速、健康发展奠定重要的基础。这一时期，国家发布了《关中—天水经济区发展规划》《呼包银榆经济区发展规划》《晋陕豫黄河金三角区域合作规划》《关中平原城市群发展规划》等一系列区域规划，西咸一体化、省市共建大西安取得重要进展，35个重点示范镇和31个文化旅游名镇建设加快推进，城镇化建设进入跨越转型发展阶段。

二　陕西城镇化取得的成就

（一）城镇化水平稳步提升

新中国成立70年以来，陕西城市人口规模稳步扩大，城镇化水平总体稳步提升。新中国成立之始，1949年陕西城市人口规模仅为125万人，占当时全省人口总量的9.49%。在国家一五计划、二五计划快速工业化发展的带动下，至1963年城市总人口达到360万人，占全省总人口的17.51%。改革开放后，与全国城镇化发展进程一样，在市场经济、民营经济发展带动下，大量农村剩余劳动力进城务工，又掀起了城镇化快速发展的浪潮。1983～1984年，大量的县改为市建制，乡改为镇建制，市、镇数量的大幅增加导致城镇人口统计中包含了大量的农业人口，因此，从数据来看1984～1999年城镇化水平异常骤增。进入21世纪后，国家开始实施西部大开发政策，在交通基础设施不断完善、现代产业体系持续完善以及更多农村劳动力从农业劳动中解放出来等因素推动下，陕西省城镇化水平实现了稳步增长。城镇人口规模2000年为1176万人，到2018年增长了近1倍，达到2246万人，城镇化水平从2000年的32.27%增加到2018年的58.13%。

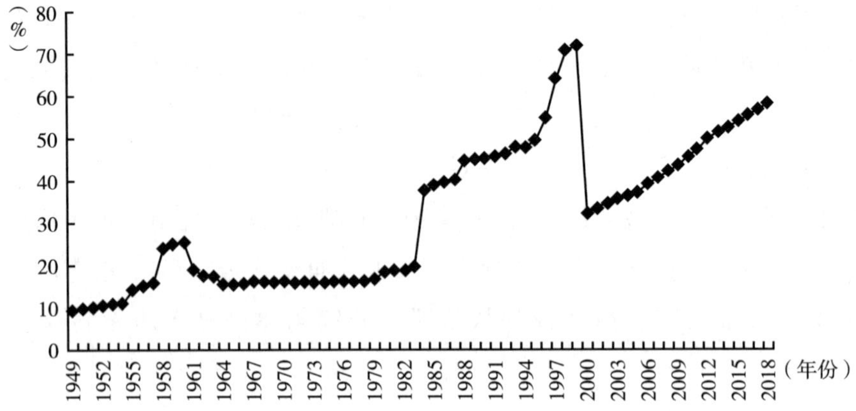

图1 新中国成立70年来陕西城镇化水平变化情况

（二）城镇数量和规模不断扩大

新中国成立后，在西安、宝鸡两市的基础上，新设汉中、咸阳、铜川等市以及渭南专区、延安专区、榆林专区。全省仅西安市人口规模较大，为40万人左右，其余城市百废待兴，城市规模普遍较小。在三年恢复时期和一五计划工业大规模发展的带动下，至20世纪50年代末，西安建成国家重要的机械、纺织和国防工业基地，人口规模增长至160万人，咸阳作为西北纺织工业基地，人口规模为8万人左右，宝鸡作为西部交通枢纽城市，人口规模近20万人，同时，依托工业发展，陕西出现了蔡家坡、虢镇、余下和耀县等一批工业城镇。“三线建设”时期，关中、陕南地区三线企业的建设和发展造就了一批工业小城镇，如富平庄里镇、蒲城罕井、华阴、兴平七里镇、眉县齐镇、勉县、凤县、略阳、南郑。改革开放后，陕西先后对西安、宝鸡、铜川3个市的辖区进行了适当的调整，扩大了管辖区域，此后分别增设了渭南、韩城、榆林、安康、商州、华阴和兴平7个县级市，到1995年底，陕西有建制市13个，其中地级市5个，县级市8个。到2019年上半年，全省设地级市（区）11个，分别为西安、宝鸡、咸阳、铜川、延安、汉中、渭南、安康、商洛、榆林、杨凌；县级市6个，分别为兴平、韩城、华州、神木、郴州、子长，其中韩城为省计划单列市，建制镇增加到900多个。按照国家最新发布的城市规模划分标准，陕西城市人口500万人以上的特大城市1个，城市人口100万~500万人的大城市1个，城市人口50万~100万人的中等城市6个，城市人口20万~50万人的一类小城市5个。

（三）小城镇建设成效显著

“十二五”以来，陕西一直把加快推进新型城镇化作为推动科学发展、富民强省的重大战略，并提出了“建好西安、做美城市、做强县城、做大集镇、做优社区”的总体思路，特别是把特色小城镇建设作为推进新型城镇化、促进城乡发展一体化的重要突破口，从2011年起，在全省范围内启动了重点示范镇和文化旅游名镇建设。2011年和2013年，陕西省先后确定了汤峪、草堂、哑柏、蔡家坡等35个小城镇为省级重点示范镇，为其提供专项引导资金、建设用地指标、专业帮扶人才等，并制定了省级示范镇目标责任考核指标，未来将其打造为县域副中心。为了更加充分保护历史遗存、传承传统文化，依托当地历史文化资源和保护开发情况，陕西确立了31个文化旅游名镇，并制订了文化旅游名镇文物保护规划。陕西省政府对35个省级重点示范镇和31个省级文化旅游名镇连续多年给予一定专项资金支持，并单列城乡建设用地增减挂钩指标。按照建设城市社区和农民幸福家园的标准，紧紧围绕地域特色、产业特色和文化特色，以省政府为主导，组织编制了重点示范镇的“一镇一模块”规划。同时，结合当地实际发展特色产业，建成了一批具有县域特色的产业聚集区、生态循环经济区、城镇化拓展新区和城乡统筹一体化发展示范区，促进了工业化和城镇化的良性互动。经过多年的发展，陕西特色小城镇建设在全省各市县反响强烈，全省各市县纷纷抢抓机遇，制定措施，强力推进，各市共确定市级重点镇119个，一大批市级重点镇设施功能不断完善，镇区环境明显改善，政策综合效应明显，示范引领全省小城镇快速发展。

（四）城市基础设施不断完善

新中国成立后，陕西省城市基础设施百废待兴，截至1952年，全省城市道路仅有136公里，面积117万平方米，城市排水管仅有52公里，仅西安少量路段有照明系统，城市集中供热、城市燃气基本处于空白状态，城市基础十分薄弱。新中国成立后，陕西城市道路、排水、公共交通等基础设施建设加快推进，但增长速度依然较慢，难以满足人民日常生活需求。改革开放后，随着城市经济的发展和规模的扩大，城市基础设施建设进入快速发展时期。改革开放28年以来，陕西省城市道路长度从1979年的647公里，增加到2017年的7630公里，增长了近11倍，城市道路面积从618万平方米增加到2017年的17034万平方米，增长了26倍多，排水管道长度从764公里增加到9590公里，增长了11倍多（见图2）。此外，2017年，陕西省城市人均公园绿地面积达到12.66平方米，用水普及率为97.90%，燃气普及率达到93.60%，城市污水处理厂集中处理率达到92.44%，城市建成区绿化率达到39.88%，城市基础设施建设取得重要成效。

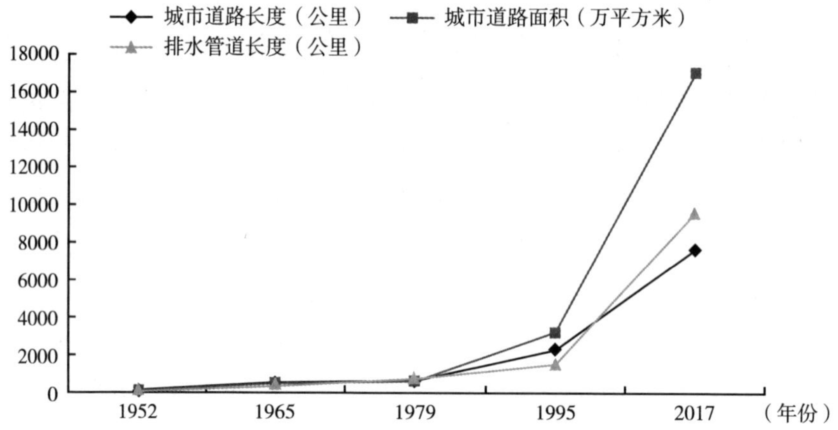

图2　1952～2017年陕西城市基础设施条件变化情况

（五）重点区域建设取得突破进展

自西部大开发以来，大西安建设、关中城市群建设、西咸一体化发展等一直是陕西区域发展工作的重点。2006年以来历年工作报告均提出，要积极发展壮大关中城市群，重点支持西安做大做强，在省级层面上加快推进西咸一体化进程，把西安都市圈建设成为关中率先发展的核心板块。2009 年，国家发改委正式发布《关中—天水经济区发展规划》，对关中地区在国家区域发展战略中的重要地位给予肯定。2018 年初，《关中平原城市群发展规划》获国务院正式批复，从国家层面为关中地区城市群建设予以支持，同时，陕西省也尽快发布了关于《关中平原城市群发展规划》的详细实施方案。在省市两级政府的共同努力下，西咸一体化取得重要进展，尤其是 2017 年西咸新区由西安市代管后，大西安建设取得重要成效，西安经济保持平稳快速发展，经济规模与整体效益不断提升，高新技术、先进制造、文化、旅游和现代服务业五大主导产业持续快速发展，经济增长动能开始转换，经济增长正日益向以科技创新、人力资本高级要素驱动的增长模式转变。

三　陕西城镇化发展面临的问题

新中国成立以来，陕西省城市建设取得了巨大成就，但依然存在人口城镇化率较低，区域分布结构不合理，城镇体系结构不平衡，城市公共服务体系不完善以及城市建设与资源环境矛盾突出等问题。

（一）人口城镇化率落后于全国平均水平

尽管与全国平均水平差距越来越小，陕西省人口城镇化水平依然较为落后。基于城镇人口统计口径的变化，选取了 2000 年以来陕西省人口城镇化水平数据与全国平均水平进行比较。2000 年，陕西人口城镇化水平为 32. 27%，与全国水平相比落后 3. 95 个百分点。其后连续 7 年陕西人口城镇化水平与全国平均水平差距呈逐步扩大的态势，2007 年，陕西人口城镇化水平为 40. 61%，落后于全国平均水平 5. 28 个百分点。自 2008 年起，陕西人口城镇化水平增速逐渐加快，与全国平均水平差距逐步缩小，到 2018 年，全省人口城镇化水平达到 58. 13%，与全国平均水平相比仍然落后 1. 45 个百分点，如图 3 所示。

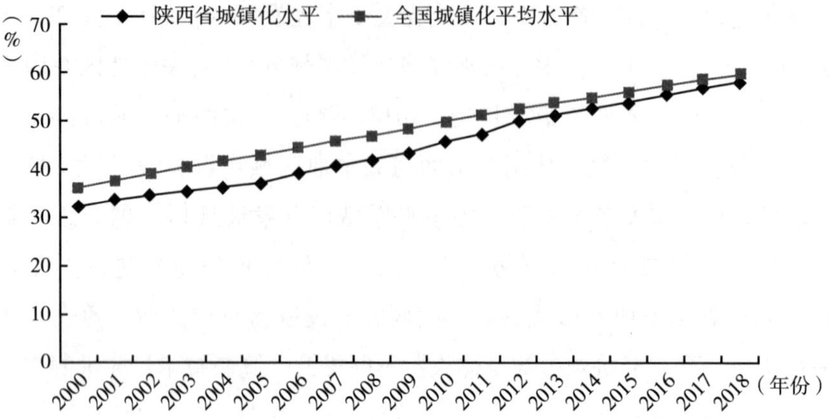

图3　2000～2018年陕西省人口城镇化水平与全国平均水平的比较

(二)区域分布结构不平衡

陕西因关中、陕北、陕南三大地理区自然资源、经济基础和产业特点等不同，城镇化水平在区域空间分布上存在不平衡性。核心城市西安因资金、技术、产业等各种资源要素的汇集，对全省人口形成强优势的极化作用，城市人口规模和建设用地不断扩张，2018年人口城镇化水平达到74.01%，比全省平均水平高15.88个百分点。宝鸡、咸阳、渭南等地因经济要素集聚不充分，中心城区对周边地区农村人口的吸引力略显不足，再加上三个地市均拥有广阔的县域腹地，人口城镇化水平分别低于全省4.96个、6.86个、9.63个百分点。铜川、杨凌两市(区)辖区范围较小，人口多集聚于中心城区，人口城镇化水平分别高于全省平均水平7.77个、6.80个百分点。位于陕北地区的延安、榆林两市，因自然资源丰富，在陕北能源化工产业基地建设带动下，工业化水平较高，带动人口城镇化水平高于全省平均水平，2018年两市人口城镇化水平分别达到62.31%、58.94%。位于陕南地区的汉中、安康、商洛三市，受自然地形条件限制，工业化水平较低，经济发展落后于全省整体水平，人口城镇化水平较为落后，2018年，汉中、安康、商洛人口城镇化水平分别为50.51%、48.46%、47.12%，分别低于全省7.62个、9.53个、11.01个百分点。

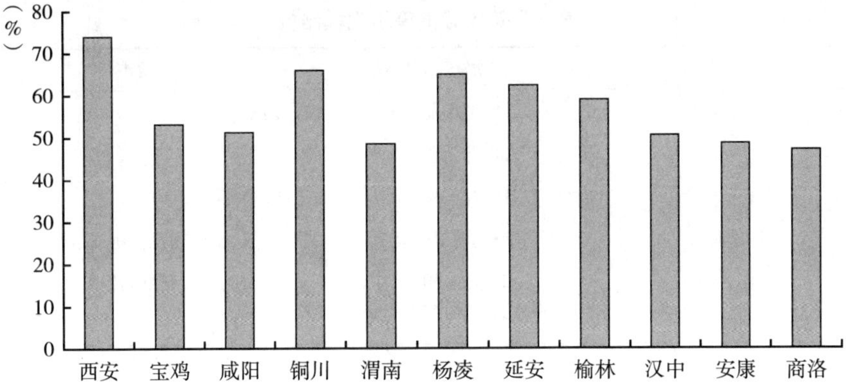

图4　各地市2018年人口城镇化水平比较

从城镇人口分布密度来看，陕西省城镇及人口分布总体上呈现中密南北疏的特点，由关中地区向北、向南逐渐变得稀疏。关中地区为渭河平原，自然地理条件优越，开发历史悠久，产业分布密集，城市分布及人口较为集中；而陕北地区地处属毛乌素沙漠南缘和黄土高原，地广人稀，气候干旱少雨，城镇多分布在河谷地带和川道内及交通道路沿线；陕南地区地处秦巴山地，不利的地形条件及地质灾害频发使陕南地区产业基础薄弱，城镇布局多沿河流沟道分布，受用地条件限制，城镇规模普遍较小。

（三）城镇体系结构不完善

陕西城镇规模结构不平衡不协调，城镇体系结构不完善。截至2018年底，特大城市西安城市人口规模超过600万人，也是陕西唯一的特大城市。此外，人口规模在100万~300万人的大城市仅有宝鸡一座，人口规模在50万~100万人的中等城市有5座，包括咸阳、榆林、渭南、延安、汉中，人口规模在20万~50万人Ⅰ型小城市有4座，分别是铜川、安康、商洛、韩城，全省72个县城和5个县级市中，绝大部分中心城区人口规模在20万人以下，982个建制镇中绝大部分镇区人口规模在1万人以下。陕西城镇等级序列基本遵从中心地理论的等级序列，但大型城市、中等城市以及Ⅰ型小城市数量仍然偏少，20万人以下的小城市中，多数城市人口规模在10万人以下，城镇等级体系的数量结构有待优化。

表1 陕西城镇等级规模结构

类别	中心城区常住人口	城市
特大城市	500万人以上	西安
Ⅰ型大城市	300万~500万人	—
Ⅱ型大城市	100万~300万人	宝鸡
中等城市	50万~100万人	咸阳、榆林、渭南、延安、汉中
Ⅰ型小城市	20万~50万人	铜川、安康、商洛、韩城
Ⅱ型小城市	20万人及以下	若干

（四）城市建设与资源环境矛盾突出

人口和产业不断向城镇集聚导致资源紧缺、环境污染、灾害频发等一系列影响城镇安全的问题。关中地区是陕西省城镇、人口和产业空间分布聚集度最高的区域，存在城市用地紧张、环境污染等突出问题，普遍面临城市棚户区、老城区改造，垃圾分类无害化处理，减少环境污染等问题。位于陕北地区的榆林和延安为资源性缺水的干旱地带，主导产业为高耗水、高耗能的能源化工产业，城市面临产业转型的紧迫任务，同时生态超载造成严重的水资源破坏和水源污染、地表塌陷等次生环境问题，严重制约了城市的可持续发展；陕南地区的汉中、安康、商洛三市坐落于秦巴山区，城市用地条件先天不足，同时作为“南水北调”中线工程的水源地，产业发展受到较大限制，城镇发展与生态环境保护之间的矛盾较为突出，客观上制约了城镇空间的进一步拓展。

四 陕西城镇化发展展望

（一）完善城镇体系，构建合理的城镇规模结构

1. 做大做强大西安现代化都市圈

依托西安国家中心城市建设，以“三中心两高地一枢纽”发展定位为

引领，“多轴线、多中心、多组团”推进大西安城市建设，加快西咸一体化、富阎一体化发展，做大做强大西安现代化都市圈。合理调整行政区划，理顺开发区职能，完善阎良、临潼、兴平等外围组团功能，推动西咸一体化发展，推进西咸新区“大西安新中心”建设，支持西铜、西渭、西商融合互补发展，打造带动西北、服务国家、具有国际影响力的现代化都市圈。

2. 加快推进关中平原城市群建设

优化关中平原城市群规模等级和结构，实现大中小城市优势互补与协同发展，加快培育发展轴和增长极，形成“单核带多极”的发展格局，提高各类空间发展能效。发挥大西安龙头引领作用，依托陇海—连霍主轴，强化西安枢纽地位和宝鸡、渭南、杨凌等集聚吸附能力，加强关中平原城市群基础设施互联互通，强化城市之间的经济协作，加强沿线城市分工协作，形成现代化产业和城镇带，向西连接甘肃、青海、新疆等省区和丝绸之路经济带沿线国家（地区），向东加强与中原地区和沿海地区联系，提升陆海双向开放水平，强化对新亚欧大陆桥国际经济走廊战略支撑作用。

3. 积极建设区域性中心城市

深化“一市一策”，推进区域性中心城市依托各自资源禀赋、产业基础和科教优势，优化产业布局，提升承载能力，提高人口吸引力和产业集聚力。鼓励铜川、渭南积极融入大西安都市圈；支持宝鸡建成陕西副中心城市，重点加快宝鸡—蔡家坡百里城镇带建设，打造全国重要的新材料和先进制造业基地。支持杨凌撤区设市，依托国家高科技农业产业区，发展农业科技研发、现代服务业，打造世界知名的农业科技创新型城市；延安重点加快城市新区建设，拉大城市骨架，打造中国革命圣地、历史文化名城、优秀旅游城市、陕甘宁革命老区中心城市。榆林重点加快推进榆横一体化发展，打造陕甘宁蒙晋毗邻区域中心城市。汉中重点推进褒河、柳林、周家坪城市组团发展，促进中心板块与外围组团相互促进、与沿汉江城镇带相互协调。安康重点发挥西渝高铁沿线重要节点区位优势，加快建设月河川道城镇带，打造山水园林城市格局。商洛重点推进商州—丹凤一体化进程，构筑“一体两翼”城镇化格局。

4. 培育发展中小城市

落实好关于加快县域经济发展和城镇建设的若干意见，结合县域资源禀赋，发展特色主导产业，加快县城工业集中区和产业园区建设，支持依托国家级园（开发）区或大型企业集团对县域产业园区实施托管运营。提升兴平、华阴、彬州、神木、子长等城市基础设施和公共服务发展水平，增强人口聚集能力。通过行政区划调整，加快具备条件的县有序设市改区，增加中小城市数量。加快发展特色小城镇。推进经济发达镇行政管理体制改革，推动特大镇扩权赋能和设市工作，持续推动省级重点示范镇和文化旅游名镇建设，推进特色小镇建设，重点在科技创新、文化旅游、新兴产业、现代农业等方面打造一批具有地域特色和创新强的特色小镇。

（二）创新城市发展方式，提高城镇化发展质量

1. 创新城市发展动力

在未来城市发展中，产业园区和房地产等传统动力因素作用将逐渐减弱，加大体制机制创新力度，推进科技创新、扩大开放将成为未来城市发展的制胜法宝和不竭动力。未来要充分发挥创新投入的带动作用，进一步加大地方财政科技投入，鼓励企业增加研发投入，深化科技、经济、政府治理等领域改革，培育创新要素的集聚，加大创新企业的培育力度，培育引进创新人才，最大限度地释放创新活力。加大城市开放力度，发挥城市自身发展优势，加强与省内、国内以及共建“一带一路”国家或区域产业合作，借力助推城市经济发展。

2. 树立以人为本发展理念

随着我国社会的发展，人们对民主、法治、公平、正义、安全、环境等方面的要求日益增长，城市居民对城市生活的要求越来越高。“80后”“90后”作为当前及未来一段时间内城市最活跃的中坚群体，对城市公共服务和空间环境的需求更加个性化、多元化。未来城市发展更要以人民的需求为基本出发点，从城市各类群体的现实需求出发，提升公共服务品质。未来要优化城市公共服务供给，提高城市教育、医疗、卫生、养老等公共服务水

平，满足人们对更高水平的教育环境、医疗环境、卫生环境、养老设施的要求；增加城市个性化服务供给，满足新生代城市居民对健身、休闲、娱乐等方面的生活需求；贯彻“人本”城市规划设计理念，从城市建设细节体现对居民的人文关怀，提高“城市温度”，为城市居民带来更高的存在感和幸福感。

3. 创新城市建设实践

经历30多年快速城镇化发展浪潮之后，当前我国城镇化进入质量提升的转型发展阶段，在城市建设实践中，需要贯彻新的发展模式、方式。建立完善的“智慧城市”体系，将“智慧城市”理念融入城市建设的各个领域。适应信息技术时代和大数据产业发展趋势，集成城市交通、环境、商业、安全、医疗、信用、电子政务等系统和服务，建设城市智慧交通、智慧医疗、智慧环境监测等平台体系，加强网络信息在城市生产生活中的广泛应用，以提升资源运用的效率，优化城市管理和服务，改善市民生活质量。建设“韧性城市”，通过提高城市各项系统及功能的多元性、灵活性、适应性，增强城市抵御灾害和灾后快速恢复的能力；在建成区结合城市更新计划，补齐韧性城市建设短板，在新建区实施“海绵城市”规划，综合管廊、城市绿廊等建设，推动“韧性”基础设施规划。

4. 贯彻绿色发展理念

坚持贯彻“绿色”发展理念，由追求相对单一功能效益最大化的灰色发展方式向环境目标导向的绿色城市发展方式转变，实现人与自然的和谐共进。科学评判城市人口总量变化趋势，合理控制城镇发展地理边界，积极盘活存量土地资源，提高已有城区、镇区土地利用效率。推进城市生活垃圾分类全面普及，促进生活垃圾收集、运输、处理的产业化发展，建立和完善生活垃圾污染环境防治社会服务体系，提高生活垃圾利用率和无害化处理率。推进绿色建筑、节能建筑、节能建材、装配式建筑等在城市建设中的广泛应用，提高绿色低碳、可循环利用的可再生能源应用比例，构建清洁高效的能源保障体系。强化生态建设在城镇发展中的基础性、战略性地位，深入推进以“护山、治水、育林、养田、蓄湖”为主要内容的山水林田湖一体化治理，在陕西省城镇化快速发展的同时，全力修复生态环境，提高陕西城镇建设的生态适应性。

5. 保护城市历史文脉

未来在陕西城市空间扩张过程中，积极落实习近平总书记提出的“扎实加强文化建设”的总要求，弘扬城市传统文化，保护城市历史文脉。首先，就历史遗存本体而言，加强文物保护规划编制，逆转其逐渐被新城建设破坏、淹没的态势，修复遗存本身具备的文化空间功能，积极促进历史遗存区空间“再生”。其次，促进文化遗存积极融入城市空间整体构造，结合城市开放空间体系布局，积极引入新的城市功能，建设具有地方感和历史感的特色开放空间，通过打造多元特色开放空间，使历史遗存成为城市“有机体”的一部分，并将文化遗存打造为维系社会和文化的纽带。最后，充分挖掘历史遗存文化价值，打造以历史遗存为核心的文化产业空间，塑造城市文化品牌，将城市的文化“软实力”变为“硬实力”，与此同时，通过产业发展反哺历史遗存保护，推进全省文化创新与繁荣。

参考文献

吕园：《区域城镇化空间格局、过程及其响应——以陕西省为例》，西北大学博士学位论文，2014。

踪家峰、林宗建：《中国城市化 70 年的回顾与反思》，《经济问题》2019 年第 9 期。

陕西省地方志编纂委员会：《陕西省志》，第二十四卷（建设志），三秦出版社，1999。

《陕西省人民政府关于深入推进新型城镇化建设的实施意见》（陕政发〔2016〕47 号文件），2016 年 11 月 4 日。

《陕西省人民政府关于印发关中平原城市群发展规划实施方案的通知》（陕政发〔2018〕68 号文件），2018 年 12 月 3 日。

B.21

陕西城镇规划建设管理的发展现状和对策研究

叶珊珊　孔　妍*

摘　要： 随着城镇化进程的不断发展，城镇规划建设管理水平也应不断提高。目前陕西省城镇规划建设管理水平不断提升，城镇面貌发生了很大的改善，促进了陕西省城镇化建设的快速发展。本文首先阐述了近些年陕西城镇规划建设管理的发展现状，分析了制约城镇高质量发展的问题和不足，并结合实际提出了提升陕西城镇规划建设管理水平的对策建议和政策保障。

关键词： 城镇规划　建设管理　陕西

一　陕西城镇规划建设管理现状

（一）陕西省城镇规划建设管理成果丰硕

近年来，陕西省城镇化发展取得巨大成就，2018 年陕西城镇人口为 2246.38 万人，城镇化率为 58.13%，比 2017 年增加了 1.34 个百分点，整

---

* 叶珊珊，经济学硕士，陕西省发展和改革研究中心副研究员，主要研究方向为城市经济；孔妍，金融学硕士，陕西省发展和改革研究中心助理研究员，主要研究方向为金融宏观调控。

体处于城镇化加速期，并开始进入较快发展的中后期。2010 年至今，全省城镇化率提高了 11.09 个百分点，年均增速位居西部地区前列。陕西省城镇化水平稳步提升、贡献不断加大，为陕西经济社会发展增添了强劲动力，城镇规划建设管理取得了显著成绩。

1. 城镇规划水平不断提升

一是加快规划法制化进程，不断完善规划体系。近些年陕西省以《城乡规划法》等国家法律为指导，编制了《陕西省城乡规划条例》《陕西省城市规划管理技术规定》《陕西省控制性详细规划管理办法》等一系列相关法律法规，明确了上位规划的统领与指导的法定地位，加快推进规划法制化进程。规划体系也经过多年的改革创新，厘清了规划界限与层级，明确了编制规划的领域、内容及功能定位，并通过不断创新工作理念和工作方法，健全完善评估体系，使规划编制水平进一步提升。二是推行“多规合一”，增强规划的协调性与综合性。陕西作为我国第一批省级空间规划试点省份，通过不断创新规划信息平台建设，有效协调不同空间规划的权责界限和内容，探索符合本地发展实际情况的“多规合一”模式和路径。推进市县“多规合一”，做好各类空间规划之间的协调，确保总体要求一致，空间配置和时序安排协调有序。近些年，榆林市作为全国“多规合一”的 28 个试点之一，形成了“四个一”试点成果（从规划、蓝图、平台和机制四个方面的协调统一），通过创新规划管理机制，制定合理有效的工作路径，协调了大量过去多规不统一的矛盾，使榆林市域空间格局有了显著改善，试点工作得到了中央的充分肯定。三是推进规划信息公开，建立健全公众参与机制。加强规划宣传，及时发布规划制定与实施的信息。在实际工作中，不断提高公众参与度，完善民主监督机制，健全政府与企业和社会的信息合作交流机制，发挥新闻媒体及社会团体的桥梁作用、监督作用，促进规划科学制订、严谨实施。

2. 城镇建设呈现新面貌

一是传承历史文化，实现发展与保护双赢。根据陕北、关中、陕南不同自然人文特点，建立了历史文化名城—名镇—名村保护体系，颁布了从省市到地方的法律与规章，制定相关规范标准。在实践中大胆探索创新。在各地因地制宜探索多样化途径，对历史遗存适度利用，从初期将资源保护与旅游发展相结合，到近期找准功能定位、优化产业结构、完备服务设施、改善人居环境，产生了较好的经济社会效益。二是推进新型城镇化建设，试点初见成效。自陕西省出台《陕西省新型城镇化规划》后，不断推进产城融合、以人为本的城镇化发展，着力提高城镇发展的质量和水平。2016 年 12 月，陕西省延安市、榆林市神木县等四个城市纳入国家新型城镇化综合试点地区，通过完善城镇化健康发展体制机制，加快人口人才集聚，提升公共服务水平，2018 年试点地区已取得了初步成果，为今后在全省范围内的有序推广积累了宝贵的经验。三是大力推进生态文明建设，使城镇居民生产生活环境不断改善。陕西省地处我国西北内陆地区，生态系统较为脆弱，资源环境承载量接近极限，因此陕西省积极推进生态文明建设，积极探索西咸新区、西安浐灞生态区、延安市、神木县等示范区生态、资源与社会经济协同发展的体制机制，做好生态文明先行示范区建设工作，大力推进蓝天工程、水源地保护、河道综合整治，实现了生态环境质量的总体改善。截至 2018 年，陕西省共有国家生态园林城市 1 个、国家园林城市 2 个、国家园林县城 18 个、国家级特色小镇 14 个、国家级生态文明先行示范区 3 个，5 个城市获得全国文明城市（区、县）称号等。

3. 城镇管理水平显著提高

一是创新体制机制，城管职能逐步优化。按陕西省住建厅及各地区对城管工作的目标和要求，城市管理工作主攻关键部位和薄弱环节，重点解决焦点难点问题，系统研究总结各地案例经验，着重加强长效管理工作。在理顺城管体制、完善工作机制、深化市场化改革、发动社区参与等方面积极探索，从多方面致力实现城市网格化管理。二是加强服务与管理，数字化城管模式发展良好。城管工作坚持服务优先、管理与服务并重的人本理念。截至 2015 年底，全省 10 个设区市、杨凌示范区及韩城市已经全部建成数字化城市管理模式，运行数字化城管系统，依托数字城管平台，发挥城市管理监管中心的指挥、监督、评价、采集信息的作用，在城市精细化管治等方面取得一定成效。努力发挥“大城管”平台的职能作用，注重提高数字城管的实用性，健全完善公平、公正、公开的评价机制，动员组织社会各界参与城市管理的评价与监督。

（二）陕西城镇规划建设管理存在的问题

总体而言，陕西省的城镇化发展取得了瞩目成就，但同时也伴生了不少问题。问题相对较多的是城镇的规划、建设和管理，这些问题相对复杂，原因多样，所涉及面较广，从多方面影响和制约了陕西省城镇化建设与发展质量。

1. 城镇规划创新不足，公众参与度仍须提高

一是规划理念创新不足。城镇规划的目的就是合理利用城市资源，在新时代背景下，面对城市的新变化和新需求，城市规划层面也要通过不断地创新来积极响应。然而，总体上看陕西省的城市规划在特色与创新上还较为欠缺。例如，不少新建小镇想效仿礼泉袁家村、兴平马嵬驿的发展模式，却无法复制袁家村的成功，小镇建设缺乏产业基础，发展模式雷同，内容雷同度高，特色不明显，区域内产生内耗竞争，导致公共资源的浪费。二是公众参与意识不强。不少规划编制过程缺乏以人为本、公众参与的意识，导致很多规划并不符合实际生产生活需求，造成规划并未真正起到引导社会经济发展和方便居民生活的作用。虽然近几年陕西省不断加大政务公开力度，希望更多的普通居民能够参政议政，但在城市规划层面，普通民众既缺乏对城市一些专业领域的认识与比较，又缺乏发表意见的平台和渠道，难以真正参评并发表真知灼见。

2. 规划编制体系不完善，多规融合进展缓慢

一是规划编制缺乏前瞻性。对陕西省而言，规划编制体系存在如规划编制前瞻性不足，编制时间过长，以至上一轮刚修编完，本轮就已经滞后等问题。二是多规融合进展较慢。各类规划关注的要素不同，导致规划及管理范围交叉但无法协调，部分地区规划未能全覆盖，特别是乡村地区空间管理缺失，缺乏可以全覆盖的统一的空间规划管理体系，各类规划目标、编制方法、技术标准、技术参数往往存在差异，规划的不一致、不协调问题较为突出，难以满足城镇建设发展的动态需求。特别是多规融合进展缓慢无法律法

规作为支撑，难以对各部门、各层级规划起到协调作用。

3. 城镇建设管理缺乏综合性，城市病问题日益突出

一是城建重复管理和管理真空并存。由于城镇建设管理的复杂性，长期以来存在权责不清、执法交叉等问题和矛盾，在具体工作中极易出现重复管理和管理真空，致使部分热点、难点和重点问题难以得到有效解决。建设指标与蓝图的制定或更改有一定随意性，与规划愿景存在不一致现象。二是城市病问题亟须缓解。在城市规模快速扩张中，城市功能与需求不匹配，城市中心交通拥堵，停车难等生活网点缺乏等一系列问题难以解决。加之陕西省关中地区的地理位置和气候特点，秋冬季节城市雾霾污染严重，影响城镇发展质量和人民健康水平的提升。这些“城市病”如果长期得不到解决，就有可能演变成社会矛盾和问题，影响全面建成小康社会和建设“三个陕西”的进程。

4. 城市管理体制不健全，综合执法能力有待加强

一是城市管理体制机制尚不完善。加快新型城镇化建设是陕西省“十三五”规划重要内容，随着城镇化进程的快速发展及城市管理的日益复杂，城市管理工作任重而道远。目前陕西省城建管理中存在执法缺乏有效依据、权责模糊等问题，致使在管理中执法规划、执法自律、执法保护、抗法处罚等缺乏依据和标准。二是综合执法能力有待加强。城市管理执法队伍主体人员少，执法人员素质与能力不足，城管权责利不对称问题依然存在。全面执法不够，综合执法能力不强，未形成卫生、工商等部门间的联合协作，也未建立城管部门与社会组织、企事业单位及市民的联席共管。城市建筑施工、垃圾中转、街巷美化、路园绿化、小区安全等涉及城市管理的事项繁多，情况复杂，其中的问题也较为突出。

二　提升陕西城镇规划建设管理水平的对策措施

（一）加快完善规划体系，以规划引领建设和发展

一是积极推进城镇规划专家决策咨询机制，构建由政府、专家、规划部

门和公众多边合作参与的规划编制组织架构、规程和运行机制。建立健全城镇总规划师制度，通过各类途径向公众定期发布城镇规划信息，开展城镇规划公示活动，有效提高城镇居民对本地规划的参与度，使城镇规划决策合法合规进行，更加科学和民主。二是加快城市规划全覆盖，各地规划编制工作，应主动与国家和省级层面的重大战略和规划对接，注意与邻近省市规划协调对接，特别注重西安与成都、重庆、郑州、武汉等区域中心城市的合作响应。根据区域产业优势、历史文化、资源禀赋、生态环境等，推进新一轮城市总体规划修编工作，综合进行城市主要区域、重点地段的控制性详细规划编制，以及城市交通骨架、地下综合管廊等重要专项规划编制。三是大力推进“多规合一”。尽快形成统一协调的规划管理体系，从源头解决各类规划相互冲突的矛盾。各市县要充分借鉴榆林市、富平县等试点地区积累的宝贵经验，全面推进陕西省“多规合一”规划改革工作，有效促进城镇经济社会、资源环境、居民生产生活等方面的协调统一发展。

（二）提高城镇建设质量和水平，促进城镇品质提升

一是加强基础设施建设，提高城镇综合承载力。集约整合利用地下空间，统筹推进城市道路、地下管线、排水系统和生态环保等设施建设。优先加强水、电、气、暖等生命线系统的建设。将海绵城市建设与补充地下水有机结合起来，大力推广西咸新区试点经验，通过加强渗排水设施建设等措施，从根本上解决“逢雨内涝”问题。进一步完善城镇交通路网建设，优化公共交通线网布局和站点设置，鼓励发展商务通勤班车、社区接驳班车、微型公交等特色公共交通服务，突出城市停车、电动汽车充电设施建设，基本形成覆盖全城的充电网络。二是提高设计水平，陕西省是文化旅游大省，也是自然资源大省，新城区要综合考虑与城市整体风貌，尤其是与景观风貌的融合协调，增强城镇空间的管控，尽最大努力保护城镇整体风貌协调性、完整性和历史传承的地方特色与传统文化。三是积极推进生态建设，美化居民生活环境。西安市应率先行动，畅通城市水系，按照本地生态自然特点恢复“八水绕长安”。加快恢复建设卤阳湖、斗门水库、渼陂湖以及沿渭河、

汉丹江、延河等蓄滞洪区工程，尽快形成完整的水生态网络。要以做美水生态为目标大力推进污水处理厂配套湿地建设，让处理过的水在自然环境下二次净化，成为能够进入循环系统的生态水，让绿水青山成为陕西城镇环境的特色与标识。

（三）深化城镇管治体制改革，提升城镇管治水平

一是理顺城镇管治体制，整合城镇管治力量。进一步整合归并省级执法队伍，强化市、县政府的主体责任，明确管理部门、职责和具体实施范围。明确城市管治权利清单和责任清单，积极推动城市管治立法，将城市管治纳入法治化轨道。二是加快智慧城市建设，抓紧运用先进的大数据平台和信息化、智能化的技术，将智慧城市水平提高到全国领先行列。加快建立建筑、管网、交通、人口、生态等方面综合性城市管理数据库，推进城市区域信息资源共享。积极拓展城镇智能管理信息系统功能，扩大城镇智能管理的内涵和覆盖范围，打造广覆盖、多功能、全方位的城市综合管理服务平台。三是推进城镇管理科学民主化，将市民置于城镇建设管理的主体地位，使其在城镇规划建设管理中充分激发市民参与规划编制及实施的热情，同时调动社会各方参与城镇管治的积极性，使企业和社会组织正常参与城镇规划建设管理，使所有主体都投入所在城镇的“共治共管、共建共享”。

（四）创新城镇工作体制机制，破解城镇发展难题

一是着力构建规划引导机制。做好城镇发展的顶层设计，通过建立公开透明、及时有效的规划发布制度，向公众提供全面、准确、权威的规划信息。通过建立健全规划监测体系，根据城镇的发展变化，及时调控相关规划。通过构建规划监督机制，充分利用信息化手段，加强对规划的监督监察，确保规划的有效施行。通过建立完善规划舆情的反馈机制，引导公众与政府互通互动，树立和提高规划公信力。二是明确各类城镇公共服务设施建设标准。划定公共服务设施建设等级，对区域、城镇、居住小区等不同层级配套公共服务设施等进行分类建设、统一管理。三是建立城市更新改造、保

护修复机制。完善城市建设法规体系，将城市更新、改造、保护、修复等环节纳入法治化轨道，使维护老城容貌与推进新城建设并行不悖。在城市重要区域，成立综合建设管理机构，制定区域开发、建设、保护细则，统筹安排区域相关项目建设与更新、历史文化古迹修复与保护，统筹协调区域地上街景改造、地下管网施工。创新投融资机制、政策和手段，引导社会资本有序进入城市更新改造、保护修复领域。四是创新城市管理模式。将城市管理与“互联网+”紧密结合起来，通过智能移动终端载体的应用程序，受理、处置城市管理问题。充分利用城市管理综合信息平台，加强部门协调联动，推进巡查联处、联合执法，联手破解交叉性、综合性城市管理难题。针对城市人流管理“峰谷”特点，实行“错时安排、重点倾斜”管理，着重抓好早市、午市、夜市三个重点时段，做到无缝化管理，并且持之以恒、常抓不懈。

三　完善城镇规划建设管理的政策保障

（一）制定实行县改市地区城镇化配套政策

近两年陕西省加快了县改市、县改区的步伐，要以此为契机，创新行政区划管理体制，聚集优质生产要素，培育新的增长点，增强县域经济发展活力。将提高新扩地域城市化实际水平摆到重要位置，同步抓好城市规划建设管理。特别要下大力气解决在县改市、县改区中新产生的“城中村”问题，独具匠心地设计新城区，结合深圳等城市的改造经验，因地制宜地实现陕西省“城中村”的转型升级，使其成为传承程城镇历史文脉、宜居宜业的新家园。

（二）制定实行市场驱动与政府推动配套政策

加快政府职能转变，深化“放管服”改革，加强事中事后监管、优化政务服务等工作，向市场放权，进一步释放改革红利、制度红利。推动 PPP 模式的创新与应用，采用政府引导、市场调节和社会参与的模式，提升城市管理市场化水平。优化公共基础服务拨款、补贴和贷款条件，减免低收益服务税负，规范公共服务特许经营，加快引入保险担保等金融服务，更好地发挥市场在 PPP 模式中的作用。

（三）制定实行科学民主决策配套政策

积极推进职能部门主管、专家行家主导、相关各方参与、领导集体决策、人民群众评判、法律程序贯穿的科学民主决策机制。同时，完善公众参与机制，开放城市管理数字化平台，实现公众随时随地通过移动通信终端反映各类城市问题，推动公众问题统一受理和快速响应。将公众参与引入城市管理综合考核，设立舆论监督考核和社会满意度考核指标，确保城市管理公众参与的实际性、有效性和长久性。

（四）制定实行规划建设管理配套政策

加强城镇规划全过程的决策制度建设。针对城镇规划种类繁多、体系庞杂，各级各类规划编制相互协调不够、规划审议修改不规范等问题，切实加强规划编制和实施的组织领导工作，发挥规划在城镇建设中战略引领和刚性约束作用。加强规划建设管理制度建设，进一步完善城镇规划实施报告制度，对修改各类规划，必须严格执行法定程序，对违反规划的行为，必须严肃追究责任，真正做到科学民主、依法依规。

（五）制定实行人才队伍建设配套政策

建设高水平的专业人才队伍，同时提高领导干部专业水平。对有关领导、职能部门的所有干部员工，进行城市化以及城市规划建设管理专业知识的专门培训，使所有从事城市规划建设管理的人员都具备足够的业务知识、工作技能和政策水平。委托高等院校加强城镇规划建设管理相关专业教学与研究，培养既有世界文明素养又有中华文明修养的规划师、建筑师、工程师队伍。建设一批高水准的规划院、建筑师事务所，推动其创新创业、拼搏竞争，在城镇规划建设管理中显身手、做贡献。

（六）制定实行依法治市配套政策

从顶层设计抓起，制定城镇规划、建设、管理所涉一切决策与行动的法律条文、法定规程和实施细则。杜绝各层级、各部门、各方面的随意性决定和随机性执行，防止其他任何人违反程序，擅自拍板决策，随意改变决定。严格依法治市、依规办事，真正体现城镇规划建设管理的科学性和民主性。

参考文献

姚陈旺：《城乡规划中公众参与的探讨》，《城市建设理论研究》2014 年第 33 期。

迪力沙提·亚库甫、严金明：《构建统一空间规划体系的理论支撑、障碍分析与对策建议》，《公共管理与政策评论》2017 年第 3 期。

傅晨、刘梦琴：《“城中村”及其改造：一个“三农”的研究视角》，《农业经济问题》2008 年第 8 期。

附　　录

Appendix

B.22
“十三五”以来陕西经济大事记（2014～2019）

2014年

1月1日　西安移动召开发布会，宣布4G在西安正式商用，西安成为西北地区第一个4G商用的城市。

1月14日　《陕西省人民政府关于印发省“治污降霾·保卫蓝天”五年行动计划（2013～2017年）的通知》（陕政发〔2013〕54号）。

2月26日　为了促进全省投资发展环境优化和经济社会持续健康发展，陕西省人民政府颁发《关于进一步优化投资发展环境的意见》（陕政发〔2014〕7号）。

3月17日　省政府常务会议第4次会议审议通过《陕西省汉江丹江流域水质保护行动方案（2014～2017年）》。

4月20日　为进一步推动陕西省宽带网络基础设施建设快速健康发展，

陕西省人民政府《关于印发省宽带网络建设规划的通知》（陕政发〔2014〕16号）。

5月6日 省政府与葛洲坝集团公司在西安签署战略合作备忘录。根据备忘录，葛洲坝集团将启动"陕西发展战略规划"，5年内投资300亿~500亿元，在投资、建筑施工、技术等领域与陕西省开展合作，并把第三工程公司总部放在陕西。

5月9日 三星高端存储芯片项目竣工投产仪式在西安举行。工业和信息化部部长苗圩，省长娄勤俭，三星电子首席执行官、副会长权五铉，韩国驻华大使权宁世等出席竣工投产仪式。

5月24日 陕西省同吉尔吉斯斯坦楚河州正式缔结友好省州关系签字仪式在西安举行，省长娄勤俭代表省政府签署结好协议，并会见了楚河州州长伊萨耶夫一行。常务副省长江泽林出席会见及签约仪式。

6月22日 中国和哈萨克斯坦、吉尔吉斯斯坦联合申报的"丝绸之路：长安—天山廊道路网"顺利进入世界文化遗产名录，成为首例跨国合作、成功申遗的项目。

7月7日 陕西省人民政府颁发《关于进一步加快电子商务发展的若干意见》（陕政发〔2014〕22号）。

7月8日 省政府办公厅颁布《关于印发全省农村土地承包经营权确权登记颁证工作方案》（陕政办发〔2014〕102号）。

9月2日 为深入实施创新驱动发展战略，进一步推动创新型省份和"三个陕西"建设步伐，陕西省人民政府颁发《关于支持宝鸡高新区建设创新型科技园区的若干意见》（陕政发〔2014〕29号）。

9月5日 为深入贯彻落实党的十八届三中全会及省委十二届四次、五次全会精神，进一步提高国有资本竞争力，进一步促进各种所有制经济共同发展，加快转型升级，增强发展活力，陕西省人民政府颁发《关于推进混合所有制经济发展的意见（试行）》（陕政发〔2014〕30号）。

10月27日 省政府办公厅颁发《陕西省2014~2015年节能减排低碳发展行动实施方案》（陕政办发〔2014〕124号）。

12 月 1 日　省长娄勤俭主持召开省政府第 17 次常务会议，审议并原则通过《陕西省国民经济和社会发展第十三个五年规划编制工作总体方案》《关于落实〈企业信息公示暂行条例〉促进企业诚信建设的实施意见》，听取了煤炭零星资源市场配置工作的情况汇报。

12 月 19 日　陕西省人民政府颁发《关于示范推进分布式光伏发电的实施意见》（陕政发〔2014〕37 号）。

12 月 29 日　陕西省人民政府颁发《关于印发全省国民经济和社会发展第十三个五年规划编制工作总体方案的通知》（陕政发〔2014〕40 号）。

2015年

3 月 1 日　陕西银监局及 44 家省级银行业金融机构在延安举办支持延安转型发展推进会，共同签署了《陕西银行业支持延安转型发展共同宣言》。

3 月 23 日　农业部和陕西省政府就双方签署共建陕西特色现代农业示范省战略合作备忘录达成共识。

4 月 24 日　陕西省人民政府颁发《关于扎实推动经济持续健康发展的意见》（陕政发〔2015〕17 号）。

4 月 28 日　秦农银行在西安创立。秦农银行是在西安市新城区、碑林区、莲湖区、雁塔区、灞桥区、未央区农村信用合作联社在自愿的基础上，以新设合并方式发起组建的股份制农村商业银行。

4 月 29 日　由国家电网陕西送变电工程公司施工的 750 千伏西安南输变电工程正式投运。该工程总投资 34.77 亿元，是国家电网陕西电力单个工程投资最大的项目。

5 月 8 日　李家河水库开始正式向西安供水，解决了东郊 200 多万人饮水问题。李家河水库工程于 2009 年 11 月开工建设。

6 月 12 日　陕西省政府与国家开发银行在西安召开高层联席会，签署了《全面深化战略合作备忘录》。

6 月 12 日　陕西省人民政府颁发《关于促进旅游业改革发展的实施意

见》（陕政发〔2015〕23号）。

6月29日 省政府面向21家商业银行成功招标发行了陕西省2015年地方政府债券。这是陕西省2015年首单自发自还的政府债券。

7月14日 省政府出台《关于扶持小型微型企业健康发展的实施意见》，重点建设100个创业基地，新增融资担保额300亿元。

7月21日 陕西省人民政府颁发《关于扶持小型微型企业健康发展的实施意见》（陕政发〔2015〕31号）。

8月31日 陕西省人民政府颁发《关于改进口岸工作促进外贸发展的实施意见》（陕政发〔2015〕40号）。

8月31日 陕西省人民政府颁发《关于印发省物流业发展中长期规划（2015～2020年）的通知》（陕政发〔2015〕37）。

9月9日 陕西省人民政府颁发《关于创新重点领域投融资机制鼓励社会资本投资的实施意见》（陕政发〔2015〕42号）。

9月24日 2015欧亚经济论坛在西安曲江国际会议中心隆重开幕。

10月14日 中国（陕西）—格鲁吉亚经贸合作推介会在第比利斯举行。

10月17～23日 第五届陕粤港澳经济合作活动周在香港、澳门、深圳三地举行。

11月11日 “沿着新丝路前行——陕西省和意大利合作论坛”首次双边论坛在西安举办。

11月30日 省长娄勤俭主持召开省政府第19次常务会议，传达中央扶贫开发工作会议精神，审议并原则通过《关于加快建设西安国家自主创新示范区的若干意见》《陕西省参与建设“一带一路”实施方案（2015～2020）》，研究关爱贫困儿童成长工作。

12月2日 陕西省人民政府颁发《关于加快发展服务贸易的实施意见》（陕政发〔2015〕52号）。

12月2日 陕西省人民政府颁发《关于促进服务外包产业加快发展的实施意见》（陕政发〔2015〕49号）。

2016年

1月7日 在陕西省政府和社会资本合作（PPP）工作推进会上，全省首批推出涉及交通、水利、市政、公共服务、环境保护5大类13个行业领域，总投资约123亿元的24个省级PPP示范项目，并明确了对示范项目的奖补政策。

1月8日 陕西省人民政府颁发《关于加快发展多层次资本市场服务实体经济转型升级的实施意见》（陕政发〔2015〕57号）。

2月2日 为进一步促进陕西省融资担保行业快速发展，更好服务全省经济社会发展大局，陕西省人民政府颁发《关于促进全省融资担保行业加快发展的实施意见》（陕政发〔2016〕4号）。

2月3日 陕西省人民政府印发《关于省矿产资源开发保发展治粗放保安全治隐患保生态治污染行动计划（2016～2020年）的通知》（陕政发〔2016〕5号）。

2月25日 陕西省人民政府颁发《关于大力发展电子商务加快培育经济新动力的实施意见》（陕政发〔2016〕8号）。

3月13日 引汉济渭工程列入国家"十三五"规划纲要。

5月4日 陕西省人民政府颁发《关于印发国民经济和社会发展第十三个五年规划纲要的通知》（陕政发〔2016〕15号）。

5月20日 陕西省人民政府颁发《关于开展农村承包土地的经营权和农民住房财产权抵押贷款试点的实施意见》（陕政发〔2016〕20号）。

7月14日 陕西省人民政府颁发《关于印发〈陕西省县域经济社会发展监测考评办法〉的通知》（陕政发〔2016〕30号）。

10月13日 陕西省人民政府颁发《关于促进外贸回稳向好的实施意见》（陕政发〔2016〕40号）。

10月19日 陕西省人民政府《关于"十三五"持续加快全省公路建设推进交通脱贫攻坚的意见》（陕政发〔2016〕42号）。

10 月 25 日　陕西省人民政府颁发《关于促进民营经济加快发展的若干意见》(陕政发〔2016〕45 号)。

10 月 28 日　陕西省人民政府颁发《关于支持杨凌示范区加快城乡发展一体化的意见》(陕政发〔2016〕46 号)。

11 月 1 日　渭南市政府决定设立渭南市渭河生态区。该生态区西起临(潼)渭(南)交界,东至入黄口,北到渭河北河堤,南邻渭河南河堤,生态区红线原则上延渭河堤防向外侧按城市核心区段 200 米,城市段 1000 米,农村段 1500 米控制。

11 月 8 日　省政府召开的地质找矿成果新闻发布会宣布,全省新增矿产资源潜在价值 7.37 万亿元。其中,特种和稀有金属取得重大发现,特别是陕西西北地区首次探明了国家稀缺矿种——白钨矿;在陕南以外,关中地区首次圈定了成片富硒农田。

11 月 9 日　省长胡和平在西安会见了美国内布拉斯加州州长皮特·里基茨,双方共同签署建立友好省州关系协议书,并见证《内布拉斯加(杨凌)农业科技园项目谅解备忘录》签约。

2017年

1 月 7 日　省政府与华为公司战略合作协议签署仪式在西安举行。根据协议,双方将在大数据及云计算产业、新型智慧城市建设、企业管理与文化等方面加强合作,共同推进陕西产业转型升级。

1 月 22 日　省政府办公厅出台《陕西省推进普惠金融发展规划(2016~2020 年)实施方案》。实施方案明确提出提高金融服务覆盖率、金融服务可得性、金融服务满意度等三方面目标。

2 月 21 日　省政府和京东集团、西安高新区和圆通集团分别在西安签署战略合作协议。根据协议,省政府和京东集团将深化合作,共建智慧物流体系,推动电商物流升级发展。

3 月 9 日　由西安航空基地入区企业中航飞机西安民机有限责任公司与

中国科学院共同研制的新舟60遥感飞机在西安阎良机场成功首飞。

3月17日 由陕西延长石油集团和中国科学院大连化学物理研究所共同研发的、具有我国自主知识产权技术的全球首套煤基乙醇工业化项目于1月11日打通全流程，生产出合格的无水乙醇，目前该工业示范装置已平稳运行两个月，标志着全球首套煤制乙醇工业示范项目一次投产成功，表明我国在该技术领域达到国际领先水平。

3月23日 中国（陕西）—澳大利亚经贸旅游合作推介会在悉尼举行。陕西省人民政府代表团团长、省长胡和平出席会议并致辞，澳大利亚原旅游部长、中澳南太城市峰会——墨尔本皇家博览会中国年组委会主席鲍勃·鲍德温等出席。推介会后现场签订8个合作项目，签约金额超过7000万美元。

3月29日 省政府印发《陕西省“十三五”农村经济社会发展规划》（陕政发〔2017〕12号）。

4月1日 省政府出台《陕西省“十三五”农村经济社会发展规划》，突出深化农村改革，推动农村三产融合发展，确定了加快实现农业现代化的目标。

4月11日 陕西环保产业投资基金框架合作协议签约仪式在西安举行。陕西环保集团、陕西金融资产管理股份公司、杭州敦敏资产管理公司签订框架合作协议。

4月11日 由陕西省人民政府和世界银行主办的陕西省贫困地区农村社区发展项目启动仪式在西安隆重举行。这是陕西省直接向国家独立申报的首个世界银行贷款项目。该项目总投资9.85亿元，其中申请世界银行贷款6.56亿元，占总投资的66.62%。

8月17日 2017年第4次省政府常务会议审议通过《陕西省沿黄生态城镇带规划（2015～2030年）》。

8月28日 陕西省人民政府颁发《关于印发“十三五”文化和旅游融合发展规划的通知》（陕政发〔2017〕31号）。

9月20日 省长胡和平在西安先后会见来陕参加2017欧亚经济论坛的

哈萨克斯坦驻华大使沙赫拉特·努雷舍夫和巴甫洛达尔州州长巴卡乌奥夫·布拉特·茹马别科维奇。

9月21日 2017欧亚经济论坛在西安开幕，国务院副总理汪洋出席开幕式并发表主旨演讲。

9月27日 秦岭国家植物园开园仪式在西安市周至县举行。秦岭国家植物园位于秦岭中段，规划面积639平方公里，是由省政府、国家林业局、中国科学院和西安市政府联合共建的综合性大型植物园，是目前国内面积最大的植物园，也是中国科学院确定的全国五大核心植物园之一，2007年经省政府批复规划后开始建设

10月10日 在墨西哥首都墨西哥城召开的世界灌排委员会执行大会上，陕西汉中三堰古代水利工程，正式列入世界灌溉工程遗产名录并授牌。

10月13日 世界猕猴桃大会暨第六届中国·陕西（眉县）猕猴桃产业发展大会在眉县举行，来自国内外的1200余名嘉宾和客商出席此次大会。

10月16日 陕西省人民政府颁发《关于扩大对外开放积极利用外资的实施意见》（陕政发〔2017〕45号）。

10月23日 陕西省人民政府办公厅颁发《关于加快发展冷链物流保障食品安全促进消费升级的实施意见》（陕政办发〔2017〕91号）。

10月30日 开沃新能源汽车集团与西安市政府签署战略合作框架协议，总投资100亿元的开沃新能源汽车智造基地项目落户西安高新区。

11月2日 陕西省人民政府办公厅颁发《关于印发促进外资增长工作实施方案的通知》（陕政办发〔2017〕93号）。

11月3日 省森林资源管理局与阿拉善SEE生态协会西北项目中心签订“秦岭大熊猫栖息地保护项目”战略合作框架协议。双方合作期限为10年，阿拉善SEE生态协会西北项目中心拟每年投入1000万元资金，用于秦岭大熊猫栖息地保护。

11月5日 第二十四届中国杨凌农业高新科技成果博览会在杨凌召开。全国人大常委会副委员长张宝文，塞尔维亚驻华大使米兰·巴切维奇，省委书记、省长胡和平共同按下第二十四届中国杨凌农高会启动键。

11月7日 西咸新区管委会与恒大集团在西安签署战略合作框架协议，西咸新区秦汉新城管委会与恒大旅游集团签署西安恒大童世界项目合作开发协议。

11月16日 第七届陕粤港澳经济合作活动周上，西咸新区沣东新城与普洛斯投资管理有限公司签订环普自贸文化创意产业园项目合同。

11月23日 陕西省人民政府办公厅颁发《关于支持实体经济发展若干财税措施的意见》（陕政办发〔2017〕102号）。

11月23日 陕西省人民政府办公厅颁发《关于创新管理优化服务培育壮大经济发展新动能加快新旧动能接续转换的实施意见》（陕政办发〔2017〕101号）。

12月1日 副省长姜锋出席全省电力装备产业发展推进会并为陕西省电力装备产业联盟揭牌。

12月9日 省委书记、省长胡和平出席奕斯伟硅产业基地项目签约仪式并会见北京芯动能公司董事长王东升一行，副省长姜锋参加。

12月15日 常务副省长梁桂出席全省加强秦岭生态环境保护及体制机制建设工作电视电话会议并讲话，副省长张道宏主持。

12月15日 副省长姜锋出席全省智能终端和平板显示产业发展推进会并为陕西电子信息军民融合产业联盟揭牌。

12月20日 副省长姜锋出席全省民机、无人机和轨道交通装备产业发展推进会并讲话；出席我省第一批省级制造业创新中心授牌活动。

12月25日 省委书记、省长胡和平出席全省金融工作会议并讲话，副省长张道宏、魏增军参加；出席CEC·咸阳8.6代液晶面板生产线项目点亮投产活动。

12月27日 陕西省人民政府颁发《办公厅关于印发省民间投资追赶超越发展行动计划的通知》（陕政办发〔2017〕107号）。

2018年

1月8日 陕西省人民政府办公厅颁发《关于促进全省开发区改革和创

新发展的实施意见》（陕政办发〔2017〕110 号）。

1 月 8 日 陕西省人民政府颁发《关于农业现代化推进规划的通知》（陕政发〔2017〕58 号）。

1 月 20 日 陕西省人民政府办公厅颁发《关于进一步推进物流降本增效促进实体经济发展的实施意见》（陕政办发〔2018〕3 号）。

1 月 30 日 省委书记胡和平、省长刘国中出席陕西省与腾讯公司战略合作协议签约仪式，并会见腾讯公司董事会主席兼首席执行官马化腾一行。

1 月 31 日 陕西省第十三届人民代表大会第一次会议通过关于陕西省 2017 年国民经济和社会发展计划执行情况与 2018 年国民经济和社会发展计划的决议。

2 月 2 日 陕西省人民政府办公厅颁发《关于进一步推进物流降本增效促进实体经济发展的实施意见》（陕政办发〔2018〕3 号）。

2 月 11 日 陕西省人民政府办公厅颁发《关于加强陕台经济合作的意见》（陕政办发〔2018〕7 号）。

3 月 23 日 省委书记胡和平、省长刘国中出席西咸新区宝能新能源汽车生产基地开工暨宝能汽车创新研究院揭牌活动，常务副省长梁桂参加。

3 月 27 日 省委书记胡和平、省长刘国中分别会见来陕出席三星存储芯片二期项目开工奠基仪式的韩国驻华大使卢英敏，韩国三星电子株式会社首席执行官、社长金奇南。

3 月 28 日 省委书记胡和平出席三星（中国）半导体有限公司存储芯片二期项目西安开工奠基仪式。工业和信息化部部长苗圩、省长刘国中、韩国驻华大使卢英敏和韩国三星电子株式会社首席执行官、社长金奇南分别致辞。

3 月 30 日 副省长陈国强出席 2018 西安丝绸之路国际旅游博览会开幕仪式。

5 月 7 日 副省长陈国强出席西安至伦敦国际航线首航仪式并致辞。

5 月 9 日 副省长魏增军出席第九届全球秦商大会陕西自贸试验区建设项目推介会并致辞；会见台湾工商建设研究会理事长洪尧昆及代表团一行；

到西安曲江国际会展中心、西安曲江国际会议中心检查第三届丝博会场馆安排工作。

5月9日 副省长陆治原到咸阳市调研工业经济运行工作。

5月10日 副省长魏增军出席苏陕协作·2018年陕西特色农产品南京宣传推介周活动及陕西省产业扶贫战略合作框架协议签约仪式。

副省长陆治原出席中荷现代农业合作研讨会并致辞；出席陕西省与乌兹别克斯坦撒马尔罕州签署友好合作备忘录签字仪式。

副省长魏增军出席“一带一路”建设与贸易便利化国际研讨会暨中国实施ATA单证册制度二十周年纪念活动并致辞。

5月11日 全国政协副主席何维出席第三届丝博会开幕式并发表主旨演讲，省委书记胡和平致辞，省长刘国中主持，省政府领导班子成员参加。

常务副省长梁桂出席第三届丝博会经济专题论坛暨枢纽经济、门户经济、流动经济发展论坛并致辞。

副省长魏增军出席2018丝绸之路商务合作（西安）圆桌会并致辞；会见全国工商联副主席王永庆一行。

副省长陆治原先后出席第三届丝博会中英地区间经济及投资合作论坛并发表主旨演讲和陕港澳科技产业创新发展论坛并致辞。

副省长陈国强出席中国陕西—马来西亚经贸合作洽谈会并致辞。

副省长胡明朗出席第三届丝博会贵州省招商推介会并致辞。

5月12日 副省长魏增军先后出席中国（陕西）—英国经贸合作洽谈会并致辞和杨凌示范区投资环境推介暨重点项目签约仪式。

省委书记胡和平出席我省党政代表团与浙江省举行的经济社会发展座谈会并讲话，省长刘国中，常务副省长梁桂出席。

副省长陆治原先后出席以“质量变革与产业质量提升”为主题的第二届“一带一路”质量高端论坛和丝绸之路经济带沿线国家金融合作论坛并致辞。

副省长胡明朗出席铜川市中国（西部）工业品数字港发展论坛暨项目推介会；会见芬兰古门拉克索省省长亚克·米克拉率领的芬兰代表团和新加

坡律政部副常任秘书韩国元一行。

5月14日 常务副省长梁桂主持召开经济体制和生态文明体制、社会民生体制改革专项小组会议并讲话，副省长魏增军、陆治原、陈国强出席。

5月16日 副省长魏增军出席“通丝路”陕西跨境电子商务人民币结算服务平台上线启动仪式。

5月17日 省委书记胡和平、常务副省长梁桂出席我省与中国工商银行签署全面推进新时代陕西追赶超越金融战略合作协议签约仪式，并会见中国工商银行董事长易会满一行。

5月20日 常务副省长梁桂主持召开“长安号”国际货运班列健康发展工作专题会议，副省长魏增军出席。

5月22日 省政府颁发《陕西省铁腕治霾打赢蓝天保卫战三年行动方案（2018～2020年)》。

5月24日 《全国森林城市发展规划（2018～2025)》日前发布，陕西关中地区被纳入国家级森林城市群发展规划。

5月26日 省委书记胡和平出席第16次陕北高端能源化工基地建设座谈会并讲话，省长刘国中主持，常务副省长梁桂出席。

5月31日 副省长陆治原出席首届“一带一路”汽车产业发展国际论坛并致辞。

陕西省人民政府办公厅关于印发《2018年工业稳增长促投资推动高质量发展若干措施的通知》(陕政办发〔2018〕28号)。

6月28日 省农业厅和省扶贫联合出台《关于支持贫困村发展壮大集体经济的指导意见》。

7月19日 副省长魏增军出席第七届中国西部跨国采购洽谈会暨第二届中国（宝鸡）国际工业品采购展览会并致辞；到千阳县调研并检查防汛工作。

8月1日 陕西省人民政府颁发《关于印发推动汽车产业加快发展支持措施的通知》(陕政发〔2018〕22号)。

8月2日 省委书记胡和平、省长刘国中一同会见绿地集团董事长张玉良一行、并出席陕西省与绿地集团深化合作框架协议签订仪式，副省长陈国强签署协议。

省长刘国中出席2018中国500强企业高峰论坛全体会议并致辞，省政府秘书长方玮峰参加。

8月3日 陕西省人民政府办公厅关于印发《陕西省优化提升营商环境工作三年行动计划（2018～2020年）》和《陕西省优化提升营商环境2018年工作要点》的通知（陕政办发〔2018〕36号）。

8月20日 副省长陆治原在富平县出席第二届世界奶山羊产业发展大会暨千亿羊乳产业国际高峰论坛开幕式。

省政府新闻办举办的“构建三北绿色长城 促进三秦生态文明”新闻发布，陕西省三北工程区森林覆盖率由1977年的12.9%上升到目前的34.98%，绿色版图向北推进了400公里；沙化土地面积由工程建设初期的3600万亩减少到当前的2030万亩，流动沙地面积由860万亩减少到5.3万亩，沙区植被覆盖率由1.8%提高到现在的60%，实现了由“整体恶化、局部好转”向“总体好转、局部良性循环”的历史性转变。

8月29日 省政府新闻办发布，“十三五”以来，陕西省民生水利项目建设成效显著。“十三五”以来，陕西省累计完成投资58亿元，解决和改善了841.65万人（其中贫困人口164.61万人）的饮水安全问题。全省农村集中供水率和自来水普及率分别达到95.3%和93.2%。

8月30日 省委书记胡和平、省长刘国中出席陕西省与中国移动通信集团公司战略合作协议签约仪式，并会见中国移动通信集团公司董事长尚冰一行，常务副省长梁桂签署协议。

10月1日 陕西省人民政府办公厅颁发《关于落实第十六次陕北高端能源化工基地建设座谈会确定事项的通知》（陕政办函〔2018〕286号）。

10月16日 陕西省人民政府办公厅颁发《关于推进农业高新技术产业示范区建设发展的实施意见》（陕政办发〔2018〕57号）。

10月17日 陕西省人民政府颁发《关于积极有效利用外资推动经济高质量发展的实施意见》（陕政发〔2018〕33号）。

10月30日 省委书记胡和平出席中欧班列长安号2018年开行首超1000列活动，省长刘国中为“招商局中外运新丝路供应链管理有限公司”揭牌，常务副省长梁桂主持，副省长魏增军出席。

11月4日 副省长赵刚主持2018年中国杨凌农高会部（省、州）长级圆桌会议并致辞；出席中国—加拿大农业科技创新合作第十一次圆桌会议；会见中国农业国际合作促进会会长翟虎渠及6位跨国种业企业代表。

11月5日 副省长徐启方出席宝鸡市政府、西北农林科技大学、杨凌示范区管委会深化农业科技战略合作2018年会并讲话；出席陕西乡村旅游发展论坛。

11月6日 副省长赵刚先后出席2018中外乡村创业论坛和第四届海峡两岸现代农业研讨会暨2018杨凌创新创业论坛并致辞；在杨凌示范区调研液化天然气应急储备调峰和民营企业生产经营工作。

11月7日 副省长魏增军出席第二届杨凌国际种业创新论坛并致辞；出席第二十五届中国杨凌农高会第二场集中签约仪式；会见台湾大学教授、农学院院长陈保基一行。

11月17日 副省长赵刚出席2018“中国—欧盟旅游年”闭幕式并致辞；出席中欧旅游年闭幕式“文化陕西”旅游推介会；会见欧盟委员会内部市场、工业、创业和中小企业总司总司长楼芮·埃文斯一行。

11月17～18日 省委书记胡和平、省长刘国中分别就生态环境部网站发布“陕西西安市皂河黑臭水体整治一盖了之、长安段截污管道建设敷衍应对”作出批示。

11月29日 陕西省人民政府颁发《关于支持中国（陕西）自由贸易试验区深化改革创新若干措施的意见》（陕政发〔2018〕35号）。

12月7日 陕西省人民政府关于印发省级公路网规划（2018～2035年）的通知（陕政函〔2018〕253号）。

副省长魏增军主持召开全省利用外资工作座谈会。

12月10日 省长刘国中主持召开省政府第二十一次常务会议，研究发展“三个经济”、畜禽养殖废弃物资源化利用、深化“一网通办”等工作。

审议通过《关于大力发展“三个经济”推动构建内陆改革开放新高地》《关于深化“一网通办”推进审批服务便民化的实施意见》。

12月11日 副省长陈国强出席陕西省“三个经济”发展实践推介会并致辞。

12月19日 副省长陈国强出席柞水至山阳高速公路建成通车仪式并讲话。

12月20日 引红济石调水工程通水启动会在太白县举行。副省长魏增军讲话并启闸通水。

12月25日 省委召开常委会（扩大）会议，听取2018年全省经济社会发展情况及2019年工作安排建议的汇报，审议大力发展“三个经济”、推动构建内陆改革开放新高地的《意见》等文件。

12月30日 省委书记胡和平出席西安至延安高铁建设工程推进会，省长刘国中讲话，副省长陈国强出席，省政府秘书长方玮峰参加。

2019年

1月3日 陕西省市场监督管理局印发贯彻省委省政府颁发的《关于推动民营经济高质量发展若干意见的实施意见的通知》（陕市监发〔2019〕1号）。

1月4日 陕西省人民政府办公厅关于印发《陕西省政府投资引导基金管理办法》的通知（陕政办发〔2019〕1号）。

1月8日 省长刘国中、常务副省长梁桂一同会见上海浦东发展银行党委书记、董事长高国富一行，省政府秘书长方玮峰参加。

陕西省人民政府颁发了《关于大力发展“三个经济”若干政策的通知》（陕政发〔2019〕1号）。

1月15日 省长刘国中出席全省深入推进“大棚房”问题专项清理整治视频会议并讲话，省政府秘书长方玮峰参加。

1月19日 陕西省人民政府关于印发省级财政资金分配暂行规定的通

知（陕政发〔2019〕2号）。

1月22日 陕西省人民政府印发《关于大力发展“三个经济”若干政策的通知》（陕政发〔2019〕1号）。

1月24日 副省长魏增军出席全省河长湖长制工作会议暨“携手清四乱保护母亲河”专项行动部署会并讲话。

2月12日 省委书记胡和平到部分外资企业调研并主持召开座谈会，副省长魏增军参加。

2月13日 省长刘国中在西安市调研部分国有企业、民营企业运行和陕西自贸试验区建设工作，省政府秘书长方玮峰参加。

2月17日 陕西省人民政府关于公布《赋予经济发达镇部分县级管理事项目录》的决定（省政府令第219号）。

2月18日 省委书记胡和平出席全省农村工作和脱贫攻坚工作会议并讲话，省长刘国中主持并作总结讲话，副省长魏增军安排农村人居环境整治工作，副省长徐启方出席。

2月20日 省委书记胡和平、省长刘国中一同会见中国石油天然气集团有限公司总经理张伟一行，常务副省长梁桂参加。

副省长魏增军主持召开2019年全省对台工作会议；调研陕西自贸试验区建设运行及管理改革创新工作。

2月21日 省长刘国中主持召开专题会议，听取当前经济运行情况汇报，安排部署一季度经济工作。副省长魏增军、赵刚、胡明朗、方光华出席，省政府秘书长方玮峰参加。

2月25日 常务副省长梁桂出席《陕西省秦岭生态环境保护条例》修订工作小组会议并讲话；出席省政府与中核集团中船重工集团签署战略合作协议。

2月26日 陕西省人民政府办公厅颁发《关于印发“一带一路”建设2019年行动计划的通知》（陕政办发〔2019〕7号）。

2月27日 省委书记胡和平出席全省高速公路建设暨眉县至太白项目开工动员会，省长刘国中讲话，副省长赵刚主持，副省长徐启方出席。

2月27日 副省长方光华出席在陕全国人大代表集中视察动员会并通报全省经济社会发展情况；出席全省文化和旅游高质量发展推进会。

3月6日 副省长赵刚先后赴西安咸阳国际机场城际铁路北客站、西咸北环高速沣京服务区等地调研交通运输工作并召开座谈会。

3月10日 十三届全国人大二次会议陕西代表团举行全体会议，审议外商投资法草案。省委书记胡和平、省长刘国中、常务副省长梁桂发言，副省长徐启方参加。

3月12日 陕西省人民政府办公厅关于印发“一带一路”建设2019年行动计划的通知陕政办发〔2019〕7号。

3月16日 副省长徐启方出席宝鸡市加快轨道交通产业发展座谈会并讲话。

3月18日 陕西省人民政府颁发了《关于印发青山保卫战行动方案的通知》（陕政发〔2019〕7号）。

陕西省人民政府办公厅颁发《关于统筹安排2019年全省重点经贸合作及重大展会活动的通知》（陕政办函〔2019〕56）。

3月28日 副省长赵刚出席国家重点研发计划“战略性先进电子材料重点专项”与陕西省产业融合发展推进会；出席省政协“促进快递业绿色健康发展”月度协商座谈会并讲话。

3月29日 副省长魏增军出席2019西安丝绸之路国际旅游博览会开馆仪式并致辞；出席省口岸工作联席会议暨全省推进跨境贸易便利化工作座谈会并讲话。

4月9日 常务副省长梁桂出席省人大常委会水污染防治法及省渭河流域管理条例、汉江丹江流域水污染防治条例执法检查组全体会议并讲话。

副省长魏增军出席第16届中国国际物流节暨青岛港·第9届中国西部国际物流产业博览会开幕式。

5月5日 省委书记胡和平会见上海圆通蛟龙投资发展（集团）有限公司董事长喻渭蛟一行，副省长赵刚参加。

常务副省长梁桂在西安市调研生态红线划定及柴油车治理工作。

5月9日 省委书记胡和平、省长刘国中出席陕西省与中国能源建设集团战略合作备忘录签约仪式并会见中国能源建设集团党委书记、董事长汪建平一行，副省长赵刚签署备忘录。

副省长魏增军先后出席第十届全球秦商大会陕西现代农业和农村发展项目推介会、“三个经济”发展合作高峰论坛并致辞。

5月10日 全国政协副主席、全国工商联主席高云龙，俄罗斯联邦总统驻乌拉尔联邦区全权代表尼古拉·尼古拉耶维奇·楚卡诺夫，柬埔寨副首相尹财利，省委书记胡和平，省长刘国中，副省长魏增军出席陕西省欢迎参加第四届丝博会暨西洽会中外嘉宾的入城式。

副省长魏增军出席中国（陕西）—韩国经贸合作洽谈会暨渭南韩国商品展开幕式。

5月11日 副省长魏增军出席陕西（汉中）重点项目推介暨签约仪式；出席2019丝绸之路商务合作（西安）圆桌会并致辞。

副省长赵刚出席第四届丝博会中国（陕西）—俄罗斯经贸合作洽谈会。

副省长胡明朗出席第四届丝博会暨西洽会“铜川市高端装备制造业招商会—航汽铝推介专场”活动。

副省长胡明朗会见参加2019丝绸之路国际商协会（西安）圆桌会的部分境外商协会负责人。

5月12日 省委书记胡和平出席“一带一路”减贫国际合作论坛开幕式并作主旨演讲，省长刘国中作主题发言，副省长魏增军出席。

副省长赵刚先后出席中国（陕西）“一带一路”共建国家和地区经贸合作洽谈会、中国（陕西）自由贸易试验区发展论坛并致辞。

5月15～16日 省长刘国中在重庆市参加第二届中国西部国际投资贸易洽谈会并出席陕西投资环境暨文化旅游推介会，省政府秘书长方玮峰参加。

6月2日 省长刘国中出席第十四次陕南绿色循环发展工作座谈会并讲话，常务副省长梁桂主持，副省长魏增军出席，省政府秘书长方玮峰参加。

6月13日 省长刘国中出席第17次陕北高端能源化工基地建设座谈会

并讲话，副省长赵刚主持，副省长方光华出席，省政府秘书长方玮峰参加。

6月3日 陕西省人民政府颁发《关于加快农业机械化和农机装备产业转型升级的实施意见》（陕政发〔2019〕10号）

6月28日 省委书记胡和平主持召开听取陕西省秦岭生态环境保护《条例》修订情况汇报专题会议并讲话，常务副省长梁桂出席。

7月5日 常务副省长梁桂出席全省“智慧县域＋普惠金融”试点项目座谈会并讲话。

7月9日 省长刘国中到西安市鄠邑区、高新区、航天产业基地调研经济稳增长、秦岭生态环境保护及中央生态环境保护督察“回头看”反馈问题整改等工作，省政府秘书长方玮峰参加。

常务副省长梁桂主持召开省推动“三个经济”发展工作领导小组会议，副省长赵刚、方光华出席；会见东航集团总经理李养民一行，并出席东航集团服务“三个经济”、加快西安枢纽建设座谈会。

7月10日 副省长徐启方出席省市共促宝鸡制造业高质量发展战略合作协议签约仪式。

7月17～26日 常务副省长梁桂率团访问意大利、葡萄牙和保加利亚，就推动枢纽经济、门户经济、流动经济发展和文化遗产保护工作开展国际交流与合作。

7月25～26日 省委书记胡和平出席省委十三届五次全会并讲话，省长刘国中部署经济工作，省政府领导班子成员参加。

8月21日 陕西省人民政府办公厅颁发《关于印发推进企业上市三年行动计划（2019～2021年）的通知》（陕政办发〔2019〕28号）

陕西省人民政府办公厅颁发《关于深化“互联网＋先进制造业”发展工业互联网的实施意见》（陕政办发〔2019〕27号）

9月2日 省委书记胡和平、省长刘国中出席陕西省与深圳证券交易所战略合作协议签约仪式并会见深圳证券交易所理事长吴利军一行，常务副省长梁桂签署协议。

9月3日 省委书记胡和平主持陕西省与中兴通讯股份有限公司的会谈

并讲话，省长刘国中介绍陕西经济高质量发展、工业产业布局、营商环境等情况，副省长赵刚出席。

省委书记胡和平、省长刘国中会见中国通用技术（集团）控股有限责任公司总经理陆益民一行。

副省长徐大彤出席陕西澳门跨境电商交流会并致辞；出席施耐德电气全球低压成套设备设计中心、全球绿色节能设计中心落地陕西揭牌仪式。

9月4日 省长刘国中出席陕西省人民政府国际高级经济顾问会议第十届会议并向顾问颁发聘书，常务副省长梁桂讲话，副省长赵刚出席，副省长徐大彤主持，省政府秘书长方玮峰参加。

9月5日 陕西省人民政府办公厅颁发《关于建立省推进农业特色产业"3+X"工程联席会议制度的通知》（陕政字〔2019〕67号）

9月6日 陕西省人民政府办公厅颁发《关于稳步提升粮食产能确保粮食安全的意见》（陕政发〔2019〕16号）

9月10日 中共中央政治局委员、国务院副总理胡春华出席2019欧亚经济论坛开幕式并发表主旨演讲，省委书记胡和平致辞，省长刘国中主持，副省长徐大彤出席。

9月17日 常务副省长梁桂主持召开省委全面深化改革委员会经济体制和生态文明体制、社会民生体制改革专项小组会议，副省长徐大彤出席。

权威报告·一手数据·特色资源

皮书数据库

ANNUAL REPORT(YEARBOOK) DATABASE

分析解读当下中国发展变迁的高端智库平台

所获荣誉

- 2019年，入围国家新闻出版署数字出版精品遴选推荐计划项目
- 2016年，入选“‘十三五’国家重点电子出版物出版规划骨干工程”
- 2015年，荣获“搜索中国正能量 点赞2015”“创新中国科技创新奖”
- 2013年，荣获“中国出版政府奖·网络出版物奖”提名奖
- 连续多年荣获中国数字出版博览会“数字出版·优秀品牌”奖

WWW.PISHU.COM.CN

成为会员

通过网址www.pishu.com.cn访问皮书数据库网站或下载皮书数据库APP，进行手机号码验证或邮箱验证即可成为皮书数据库会员。

会员福利

- 已注册用户购书后可免费获赠100元皮书数据库充值卡。刮开充值卡涂层获取充值密码，登录并进入“会员中心”—“在线充值”—“充值卡充值”，充值成功即可购买和查看数据库内容。
- 会员福利最终解释权归社会科学文献出版社所有。

数据库服务热线：400-008-6695
数据库服务QQ：2475522410
数据库服务邮箱：database@ssap.cn
图书销售热线：010-59367070/7028
图书服务QQ：1265056568
图书服务邮箱：duzhe@ssap.cn

社会科学文献出版社 SOCIAL SCIENCES ACADEMIC PRESS (CHINA) 皮书系列
卡号：719335684431
密码：[redacted]

S 基本子库
UB DATABASE

中国社会发展数据库（下设 12 个子库）

整合国内外中国社会发展研究成果，汇聚独家统计数据、深度分析报告，涉及社会、人口、政治、教育、法律等 12 个领域，为了解中国社会发展动态、跟踪社会核心热点、分析社会发展趋势提供一站式资源搜索和数据服务。

中国经济发展数据库（下设 12 个子库）

围绕国内外中国经济发展主题研究报告、学术资讯、基础数据等资料构建，内容涵盖宏观经济、农业经济、工业经济、产业经济等 12 个重点经济领域，为实时掌控经济运行态势、把握经济发展规律、洞察经济形势、进行经济决策提供参考和依据。

中国行业发展数据库（下设 17 个子库）

以中国国民经济行业分类为依据，覆盖金融业、旅游、医疗卫生、交通运输、能源矿产等 100 多个行业，跟踪分析国民经济相关行业市场运行状况和政策导向，汇集行业发展前沿资讯，为投资、从业及各种经济决策提供理论基础和实践指导。

中国区域发展数据库（下设 6 个子库）

对中国特定区域内的经济、社会、文化等领域现状与发展情况进行深度分析和预测，研究层级至县及县以下行政区，涉及地区、区域经济体、城市、农村等不同维度，为地方经济社会宏观态势研究、发展经验研究、案例分析提供数据服务。

中国文化传媒数据库（下设 18 个子库）

汇聚文化传媒领域专家观点、热点资讯，梳理国内外中国文化发展相关学术研究成果、一手统计数据，涵盖文化产业、新闻传播、电影娱乐、文学艺术、群众文化等 18 个重点研究领域。为文化传媒研究提供相关数据、研究报告和综合分析服务。

世界经济与国际关系数据库（下设 6 个子库）

立足“皮书系列”世界经济、国际关系相关学术资源，整合世界经济、国际政治、世界文化与科技、全球性问题、国际组织与国际法、区域研究 6 大领域研究成果，为世界经济与国际关系研究提供全方位数据分析，为决策和形势研判提供参考。

法律声明